甘肃文史集萃 第一辑

甘肃省人民政府文史研究馆 编

古史述议

汪受宽 著

甘肃文化出版社

甘肃·兰州

图书在版编目（CIP）数据

古史述议 / 汪受宽著. -- 兰州：甘肃文化出版社，
2024.12. --（甘肃文史集萃）. -- ISBN 978-7-5490
-2858-0

Ⅰ．K220.7

中国国家版本馆CIP数据核字第2024E8R726号

古史述议
GUSHI SHUYI

汪受宽 ｜ 著

策　　划 ｜ 周乾隆　甄惠娟
责任编辑 ｜ 杜艳梅
封面设计 ｜ 石　璞

出版发行 ｜ 甘肃文化出版社
网　　址 ｜ http://www.gswenhua.cn
投稿邮箱 ｜ gswenhuapress@163.com
地　　址 ｜ 兰州市城关区曹家巷1号 ｜ 730030（邮编）

营销中心 ｜ 贾　莉　王　俊
电　　话 ｜ 0931-2131306

印　　刷 ｜ 西安国彩印刷有限公司
开　　本 ｜ 889毫米×1194毫米　1/16
字　　数 ｜ 384千
印　　张 ｜ 24.75
版　　次 ｜ 2024年12月第1版
印　　次 ｜ 2024年12月第1次
书　　号 ｜ ISBN 978-7-5490-2858-0
定　　价 ｜ 68.00元

总　　序

2023年6月1日,习近平总书记在中国国家版本馆考察时强调:"盛世修文,我们这个时代,国家繁荣、社会平安稳定,有传承民族文化的意愿和能力,要把这件大事办好。"

延续中华民族"修史立典、存史启智、以文化人"的传统,赓续文化血脉,留住中华民族的根与魂,是每一位文化工作者义不容辞的责任。

存史资政,呼应时代

近年来,甘肃省政府文史研究馆始终坚持"敬老崇文、存史资政"的办馆宗旨,始终以传承弘扬中华优秀传统文化为己任,致力于打造学术精品,积极推动文化赋能地方发展。在新时代推进文史研究,深度契合弘扬中华优秀传统文化的时代精神,为繁荣发展甘肃文化事业,增强中华文明传播力、影响力,努力持久地作出新的贡献。

本套丛书收录了文史馆馆员的研究成果,是一套扎根于中华优秀传统文化、洋溢着对中华民族的历史自信与文化自信的丛书,更是甘肃省政府文史馆著书立说的延续和拓展。

辨章学术,考镜源流

作为各自独立的学术专著,这套丛书从纷繁复杂、波澜壮阔的西北经济、政治、社会、文化发展历史中采撷了五色吉光。丛书作者均是甘肃省政府文史研究馆馆员,他们著作等身,在学术研究,尤其是在西北地方史研究方面堪称领军人物。因此，本套丛书能不囿门户之见、不泥一家之言，呈现出生动多元的学术探索成果。本丛书中，《唐宋敦煌史事记略》《敦煌民族文献论稿》《敦煌文献及西北历史文化研究》，以翔实、细微和具体的史料研究历史，考镜源流，辨章学术，从而建立起对西北历史更深刻、更清晰的立体构架。

作者既能借助大量史料还原历史，让读者身临其境，又能以旁观者的视角为读者剖析人物事件。就像汪受宽馆员在《古史述议》中所讲："他们的事迹是那么鲜活，他们的活动是那么精彩，他们把人性的善良和丑陋张扬到极致，他们的结局叫人恨、让人喜、令人悲、使人痛。"我们跟随作者的笔触，在"当时"与"今日"之间自由出入，窥见历史的偶然性和必然性。

《西汉水与乞巧节》则别有一种学术风度和科学精神，呈现出文史兼治、以史证文的研究特色。赵逵夫馆员以汉水、牛郎织女传说和七夕风俗三者的关系为中心，以材料和考证作支撑深入探索，揭示了一些长久被人们淡忘、忽视的史实。透过颇具浪漫主义色彩的神话传说，我们亦能深切感受到农耕文化的深厚淳朴、民间文学的生动丰饶。

聚焦问题，以古为新

陈寅恪先生在《敦煌劫余录》序中讲道："一时代之学术，必有其新材料与新问题。取用此材料，以研求问题，则为此时代学术之新潮流。"《西汉水与乞巧节》《古史述议》《敦煌文献及西北历史文化研究》《唐宋敦煌史事记略》《敦煌民族文献论稿》五部专著，跨度从古代到当下，从思想到政治，从文史到民俗，为读者梳理了清晰简洁的历史脉络。既回到过去，在人类文明的灿烂遗产中钩沉拾贝，也面向今天，面向时代，面向未来，以古为新。

作为学术类丛书,本套丛书更有着极为深切的现实关怀。切近社会问题,把握时代脉搏,立足中国未来发展,保持文化的创造性活力,是传统知识分子和当代学人一脉相承的责任与使命。本套丛书,不仅在于"求真",更重视"求解"。几部著作都突出体现了关注实践的问题意识和探究理论的独特视角。

依托甘肃粲然可观的文化遗产和文史馆馆员丰硕的研究成果,我们希冀这套丛书可以展现甘肃文史的厚重与精深,以使读者更好地感知多元一体的中华文明的丰富内涵,以及中国优秀传统文化的精神内核,从而为实现中华民族伟大复兴的中国梦提供精神动力。

是为序。

甘肃省政府文史研究馆党组书记、馆长 王華存

2024年6月于兰州

前　言

我于1963年考入五年制的兰州大学历史系历史学专业学习，很快就爱上了历史学科。1978年，我考上了兰州大学研究生，1979年成为张孟伦教授的中国史学史研究生，1981年毕业后留系任教，从此真正将历史教学和研究作为自己的终身职业。如今虽然退休多年，但仍因兴趣所在，整天沉浸于"史坑"之中，乐此不疲。

我正式发表史学论文是1981年，正式出版史学著述是1988年，如今已发表各类论文200余篇，出版个人著述或主编著作30余种。我是学中国史学史的，而史学史研究的基础是前人的历史研究和记述，主要是各种著作，首先是直接记载历史的史部著作，也包括有相当历史内涵的经部、子部、集部著作，还包括一切出土文献和历史遗迹、遗物中的文字，我们都可以称之为史学史研究的原材料。所以，大凡史学史研究者都必须研习目录、版本、校勘之学，即文献学。研究史学史，不能不探究史家的生平、师承、交友，所遭际的时代与社会，所接受的文化熏陶和所属的思想流派，如此，就要弄懂中国的历史。所以我在做中国古代史学史研究的同时，也有一些文献学的著述和评议中国古代史的文章。在中国史学史的研习中，我认识到史学家必须以自己的学问为时代和地方服务，故而从一开始我就很重视对地方史的研究，尤其是对甘肃历史的探究和对地方文献的整理与阐扬。

在年届耄耋之时，检讨个人几十年的学术工作，虽然涵盖了史学史、文献学、文化史、地方史、开发史、古籍整理等各个方面，但尚有一些文章散见于各书籍报刊或者沉睡于稿纸和电脑之中，有必要将它们进行筛选、整理和结集。这些文章从大的方面来说都在中国古代史（清末以前）的时间框架之内，而且不仅述史，更论史、议史、评史、论人，全都寓论于史，所以将集子定名为《古史述议》。

本集诸文章的编排，大体将通代的文字排列于前，其他文字按所属时间先后顺序排列。这些文章是1981年以来,因各种机缘或邀约陆续撰写的,时间跨度很大,所以其研究对象、篇幅长短、文字风格和注释方式多有不同。从研究对象说,有理论、有事件、有考辨,更多的是历史人物;从篇幅说,有的长达二三万字,有的只有千余字,多数在五六千字间;从文字风格来说,有的学术性十分突出,有的通俗易懂近乎白话。这次将它们编为一集,也就没有试图从各方面对它们予以统一,而是各仍其旧,只有个别地方做了改动而已。

汪受宽

2022年4月22日

目 录

1

中国古代历史线索

一、先秦

人类产生于约今500万年前。自从有了人,就有了人类历史。生产工具是社会生产力发展水平的最重要标志,按生产工具的精细程度和材料来源,人类历史可分为石器时代、铜器时代、铁器时代。大体上原始社会是石器时代,奴隶社会是铜器时代,封建社会及其以后是铁器时代。

石器时代又细分为旧石器时代和新石器时代两大阶段。旧石器时代是以使用打制石器为标志的人类物质文化发展阶段。中国旧石器时代大约产生于距今250万年,终于距今1万年。中国最早的古人类石制品出土于安徽省繁昌区孙村镇癞痢山人字洞,距今200万—250万年。旧石器时代人类以粗糙的刮削器、砍砸器和三棱尖状器等打制石器作为狩猎和劳动的工具,以捕猎野兽、鱼类和采集果实为生,会使用天然火。旧石器石代晚期,人类能制造简单的组合工具,如带有倒刺的骨鱼叉、原始的石镞,甚至弓箭等,还会以骨针将兽皮等缝成衣服。婚姻状况由乱婚发展至群婚,社会组织是原始群。全国代表性的旧石器遗址有距今180万年的山西芮城县西侯度人,距今170万年的云南元谋人,距今65万年的陕西蓝田人,距今70万—20万年的北京周口店北京人,距今16万年的甘肃夏河丹尼索瓦人,距今12万—8万年的湖南道县人,距今约3万年的山西朔州峙峪人,距今1.8万年的北京周口店山顶洞人等。

新石器时代的主要标志是磨制石器的普遍制造和使用。中国的新石器时代,大约始于距今1万年,终于公元前3000年。人类开始人工取火,出现了原始畜牧业和原始农业,发明了烧制陶器的技术。后期还掌握了冶铜、铸铜的技术。社会组织由母系氏族发展到父系氏族,婚姻状况由族外婚发展至一夫一妻制。代表性的新石器文化遗址有距今7800—4800年的甘肃秦安大地湾遗址,距今7000—5000年的河南三门峡仰韶遗址,距今7000—6000年的浙江余姚河姆渡遗址,距今6800—5300年的陕西西安半坡遗址,距今6000—5000年的内蒙古赤峰红山遗址,距今5000—4000年的甘肃临洮马家窑遗址,距今4350—3950年的山东历城龙山遗址等。

传说的三皇五帝,大约自公元前3000—前2070年,处于我国由原始社会向文明初起的时期。一般认为三皇是先后为天下共主的伏羲、女娲、神农。传说,伏羲氏教民结网,从事渔猎畜牧,制嫁娶,以俪皮为礼,画八卦,造书契,以代结绳之政。女娲氏作笙簧,炼石补天,聚芦灰以止滔水。神农氏(炎帝)传说是农耕和医药的发明者,又创造了五弦瑟,开始蜡祭和市易。五帝指先后称为天子的黄帝、颛顼、帝喾、尧和舜。黄帝治服了诸侯,被尊为天子,又和他的大臣们发明了历法、舟车、姓氏、蚕丝、冠冕、弓矢、医药,创造出比较复杂的文字,有了雏形的政权组织。颛顼将沟通神人的占卜从民间收归天子,设置了较为完善的政权机构,制定了比较正规的历法。帝喾俭朴无私,品德高尚,以仁爱治民,以乐和政。帝尧不仅经常征求四岳的意见,还设谤木,让平民可以对国事发表意见,设立多级政权组织,要求荐举贤人,加以任用,最后将天子之位禅让给舜,是一个理想的上古民主制君主。帝舜以孝道闻名,善于识别人才,任用贤人,放逐恶人,布教天下,他掌权时期各方面的矛盾斗争已非常激烈。

公元前2070—前1600年,是夏王朝时期。禹治水有功,受禅位为天子,成为夏王朝的建立者。他规划九州,实行贡纳制度,天下已有了明确的行政区域划分。禹死后,他的儿子启破坏禅让的传统,自立为王,从此,王位传子不传贤,实行世袭制度,开始了古人所说的"家天下"。夏朝总共传了14代,17个王,延续470年。启的儿子太康耽于游乐田猎,不理政事,被有穷氏首领后羿所逐。太康死后,太康之弟仲康被立为夏王,实权操纵于后羿之手。仲康死后,其子相立,寒浞杀后羿,又杀相自立。其后,相子少康被立为王,重建夏朝,史称为"少康中兴"。少康之子杼在位时拥有一支比较强大的武装,彻底肃清了寒浞的势力,并征伐东夷,使夏王朝发展到鼎盛。其后的五代六王时期,社会比较稳定,经济持续发展。夏朝的统治疆域,东至东海,西连西河,北及燕山,南逾江淮。当时已经能冶炼较好的青铜,生产了不少青铜生产工具和生活用具,商品交换也有所发展。有了比较进步的阴阳合历和干支记日的方法。第十五代夏王孔甲,好方术鬼神,淫乱,引起诸侯的反叛,夏朝逐渐衰败。夏桀是有名的暴君,他不务修德,奢侈无度,杀人无数,四处用兵,劳民伤财,以至民众反抗,诸侯叛离,终于被商汤所灭。夏朝的统治中心在今天的河南西部和山西南部,考古学上的二里头文化的时代、区域、文化类型大致和夏朝一致,应该是它的遗址。

商朝,是中国历史上第二个家天下王朝。传说帝喾之子契被封于商(今陕西商洛)后开始兴起。经过近五百年的发展,到成汤时,已经成为以亳(今河南偃师)为都城的强大方国。在伊尹的辅佐下,成汤灭了夏桀,建立商朝。商朝传十七代三十王,大体自公元前1600—前1046年。第三代商王太甲不遵循成汤的法度治民,被伊尹放逐。悔过以后,恢复王位,勤俭爱民,诸侯亲附,社会安定,被称为守成之主。此后,一直到第九代天子太戊,是王朝巩固和发展的时期。从第十代天子仲丁开始,其后五代九王,多次发生争夺王位的权力斗争,并且多次迁都,商王室出现混乱。盘庚将都城由邢邑迁至殷,并进行改革,推行成汤的政治,革除奢侈恶习,关心百姓,使局势得以安定,政治、经济、文化迅速发展。第二十二代商王武丁将傅说擢拔为相,任人唯贤,大力改革政治,并多次出兵平定了土方、呇方、芶方、鬼方等游牧部族的侵扰,大规模对荆楚用兵,势力发展到鼎盛。商王朝建立了复杂的政权机构、庞大的军队和比较完备的刑法;有专门的巫职机构和许多巫卜人员,神事笼罩了一切,人祭人殉普遍;农业生产发展,普遍使用耒耜等农具,灌溉和排水技术也有了一定的发展;青铜冶炼技术和铸造工艺达到纯熟的境界,传世的商代青铜器种类繁多,造型精美,纹饰瑰丽。自第二十四代王祖甲以后,社会矛盾加剧,殷王朝逐渐出现衰乱的景象。第二十七代王武乙无道,以革囊盛血,仰而射之,名为射天。后来他在河渭间打猎,被雷电击死。第三十代王纣时,王权与贵族权势的斗争发展到顶点。纣王自恃聪明,刚愎自用,文过饰非,淫虐无比,奢侈无度,设炮烙之刑,大肆杀戮王公贵族,加重聚敛。纣王还大规模对周边部族用兵,平定了东夷,耗费了巨大的人力物力。西方的周人乘机发展起来,终于灭了殷商。

周朝是历史上继商朝之后的朝代,它分为西周(公元前1046—前771年)和东周(前770—前256年)两个时期。周族原是居住在西部的一个古老部落,相传帝喾之子后稷是周的始祖。周族在公刘时迁居到豳地(今甘肃宁县),开始兴盛起来。又传了九代到古公亶父时受戎狄逼迫,率领部族迁到周原(今陕西岐山),得到发展。"因太王所居周原,因号曰周。"到周武王发时,正式举兵伐商,灭商纣王,建立周朝,定都镐京(今陕西西安)。武王灭商后不久去世,辅政的周公旦通过平定东方叛乱,实行分封制度、建立诸侯国等措施,有效巩固了周朝的统治。公元前771年,犬戎攻破镐京,周幽王被杀,西周灭亡。第二年,继位的周平王东迁雒邑(今河南洛阳),此后周朝的这段时期被称为东周。东周时期,又分为春秋和战国两个历史阶段。周王朝共传37王,存在791年,是我国历史上存在时间最长的朝代。

春秋,自公元前770—前475年。孔子将鲁隐公元年到鲁哀公十四年的历史写成了《春秋》一书,后人就把这一段历史称为春秋时期。春秋时期,见于史书的诸侯国名有128个,比较大的诸侯国是齐、鲁、卫、宋、郑、陈、蔡、晋、燕、秦、楚、吴、越等,他们凭借实力,用战争来扩充领土,互相争夺,形成了诸侯争霸的局面。先后称霸的有齐桓公、宋襄公、晋文公、秦穆公、楚庄王。公元前579和公元前546年,举行了两次"弭兵"会盟,从此,战争大大减少。此后,地处江浙的吴、越先后成为小霸。春秋是一个旧秩序被破坏、新秩序萌芽的时代。据古人统计,《春秋》所载242年间,有36名君主被杀,72个诸侯国被灭,有大小战事480多起,诸侯的朝聘和盟会450余次。

战国,上接春秋,自公元前475—前221年。"战国"一词最早出自《史记·匈奴列传》:"冠带战国七,而三国边于匈奴。"西汉末年,刘向编著《战国策》一书,此后"战国"便成了特定历史时期的名称。这一时期,齐、楚、燕、秦、韩、赵、魏这七大国之间连年交战,在军事、政治、外交等方面的斗争十分激烈。秦国通过商鞅变法,富国强兵,终于后来居上,逐一灭掉了其他六国,完成了"秦王扫六合"的统一大业。

二、秦汉三国两晋南北朝

秦朝是我国历史上第一个统一多民族的专制主义中央集权的皇朝,统治时期为公元前221—前206年。相传秦始祖是颛顼帝的后代,周孝王封其部落首领非子于秦(今甘肃清水),号为秦嬴。秦襄公护送周平王东迁有功,被封为诸侯,建立国家,称为秦国。秦孝公时商鞅变法,秦国逐渐强大起来,成为七雄之首。从公元前230—前221年,秦王嬴政时期先后灭韩、赵、魏、楚、燕、齐六国,建立秦皇朝,自称始皇帝,建都咸阳。秦朝确立了皇权独尊的专制制度,中央官制实行三公九卿制,地方行政实行郡县制;并统一全国的度量衡、文字、货币,修筑驰道、直道等。这些制度有利于促进全国各地之间的交流、巩固统一,确立了中国历代皇朝体制的基本格局。但秦始皇迷信权力,法律严酷,赋役繁重,他去世不久就爆发了陈胜、吴广起义,公元前206年,秦二世被宦官赵高所杀,子婴又杀了赵高,刘邦率军入咸阳,秦朝灭亡。

汉朝是继秦朝之后强盛的大一统皇朝,以长安(今陕西西安)为都城,时间为公元前206—8年,历史上又称为西汉或前汉,经历了12个皇帝214年的统治。起义首领刘邦在攻灭项羽后,正式称帝,因其曾被封为汉王,故以汉为朝代名称。汉朝大体沿袭秦朝的政治制度,惠、文、景三帝任用贤人,减轻赋税,与民休养生息,使经济复苏并有所发展。汉武帝刘彻在思想文化上实行"罢黜百家、尊崇儒术"的方略,以"推恩令"化解了诸侯王力量太强的问题,大刀阔斧地进行经济改革,加强了国家的实力;对匈奴贵族势力进行了大规模的反击战争,将国家的疆域拓展到西域地区,构筑以长城为主干的北方边境防御体系,开通丝绸之路,密切了与中亚、西亚各国的联系,使王朝发展至极盛。继位的汉昭帝、宣帝等,关心民瘼,去弊兴利,史称"昭宣中兴"。以后的元、成、哀、平等帝一代不如一代,外戚、宦官轮流专权,统治者日益奢侈,政治日益黑暗,豪强大肆兼并土地,社会经济逐渐衰败。农民生活无着,流离失所,反抗斗争日益高涨。外戚王莽依靠欺骗手段,伪造"天命",于9年夺取政权,建立新朝。他托古改制,政令多变,横征暴敛,使社会矛盾进一步恶化。终于在以赤眉、绿林为代表的农民大起义中被分尸而死。

南阳宗族刘秀扫平起义和割据势力,于25年称帝,定都洛阳,历史上称为东汉或后汉。统治时间为25—220年,共经历了光武、明、章、和、殇、安、顺、冲、质、桓、灵、献12个皇帝。光武帝刘秀实行全面而行之有效的政治改革,调整了社会关系,强化了皇权。明帝时,政治清明、社会安定、经济繁荣。当初,刘秀为了解决开国功臣对皇权的威胁,以封爵和赏地来换取他们的权力。这些人父子相传,逐渐发展成地主豪强。他们欺压百姓,巧取豪夺,左右地方,甚至与皇室结亲,干涉皇权。皇帝为了对抗外戚,不得不依靠宦官。于是汉和帝以后,外戚、宦官相继专权,政治日趋黑暗,大量失地农民沦为流民。正直的士人和官僚结党反对专横的宦官,却被镇压,农民起义终于汇成规模很大的黄巾起义。在平定农民起义的过程中形成许多军阀,曹操先后攻灭吕布、袁术、袁绍等,统一北方。但南下时在赤壁之战中被孙、刘联军击败,退回北方,从此三足鼎立的格局开始形成。

三国时期(220—280年),是对中国历史上魏、蜀、吴三个政权并立时期的称谓。220年冬,曹操的儿子曹丕逼迫东汉献帝禅位,建都洛阳,国号魏,史称曹魏。221年,刘备自称兴复汉室,于成都称帝,国号汉,史称蜀汉。222年孙权称帝,先后以武昌和建业为都城,国号吴,史称东吴,自此三国正式鼎立。曹魏后期,大权落入司马懿、司马昭父子手中。263年,司马昭派兵灭蜀。265年,司马炎建立晋朝,魏国灭亡。280年,司马炎大举伐吴,东吴灭亡,三国时期结束。晋初陈寿所作史书《三国志》,专门记载自黄巾起义、军阀混战直到三国鼎立的历史,《三国演义》,则是有关这一时期的历史小说。

晋朝分为西晋(265—316年)与东晋(317—420年)两个阶段。265年司马炎代魏,自立为皇帝,国号晋,定都洛阳,史称西晋。280年灭吴,统一全国。司马炎死后不久,皇室争权,八王之乱历时16年,对社会经济造成极大破坏,少数民族贵族乘机揭竿而起。316年,匈奴贵族刘曜攻占长安,晋愍帝降,西晋亡,共传4帝52年。北方从此进入十六国时期。317年,南渡的琅邪王司马睿重建晋朝,定都建康(今江苏南京),保有淮河以南地区,史称东晋。420年,刘裕废晋恭帝自立,东晋亡,共传 11 帝 104 年。晋朝的突出特点是士族门阀政治,玄学思潮和佛教道教兴盛,同时少数民族大量进入中原,加强了各民族之间的交往交流交融。

十六国又称五胡十六国,是指自西晋末年匈奴贵族刘渊称帝到北魏统一北方这一历史时期(304—439 年)。晋八王之乱期间,各少数民族纷纷趁机起兵,建立政权,群雄混战,晋室南迁,北方成为各少数民族的逐鹿之地,直至东晋灭亡。北魏崔鸿著《十六国春秋》记载这段历史,书中言:"能建邦命氏成为战国者,十有六家。""十六国"因此而得名。五胡十六国指匈奴、鲜卑、羯、氐、羌等民族在西部和北方先后建立的成汉、前赵、后赵、前秦、后秦、西秦、夏、后凉、南凉、北凉、前燕、后燕、南燕等政权,以及汉人建立的前凉、西凉、北燕等国。十六国之外,还有代国(北魏前身)、冉魏、西燕、仇池国和内迁丁零之翟魏等。

从 420 年东晋灭亡到 589 年隋朝重新统一全国的 170 年间,我国历史上出现了南北方政权对峙的局面,史称南北朝。南朝从 420 年刘裕代晋建宋到 589 年陈朝灭亡,共经历了宋、齐、梁、陈四朝,都城均为建康(今江苏南京)。宋,史称南朝宋或刘宋,历 8 帝,420—479 年。齐,史称南朝齐或萧齐,萧道成建立,历 7 帝,479—502年。梁,史称南朝梁或萧梁,萧衍建立,历 7 帝,502—557 年。又有后梁,萧衍孙子萧詧建立,历 3 帝,为北周附庸,554—587 年。陈,史称南朝陈,陈霸先建立,历 5 帝,557—589 年。南朝时,南方地区进一步得到开发,为隋唐时期的经济、文化大发展和我国经济重心南移奠定了基础。在北方,先后建立了主要以少数民族为统治族的北魏、东魏、西魏和北齐、北周政权。北魏,鲜卑族首领拓跋珪建立,历 15 帝,386—534 年。北魏之先为鲜卑族拓跋部,中间经过孝文帝改革,北魏完全转变为汉族传统形式的政权,使十六国以来北方的民族融合达到前所未有的高度。北魏后期,军阀割据势力崛起,534 年,北魏分裂为鲜卑化的汉人、权臣高欢控制下的东魏(历 1 帝,534—550 年)和鲜卑人宇文泰控制下的西魏(历 3 帝,535—556 年)。后来高欢之子高洋建立北齐取代东魏,历 7 帝,550—577 年;宇文泰之子宇文觉建立北周取代西魏,历 5 帝,556—581 年。北周又灭掉北齐,至 581 年,北周为隋朝取代。北朝时,中原地区的各族人民实现了大融合。589 年,隋灭陈朝,正式结束了南北分裂对峙的局面。

三、隋唐五代宋辽夏金

隋朝是中国历史上经历了魏晋南北朝300余年分裂之后建立的大一统皇朝，杨坚夺取北周政权，建立隋朝，统治时期为581—618年。杨坚的父亲杨忠在北周屡立战功，官至柱国，封隋国公。杨坚承袭杨忠的爵位，580年，周宣帝突然病死，年幼的周静帝即位，由母后即杨坚的女儿辅政，国家大权实际上都被杨坚掌握。本年九月，杨坚被封为左大丞相，后又升为相国，改封隋王。581年，杨坚废掉周静帝，自己登上皇位，国号隋。589年灭陈，结束南北方长时期的分裂状态，统一全国。隋文帝杨坚励精图治，改革官制，轻徭薄赋，实行均田制度，发展生产，社会经济一度繁荣，国力大幅上升，开创了著名的"开皇之治"。隋炀帝大兴土木，开挖大运河，筑长城，修建东都洛阳，发动对吐谷浑和高句丽的战争，过度消耗国力，引发了贵族叛乱和农民大起义，最终于618年亡国。

唐朝是中国历史上统一时间较长、国力强盛的朝代，统治时间为618—907年，共历20帝，290年。李唐祖上原籍赵郡（今河北境内），属于山东大族李氏的一支。而李唐皇帝则称其始祖是老子李耳，西凉开国君主李暠是其远祖。唐高祖李渊的祖父李虎在西魏是"八柱国"之一，以战功封唐国公。宇文泰将西迁功臣的郡望全都改成关内，李虎才自称祖籍武川（今内蒙古武川）。李虎的儿子李昞死后，李渊袭封为唐国公，隋炀帝时任晋阳（今山西太原）留守。617年，李渊、李世民父子趁隋末农民大起义之机起兵，很快攻占长安。次年，李渊就迫使傀儡隋恭帝禅位，取代隋朝，国号唐，定都长安。626年，唐太宗李世民登基后开创了"贞观之治"；712年，唐玄宗李隆基即位，社会安定，经济发展，人称"开元盛世"。755年安史之乱后，唐朝国力日趋衰败，后期出现了严重的宦官专权和藩镇割据问题，最后被朱温所灭。唐朝对后世有很大影响，现在海外华人聚居的地方称为"唐人街"，即是得名于此。

907年，军阀朱温灭唐，建立后梁，历史进入军阀混战的五代十国时期（907—979年）。五代指中原地区先后建立的梁、唐、晋、汉、周五朝，十国指南北各地的吴、南唐、吴越、楚、闽、南汉、前蜀、后蜀、南平(荆南)、北汉诸政权。梁、唐、晋、汉、周这些国号在历史上都已经出现过,所以史称后梁、后唐、后晋、后汉、后周。五代十国本质上是中晚唐以来藩镇割据的延续,五代的开国之君都是前朝的藩镇首领,靠军事割据发展起来,故这一时期的特点是战争频繁,政权屡有更迭。"五代十国"一词与政权定位最早来源于北宋薛居正的《(旧)五代史》。

辽朝是契丹族建立的位于中国北部的政权(907—1125年),共历9帝,统治218年。"辽"在契丹语中是镔铁的意思,契丹族原是鲜卑宇文部的一支,经过长期发展,907年契丹可汗耶律阿保机称帝,建立契丹国,定都上京(今内蒙古巴林左旗)。916年,建元神策。947年改国号为辽,983年辽圣宗曾复名契丹,1066年辽道宗又恢复国号辽。后晋统治者石敬瑭为了得到辽的支持,自称儿皇帝,向辽奉送了幽、蓟、云、朔等16州,从此,辽的领土东边到海,西边到金山(今阿尔金山),北边到胪朐河(今克鲁伦河)、外兴安岭、贝加尔湖,南边到长城南直至白沟(今河北雄县),是一个强盛的民族政权。辽与北宋长期交战,后来订立澶渊之盟,稳定了关系。辽朝后期,女真族不断起兵抗辽并建立了金朝。1125年,辽天祚帝被金军俘获,辽朝灭亡。辽亡后,宗室耶律大石西迁,曾在今新疆及邻近地区建立西辽政权。

宋朝是我国上承五代十国、下启元朝的时期,根据都城及疆域的变迁,可分为北宋与南宋,合称两宋(960—1279年),共历18帝,统治320年。赵匡胤,涿州人,后周岳州防御使赵弘殷之子,他早年从军,后数次跟随周世宗征战,受到重用,任殿前都点检。959年,周世宗病死,年幼的恭帝继位,兵权掌握在赵匡胤手中。960年,赵匡胤发动陈桥兵变,将士们把黄袍加在他身上,拥立他做了皇帝。由于赵匡胤原领宋州(治今河南商丘),所以建国号为宋,定都开封,称为北宋。979年攻灭北汉,结束五代十国之战乱,但宋朝只完成了局部统一,在北方与辽、西夏、金先后对峙。1127年,金兵攻陷汴京,掳去徽、钦二帝,北宋遂亡。本年五月,徽宗第九子康王赵构在应天府重建赵宋王朝,后南渡,定都临安,称为南宋。其疆域比北宋更为缩小,与西夏、金、蒙古(元)先后对峙。1279年,元朝水军攻破厓山,南宋灭亡。

西夏是党项族建立的政权(1038—1227年),历10帝,统治190年。党项族首领李元昊继承了历代祖先的经营成果,进行改革,于1038年正式称帝,国号大夏,改兴州为兴庆府(今宁夏银川),作为都城。这时的西夏已是一个东到黄河,西至玉门,南接萧关,北控大漠,地方万余里的民族政权。宋夏之间多年战争,互有胜负。1044年,双方达成和议,和平往来。毅宗谅祚令国中废除蕃礼,改用汉礼,与宋朝划定边界,将其势力发展到河州(今甘肃临夏)一带。惠宗年幼继位,其母梁太后摄政,废汉礼,改用蕃礼。对内与皇族势力反复争夺,对外与宋朝展开激战。崇宗亲政后,与宋议和,又奉金为上国。仁宗时西夏直接统治的有22州。仁宗以后,西夏皇室争权激烈,逐渐衰弱。蒙古军多次侵袭西夏,西夏不得不依附,并随其出征。西夏献宗继位后,改变政策,联金抗蒙。成吉思汗于1226年亲率大军征夏,围中兴府半年,次年七月,成吉思汗在军中病死,西夏末主李睍出降,西夏灭亡。

金朝是由女真族建立的统治我国北方的政权(1115—1234年),共历9帝,统治120年,大致与北宋末期和南宋时期相当。女真是我国东北地区的古老民族,勃兴于今黑龙江、松花江流域及长白山地区。1114年,生女真完颜部首领完颜阿骨打正式起兵反辽,次年,完颜阿骨打称帝建国号大金。关于称金的原因,一说完颜阿骨打认为"辽以镔铁为号,取其坚也。镔铁虽坚,终亦变坏,惟金不变不坏。金之色白,完颜部色尚白",所以国号为金。另一说法是女真部世代居住在按出虎水(今阿什河)一带,女真语中"按出虎"是金的意思,相传其水产金,故以此为名。金建立后,于1125年灭辽,随后又南下灭北宋。以后金与南宋多次交战,维持南北对峙的局面。1234年,金在蒙古、南宋的联合进攻下灭亡。

四、元明清

元朝是中国历史上第一个由少数民族建立并统治全国的皇朝,统治时期为1271—1368年。蒙古族长期生活在蒙古高原上,其直系祖先是属于东胡后裔的室韦各部落。室韦诸部中有一部称"蒙兀室韦",蒙兀即蒙古。唐朝末年,蒙古部西迁到漠北草原腹地,居于斡难河流域。辽金时期,蒙古诸部互相征战不休,直到成吉思汗出现,于1206年在斡难河源召开贵族大会,统一了蒙古,建立蒙古汗国。此后蒙古军西征东讨,先后征服中亚、西亚直至欧洲,灭西夏、金等政权。1271年,元世祖忽必烈改国号为大元,取《易经》中"大哉乾元"之意。1279年灭南宋,统一全国,定都大都(今北京)。元朝的民族歧视比较严重,将各种人分为四等,蒙古人为第一等,色目(西域人)为第二等,汉人(原辽、金臣民和北方汉族人)为第三等,南人(原南宋臣民)为最末等,其政治待遇等有所区别。元末爆发农民大起义,1368年,明朝军队攻入大都,元亡。元政权退居漠北,仍沿用大元国号,与明朝对峙,史称"北元",直到1402年才去掉国号。自成吉思汗起,历15位大汗和皇帝共163年;自元世祖定大元国号起,历11帝98年。元朝疆域空前辽阔,是中国历史上领土面积最大的皇朝。

明朝是朱元璋推翻元朝统治后建立的皇朝,因皇帝姓朱,故又称朱明,统治时期为1368—1644年,共历16帝,统治277年。元末群雄逐鹿的最终获胜者朱元璋,濠州钟离(今安徽凤阳)人,出身贫苦,曾出家为僧。1352年投到濠州红巾军郭子兴帐下,郭子兴及其长子死后,朱元璋成了郭氏部众的主要统帅。攻占南京后,他的势力逐渐强大,到1364年,朱元璋称吴王,建立西吴政权,之后消灭了陈友谅部和张士诚部。1368年,朱元璋正式称帝,以应天府为京师,年号洪武,建立明朝,朱元璋即为明太祖。将"明"作为国号,表示他继承的是元末首举义旗的韩山童、韩林儿父子的明王称号及其政权。不久他命徐达等领兵北伐,攻占大都,元朝灭亡。1421年,明成祖朱棣迁都北京。明朝前期几代帝王都励精图治,国力强盛,被称赞为"治隆唐宋,远迈汉唐"。明朝末年政治黑暗,爆发了陕北农民起义,随后扩展到全国,1644年,李自成攻入北京,明思宗朱由检于煤山自缢,明朝灭亡。

清朝是中国历史上最后一个皇朝,也是第二个由少数民族建立并统治全国的政权,时间为1644—1911年,共历12帝,统治全国268年。明代女真分为建州女真、海西女真和野人女真三大部。其中,建州部于明初自松花江下游逐渐南迁到鸭绿江以北地区,明朝在其地先后设置了建州卫、建州左卫和建州右卫,合称建州三卫。对于女真各部,明朝利用其酋长间接管辖,又实行分而治之和镇压的政策。明朝后期,边备废弛,努尔哈赤趁机兴起。他是建州左卫都督猛哥帖木儿的六世孙,其祖父、父亲皆被明军误杀,于是他以"七大恨"起兵,并逐渐统一了女真各部。1616年,努尔哈赤即汗位,国号大金,史称后金,以金为国号是为了继承完颜部女真的金朝。1636年,皇太极正式称帝,建国号大清,改女真族名为满洲。"清"之来源,一说是廓清天下之意;另一说为金与清两字在满语中的发音相同,为一音之转。1644年,顺治帝入关,定都北京,此后通过数十年的战争逐步统一全国。经过康熙、雍正、乾隆三位雄才大略的皇帝的经营,到18世纪后期,清朝成为当时亚洲东部最强大的国家。1840年,清朝在鸦片战争中败于西方资本主义国家,中国逐渐沦为半殖民地半封建社会。其间,官僚办洋务,民族资本办实业,中国加快了近代化的进程。1911年的辛亥革命推翻清朝统治,结束了在中国延续两千多年的皇权专制制度。

皇帝短寿原因新说

古语说:"皎皎者易污,峣峣者易折。"受兆民膜拜,整日里山呼"万岁"的皇帝,反而比一般人的寿命短,这早已是人所共知的史实。笔者对从秦始皇到清宣统帝,2100余年间有生卒年可考的313位皇帝的年龄进行统计,1—9岁(以下"岁"皆指虚岁)而死者8名,10—19岁而死者26名,20—29岁而死者49名,30—39岁而死者63名,40—49岁而死者51名,50—59岁而死者56名,60—69岁而死者42名,70—79岁而死者12名,80—89岁而死者6名。有11%的皇帝没有活到20岁,81%的皇帝没有活到60岁。313位皇帝的总寿命为13028岁,平均寿命仅为41.6岁。

九重之尊的皇帝,生活条件极端优越,医药和保健最为上乘,何以寿命反而如此之短? 以前学者的解释不外乎性生活的放纵和日理万机的辛劳。我们在进行深入考察以后,有了新的发现。

皇帝短寿的最大原因是在残酷的权力斗争中被杀害。皇帝处于权力之巅,在专制制度下,皇位只有死后继承或废杀夺权,故而在位皇帝成了各种觊觎权力者取而代之的目标。有的皇帝被自己的亲属、臣僚杀害,或先废后杀。有的皇帝被仇人杀害,或被敌国俘虏后杀害。据统计,秦至清末在位或被废、被俘、亡国而被杀的皇帝118人,其中知年龄者84人,占有明确年龄帝王总数的26.8%。被杀帝王平均年龄为32.15岁。19岁以内的22人,20—39岁的35人,两项合计占同年龄帝王的40%。最幼的是被权臣尔朱荣杀死的北魏幼主元钊,年仅3岁。最长的是被反叛大臣侯景包围,饿死于宫中的梁武帝萧衍,86岁。历史上最早被杀的皇帝是被赵高害死的秦二世胡亥,死时23岁。紧接着秦王子婴投降刘邦,后被项羽杀死,年约40岁。西汉平帝被权臣王莽毒死时,年仅14岁。东汉质帝刘缵不满大将军梁冀的跋扈,而被梁冀毒死,年仅9岁。曹魏少帝曹髦不满司马氏专权,曾言:"司马昭之心,路人所知也。吾不能坐受废辱,今日当与卿等自出讨之。"①一经交战,就被司马昭手下刺死,年仅16岁。以后前赵、后赵、前秦、后凉、西凉、后燕、东魏、西魏、南朝宋、南朝梁、隋、后梁、后唐、前蜀、南明等朝的皇帝几乎都是被害被杀的。64岁的隋文帝病重时,终于认清了太子杨广伪善和残酷的本质,决定传位于废太子杨勇。杨广得讯,指使张衡鸩杀其父,抢班上台。隋炀帝荒淫暴虐,大兴土木,四处巡游、征讨,引起天下军民反叛,终于在江都(今江苏扬州)被宇文化及部下兵逼自杀,终年50。炀帝长孙杨侑被李渊俘获后立为傀儡皇帝,然后逼其禅位,再予杀害,年仅15岁。炀帝次孙杨侗被王世充立为傀儡皇帝,亦是禅位被杀,年龄比杨侑还小。唐中宗李显在武则天死后恢复唐国号,后被安乐公主和皇后合谋毒杀。甚至连清圣祖康熙帝,据说也是被其子世宗指使党羽科隆多害死的。而世宗雍正帝则是被混为宫女的吕留良孙女刺死的。

皇帝短寿的另一个原因是近亲婚配。封建社会皇帝的婚姻实质是一种政治结盟,皇室与勋臣往往结成比较固定的婚姻集团,皇后为了巩固自己的地位,竭力将娘家的女孩许配给皇族。这种世世代代的姑舅亲、姨表亲,造成了皇后不育或皇子体质羸弱,智力低下,乃至夭折早死。

西汉惠帝的皇后是其妹鲁元公主的女儿,以至皇后无子,不得不以后宫美人子冒充己子,在惠帝死后立为少帝。少帝皇后吕氏是吕后之兄吕禄的女儿。景帝皇后薄氏是孝文薄太后的侄孙女,无子。武帝皇后陈氏是文帝女儿馆陶公主的女儿。昭帝上官皇后系权臣霍光的外孙女。宣帝霍皇后是霍光的女儿。成帝许皇后系宣帝许皇后的同祖姊妹。②西汉12位皇帝的平均年龄仅38.5岁,除两位被杀死者,汉高祖享年62岁,汉武帝享年70岁,其余最长者才48岁。东汉章帝窦皇后是光武帝之子刘彊女儿泚阳公主的女儿,无子。和帝阴皇后是光烈阴皇后之兄阴识的曾孙女。和帝邓皇后的母亲是光烈阴皇后堂弟的孙女。顺帝梁皇后是章帝恭怀皇后的

---

①《三国志》卷四《魏书·三少帝纪》注引《汉晋春秋》,北京:中华书局,1982年,第144页。

②《史记》卷四九《外戚世家》,北京:中华书局,1982年,第1969—1983页。

侄孙女。桓帝梁皇后是顺帝梁皇后的妹妹。桓帝邓皇后是和熹邓皇后的侄孙女。桓帝窦皇后是章德皇后的堂孙女。灵帝宋皇后是章帝宋贵人的侄曾孙女。献帝伏皇后是桓帝女阳安公主的女儿。东汉13位皇帝平均年龄仅29.8岁,汉光武帝享年63岁,汉献帝活到54岁,汉明帝活到48岁,其余10帝最年长者36岁,最短命的殇帝仅11个月大。

唐宪宗郭皇后的母亲为唐代宗长女昇平公主,所生子李恒,继位为穆宗,30岁死。宋英宗高皇后为仁宗曹皇后姊之女,所生子赵顼,继位为神宗,38岁死。辽景宗母萧撒葛只皇后系辽太祖淳钦皇后的侄女,景宗35岁死。辽兴宗母萧耨斤皇后系辽太祖淳钦皇后弟阿古只五世孙女,兴宗40岁死。

此种情况,尤以元代为甚。成吉思汗因弘吉剌氏特薛禅与其子按陈征伐有功,而赐号"国舅",下诏称:"弘吉剌氏生女世以为后,生男世尚公主,世世不绝。"[1]以至弘吉剌氏薛特禅的后代,有16女为皇后,3女为正妃。元世祖忽必烈的祖母成吉思汗皇后是薛特禅之女,皇后是按陈之女,所生子真金,自幼为哑巴,43岁死。真金妻阔阔真,亦为弘吉剌氏,所生长子40岁死,次子29岁死,三子铁穆耳继位为成宗,43岁死。成宗皇后失怜答里为按陈孙女,其祖母、母亲均为公主,所生子德寿早夭。真金次子甘麻剌之妻普颜怯里迷失,亦为弘吉剌氏,所生子即泰定帝也孙铁木儿,53岁死。武宗先后两位皇后都是按陈后代,不育。元代皇室与弘吉剌氏世代通婚,近亲生育的皇帝5名,平均寿命仅为38岁。

皇帝短寿的第三个原因是自戕或忧愤成疾而死。母后贪权,宦官、外戚专权,大臣擅权,在封建专制时代屡屡发生。著名的如西汉吕后、东汉梁冀、唐朝武曌、明朝魏忠贤、清朝那拉氏等。皇帝或大权旁落,或被废黜,或被敌国俘禁,连生命都握于他人之手,因愤懑无奈而纵情声色伤身而亡者有之,愤而自杀绝命者有之,忧愤郁结而死者更为普遍。西汉惠帝16岁继位,母吕太后听政。惠帝生性仁弱,亲见吕后毒死自己的异母兄弟赵王,又将赵王母戚夫人断肢、挖眼、弄聋、熏哑,残害为

---

①《元史》卷一一八《特薛禅传》,北京:中华书局,1976年,第2915页。

"人彘","孝惠以此日饮为淫乐,不听政,故有病也"①,32岁死。十六国之成汉皇帝李期,族叔李寿起兵攻进成都,废幽李期而自称帝,李期叹曰:"天下主乃当为小县公,不如死也!"②自缢而死,时年25。明建文帝被其叔父朱棣以"靖难之变",包围于宫中,不得不自焚而死,年仅26岁。明崇祯帝在李自成农民军打入北京城后自缢于煤山,年仅34岁。清咸丰帝在内外交患中"以醇酒妇人自戕",且好男色,以致身体多疾,31岁病死。③清德宗光绪帝被祖母那拉氏夺去大权,形同幽禁,38岁就抑郁而死。总计大权旁落,被俘、被禁、忧愤郁结而死或自杀的皇帝45人,占有明确年龄帝王总数的14.4%。

皇帝短寿的第四个原因是服用有毒的长生丹药。皇帝为天下至尊,享尽人间荣华富贵,其人生短暂之忧比常人更甚。出于对死亡的恐惧,许多皇帝都乞求于方士和道家,希望他们能寻找或炼制出灵丹妙药,依靠金石的"精气",达到长生不老的目的。早在战国时,齐国方士就编造出海中仙山有长生不死之药的谎言。秦始皇、汉武帝于是招致方士,为其寻找仙药并在宫中炼丹。西汉以后炼丹术广泛发展,晋代,炼丹术更被道士垄断。他们用白石英、紫石英、石钟乳、赤石脂、石硫黄制作的长生之药名寒食散,不知导致多少人夭折。现在看来,道士们炼丹的原料,不外乎汞、硫黄、铅、砒霜、硝石、雄黄、云母等,以及一些植物性的药材,炼制出的红色药丸,据说有长生不老之效。这类丹药服用后,初期能嫩白皮肤,提高消化功能,改进血液循环,增强性功能,起到健身的作用。但其中含有氧化砷、氧化汞,砷和汞都是剧毒药物,长期服用,会使人因中毒而全身燥热,口渴极甚,皮肤瘙痒,肌肉溃烂,舌缩入喉,性情狂暴,喜怒无常,乃至毙命。史家视此为比鸦片更甚的毒药。史书记载,最早因服长生丹药而致死的皇帝,是北魏道武帝拓跋珪。他"服寒食散,药数动发,至此愈甚。而灾变屡见,忧懑不安,或数日不食,或不寝达旦,归咎群下,喜怒乖常。朝臣至前,追其旧恶,皆见杀害;其余或以颜色变动,或以喘息不调,或以行

---

①《史记》卷九《吕太后本纪》,北京:中华书局,1982年,第397页。

②《晋书》卷一二一《载记李期传》,北京:中华书局,1974年,第3043页。

③《清朝野史大观·清宫遗闻》卷一,上海:上海书店,1981年,第68页。

步乖节,或以言辞失措,帝以为怀恶在心,变见于外,乃手自殴击,死者皆陈天安殿前"①。终于搞得天怒人怨,而在病中被其子清河王杀死,时年39岁。其子明元帝拓跋嗣也是"素服寒食散,频年动发,不堪万机"②,32岁死去。唐太宗为一代英主,然其晚年亦因服用婆罗门僧那罗迩娑以灵草秘石合成的长生药,病重后"名医莫知所为"③而亡。以后的唐宪宗、唐武宗、唐宣宗均因服丹药而死。武宗"重方士,颇服食修摄,亲受法箓。至是药躁,喜怒失常,疾既笃,旬日不能言。崩,时年三十三岁"④。其后,死于丹药的如后唐明宗李亶、南唐烈祖李昇、明宪宗朱见深、明世宗朱厚熜等,由于史料不足,其实际数量难以统计。

古时大臣有"伴君如伴虎"的口头禅。其实皇帝这只老虎自己也是"人命危浅,朝不保夕",时时有丧命之虞。难怪汉献帝在其伏皇后被曹操派人拉去幽杀时,回答求救的伏皇后说:"我亦不知命在何时!"⑤

（原载《澳门日报·学海副刊》1994年4月3日）

①《魏书》卷二《太祖纪》,北京:中华书局,1974年,第44页。

②《魏书》卷三《太宗纪》,北京:中华书局,1974年,第62页。

③《旧唐书》卷八四《郝处俊传》,北京:中华书局,1975年,第2799页。

④《旧唐书》卷一八上《武宗本纪上》,北京:中华书局,1975年,第610页。

⑤《后汉书》卷一〇下《皇后纪下》,北京:中华书局,1965年,第454页。

两千年一贯的中国大姓

——张、王、李、赵、刘

中国的姓氏林林总总，成千上万，要依人数多少排座次，总脱不开"张王李赵遍地刘"的基本格局。《吉尼斯世界纪录大全》言，姓张的人数最多。1984年有人研究说，姓王的人数第一。1987年公布抽样统计情况，汉族人口的前十大姓是李、王、张、刘、陈、杨、赵、黄、周、吴，其中仅李、王、张三姓即占总人口的20%以上。

我们猜测，"张、王、李、赵遍地刘"的事实，很可能肇始于2000年前的汉武帝时期。当年项羽自称西楚霸王，就封了包括汉王刘邦在内的十八位诸侯王，都称为异姓诸侯。刘邦建汉朝以后，陆续翦灭异姓诸侯，到文帝时"异姓尽也"。但同时"惩戒亡秦孤立之败"，为了保住刘家江山，"尊王子弟，大启九国"，封立九位皇帝的兄弟子侄为诸侯，称同姓诸侯。文帝、景帝时期，同姓诸侯年龄渐长，势力渐大，有人觊觎皇位，而出现"吴楚七国之乱"。在武力平定了同姓诸侯王反叛以后，为了削弱同姓诸侯的势力，文帝采取"削藩"之法，武帝则"众建诸侯"，实行"推恩"，使原来的九大同姓王国瓜分为四百零八个王侯，"大国不过十余城，小侯不过数十里"，这就造成了所谓"遍地刘"的事实。而张、王、李、赵则是当时最有权势的外戚。张氏为惠帝皇后，王氏为景帝皇后、武帝生母，两人在夫（皇帝）死后都称制多年。李氏是武帝夫人，最受宠爱，后被霍光追尊为皇后。赵氏为武帝婕妤，昭帝生母，昭帝即位后追尊为皇太后。张、王、李、赵四大姓的顺序，大概就由此而固定下来，以至东汉应劭《风俗通义》中亦依此序，称："张、王、李、赵，皆黄帝之后也。"两《汉书》立传905人，涉及234个姓氏，其中，刘姓158传，王姓43传，张姓39传，李姓26传，赵姓23传，占总传数的三分之一。这从一个侧面证明，张、王、李、赵、刘在汉代已经是人口众多的一些姓氏。

这五姓内,刘、李、赵分别为汉、唐、宋王朝的国姓。其宗族子孙分食封邑,待遇特殊,族人的繁衍自不待言。李白诗云:"我李百万叶,柯条布中州。"形象地摹绘了唐朝"遍地李"的景况。三朝皇帝给许多功臣、亲信和民族首领赐以国姓,使许多外姓、外族加入该姓的行列。还有不少人因羡慕、避讳等改为三姓。由此,历史上刘、李、赵三姓人数愈来愈多,是完全可以理解的。

至于张、王二姓的发展,在历史上也留下了深深的辙迹。东汉王符《潜夫论》中说:"至汉,张姓滋多,司邑闾里,无不有张者。"魏晋南北朝的世家大族,江南最著名者为王、谢、顾、陆、朱、张。东晋人言:"王与司马共天下。"就指的是王姓控制了朝政,乃无冕之帝。

宋朝朱弁《曲洧旧闻》载:"俚语有'张、王、李、赵'之语,犹言是何等人,无足挂齿之意也。"《五灯会元》中"问:如何是佛?师曰:张三李四"。张、王、李、赵之类,已成为僧俗对常用姓氏的称代语。

即使在蒙古人统治的元朝,张、王、李、赵、刘仍然是人数最多的姓氏。《元史·顺帝纪》载,至元三年(1337年),大丞相伯颜竟提议,杀尽张、王、李、赵、刘五姓,以扑灭汉族人民的反元烈火。

明清以降,形成了"张冠李戴""张三李四王二麻子""张家长、李家短"等成语俗语,都是因为这五姓人数很多,随处皆有,所以民间信口就拿他们打比方。

张、王、李、赵、刘,是两千年一贯的中国特级大姓!

(原载《读书人报》1991年6月7日)

汉唐丝绸之路经济文化交流
及其对丝绸之路经济带建设的意义

西汉建元三年(前138年)与元狩四年(前119年),张骞两次出使西域,是影响中国及世界历史进程的大事。《史记·大宛列传》称:"骞还到,拜为大行,列于九卿。岁余,卒。其后岁余,骞所遣使通大夏之属者皆颇与其人俱来,于是西北国始通于汉矣。然张骞凿空,其后使往者皆称博望侯,以为质于外国,外国由是信之。"苏林注言:"凿,开也。空,通也。骞开通西域道。"①从此以后,通过这条古代东方与西方的和平发展与文化融合之路,中国与西域的来往及与西方诸国诸族政治、经济、思想和文化技艺的交流日益密切。古代对这一条由中国各朝代都城出发②,横贯亚洲大陆,进而连接欧洲和北非的古老陆上交通线并没有命名。直到1887年德国地理学家李希霍芬出版的多卷本名著《中国》(又名《中国亲历旅行记》)才正式将"中国与河间(指中亚阿姆河与锡尔河之间的地带)以及中国与印度之间,以丝绸贸易为媒介的这条西域交通路线",称为"丝绸之路"(The Silk Road)。

张骞通西域,正式开辟了中国皇朝官方与西方的交流。这里所谓的中国皇朝,是因中国历史上不断出现朝代更替,而非千古一姓,以中国皇朝称之,是指古代自秦以后陆续更替的历朝历代。而西方,在古代称为西域,广义的西域大体指中国新疆、中亚、西亚、西南亚、欧洲和北非。自神爵二年(前60年)西汉设西域都护以后,新疆地区就成为我国统一多民族国家不可分割的一部分。但今新疆地区在古代多不实行郡县制,当地各地方政权或民族与中央朝廷往往是称臣纳贡的关系,况且其经济模式也与中原大有不同。故而古代一般将其列入西域范畴,本文也将其包含

---

①《史记》卷二二三《大宛列传》,北京:中华书局,1982年,第3169页。

②丝绸之路东段起点一般都是中国皇朝的都城,例如西汉长安、东汉洛阳、唐朝长安、北宋开封、元朝大都、明清南京北京等,很难一概而论,故而不再确指丝绸之路东段起点。

于西方之列。丝绸之路上的这种交流首先是政治上的,其次则是经济、思想、文化科技和人员上的。唐朝末年,中国经济政治重心转移,加之海上丝绸之路的兴起,陆上丝绸之路出现衰败,虽然以后直至明清丝绸之路始终是中西陆上交通的重要道路,但已辉煌不再。故而本文主要以汉至唐末的1000余年为限,探寻其间的中西方经济和文化交往,并讨论古代丝绸之路研究对当代丝绸之路经济带建设的意义。

一、汉唐中西方经济文化交流情况检录

以下,我们主要从《史记》《汉书》《后汉书》《三国志》《晋书》《魏书》《北齐书》《北周书》《梁书》《隋书》《旧唐书》《新唐书》等"正史",以及《通典》《资治通鉴》《册府元龟》①15种古籍中找出西汉至唐末,不计无具体交流物品的贡赐资料,中西方在经济和文化交流中的主要资料共150条,每条皆尽可能依据各种资料确定其具体的或大体的年代。所有资料按其所产生的年代编序排列。因概括的文字颇多,故条末括注出处只标明书名及篇名。

1.公元前201年汉匈和亲以后,汉岁致(匈奴)金絮采缯以奉之。(《汉书》卷四八《贾谊传》)

2.汉文帝六年(前174年),汉朝赠给单于服绣袷绮衣、长襦、锦袍各一,比疏一,黄金饬具带一,黄金犀毗一,绣十匹,锦二十匹,赤绨、绿缯各四十匹。(《史记》卷一一〇《匈奴列传上》)

3.公元前119—前115年,汉张骞第二次出使西域,赍金币帛直数千巨万。(《史记》卷一二三《大宛列传》)

---

① 诸古籍的版本,《史记》中华书局1982年,《汉书》中华书局1962年,《后汉书》中华书局1965年,《三国志》中华书局1959年,《晋书》中华书局1974年,《魏书》中华书局1974年,《北齐书》中华书局1972年,《周书》中华书局1971年,《梁书》中华书局1973年,《隋书》中华书局1973年,《旧唐书》中华书局1975年,《新唐书》中华书局1975年,《通典》商务印书馆十通本1935年,《资治通鉴》中华书局1956年,《册府元龟》中华书局1960年。以下凡引这些书籍,均只标其页码。

4.公元前115年,乌孙发导译送骞还,骞与乌孙遣使数十人,马数十匹报谢,因令窥汉,知其广大。(《史记》卷一二三《大宛列传》)

5.公元前113年,汉使还,而后(安息)发使随汉使来观汉广大,以大鸟卵及黎轩善眩人献于汉。(《史记》卷一二三《大宛列传》)

6.公元前105年,乌孙献马千匹,汉赐细君乘舆服御物,间岁遣使者持帷帐锦绣给遗焉。(《汉书》卷九六《西域传下》)

7.公元前105年? 汉使穷河源,其山多玉石,采来,天子案古图书,名河所出山曰昆仑云。(《史记》卷一二三《大宛列传》)

8.公元前101年,汉伐大宛得千里马,马名蒲梢,献马三千匹,岁献天马二匹。(《汉书》卷九六《西域传上》,《史记》卷二四《乐书》)

9.公元前100年后,(大)宛左右以蒲陶为酒,富人藏酒至万余石,久者数十岁不败。俗嗜酒,马嗜苜蓿。汉使取其实来,于是天子始种苜蓿、蒲陶肥饶地。及天马多,外国使来众,则离宫别观旁尽种蒲陶、苜蓿极望。(《史记》卷一二三《大宛列传》)

天子遣贰师将军李广利将兵前后十余万人伐宛,连四年。宛人斩其王毋寡首,献马三千匹,汉军乃还,语在《张骞传》。后岁余,宛贵人以为"昧蔡谄,使我国遇屠",相与共杀昧蔡,立毋寡弟蝉封为王,遣子入侍,质于汉,汉因使使赂赐镇抚之。又发使十余辈,抵宛西诸国求奇物,因风谕以伐宛之威。宛王蝉封与汉约,岁献天马二匹。汉使采蒲陶、目宿种归。天子以天马多,又外国使来众,益种蒲陶、目宿离宫馆旁,极望焉。(《汉书》卷九六《西域传上》)

10.公元前77年,傅介子至楼兰,使译者谓:"汉使者持黄金、锦绣行赐诸国。"即出金币以示译者。(《汉书》卷七〇《傅介子传》)

11.公元前73—前49年,乌孙公主遣女来至京师学鼓琴。(《汉书》卷九六《西域传下》)

12.公元前65年,汉赐龟兹王及夫人以车骑旗鼓,歌吹数十人,绮绣杂缯琦珍凡数千万。(《汉书》卷九六《西域传下》)

13.公元元康二年(前64年),乌孙昆弥因惠上书:"愿以汉外孙元贵靡为嗣,得令复尚汉公主,结婚重亲,畔绝匈奴,原聘马、骡各千匹。"(《汉书》卷九六《西域传下》)

14.前61年后,汉遣中郎将张遵持医药治(乌孙)狂王,赐金二十斤,采缯。(《汉书》卷九六《西域传下》)

15.甘露三年(前51年),匈奴呼韩邪单于到长安称臣朝见,汉宣帝赐以冠带衣裳、黄金玺戾绶、玉具剑、佩刀、弓一张、矢四发、棨戟十、安车一乘、鞍勒一县、马十五匹、黄金二十斤、钱二十万、衣被七十七袭、锦绣绮谷杂帛八千匹、絮六千斤……明年(前48),呼韩邪单于复入朝,礼赐如初,加衣百一十袭,锦帛九千匹,絮八千斤。(《汉书》卷九四《匈奴传下》)[先帝时所赐呼韩邪竽、瑟、空侯。(《后汉书》卷八九《南匈奴列传》)]

16.公元前20年(?),汉都护廉褒赐乌孙姑莫匿等金人二十斤,缯三百匹。(《汉书》卷九六《西域传下》)

17.始建国三年(11年),而蔺苞、戴级到塞下,招诱单于弟咸、咸子登入塞,胁拜咸为孝单于,赐黄金千斤,锦绣甚多,遣去。(《汉书》卷九九《王莽传中》)

18.建武十三年(37年)正月,异国有献名马者,日行千里,又进宝剑,价直百金。诏以剑赐骑士,马驾鼓车。(《资治通鉴》卷四三《汉纪三十五》)

19.建武十七年(41年),莎车王贤复遣使奉献,请都护;帝赐贤西域都护印绶及车旗、黄金、锦绣。敦煌太守裴遵上言:"夷狄不可假以大权;又令诸国失望。"诏书收还都护印绶,更赐贤以汉大将军印绶;其使不肯易,遵迫夺之。贤由是始恨,而犹诈称大都护,移书诸国,诸国悉服属焉。(《资治通鉴》卷四三《汉纪三十五》)

20.建武二十八年(52年),北匈奴复遣使诣阙,贡马及裘,更乞和亲,并请音乐,又求率西域诸国胡客与俱献见。帝下三府议酬答之宜。司徒掾班彪奏曰:"……今北匈奴远驱牛、马与汉合市,重遣名王,多所贡献。……单于数连兵乱,国内虚耗,贡物裁以通礼,何必献马裘?今赍杂缯五百匹,弓鞬韇丸一,矢四发,遗遣单于。又赐献马左骨都侯、右谷蠡王杂缯各四百匹,斩马剑各一……"帝悉纳从之。(《后汉

书》卷八九《南匈奴列传》)

21.建武二十九年(53年),赐南单于羊数万头。三十一年(55),北匈奴复遣使如前,乃玺书报答,赐以彩缯,不遣使者。(《后汉书》卷八九《南匈奴列传》)

22.世传明帝梦见金人,长大,顶有光明,以问群臣。或曰:"西方有神,名曰佛,其形长丈六尺而黄金色。"帝于是遣使天竺,问佛道法,遂于中国图画形象焉。(《后汉书》卷八八西域列传)["昔汉哀帝元寿元年,博士弟子景卢受大月氏王使伊存口受《浮屠经》曰复立者其人也。"(《三国志·魏书·乌丸鲜卑东夷传》注引鱼豢《魏略》)]

23.章和元年(87年),月氏国遣使献扶拔、师子。(《后汉书》卷三《肃宗纪》)

24.章和元年(87年),(安息国)遣使献师子、符拔。符拔形似麟而无角。(《后汉书》卷八八《西域列传》)

25.章和二年(88年)十月 安息国遣使献师子、扶拔。(《后汉书》卷四《和帝纪》)

26.章和六年(92年)春正月,永昌(郡治今云南云龙县境)徼外夷遣使译献犀牛、大象。(《后汉书》卷四《和帝纪》)

27.永元十三年(101年)十一月,安息国遣使献师子及条枝大爵。(《后汉书》卷四《和帝纪》)[永元十三年,安息王满屈复献师子及条支大鸟,时谓之安息雀。(《后汉书》卷八八《西域列传》)]

28.永宁元年(120年),掸国王雍由调复遣使者诣阙朝贺,献乐及幻人,能变化吐火,自支解,易牛马头。又善跳丸,数乃至千。自言我海西人。海西即大秦也,掸国西南通大秦。明年(121年)元会,安帝作乐于庭,封雍由调为汉大都尉,赐印绶、金银、彩缯各有差也。(《后汉书》卷八六《南蛮西南夷列传》)

29.阳嘉二年(133年)六月,疏勒国献师子、封牛。(《后汉书》卷六《顺帝纪》)

30.(大秦国)其王常欲通使于汉,而安息欲以汉缯彩与之交市,故遮阂不得自达。至桓帝延熹九年(166年),大秦王安敦遣使自日南徼外献象牙、犀角、玳瑁,始乃一通焉。其所表贡,并无珍异,疑传者过焉。(《后汉书》卷八八《西域列传》)

31.建安七年(202年)五月,于寘国献驯象。(《后汉书》卷九《献帝纪》)

32.延康元年(220年)十二月,帝谓侍中苏则曰:"前破酒泉、张掖,西域通使敦煌,献径寸大珠,可复求市益得不?"(《资治通鉴》卷六九《魏纪一》)

33.景初三年(239年)二月,西域重译献火浣布,诏大将军、太尉临试以示百寮。[《异物志》曰:斯调国有火州,在南海中。其上有野火,春夏自生,秋冬自死。有木生于其中而不消也,枝皮更活,秋冬火死则皆枯瘁。其俗常冬采其皮以为布,色小青黑;若尘垢汙之,便投火中,则更鲜明也。](《三国志》卷四《魏书·三少帝纪·齐王芳》)

34.咸熙二年(265年)闰九月庚辰,康居、大宛献名马。(《三国志》卷四《魏书·三少帝纪·元帝》)

35.晋武帝泰始(265—274年)中,(康居)王那鼻遣使上封事,并献善马。(《晋书》卷九七《四夷列传》)

36.泰始六年(270年)九月,大宛献汗血马,焉耆来贡方物。(《晋书》卷三《武帝纪》)

37.永嘉四年(310年)十月,前凉张轨遣参军杜勋献马五百匹,毯布三万匹。(《资治通鉴》卷八七《晋纪九》)

38.咸和初,西域诸国献(前凉)汗血马、火浣布、犎牛、孔雀、巨象及诸珍异二百余品。(《晋书》卷八六《张骏传》)

39.前凉张骏(325—346年)使其将杨宣率众越流沙,伐龟兹、鄯善,于是西域并降。鄯善王元孟献女,号曰美人,立宾遐观以处之。焉耆前部、于阗王并遣使贡方物。得玉玺于河,其文曰:"执万国,建无极。"(《晋书》卷八六《张骏传》)

40.大宛国得中国金银,辄为器物。(《晋书》卷九七《四夷列传》)

41.太康六年(285年),武帝遣使杨颢拜其王蓝庾为大宛王。蓝庾卒,其子摩之立,遣使贡汗血马。(《晋书》卷九七《四夷列传》)

42.太元三年(378年)十月,大宛献汗血马。(前)秦王坚曰:"吾尝慕汉文帝之为人,用千里马何为! 命群臣作《止马之诗》而反之。"(《资治通鉴》卷一〇四《晋纪二

十六》)

43. 鄯善王、车师前部王来朝，大宛献汗血马，肃慎贡楛矢，天竺献火浣布，康居、于阗及海东诸国，凡六十有二王，皆遣使贡其方物。(《晋书》卷一一三《苻坚载记上》)

44. 太元八年(383年)受苻坚遣，吕光发长安，讨西域。光既平龟兹，有留焉之志。时始获鸠摩罗什，以驼二万余头致外国珍宝及奇伎异戏、殊禽怪兽千有余品，骏马万余匹。385年还河西。(《晋书》卷一二二《吕光载记》)

45. 《西凉》者，起苻氏之末，吕光、沮渠蒙逊等，据有凉州，变龟兹声为之，号为秦汉伎。魏太武既平河西得之，谓之《西凉乐》。至魏、周之际，遂谓之《国伎》。今曲项琵琶、竖头箜篌之徒，并出自西域，非华夏旧器。(《隋书》卷一五《音乐志下》)

46. 《龟兹》者，起自吕光灭龟兹(385年)，因得其声。吕氏亡，其乐分散，后魏平中原，复获之。其声后多变易。至隋有《西国龟兹》《齐朝龟兹》《土龟兹》等，凡三部。(《隋书》卷一五《音乐志下》)

47. 《天竺》者，起自张重华(347—353年)据有凉州，重四译来贡男伎，《天竺》即其乐焉。歌曲有《沙石疆》，舞曲有《天曲》。乐器有凤首箜篌、琵琶、五弦、笛、铜鼓、毛员鼓、都昙鼓、铜拔、贝等九种，为一部。工十二人。(《隋书》卷一五《音乐志下》)

48. 《康国》，起自周武帝娉北狄为后，得其所获西戎伎，因其声。歌曲有《戢殿农和正》，舞曲有《贺兰钵鼻始》《末奚波地》《农惠钵鼻始》《前拔地惠地》四曲。乐器有笛、正鼓、加鼓、铜拔等四种，为一部。工七人。(《隋书》卷一五《音乐志下》)

49. 《疏勒》《安国》《高丽》，并起自后魏平冯氏及通西域，因得其伎。后渐繁会其声，以别于太乐。(《隋书》卷一五《音乐志下》)

50. 晋义熙初，(师子国)始遣献玉像，经十载乃至。像高四尺二寸，玉色洁润，形制殊特，殆非人工。此像历晋、宋世在(建康)瓦官寺，寺先有征士戴安道手制佛像五躯，及顾长康维摩画图，世人谓为三绝。至齐东昏，遂毁玉像，前截臂，次取身，为嬖妾潘贵妃作钗钏。(《梁书》卷五四《诸夷列传》)

51. 太延五年(439年)五月癸未，遮逸国献汗血马。(《魏书》卷五《太武帝纪上》)

52. 悦般国。真君九年(448年)，遣使朝献。并送幻人，称能割人喉脉令断，击人头令骨陷,皆血出或数升或盈斗,以草药内其口中,令嚼咽之,须臾血止,养疮一月复常,又无痕瘢。世祖疑其虚,乃取死罪囚试之,皆验。云中国诸名山皆有此草,乃使人受其术而厚遇之。(《魏书》卷一○二《西域列传》)

53.太平真君(440—451年)先是,朝廷遣使者韩羊皮使波斯,波斯王遣使献驯象及珍物。经于阗,于阗中于王秋仁辄留之,假言虑有寇不达。(《魏书》卷一○三《西域列传》)

54.迷密国,都迷密城,在者至拔西,去代一万一千六百里。正平元年(451年),遣使献一峰黑橐驼。(《魏书》卷一○二《西域列传》)

55.大宛。后魏文成帝和平六年(465年),孝文太和三年(479年),并遣使献马。隋时苏对沙那国,即汉大宛也。宋膺《异物志》:"大宛马有肉角数寸,或有解人语及知音、舞与鼓节相应者。"隋《西域图记》云:"其马,骝马、乌马多赤耳,黄马、赤马多黑耳。唯耳色别,自余毛色与常马不异。"(《通典》卷一九二《边防八西戎四》)

洛那国,故大宛国也。都贵山城,在疏勒西北,去代万四千四百五十里。太和三年,遣使献汗血马,自此每使朝贡。(《魏书》卷一○二《西域列传》)

56.太和二年(478年)秋七月,龟兹国遣使献名驼七十头。九月丙辰,龟兹国遣使献大马、名驼、珍宝甚众。(《魏书》卷七《高祖纪上》)

57.世宗(500—515年)时,(南天竺)国王婆罗化遣使献骏马、金、银,自此每使朝贡。(《魏书》卷一○二《西域列传》)

58.天监(502—519年)初,天竺奉献琉璃唾壶、杂香、吉贝等物。(《梁书》卷五四《诸夷列传》)

59.景明四年(503年)夏四月,南天竺国献辟支佛牙。(《魏书》卷八《世宗纪》)

60.永平二年(509年),嚈哒、薄知国遣使来朝,贡白象一。(《魏书》卷八《世宗纪》)

61.滑国,车师之别种也。梁武帝普通初,其王厌带夷栗陀始遣使献贡黄师子、白貂裘、波斯锦等物。(《通典》卷一九三《边防九西戎五》)

62.大通二年(528年)五月,万俟丑奴自称天子,置百官。会波斯国献师子于

魏,丑奴留之,改元神兽。(《资治通鉴》卷一五二《梁纪八》)

中大通三年(531年)尔朱天光之灭万俟丑奴也,始获波斯所献师子,送洛阳。及节闵帝即位,诏曰:"禽兽囚之则违其性。"命送归本国。使者以波斯道远不可达,于路杀之而返。有司劾违旨,帝曰:"岂可以兽而罪人!"遂赦之。(《资治通鉴》卷一五五《梁纪十一》)

63.永安二年(529年)六月,嚈达国献师子一。(《魏书》卷一〇《庄帝纪》)

64.大同中,(高昌国)子坚遣使献鸣盐枕、蒲陶、良马、氍毹等物。(《梁书》卷五四《诸夷列传》)

65.粟特国,在葱岭之西,古之奄蔡,一名温那沙。居于大泽,在康居西北,去代一万六千里。先是,匈奴杀其王而有其国,至王忽倪已三世矣。其国商人先多诣凉土贩货,及克姑臧,悉见房。高宗初,粟特王遣使请赎之,诏听焉。(《魏书》卷一〇二《西域列传》)

66.西魏废帝二年(553年)三月,(突厥可汗)科罗遣使献马五万匹。(《周书》卷五〇《异域传下》)

67.保定四年(564年)秋七月,焉耆遣使献名马。(《周书》卷五《武帝纪上》)

68.魏文帝(220—226年)时,于寘国王山习献名马。天监十三年(514年),又献波罗婆步鄣。十八年(519年),又献琉璃罂。大同七年(541年),又献外国刻玉佛。(《梁书》卷五四《诸夷列传》)

69.天和四年(569年)秋七月,突厥遣使献马。(《周书》卷五《武帝纪上》)

70.建德三年(574年)正月,突厥遣使献马。(《周书》卷五《武帝纪上》)

71.建德三年(574年)十一月,于阗遣使献名马。(《周书》卷五《武帝纪上》)

72.开皇六年(586年),高昌献《圣明乐》曲,帝令知音者于馆所听之,归而肄习。及客方献,先于前奏之,胡夷皆惊焉。(《隋书》卷一五《音乐志下》)

73.开皇七年(587年)正月,突厥沙钵略遣其子入贡方物,因请猎于恒、代之间,又许之,沙钵略一日手杀鹿十八头,赍尾舌以献。(《隋书》卷八四《北狄突厥传》)

74.开皇十一年(591年)二月己卯,突厥遣使献七宝碗。(《隋书》卷二《高祖纪下》)

75. 何稠,开皇初,授都督,累迁御府监,历太府丞。稠博览古图,多识旧物。波斯尝献金绵锦袍,组织殊丽。上命稠为之。稠锦既成,逾所献者,上甚悦。时中国久绝琉璃之作,匠人无敢厝意,稠以绿瓷为之,与真不异。寻加员外散骑侍郎。(《隋书》卷六八《何稠传》)

76. 炀帝(605—618年)时,遣侍御史韦节、司隶从事杜行满使于西蕃诸国。至罽宾,得码碯杯,王舍城,得佛经,史国得十舞女、师子皮、火鼠毛而还。(《隋书》卷八三《西域传》)

77. 突厥颉伽施多那都蓝可汗雍虞闾(589—599年)遣使诣阙,赐物三千段。每岁遣使朝贡。时有流人杨钦亡入突厥中,都蓝执钦以闻,并贡靮布、鱼胶。其弟钦羽设部落强盛,都蓝忌而击之,斩首于阵。其年,遣其母弟褥但特勤献于阗玉杖,上拜褥但为柱国、康国公。明年,突厥部落大人相率遣使贡马万匹,羊二万口,驼、牛各五百头。寻遣使请缘边置市,与中国贸易,诏许之。(《隋书》卷八四《北狄传》)

78. 大业三年(607年)四月,炀帝幸榆林,启民及义成公主来朝行宫,前后献马三千匹。帝大悦,赐物万二千段。……帝法驾御千人大帐,享启民及其部落酋长三千五百人,赐物二十万段,其下各有差。(《隋书》卷八四《北狄传》)

诸胡骇悦,争献牛羊驼马数千万头。帝赐启民帛二千万段,其下各有差。又赐启民路车乘马,鼓吹幡旗,赞拜不名,位在诸侯王上。(《资治通鉴》卷一八〇《隋纪十三》)

79. 大业四年(608年)(西突厥)处罗遣使者随(隋使崔)君肃贡汗血马。(《资治通鉴》卷一八一《隋纪十四》)

80. 高祖起义太原(617年),遣大将军府司马刘文静聘于(突厥)始毕,引以为援。始毕遣其特勤康稍利等献马千匹,会于绛郡。(《旧唐书》卷一九四《突厥传上》)

81. 武德元年(618年)十二月,西突厥曷娑那可汗献大珠,上(唐高祖)曰:"珠诚至宝;然朕宝王赤心,珠无所用。"竟还之。(《资治通鉴》卷一八六《唐纪二》)

82. 武德二年(619年),(劫国)遣使贡宝带、金锁、颇梨、水精杯各一,颇梨四百九十枚,大者如枣,小者如酸枣。(《通典》卷一九三《边防九西戎五》)

83.武德三年(620年)三月,西突厥叶护可汗贡条支巨鸟。(《旧唐书》卷一《高祖纪》)

西突厥。武德三年,(统叶护可汗)遣使贡条支巨卵。(《旧唐书》卷一九四《突厥传下》)

84.武德四年(621年),突厥颉利献鱼胶数十斤,欲令二国同于此胶。高祖嘉之,放其使者特勤热寒、阿史德等还蕃,赐以金帛。(《旧唐书》卷一九四《突厥传上》)

85.武德七年(624年),(高昌)文泰又献狗雄雌各一,高六寸,长尺余,性甚慧,能曳马衔烛,云本出拂菻国。中国有拂菻狗,自此始也。(《旧唐书》卷一九八《西戎传》)

大唐武德中,车师(高昌)遣使献狗,雌雄各一,高六寸,长尺余,性甚惠,能牵马衔烛,云本生拂菻国。(《通典》卷一九一《边防七西戎三》)

86.武德九年(626年)九月,突厥颉利献马三千匹,羊万口;上(唐太宗)不受,但诏归所掠中国户口。(《资治通鉴》卷一九二《唐纪八》)

87.武德十年(627年)(汪按,武德无十年,仅九年),康国屈术支遣使献名马。(《旧唐书》卷一九八《西戎传》)

88.太宗嗣位(627年),(高昌)复贡玄狐裘,因赐其妻宇文氏花钿一具。宇文氏复贡玉盘。(《旧唐书》卷一九八《西戎传》)

89.贞观元年(627年)十二月,西突厥统叶护可汗遣真珠统俟斤与高平王道立来,献万钉宝钿金带,马五千匹,以迎公主。(《资治通鉴》卷一九二《唐纪八》)

90.贞观三年(629年)八月,薛延陀毗伽可汗遣其弟统特勒入贡,上赐以宝刀及宝鞭,谓曰:"卿所部有大罪者斩之,小罪者鞭之。"(资治通鉴一九三《唐纪九》)

91.贞观四年(630年),龟兹国遣使献马,太宗赐以玺书,抚慰甚厚,由此岁贡不绝,然臣于西突厥。(《旧唐书》卷一九八《西戎传》)

92.贞观六年(632年),于阗国遣使献玉带,太宗优诏答之。十三年(639年),又遣子入侍。及阿史那社尔伐龟兹,其王伏阇信大惧,使其子以驼万三百匹馈军。(《旧唐书》卷一九八《西戎传》)

93.贞观九年(635年)夏四月,康国献狮子。(《旧唐书》卷三《太宗纪下》)

94.贞观九年(635年),疏勒国遣使献名马,自是朝贡不绝。(《旧唐书》卷一九八《西戎传》)

95.西突厥沙钵罗咥利失可汗于贞观九年(635年)上表请婚,献马五百匹。(《旧唐书》卷一九四下《突厥传下》)

96.贞观十一年(637年),其国(罽宾)遣使,献俱物头花,丹紫相间,其香远闻。(《通典》卷一九二《边防八西戎四》)

97.贞观十一年(637年),(罽宾)遣使献名马,太宗嘉其诚款,赐以缯彩。(《旧唐书》卷一九八《西戎传》)

98.贞观十一年(637年),康国献金桃、银桃,诏令植之于苑囿。(《旧唐书》卷一九八《西戎传》)

99.贞观十二年(638年),波斯国遣使者没似半朝贡。又献活褥蛇,状类鼠,色正青,长九寸,能捕穴鼠。(《新唐书》卷二二一《西戎传下》)

100.贞观十三年(639年)三月,薛延陀可汗遣使上言:"奴受恩思报,请发所部为军导以击高昌。"上遣民部尚书唐俭、右领军大将军执失思力赍缯帛赐薛延陀,与谋进取。(《资治通鉴》卷一九五《唐纪十一》)

101.贞观十四年(640年)十二月,侯君集献俘于观德殿。上得高昌乐工,以付太常,增九部乐为十部。(《资治通鉴》卷一九五《唐纪十一》)

102.贞观十五年(641年),西突厥沙钵罗叶护可汗数遣使入贡。七月甲戌,命左领军将军张大师持节即其所号立为可汗,赐以鼓纛。上又命使者多赍金帛,历诸国市良马,魏徵谏曰……(《资治通鉴》卷一九六《唐纪十二》)

103.贞观十五年(641年),中天竺尸罗逸多自称摩伽陀王,遣使朝贡。复遣使献火珠及郁金香、菩提树。(《旧唐书》卷一九八《西戎传》)

104.贞观十六年(642年),罽宾国又遣使献褥特鼠,喙尖而尾赤,能食蛇,有被蛇螫者,鼠辄嗅而尿之,其疮立愈。(《旧唐书》卷一九八《西戎传》)

105.贞观十七年(643年)闰六月,薛延陀遣其兄子突利设献马五万匹、牛驼一万、羊十万以请婚,许之。(《旧唐书》卷三《太宗纪下》)

106.贞观十七年(643年),拂菻王波多力遣使献赤玻璃、绿金精等物,太宗降玺书答慰,赐以绫绮焉。(《旧唐书》卷一九八《西戎传》)

107.贞观二十一年(647年)八月,骨利干国(居回纥北方瀚海之北)遣使贡名马。(《旧唐书》卷三《太宗纪下》)

108.贞观二十一年(647年),其(康居)国献黄桃,大如鹅卵,其色如金,亦呼为金桃。(《通典》卷一九三《边防九西戎五》)

109.贞观二十一年(647年),波斯国又献活褥蛇,形类鼠而色青,身长八九寸,能入穴取鼠。(《通典》卷一九三《边防九西戎五》)

110.贞观二十一年(647年),(骨利干)遣使朝献骏马十匹。(《通典》卷二〇〇《边防十六北狄七》)

铁勒。其骨利干北距大海,去京师最远,自古未通中国。贞观中遣使来朝贡,遣云麾将军康苏密往慰抚之,仍列其地为玄阙州。俄又遣使随苏密使入朝,献良马十匹。太宗奇其骏异,为之制名。号为十骥:一曰腾霜白,二曰皎雪骢,三曰凝露骢,四曰悬光骢,五曰决波騟,六曰飞霞骠,七曰发电赤,八曰流金𫘛,九曰翙麟紫,十曰奔虹赤。又为文以叙其事。(《旧唐书》卷一九九《北狄传》)

111.摩揭它,一曰摩伽陀,本中天竺属国。环五千里,土沃宜稼穑,有异稻巨粒,号供大人米。王居拘阇揭罗布罗城,或曰俱苏摩补罗,曰波吒厘子城,北濒殑伽河。贞观二十一年,始遣使者自通于天子,献波罗树,树类白杨。太宗遣使取熬糖法,即诏扬州上诸蔗,拃沈如其剂,色味愈西域远甚。(《新唐书》卷二二一《西域传上》)

112.贞观二十二年(648年),唐使王玄策至,其(天竺)王发使贡以奇珍异物及地图,因请老子像及《道德经》。(《旧唐书》卷一九八《西戎传》)

113.高宗嗣位(650年),(于阗国王)拜右骁卫大将军,又授其子叶护玷为右骁卫将军,并赐金带、锦袍、布帛六十段,并宅一区,留数月而遣之,因请留子弟以宿卫。(《旧唐书》卷一九八《西戎传》)

114.永徽元年(650年)五月,吐火罗遣使献大鸟如驼,食铜铁,上遣献于昭陵。(《旧唐书》卷四《高宗纪上》)

吐火罗,大唐初,属西突厥。高宗永徽初,遣使献大鸟,高七尺,其色玄,足如驼,鼓翅而行,日三百里,能啖铁,夷俗谓为驼鸟。(《通典》卷一九三《边防九西戎五》)

115.乾封二年(667年),拂林遣使献底也伽。(《旧唐书》卷一九八《西戎传》)

116.上元二年(675年)春正月,龟兹王白素稽献银颇罗。十二月,龟兹王白素稽献名马。(《旧唐书》卷五《高宗纪下》)

117.上元三年(676年)二月,坚昆献名马。(《旧唐书》卷五《高宗纪下》)

118.开耀二年(682年)十二月,吐火罗献金衣一领,上不受。(《旧唐书》卷五《高宗纪下》)

119.万岁通天元年(696年)三月,大食请献师子。姚璹上疏,以为:"师子专食肉,远道传致,肉既难得,极为劳费。陛下鹰犬不蓄,渔猎悉停,岂容菲薄于身而厚给于兽!"乃却之。(《资治通鉴》卷二〇五《唐纪二十一》)

120.长安三年(703年)默啜遣大臣移力贪汗入朝,献马千匹及方物以谢许亲之意。(《旧唐书》卷一九四《突厥传上》)

121.长安中,大食国遣使献良马。(《旧唐书》卷一九八《西戎传》)

122.开元初,大食国遣使来朝,进马及宝钿带等方物。(《旧唐书》卷一九八《西戎传》)

123.开元五年(717年)六月,突骑施遣使献橐驼及马,降书谓曰:"卿远贡忠信,诣献驼马。朕玄默为神,澹泊为德,税彼部落,则有劳费。已敕所司不令辄受,深领厚意。宜体至怀。"是月,于阗国遣使,献打球马两匹,风脚野驼一头,貂一头。(《册府元龟》卷九七一《外臣部朝贡第四》)

124.开元六年(718年),康国遣使贡献锁子甲、水精杯、马脑瓶、驼鸟卵及越诺之类。(《旧唐书》卷一九八《西戎传》)

开元初,康国贡锁子铠、水精杯、码碙瓶、驼鸟卵及越诺、朱儒、胡旋女子。(《新唐书》卷二二一《西域传下》)

125.开元七年(719年)正月,其(拂林)主遣吐火罗大首领献狮子、羚羊各二。不数月,又遣大德僧来朝贡。(《旧唐书》卷一九八《西戎传》)

126.开元八年(720年)夏五月,南天竺国遣使献五色鹦鹉。(《旧唐书》卷八《玄宗纪上》)

开元八年,南天竺国遣使献五色能言鹦鹉。(《旧唐书》卷一九八《西戎传》)

127.开元八年(720年)九月,南天竺王尸利那罗僧伽宝多枝摩为国造寺,上表乞寺额,敕以归化为名赐之。(《旧唐书》卷一九八《西戎传》)

128.开元十年(722年)冬十月,波斯国遣使献狮子。(《旧唐书》卷八《玄宗纪上》)

129.开元十五年(727年),(突厥)使大臣梅禄啜来朝,献名马焉。(《通典》卷二〇〇《边防十六北狄七》)

130.开元十五年(727年)九月丙戌,突厥毗伽可汗遣其大臣梅禄啜入贡。吐蕃之寇瓜州也,遗毗伽书,欲与之俱入寇,毗伽并献其书。上嘉之,听于西受降城为互市,每岁赍缣帛数十万匹就市戎马,以助军旅,且为监牧之种,由是国马益壮焉。(《资治通鉴》卷二一三《唐纪二十九》)

131.开元十七年(729年)六月,北天竺国藏沙门僧密多献质汗等药。(《旧唐书》卷一九八《西戎传》)

132.天宝五载(746年)正月,狮子国王尸逻迷伽遣婆罗门僧灌顶三藏阿日伽跋折罗来朝,献钿金宝璎珞及贝叶梵写大般若经一部,细白氎四十张。(《册府元龟》卷九七一《外臣部朝贡第四》)

天宝初,师子国王尸罗迷迦再遣使献大珠、钿金、宝璎、象齿、白氎。(《新唐书》卷二二一《西域传下》)

133.天宝六载(747年)四月,波斯国遣使献玛瑙床。(《旧唐书》卷一九八《西戎传》)

134.天宝六载(747年)五月,大食国王遣使献豹六,波斯国王遣使献豹四,石国王遣使献马。(《册府元龟》卷九七一《外臣部朝贡第四》)

135.天宝九载(750年)四月,波斯国献火毛绣舞筵、长毛绣舞筵、无孔真珠。(《旧唐书》卷一九八《西戎传》)

136.肃宗乾元元年(758年),李瑀所送国信缯彩衣服金银器皿,可汗尽分与衙

官、酋长等。及瑀回,可汗献马五百匹、貂裘、白毻。(《旧唐书》卷一九五《回纥传》)

137.大历六年(771年)十一月,文单国王婆弥来朝,献驯象一十一。(《旧唐书》卷一一《代宗纪》)

138.大历六年(771年),波斯国遣使来朝,献真珠等。(《旧唐书》卷一九八《西戎传波斯国》)

大历六年九月,波斯国遣使献真珠、琥珀等。(《册府元龟》卷九七二《外臣部朝贡第五》)

139.大历八年(773年)十月,有司以回纥赤心马多,请市千匹。十一月,戊子,命市六千匹。(《资治通鉴》卷二二四《唐纪四十》)

140.大历十四年(779年)五月,诏文单国所献舞象三十二,令放荆山之阳,五坊鹰犬皆放之,出宫女百余人。(《旧唐书》卷一二《德宗纪上》)

141.贞元十八年(802年)春正月乙丑,骠国王遣使悉利移来朝贡,并献其国乐十二曲与乐工三十五人。(《旧唐书》卷一三《德宗纪下》)

贞元十八年春正月,骠己摩罗思那遣其子悉利移入贡。骠国在南诏西南六千八百里,闻南诏内附而慕之。因南诏入见,仍献其乐。(《资治通鉴》卷二三六《唐纪五十二》)

142.元和元年(806年),回鹘入贡,始以摩尼偕来,于中国置寺处之。其法日晏乃食,食荤而不食湩酪。回鹘信奉之,可汗或与议国事。(《资治通鉴》卷二三七《唐纪五十三》)

143.长庆二年(822年)二月,赐回纥马价绢五万匹。三月,又赐马价绢七万匹。是月,裴度招讨幽、镇之乱,回鹘请以兵从度讨伐。朝议以宝应初回纥收复两京,恃功骄恣难制,咸以为不可,遂命中使止回纥令归。会其已上丰州北界,不从止。诏发缯帛七万匹赐之,方还。五月,命使册立登啰骨没密施合毗伽昭礼可汗,遣品官田务丰领国信十二车使回鹘,赐可汗及太和公主。(《旧唐书》卷一九五《回纥传》)

144.长庆二年(822年)十月,回纥可汗遣使献国信四床、女口六人、葛禄口四人。(《旧唐书》卷一六《穆宗纪》)

145.长庆四年(824年)九月,波斯李苏沙献沉香亭子材。左拾遗李汉上言:"此何异瑶台、琼室!"上虽怒,亦优容之。(《资治通鉴》卷二四三《唐纪五十九》)

146.太和四年(830年)三月,以刑部尚书柳公绰为河东节度使。公绰至镇,回鹘遣梅录李畅以马万匹互市,公绰但遣牙将单骑迎劳于境,至则大辟牙门,受其礼谒。(《资治通鉴》卷二四四《唐纪六十》)

147.太和九年(835年)六月,入朝回鹘进太和公主所献马射女子七人,沙陀小儿二人。(《旧唐书》卷一九五《回纥传》)

148.会昌三年(843年)二月,黠戛斯遣使者注吾合索献名马二,诏太仆卿赵蕃饮劳之。(《资治通鉴》卷二四七《唐纪六十三》)

149.乾符二年(875年)十一月,回鹘遣使者同罗榆禄入贡;赐拯接绢万匹。(《资治通鉴》卷二五二《唐纪六十八》)

150.赞曰:西方之戎,古未尝通中国,至汉始载乌孙诸国。后以名字见者浸多。唐兴,以次修贡,盖百余,皆冒万里而至,亦已勤矣!然中国有报赠、册吊、程粮、传驿之费,东至高丽,南至真腊,西至波斯、吐蕃、坚昆,北至突厥、契丹、靺鞨,谓之"八蕃",其外谓之"绝域",视地远近而给费。开元盛时,税西域商胡以供四镇,出北道者纳赋轮台。地广则费倍,此盛王之鉴也。(《新唐书》卷二二一《西域传下》)

二、与中国王朝及内地进贡通商的国家或地区

不计无具体交流物品的贡赐资料,我们统计出自汉至唐一千余年中与中国王朝及内地进贡通商的国家或地区遍及今中亚、西亚、西南亚、东南欧、北非等,总计50多个。他们是在中国王朝北部及西部直至中亚的匈奴、北匈奴、突厥、西突厥、回纥、回鹘、骨利干;在今中国新疆的于阗、莎车、疏勒、楼兰、鄯善、龟兹、高昌、车师、滑国;原在今河西走廊或新疆,后迁至今吉尔吉斯斯坦等地的乌孙、劫国、悦般、坚昆、黠戛斯,迁至今土库曼斯坦、乌兹别克斯坦一带的月氏,迁至今哈萨克斯坦等地的薛延陀,迁至今哈萨克斯坦及乌兹别克斯坦的康居;在今土库曼斯坦等地的大宛;在今伊朗与土库曼斯坦一带的安息、波斯;在今塔吉克斯坦或吉尔吉斯斯坦的迷密;在今吉尔吉斯斯坦的突骑施;在今乌兹别克斯坦的粟特、奄蔡、温那沙、史国、安国、竭石国、坚沙、奇沙、羯霜国;在今乌兹别克斯坦撒马尔罕的康国;在今乌兹别克斯坦及土库曼斯坦一带的遮逸国;在今阿富汗一带的薄知国、吐火罗、罽宾、凛宾国、劫宾国、羯宾国;在今沙特阿拉伯等地的大食;在今伊拉克等地的条支;在今亚美尼亚或埃及的黎轩;在今意大利的大秦、拂菻;在今阿富汗至巴基斯坦一带的嚈哒;在今斯里兰卡的狮子国;在今印度及巴基斯坦的身毒、天竺、北天竺;在今印度的中天竺、南天竺、摩揭陀、王舍城;在今缅甸的掸国、骠国;在今柬埔寨的文单国。

以下是根据前贤考定并将其置于当今该地之国名或地区名的这些国家或民族所在地的具体说明:

1.匈奴(1.2.15.17)[①]:盛时势力东自辽东,西至今新疆大部,直至中亚。

2.北匈奴(20):东汉初,匈奴分裂为二部,南下归汉者称为南匈奴,留漠北者称北匈奴。又西迁康居,与郅支单于的残余势力会合。

3.于阗、河源(7.31.68.71.92.113.123):今新疆和田。

4.莎车(19):今新疆莎车。

5.疏勒(29.49.94):今新疆喀什。

6.楼兰、鄯善(10.39):今新疆若羌县北境。

7.龟兹(12.45.46.56.91.116):今新疆拜城、轮台一带。

8.高昌、车师、滑国(61.64.72.88.101):今新疆吐鲁番东南。

9.焉耆(67):今新疆焉耆县一带。

10.劫国(82):汉代在今新疆乌鲁木齐西南,隋时在葱岭(帕米尔高原)中,塔吉克斯坦、中国和阿富汗交界一带。

11.乌孙(3.4.6.11.13.14.16):本居河西走廊,汉时在今吉尔吉斯斯坦一带。

12.月氏(23):阿姆河流域,今土库曼斯坦、乌兹别克斯坦一带。

13.悦般国(52):最初在龟兹以北游牧,北魏时迁入乌孙(今吉尔吉斯斯坦)

---

①括号内为所见上录史料编号,以便查考。

西北。

14.大宛(8.9.34.36.40.42.43.55)：主要位于乌兹别克斯坦、塔吉克斯坦和吉尔吉斯斯坦三国交界地区的费尔干纳盆地。大宛国首府贰师城，今土库曼斯坦阿斯哈巴特城。

15.迷密国(54)：北魏时西域古国，在今塔吉克斯坦或吉尔吉斯斯坦一带。

16.安息、波斯(7.24.25.26.53.62.99.109.128.129.130.133.134.135.138.145)：在今伊朗北境至土库曼斯坦一带。

17.安国(49)：在今乌兹别克斯坦布哈拉一带。

18.条支(27)：约在今伊拉克境内。

19.突厥(66.69.70.73.74.75.77.78.80.84.86.120)：6世纪盛时，势力东起辽水，西抵里海，北越贝加尔湖，南抵阿姆河以南。

20.西突厥(79.81.83.89.96)：最盛时期疆土东起金山西到西海诸国，囊括整个中亚。

21.回纥、回鹘(136.139.142.144.147.149)：盛时东极室韦(今额尔古纳河一带)，西抵金山(今阿尔泰山)，南控大漠，尽得古匈奴地。

22.坚昆、黠戛斯(117.148)：汉作鬲昆，又作隔昆，或坚昆；南北朝至隋作护骨，或结骨、契骨、纥骨；原居叶尼塞河流域，后南迁天山地区，七河流域(巴尔喀什湖以东，伊犁河等七条河流流程区域)，再迁到费尔干纳(吉尔吉斯斯坦)一带。

23.薛延陀(90.100.105)：今中国新疆北境、蒙古国、哈萨克斯坦、俄罗斯交界一带。

24.骨利干(107.110)：为铁勒之一部，在今贝加尔湖北。

25.突骑施(123)：今吉尔吉斯斯坦的托克玛克一带。

26.粟特、奄蔡、温那沙(65)：今乌兹别克斯坦等地。

27.康国(87.93.98.124)：今乌兹别克斯坦撒马尔罕。

28.康居(34.35.42.48.108)：汉时在今中国新疆北部至中亚哈萨克斯坦等地，后南迁到索格狄亚那地区，唐时在今乌兹别克斯坦塔什干一带。

29.遮逸国(51):西域古国,因其所献为汗血马,或在今乌兹别克斯坦及土库曼斯坦一带。

30.史国(76):又名竭石国、坚沙、奇沙、羯霜那国,最强大时都于乞史城,其地在今乌兹别克斯坦沙赫里萨布兹。

31.石国(134):今乌兹别克斯坦塔什干一带。

32.薄知国(60):今阿富汗北部巴尔赫省等地。

33.吐火罗(114.118):唐时属西突厥,在今阿富汗北境。

34.罽宾(76.96.97.104):又作凛宾、劫宾、羯宾国,今阿富汗东南喀布尔一带。

35.大食(119.121.122.134):古阿拉伯帝国,出现于阿拉伯半岛,最盛时横跨中亚、西亚、南亚、北非,直至欧洲今西班牙葡萄牙一带。

36.黎轩(5):在古安息西,指今亚美尼亚或托勒密埃及王国。

37.大秦、拂菻(28.30.85.106.115.125):古罗马,今意大利。

38.嚈哒(60.63):6世纪,在今阿富汗兴都库什山南至巴基斯坦印度河以西一带,并向周围发展。

39.天竺、身毒(22.43.47.59):中古时期,古印度全域划为五区,称为五天竺。南天竺,南际大海。北天竺,北距雪山。东天竺,东际大海,与扶南(今柬埔寨及老挝、越南、泰国交界一带)连。西天竺与罽宾、波斯相接。五天竺中,中天竺面积最广,有今拉加普坦那东半、中央诸州、中央印度州、联合州及孟加拉州之大半。

40.中天竺(103):见上。

41.北天竺(131):见上。

42.南天竺(57.59.126.127):见上。

43.摩揭它(111):古印度的一个重要王国,位于恒河中下游地区,大体相当于今比哈尔邦的中南部。

44.王舍城(76):古印度佛教圣地,摩揭陀国都城,在今印度比哈尔邦底赖雅附近。

45.师子国(50.132):今斯里兰卡。

46.掸国(28):今缅甸北。

47.骠国(141):7—9世纪时缅甸骠人建立的古国。

48.文单国(137.140):今柬埔寨境内古国。

三、由中国向西方赐赠交易之物

1.中国皇朝赐予或地方贸易等交换给西域诸国诸族的物品,主要是丝、丝绸织品及以丝绸制成的服饰帐幕等。其名目有絮(1),缯(1.2.12.14.16.20.21.28.96.100.136.145),绣(2.3.6.10.12.17.19),绮(2.3.12),襦(2.3),锦(2.3.6.10.17.19.113),绨(2.3),袍(2.113),绫(106),帛(3.100.106. 113.130.145),彩(96),缣(130),绢(145.149),帷帐(6),衣被(16),冠带衣裳(15),物段(隋唐时以段作为物品价值的计量单位)(77.78)。

2.有金银及其制品、钱币。金(1.3.10.14.15.16.17.40.84),金带(113),黄金饬具带(2),黄金犀毗(带钩)(2),金银器皿(136),银(28.40),钱(15)。

3.有梳妆用品。比疏、梳比(即梳篦)(2.3),花钿(妇女脸部的花饰)(88)。

4.有各种乐队乐器。鼓琴(11),歌吹数十人(12.78),竽、瑟、箜篌(15)。

5.有印绶、仪仗、刀剑、弓矢等。印绶(15.19.28),车骑旗鼓(12.19.78.102),安车、鞍勒、马(15),剑(15.20),佩刀、弓、矢、棨戟、鞭(15.20.90)。这些多是授予西域诸王及其家属权力和威仪的物品。

6.有医药。为乌孙狂王治伤(14)。

7.有羊驼。羊(21),驼(44)。

8.有道教图书。老子像及《道德经》(111)。

9.有皇帝亲笔书写的匾额。赐封额(127)。

10.有国信(145)。

据以上不完全统计,汉唐间中国朝廷或民间与西域诸国赐赠交易共96次,其中仅丝绸类的即达52次,不仅其名目繁多,而且有时数量达十万匹以上。从中不仅可以看到古代丝绸的生产技术和水平,还能看出西域诸国诸族对中国丝绸的巨大需求。前人将中西贸易之路称为丝绸之路,真是名副其实。另外,金钱的赏赐数量也很大,新朝王莽为了分化匈奴势力,给匈奴单于弟弟咸一次就赐黄金千斤,可谓不惜巨资了。

由中国朝廷或民间输出的还有乐曲、乐器,可见古代通过丝绸之路的音乐文化交流并非单方面的,而是既有中华音乐文化传到西域的,也有西域音乐文化传到中华大地的。这种音乐文化的互动,丰富了中西各地人们的文化生活,有十分重大的意义。

宗教文化,过去我们主要认为是由西向东的单向输入。从资料看,这一观点也有必要纠正。唐贞观二十二年(648年),天竺王发使向唐朝献骏马及地图,并向唐朝请求赐老子像及《道德经》,可能是中国土生土长的道教向印度传播的一条重要史料。

国信,不知何物。古代"国信"本指皇朝出使者的凭信,如节、敕书等。但此处有十二车之数量词,则不知何谓,或为可表示国家信誉的物品。待考。

四、西方诸国诸族贡献及交流之物

西方诸国诸族,通过丝绸之路与汉朝和唐朝的经济文化交流的具体内容是:

1.家畜和珍禽奇兽。最重要的是马,有乌孙马(4.15.7.13),大宛马、汗血马、千里马(8.18.34.36.42.43.51.55.79),有康居名马、善马(34.35),西域骏马(45),疏勒名马(94),龟兹大马名马(57.91.116),南天竺骏马(58),北匈奴马(20),突厥马(66.66.70.77.78.80.86.120.129.130),西突厥良马(89.95.102),焉耆名马(67),高昌良马(64),于阗名马、打球马(68.71.123),康国名马(87),罽宾名马(97),骨利干国名马、良骥(107.110),薛延陀马(105),突骑施马(123),坚昆名马(117),大食良马(121.122),石国马(134),回纥马、赤心马(136.139.146),黠戛斯名马(148)。乌孙马、汗血马、骨利干十骥等在历史上极为著名,对改良皇朝马种,提高皇朝运输能力和军队战斗力有极为重要的作用。唐代贵族盛行打马球,就是多名骑士骑在马上用特制的球杆打球。于阗打球马当为经过特别训练的供打马球时骑的马。

2.骆驼。有迷密国黑橐驼(54),龟兹名驼(56),突厥驼(77),于阗驼(92),薛延陀驼(105),突骑施橐驼(123),于阗国风脚野驼(123)。骆驼可骑乘,主要用于西部地区恶劣自然条件下的长途运输。而风脚野驼,当是行走极快的野骆驼。

3.骡、牛、羊。骡、牛有乌孙骡(13),北匈奴牛(20),突厥牛(77),诸胡牛(78),薛延陀牛(105)。羊有突厥羊(77.86),诸胡羊(78),薛延陀羊(105)等。骡、牛主要用于运输和农业生产,羊主要为食用,西域羊或许是改良品种用。

4.狮子、大象及狮子皮、象牙。狮子有月氏国狮子(23),安息国狮子(24.27),疏勒狮子(29),滑国黄狮子(61),波斯狮子(62.128),嚈达国狮子(63),康国狮子(93),大食狮子(119),拂林狮子(125),史国狮子皮(76)。大象有西南外夷遣使译献大象(25),于阗驯象(31),波斯驯象(53),文单国驯象、舞象(137.140),嚈哒、薄知国白象(60),西域巨象(38)。象牙有大秦象牙(30),师子国象齿(132)。狮子因其凶猛,被中国人称为百兽之王,用于观赏和玩乐。虽然狮子不产于中国,却在中国文化中有重大影响,各种材质大小不一的狮子形象制品,用于表示威严或镇守,宫廷民间的狮子舞则是所有喜庆场面必有的表演。狮子皮因其极为难得,被古人铺于榻椅上,以显示其身份之高贵。大象因其形体巨大,主要用于观赏、表演。象牙用于制作工艺品,牙雕在中国传统工艺品中占有突出地位。

5.各种异兽。符拔、犀牛、羚羊、鹿、封牛、貂、豹、貀、狐、狗、蛇、鼠及动物皮毛。有可能是长颈鹿的符拔,月支国扶拔(23),安息国符拔、扶拔(24.25)。西南外夷犀牛(26),大秦犀角(32),拂林羚羊(125),滑国白貂裘(61),回纥貂裘(136),高昌鹿尾舌(73),疏勒封牛(29),西域国封牛(38),大食国豹、波斯国豹(134),于阗国貀(123),高昌玄狐裘(88),高昌拂林狗(85),波斯活褥蛇(99.109),罽宾国褥特鼠(104),史国火鼠毛(76),北匈奴裘(20)。封牛指颈上有肉隆起的一种牛。拂林狗是一种小型犬,仅高六寸,长尺余,却极为聪慧,能牵引马匹,还能衔烛行走。貀是一种猴类动物。褥特鼠不知是一种什么鼠类动物,其特异之处不仅在于其能吃蛇,还在于其尿液能治蛇毒。

6.禽类有鸵鸟及鸵鸟蛋、孔雀、鹦鹉。有条支大爵(27),条支大鸟(27),吐火罗鸵鸟(114),西突厥条支巨鸟、巨卵(83),安息大鸟卵(6),康国鸵鸟卵(124)。有西域孔雀(38),南天竺五色能言鹦鹉(126)。

7.珠宝异物。有珍珠、玉石玉器、贝、胶、香、金、银、水晶、玛瑙、火浣布。西域径寸大珠(32),西突厥大珠(81),狮子国大珠(132),波斯无孔珍珠(135),波斯国珍珠(138),中天竺火珠(103),于阗玉石(7),于阗玉杖(77),于阗玉带(92),高昌玉盘(88),突厥鱼胶(77.84),大秦玫瑰(30),波斯沉香亭子材(145),天竺杂香、吉贝(58),回纥白㲲(136),劫国水精杯(82),康国水精杯、玛瑙瓶(124),波斯国玛瑙床(133),罽宾码瑙杯(76),波斯国琥珀(138),南天竺金、银(59),西域火浣布(33.38.43)。白㲲是细的古贝。鱼胶是鱼的鳔晒干而成的珍贵食品。沉香是名贵树木。香珠、玉、贝、玫瑰、玛瑙等不仅是珍贵的饰品,还是中医的重要药物,历来为中国人所珍爱。和田玉,早在新石器时代就传到内地,成为中华玉文化的标志物。所谓火浣布,就是石棉布,是一种不怕火烧的布,在古代被视为非常神奇的东西。

8.苜蓿、葡萄、桃、郁金香、菩提树等植物。大宛苜蓿、葡萄(9),高昌葡萄(64),康国金桃、银桃(98),康居黄桃、金桃(108),中天竺郁金香、菩提树(103)。苜蓿是极好的动物饲料,至今在国内仍大量种植,用作牲畜饲料。葡萄、桃的引进丰富了人民的生活。郁金香,属于百合科郁金香属(学名:Tulipa)的具鳞茎草本植物,原产地从南欧、西亚一直到东亚的中国东北一带,被欧洲人称为"魔幻之花",自古以来就有一种莫名的魔力使园艺学家热衷于品种改良,甚至有人倾家荡产只为了它那稀有的球根。菩提树是佛教圣树。传说,古印度北部迦毗罗卫王国(今尼泊尔境内)的王子乔答摩·悉达多,年轻时为摆脱生老病死轮回之苦,解救受苦受难的众生,毅然放弃继承王位和舒适的王族生活,出家修行,寻求人生的真谛。经过多年的修炼,终于有一次在菩提树下静坐了七天七夜,战胜了各种邪恶诱惑,在天将拂晓、启明星升起的时候,获得大彻大悟,终成佛陀,人称释迦牟尼。故而菩提树被称为佛教最早的护法神。

9.手工制品、技艺及药物,尤其是玻璃和糖的制法。天竺琉璃唾壶(58),于阗琉璃罂(68),劫国贡宝带、金锁、颇梨(玻璃)(82),拂菻王献赤玻璃、绿金精等物(106),高昌鸣盐枕、氍毹(64),于阗波罗婆步鄣(68),前凉(武威)毯布(36),滑国波斯锦(61),突厥金绵锦袍(75),突厥菊布(77),康国越诺布(124),异国宝剑(19),吐火罗金衣(118),康国锁子甲/铠(124),突厥七宝碗(74),西突厥万钉宝钿金带(89),大食宝钿带(122),龟兹银颇罗(116),狮子国钿金、宝璎珞、细白氍(132),罽宾俱物头花(96),波斯国火毛绣舞筵、长毛绣舞筵(135),回纥国信四床(144),唐使至中天竺摩揭它取熬糖法(112),悦般国幻人用止血草药(52),北天竺僧献质汗药等(131),拂林底也伽(115)。玻璃,考古发现表明,伊拉克阿斯马尔出土的玻璃残片,距今约为4300年。玻璃器皿大约是在3600年前出现在两河流域。西方古玻璃一直以钠钙玻璃为主,耐温性能较好,对骤冷骤热的适应性较强。距今2600年前,玻璃制造技术在欧洲及地中海沿岸十分流行。西周(前1046—前771年)时,中国发明无色玻璃的制作方法。中国的"铅钡玻璃"发展缓慢,并一直保持着固有的特点,既具有绚丽多彩、晶莹璀璨的优点,又有透明度不高、轻薄易碎、不耐高温、不适应骤冷骤热的缺点。[1]因而中国古玻璃与西方古玻璃相比,在起源时间与质量及用途上,仍有逊色之处。故汉唐时从西域传进来许多玻璃,成为极稀罕且贵重的物品。唐朝使节从古印度学来制作白砂糖的方法,季羡林先生有研究专著。悦般国幻人来北魏,能以草药为受伤者止血,且言中国诸名山皆有此草,这事实上是将止血草药传入中国。质汗药主治金疮伤折,瘀血内损,补筋肉,消恶血,下血气,妇人产后诸血结,是腹痛内冷不下食的内服或外敷药。底也伽是一种含鸦片的疗毒合方。

10.杂技、乐舞、艺人。黎轩善眩人(5),大秦幻人(28),悦般国幻人(52),掸国乐(28),龟兹音乐及乐器曲项琵琶、竖头箜篌(45.46),天竺男伎及音乐(47),康国西戎伎(48),疏勒伎、安国伎(49),高昌《圣明乐》(72),史国十舞女(76),高昌乐工(101),骠国国乐十二曲与乐工三十五人(141),鄯善女号美人(39),康国朱儒、胡旋女子(124),回纥可汗遣使献女口六人、葛禄口四人(146),回鹘马射女子七人,沙陀小儿二人(147)。幻人,即魔术师,推动了中国杂技的创新。西域诸国的乐舞和乐

---

① 干福熹:《中国古代玻璃的起源和发展》,《自然杂志》2006年第4期。

器,尤其是乐工与善舞之人的来华,极大地丰富了中国人的精神和文化生活。美人、侏儒、小儿是供统治者享受、玩乐和役使的人。葛禄人或为古突厥人之一支,因其长相特殊,故而被西域诸国所献。

11.宗教的传入。一是佛教:天竺佛教(22);狮子国遣使献玉佛像(50);于阗献外国刻玉佛(68);吕光从西域获佛教高僧鸠摩罗什(44);南天竺辟支佛牙(59);罽宾、王舍城、得佛经(76);狮子国王遣婆罗门僧灌顶三藏阿日伽跋折罗来朝,献贝叶梵写大般若经一部(132)。二是摩尼教:回纥以摩尼偕来,于中国置寺处之(142)。三是基督教:拂林主遣(基督教)大德僧来朝贡(125)。佛教的传入中国经历了近100年,公元前1世纪初,先是传到西域大夏国,以后又传到塔里木盆地周边诸国,而得到大力推广,再于公元前2年传到中原。传入唐朝的外来宗教,影响比较大的是景教、摩尼教、祆教、伊斯兰教等。现存西安碑林的《大秦景教流行中国碑》揭示,唐时所谓的景教,是基督教的一个教派,后来又称也里可温教。于唐贞观九年(635年)传入中国,不久就在长安建寺。天宝四载(745年)命两京及各地的景教寺庙全都改称大秦寺,信者颇多。会昌灭佛时,景教亦同时被禁。摩尼教是波斯人摩尼创立的宗教,于延载元年(694年)传入中国,有许多回纥人信仰该教,在长安、河南府、太原府都建有摩尼寺。

此外,有粟特商人在凉土(今甘肃武威)贩货(65),有天竺献地图(111)。粟特商人在武威经商是一条很重要的丝路古代商贸资料。古代一个政权向另一政权献地图一般表示臣服,但天竺距中国十分遥远,唐朝鞭长莫及,或许只是让唐了解其情况而已。

五、古代丝路研究对丝绸之路经济带建设的意义

2013年9月7日,习近平在哈萨克斯坦纳扎尔巴耶夫大学作重要演讲时提出,为了使欧亚各国经济联系更加紧密、相互合作更加深入、发展空间更加广阔,可以用创新的合作模式,共建"丝绸之路经济带"。问古可以知兴替,古代丝绸之路研究对当今丝绸之路经济带建设有着极为重大的意义。

第一,丝绸之路的开辟和运行,是中原王朝国家安全的需要,是中原王朝外交、军事的胜利,也是符合西域各国各族的要求与希望的。从汉初以来,中原王朝一再遭受控制了东北、蒙古高原和西域的匈奴的军事威胁,为了抗击匈奴,汉武帝实施"断匈奴右臂"的战略,派遣张骞两次出使西域,联合西域诸国,不仅有力地打击了匈奴的势力,更帮助西域诸国解除了匈奴的控制。当时西域诸国以及地中海沿岸的诸国都希望与汉朝直接通使通商,丝绸之路的开辟,符合中原王朝与西域诸国的需要,是汉朝外交政策的胜利,当然也是其军事政策的胜利。

改革开放三十多年,我国经济和军事实力增强,全国人民都在为实现民族复兴的中国梦而努力。但是我国西部地区的经济发展水平远远落后于东部地区。在这种情况下,国家提出共建"一带一路",在欧亚国家广交朋友,大力推进经济文化交流,不仅是国家安全的需要,是在国际社会有符合中国实际的发言权的需要,也是推动西部地区发展的强有力抓手,更是实现中华民族伟大复兴的重要环节,有十分重大的意义。

第二,丝绸之路的开辟和运行主要是国家行为。从考古和文献资料看,自新石器时代以来,中国与中亚、西亚经济文化往来的通道已经存在。北京胡林遗址出土距今1万年前的黍,而西亚发现了距今七八千年的黍。在河南、山西仰韶文化遗址中都发现过蚕茧,在浙江钱山漾遗址出土了距今4200年的丝绸实物,公元前1世纪,中国的丝绸已经运抵古罗马,被称为"赛里斯"(serice,"丝"字的音转)。小麦在距今7000年前原产于西亚地区,甘肃民乐东灰山四坝文化遗址发现距今4500年前的小麦炭化籽粒。中华文明探源工程中,在黄河中游地区出土的部分黄牛和绵羊的骨骼中,发现了原产于西亚地区的黄牛和绵羊的DNA,说明这些家畜来自西亚地区,它们可能是与小麦一道,通过丝绸之路传到黄河流域的。冶铜术7000年前发明于西亚地区,甘肃东乡马家窑遗址中出土距今约5000年的铜刀,民乐东灰山四坝文化遗址发现多件砷青铜器。公元前1400年的赫梯人已经掌握了冶炼铁矿石的技术,中原遗址发现了公元前800年(迄今最早)的铁器。在河南安阳殷墟妇好墓的玉器,据鉴定是用新疆和田玉制作的。以上考古资料证明,从新石器时代早期开始,中原及河西等地就与中亚、西亚、北非存在某种形式的联系。[1]但是由于山川阻隔、路途艰险,以及沿途各国各族分裂战争等人为因素,通行极为困难,东西方政权之间没有正式通使。直到张骞两次艰苦卓绝、九死一生的西域之行,才是中原王朝使者第一次亲历西域、中亚,其副使分别到达大宛、康居、大月氏、大夏、安息、于阗等国,探寻和打通了横贯亚洲内陆东西交通的孔道。为了保证丝绸之路的畅通,汉朝先后修筑了从河西走廊到罗布泊的长城,包括一系列烽燧、驿传、关隘等,驻扎数以万计的军队,设置了敦煌、酒泉、张掖、武威河西四郡,移民实边,军事屯田,保障了丝路沿线的交通安全以及运输工具和东西王侯、使者、商人等人员的食宿和商品交换。为了保障丝绸之路的畅通,汉朝曾先后出兵打击与匈奴勾结的大宛和与汉朝为敌奴役西域诸国的郅支单于。唐朝曾出动大军灭东突厥,迫使盘踞漠北的薛延陀可汗咄摩支投降,斩焉耆王,擒龟兹王,将大唐西部疆界推至咸海,势力范围延至里海。如果没有朝廷的大力投入,古代丝绸之路将会时断时续,难以维持。

2014年6月22日"丝绸之路"项目申遗成功,从历史源头上确认丝路沿线各国的利益契合点,将吸引更多人关注这条正在复兴的现代丝绸之路,大大提振这些国家携手推进区域经济合作的信心,有利于成功打造惠及30亿人的区域合作模式。在现代交通、信息飞速发展和全球化背景下,促进丝绸之路沿线区域经贸各领域的发展合作,既是对历史文化的传承,复兴丝绸之路的贸易通道,也是对该区域蕴藏的巨大潜力的开发。共建"丝绸之路经济带",是一项造福沿途各国人民的大事业,为沿线各国经济发展注入强劲动力,也是中国各地尤其是中原和西北地区各省经济大发展的新机遇。在共建丝绸之路经济带的过程中,各省各地区的主动参与、积极投入是非常重要的,但是有许多问题,尤其是交通、能源、经济、文化等项目的实施,以及与中亚、西亚、欧洲等国的交往,也需要国家相关部门的统筹规划、协调和

---

[1]李学勤:《走出疑古时代》,沈阳:辽宁大学出版社,1997年,第58—59页;李水城:《从考古发现看公元前二千纪东西方文化的碰撞与交流》,载《东风西渐——中国西北史前文化之进程》,北京:文物出版社,2009年,第216页;王巍:《考古勾勒出的汉前丝绸之路》,《光明日报》2013年12月14日12版。

参与,否则将会障碍重重,或者各地各行其是,造成不应有的内耗,甚至可能事与愿违。

第三,丝绸之路作为东西方文明交流的纽带,是一条和平往来的友谊之路。在这条由丝绸结成的纽带两侧,在历史上曾经产生过古印度文明、美索不达米亚文明、埃及文明、花剌子模文明、希腊罗马文明、阿拉伯文明、马其顿文明等,丝绸之路使古中华文明与这些文明联系在一起,相互碰撞和交融,演出了一幕幕威武雄壮的话剧,推动了欧亚非各国的进步和世界历史发展的进程。中华民族沿着丝绸之路向西开放,开阔了人们的视野,加强了汉族与各少数民族之间、西北边疆与内地之间、中国与西方国家之间的联系,推动了亚欧大陆数百个国家和民族的进步与发展。

当今,丝绸之路经济带努力将中国与中亚、西亚、南亚、欧洲和非洲各国更紧密地联系在一起,各国利益共享,互帮互助,尊重各国的核心利益,在国际上形成亚欧国家更紧密的联系,有助于国际新秩序的形成。不少亚洲国家尤其是阿拉伯国家经济发展滞后、社会不够安定,丝绸之路经济带建设终将有力地推动各国的发展,从而促进沿线各国的共同进步。

第四,古代丝绸之路上各国经济交流十分频繁,所交换的物品主要是各自的特产或优势产品,尤其是中国丝绸与西域国家的马匹贸易,更是中西经济交流中最具特色的商品,中西各国各族在商品交流中获得了各自需要而又稀缺的商品,推动了各自经济和科学技术的发展。西域诸国的玻璃、白砂糖、葡萄酒、白酒制作技术,以及葡萄、苜蓿、胡豆(蚕豆)、胡麻(芝麻)、胡桃(核桃)、胡瓜(黄瓜)、胡荽(香菜)、胡蒜(大蒜)等作物传入中原,极大地丰富了人们的生活。中国的蚕桑养殖、铁器制作、灌溉、打井技术传到西域,对西域各地的经济发展和人民生活水平的提高有巨大影响。

当代中国经过改革开放,经济有了突飞猛进的发展,不少科技成果处于世界前列,工农业产品种类丰富。但是也应看到,我们不少尖端科技项目仍然不得不受制于发达国家,有些产品急需寻找和扩大外销市场。通过共建丝绸之路经济带,中国与沿线国家优势互补,将有效提升各自国家的经济实力和科技创新,推动人民生活的改善和提高,符合亚洲各国人民的愿望。

第五,季羡林先生指出:"横亘欧亚大陆的丝绸之路,稍有历史知识的人没有不知道的。它实际上是在极其漫长的历史时期东西方文化交流的大动脉,对沿途各国、对我们中国,在政治、经济、文化、艺术、宗教、哲学等方面影响既广且深。倘若没有这样一条路,这些国家今天发展的情况究竟如何,我们简直无法想象。"[1]古代丝绸之路是人类文明进步的阶梯,其文化交流在世界文化史上占有突出的地位。中国的四大发明、礼仪文化、乐器和音乐、医药、图书、服饰、梳妆用具等传到西方诸国,推动了当地文化的丰富多彩。西方各国的佛教、基督教、摩尼教、伊斯兰教、杂技、音乐、舞蹈等传入中国,极大地丰富了中国人的精神文化生活。由于与西方长期的文化交流,国内丝路东段形成了融合东西方文化精髓的独特而具有多样性的文化,如隋唐的凉州伎乐,藏传佛教寺院丰富的佛教经典。

文化是一个民族在社会发展过程中形成的社会意识形态及与之相适应的典章制度、政治和社会组织、风俗习惯、学术思想、宗教信仰、文学艺术等,吸收外来文化有助于民族文化的创新和发展。在当代丝绸之路经济带的建设中,不仅要重视丝绸之路沿线国家的经济交流,还要重视各国各民族的文化交流。如我们在沿线许多国家设立孔子学院,招收各国留学生来华学习,传播中华文化,促进中国与亚欧各国的了解,不仅能有效提升中国在亚欧地区的影响力,还为亚欧各国培养了一批"中国通",为丝绸之路经济带建设培养大量外籍人才,推动经济带建设的蓬勃发展。

第六,伴随着东西方经济文化的交流,中国和中亚、西亚等地经由丝绸之路的人员交流也十分频繁。两千年间,王族、使节、商人、僧侣、军人、技师、艺术家、平民等由于各种原因在对方国家定居,有的融入定居国诸民族,有的形成自己的族群。如不同时期由西亚、中亚来中国西部而形成的回族、东乡族、撒拉族、裕固族等,哈

---

①季羡林:《(李明伟)丝绸之路贸易史研究·序》,兰州:甘肃人民出版社,1991年。

萨克族、蒙古族、俄罗斯族、塔吉克族等多个跨境民族。

这些民族,与其境内外的祖民族在文化、信仰、体质、习俗等方面有共通之处,也对各国的安定和经济文化发展起着至关重要的作用。改革开放以来,中国这些民族就与境外民族有着或多或少经济、文化、宗教、商业上的往来和沟通。建设丝绸之路经济带的今天,这些民族或人群是参与经济带建设最积极最活跃的力量,充分发挥这种历史、经济和文化关系,兴利除弊,使其成为沿线各国经济带建设的桥梁和纽带,成为各国稳定和安全的积极因素。

第七,古代丝绸之路经济文化交流的对象,在西方来说主要是西方各国或各地区,在中国来说,主要是历代王朝,但也有丝路沿线各地通过丝路沿线诸国进行转手贸易,而朝廷用于赏赐的丝绸等物品基本上都来自全国各产区。因而从一定意义说,丝绸之路不仅是中国和西方各国各族经济文化交流的通道,也是西方各国内部及中国各地进行经济文化交流的通道。古代西域一些国家一向具有经商的传统,如安息"有市,民商贾用车及船,行旁国或数千里"。张骞在大夏时,见过西域商人通过古印度至云贵川的南方丝绸之路从汉朝西南地区贩来的"邛竹杖、蜀布"。"蛮夷俗贪汉财物",丝绸之路开通,中原地区的商人遂将其贸易活动扩展到西域,而西域商人也充分利用良好机遇,与中国进行经贸往来。这些贸易"多以政治使节之名,行丝绸贸易之实"[1]。康居慢待汉朝使者,却又派王子入贡,都护郭舜揭露其实质,说:"何故遣子入侍?其欲贾市,为好辞之诈也。"[2]朝廷也派出使者到西域甚至大宛以西诸国搜求各种珍奇物品或购买马匹等,《史记·大宛列传》称:"汉发使十余辈至宛西诸外国,求奇物。"汉朝使者在给西域诸国赏赐丝绸等物品的同时,还往往侵吞官物在沿线及西域出售,以谋私利。《史记·大宛列传》称:"其使皆贫人子,私县官(朝廷)赏物,欲贱市以私其利外国。"西域有汉地商人做丝绸生意,如尼雅出土的佉卢文书言:"对苏吉多要加以阻止。目前并无秦人经商来此,故关于丝的债务

①张荣芳:《西汉屯田与"丝绸之路"》,《中国史研究》1983年第4期。
②《汉书》卷九六《西域传上》,北京:中华书局,1962年,第3893页。

不能进行调查……当商人到达时,则要进行调查。"①《后汉书·马援传》言:"西域贾胡,到一处辄止。"②指出西域商人来华每到一处就停下来做买卖。西域来华的使节和胡商,不少在河西及长安定居做生意。汉武帝驾崩之时,长安的"西域贾胡,共起帷帐设祭,(京兆)尹车过帐,贾牵车令拜"③。可见长安西域商人数量之大。曹魏明帝太和年间(227—233年),仓慈担任敦煌太守,"常日西域杂胡欲来贡献,而诸豪族多逆断绝;既与贸迁,欺诈侮易,多不得分明。胡常怨望,(仓)慈皆劳之。欲诣洛者,为封过所,欲从郡还者,官为平取,辄以府见物与共交市,使吏民护送道路"④。这说的是三国时期,西域商人在河西的贸易方式。根据西域商人的意愿,敦煌官府可以开给路条(过所),并派人护送他们继续向东去贸易,也可以由敦煌官府以平价收购,或以现物与其交换,然后让其回国。斯坦因1907年在敦煌附近的长城烽燧遗址发现的粟特文信札8件,展现了粟特人在河西走廊乃至洛阳等地的商贸活动。根据辛姆斯·威廉姆斯(N.Sims-Williams)的解读,第1、3号信札的发出地是敦煌,发信人都是米薇(Miwnay),她在第3号信札中提到长官们说"在这个敦煌(城里),没有比阿迪文(Artivan)关系更近的其他亲戚了",以及"我遵从你的命令来到敦煌"。⑤第2、5号信札则是西晋永嘉乱后的某个十月,粟特人在河西的商团首领那你盘陀写给其主人撒马尔干拔槎迦老爷的,报告了312—314年间粟特人、印度人在中国的商贸情况。第2号信札言:"酒泉的遏末娑支平安无事,姑臧(今甘肃武威)的遏娑支也是平安无事。一个粟特人自内地来此(姑臧)已有三年了。我安置了胡耽娑支,他平安无事。他去了楼兰……还有,在(敦煌)……有一百个来自撒马尔干的自由人,在……有四十人。"提到:"从敦煌直到金城,在……卖,亚麻布正在销售,而且……都可以全部卖掉。""当商队离开姑臧……在那里,当他到达洛阳,不

①安作璋:《两汉西域关系史》,济南:齐鲁书社,1979年,第131页。

②《后汉书》卷二四《马援列传》,北京:中华书局,1965年,第844页。

③《东观汉记》卷一六《杨正列传》,载文渊阁《四库全书》,台北:台湾商务印书馆,1984年,第379—170页。

④《三国志》卷一六《魏书·仓慈传》,北京:中华书局,1982年,第512页。

⑤辛姆斯·威廉姆斯著,Emma WU译:《粟特文古信札新刊本的进展》,载《粟特人在中国——历史、考古、语言的新探索》,北京:中华书局,2005年,第72—87页。

论那里的……还是印度人、粟特人,都死于饥荒。""温拉莫为我往敦煌送了属于得屈的三十二囊的麝香,他应该把它们转交给您。"第5号信札是发黎呼到发给其主人商队首领萨般达的。信中说:"我如今呆在姑臧这儿……在姑臧有四包白货(可能是胡粉——引者注)等待分发,还有2500的胡椒等待分发。"末署"寄自您的仆人发黎呼到。此信于第3个月的第30日写于姑臧"。从信札的内容可知,姑臧成了粟特商人从事丝绸之路中转贸易的大本营。第2、5、6号信札中出现了撒马尔罕、楼兰、敦煌、酒泉、姑臧、金城、长安、洛阳、邺、南阳等地名,分布在从中亚到中国的丝绸之路沿线,粟特人贩卖的商品有亚麻布、麝香、白货、胡椒、丝绸、樟脑,主要用银币来进行结算。①

元朝时来华的意大利商人马可·波罗记载,喀什噶尔(今新疆喀什)"棉花、亚麻和大麻的产量也很丰富,由国内的商人运销世界各地"。沙昌(今新疆和田)"境内有几条河流,出产玉石和碧玉,这些玉石大部分销往契丹(中国),数量十分巨大"。肃州(今属甘肃)盛产大黄,"别处的商人都来这里采购,然后行销世界各地"②。元朝诗人马祖常(1279—1338)有《河湟书事二首》,诗中言:"波斯老贾度流沙,夜听驼铃识路赊。采玉河边青石子,收来东国易桑麻。"③生动地描述了波斯(今伊朗等地)商人到河湟地区进行的贸易活动。来自西域地区的色目商人在元朝十分活跃,有碑言:"我元始征西兆诸国,而西域最先内附,故其国人柄用尤多,大贾擅水陆利,天下名域巨邑,必居其津要,专其膏腴。"

第八,丝绸之路是古代一条以丝绸贸易为主,通往西域的商路,是古代东方与西方政治、经济、思想和文化技艺交流的重要通道。经历了从公元前2世纪至清朝长达2000余年的交流,在丝绸之路沿线有许多珍贵的历史文化遗存。第38届世界

---

①毕波:《粟特文古信札汉译与注释》,《文史》2004年第二辑,第79、83、86、90页;辛姆斯·威廉姆斯著,Emma WU译:《粟特文古信札新刊本的进展》,载《粟特人在中国——历史、考古、语言的新探索》,北京:中华书局,2005年,第73页。

②[意]马可·波罗口述,鲁思梯谦笔录,陈开俊、戴树英导合译:《马可波罗游记》,福州:福建科学技术出版社,1981年,第42—70页。

③[元]马祖常著,李叔毅点校:《石田先生文集》,郑州:中州古籍出版社,1991年,第84页。

遗产大会于2014年6月22日批准通过中国与哈萨克斯坦、吉尔吉斯斯坦联合提交的"丝绸之路:起始段和天山廊道的路网"世界遗产名录申请报告。至此,这一文化线路类型的文化遗产项目正式列入《世界遗产名录》。丝绸之路绵延近7500公里,并在特定线路扩展延伸,总长超过3.5万公里。"丝绸之路:起始段和天山廊道的路网"大体是丝路中段和东段,跨度近5000公里,沿线包括中心城镇遗址、商贸城市、交通遗迹、宗教遗迹和关联遗迹等5类代表性遗迹共33处,申报遗产区总面积42680公顷,遗产区和缓冲区总面积234464公顷。这33处遗产点中,哈萨克斯坦境内有8处遗迹,吉尔吉斯斯坦境内有3处遗迹,中国境内有22处遗迹。中国境内的22处遗产点中,河南省有汉魏洛阳城遗址、隋唐洛阳城定鼎门遗址、新安汉函谷关遗址和陕县崤函古道石壕段遗址4处遗产点,陕西省有汉长安城未央宫遗址、张骞墓、唐长安城大明宫遗址、大雁塔、小雁塔、兴教寺塔、彬州市大佛寺石窟7处遗产点,甘肃省有玉门关遗址、悬泉置遗址、天水麦积山石窟、永靖炳灵寺石窟、瓜州锁阳城遗址5处遗产点,新疆维吾尔自治区有高昌故城、交河故城、克孜尔尕哈烽燧、克孜尔石窟、苏巴什佛寺遗址、北庭故城遗址6处遗产点。

在建设丝绸之路经济带的今天,涉及我国的这22处遗址被正式列入《世界遗产名录》,表明世界肯定了丝绸之路的历史价值,是对历史上各遗产点在丝绸之路上重要意义的认可,是各遗产点人民的光荣,使中国人民和世界人民能够看到一条活生生的丝绸之路。申遗成功,可喜可贺,但更加重了这些世界遗产点保护的任务。我们必须恪守《世界遗产公约》及其操作指南的有关要求,继续为丝绸之路珍贵文化遗产提供最好的保护,让蕴含丰富精神内涵的古老丝绸之路再次绽放灿烂的光彩。要提升人们对文物和环境的保护意识,将一个完整、鲜活的丝绸之路代代传承下去。在建设丝绸之路经济带的过程中,要进一步加强中国和吉尔吉斯斯坦、哈萨克斯坦等国的文化交流,扩大各国之间在文物保护方面的合作,进而密切整个丝绸之路沿线国家人民,乃至全世界人民之间的友好往来。

历代先贤对黄河源头的不懈追寻

中国第二大河黄河,干流全长5464公里,发源于青海省,流经四川、甘肃、宁夏、内蒙古、陕西、山西、河南及山东九个省区,向东注入渤海。黄河水滋养了中华民族,孕育了长达五千年的中华文明,是中华文化生生不息的根。站在波涛汹涌一泻千里的黄河边,人们不禁要追问黄河的源头在哪里。李白《将进酒》叹道:"君不见黄河之水天上来,奔流到海不复回。"以惊人的遐想回答了黄河源头的问题。黄河源头在哪里,历来是学者竭尽艰辛、苦苦追寻的一个重大课题。

古人最早认为,黄河源头在今甘肃中部西境的小积石山。先秦文献《尚书·禹贡》讲大禹治水时有"导河积石,至于龙门"一句,从同篇"嶓冢导漾(洋水),东流为汉""导渭自鸟鼠同穴,东会于沣"①等句式分析,此篇中"积石"应该是指"河"源,就是从黄河源头的积石山疏通河道。东汉末年的学者邓展说:"《尚书》曰'导河积石',是为河源出于积石,积石在金城河关,不言出于昆仑也。"②既肯定了黄河源出积石山的前人认知,又指出积石山位于金城郡的河关县(治今甘肃积石山县大河家镇)。《元和郡县图志》"河州枹罕县"下言:"积石山,一名唐述山,今名小积石山,在(枹罕)县西北七十里。按河出积石山,在西南羌中,注于蒲昌海,潜行地下,出于积石,为中国河。故今人目彼山为大积石,此山为小积石。"③称《尚书》之积石山,又名唐述山,唐时称小积石山④,位于唐代河州枹罕县(治今甘肃临夏市枹罕镇)之西北

---

① 《尚书正义》卷六《禹贡》,载《十三经注疏》(清嘉庆刊本),北京:中华书局,2009年,第319、320页。

② 《史记》卷一二三《大宛列传·太史公曰》"集解"引,北京:中华书局,1982年,第3179页

③ 《元和郡县图志》卷三九,北京:中华书局,1983年,第989页。

④ 小积石山,祁连山的东延部分,位于甘肃省积石山县西部,在县内由西北向东南延伸50公里,山势西高东低,一般海拔3000—3500米,最高的雷积山海拔4218米,是甘青两省的界山,又是青藏高原与黄土高原的分界线。著名的炳灵寺石窟(古称唐述窟)在积石山东侧。

七十里,即今积石山保安族东乡族撒拉族自治县境。同时又囿于前人误说,称黄河发源地积石山在西南羌中,唐人称之为大积石山(今阿尼玛卿山),事实上是将河源之积石山向黄河上游西移了数百公里。

先秦又有黄河发源于昆仑山之说。《尔雅·释水》言:"河出昆仑虚,色白,所渠并千七百一川,色黄,百里一小曲,千里一曲一直。"①久佚而为《史记》转引的《禹本纪》言:"河出昆仑,昆仑其高二千五百余里,日月所相避隐为光明也,其上有醴泉瑶池。"②前者明确认定黄河发源于昆仑山下,发源处的水是白色的,沿途汇聚了一千七百零一条支流的水,于是水的颜色变为黄色,黄河每流出一百里就会有一个小的弯曲,流出一千里就会出现一弯一直;而后者则说,黄河发源于昆仑山,该山极高,在那里太阳和月亮相互避隐而发出光明,山上有泉名为醴泉,有天池名为瑶池。二者虽然都指明黄河发源于中国西部的昆仑山,但并未说明其具体位置。充满神话色彩的早期地理著作《山海经》言:"又北三百二十里,曰敦薨之山,其上多棕枏,其下多茈草,敦薨之水出焉,而西流注于泑泽,出于昆仑之东北隅,实惟河源。"③有学者认为,敦薨是敦煌的异写,既是族名,也是该族所居地名④。文中说,发源于敦薨山的敦薨水(即疏勒河,或指今新疆开都河及孔雀河⑤)向西流入泑泽(又作浦昌海,即今新疆罗布泊),泑泽发源于昆仑山的东北隅,实际就是黄河的源头。认定黄河源头的昆仑山在敦煌西边,也是泑泽的发源地。《山海经》中记载了许多昆仑山的神奇故事和稀奇出产,其中最有影响的就是西王母的故事,其《大荒西经》言:"西海之南,流沙之滨,赤水之后,黑水之前,有大山名曰昆仑之丘,有神人面虎身,有文有尾,皆白处之,其下有弱水之渊环之,其外有炎火之山,投物辄然,有人戴胜、虎齿,有豹尾,穴处,名曰西王母。此山万物尽有。"⑥

①《尔雅注疏》卷七《释水》,载《十三经注疏》(清嘉庆刊本),北京:中华书局,2009年,第5698页。
②《史记》卷一二三《大宛列传》,北京:中华书局,1982年,第3179页。
③《山海经校注》卷三《北山经》,上海:上海古籍出版社,1980年,第75页。
④王宗维:《敦煌释名——兼论中国吐火罗人》,《新疆社会科学》1987年第1期。
⑤史为乐主编:《中国历史地名大辞典》,北京:中国社会科学出版社,2005年,第2589页。
⑥《山海经校注》卷六《大荒西经》,上海:上海古籍出版社,1980年,第407页。

　　《尚书·禹贡》"导河积石"以积石山为河源的说法显然是近视的,熙宁六年(1073年),宋神宗就曾说破此事,言:"梁从政自河州至,言黄河水极清泚,不与中国比。前书所谓黄河之源浅可涉,盖不诬也。然河之本源未见所出,《禹贡》但言'导河积石,至于龙门',不言导河自积石,以此知出积石者特其下流耳。"①故而后人更多地沿着《尔雅》《禹本纪》《山海经》中河源在西方之昆仑山的说法,去寻求河源。

　　汉刘安(前179—前122年)所撰《淮南子》言:"河水出昆仑东北陬,贯渤海,入禹所导积石山。"②第一次将《禹贡》中的积石山与《山海经》中的昆仑山联系起来,提出黄河发源于昆仑山东北侧,东流到积石山。公元前138年,张骞受汉武帝派遣出使西域,经由河西走廊,进入今新疆,再向西越过葱岭,到达大宛、康居、大夏,还了解到身毒(古印度)、安息等邻国的情况。回国后,张骞把西域见闻写成《出关记》一书。张骞的成功,鼓励了更多的人去西域建功立业,汉武帝委派多批使节前往西域,有"汉使穷河源,其山多玉石,采来,天子案古图书,名河所出山曰昆仑云"③。汉武帝根据《山海经》在敦煌以西的昆仑山盛产玉石的"记载",将西域产玉的山定名为黄河发源的昆仑山。据此,《史记》中对河源进行了定位,言:"于寘(于阗)之西,则水皆西流注西海;其东,水东流注盐泽。盐泽潜行地下,其南则河源出焉。多玉石,河注中国。"④盐泽又名渤泽,即今新疆罗布泊。这句话的意思是,于阗(今新疆和田)南山(即汉武帝所定昆仑山)是黄河的源头,该山多玉石,黄河源的水潜行地下流往中原。以"重源潜行"说,圆了西域葱岭、于阗南山两河源与积石大河之间的关系。

　　东汉初撰成的《汉书》,进一步弥合诸书对河源的说法,言:"西域……南北有大山,中央有河,东西六千余里,南北千余里。东则接汉,阨以玉门、阳关,西则限以葱岭。其南山,东出金城,与汉南山属焉。其河有两原:一出葱岭山,一出于阗。于阗

　　①《续资治通鉴长编》卷二四七,北京:中华书局,1986年。

　　②《淮南子集释》卷四《地形训》,北京:中华书局,1998年,第326页。

　　③《汉书》卷二九《沟洫志》,北京:中华书局,1962年,第1686页。

　　④《史记》卷一二三《大宛列传》,北京:中华书局,1982年,第3160页。

在南山下,其河北流,与葱岭河合,东注蒲昌海。蒲昌海,一名盐泽者也。去玉门、阳关三百余里,广袤三百里。其水亭居,冬夏不增减,皆以为潜行地下,南出于积石,为中国河云。"①认为黄河有葱岭和于阗南山两源,两河在今新疆境内汇合为一条河(今塔里木河及孔雀河),向东流进蒲昌海(今罗布泊),然后潜行地下,由南边的积石山流出,成为汉朝境内的大河。

传为东汉桑钦著《水经》首卷"河水"一开始就记载河源言:"昆仑墟在西北,去嵩高五万里,地之中也。其高万一千里。河水出其东北陬,屈从其东南流,入渤海。又出海外,南至积石山下,有石门。又南入葱岭山,又从葱岭出,而东北流。其一源出于阗国南山,北流与葱岭所出河合,又东注蒲昌海。又东入塞,过敦煌、酒泉、张掖郡南,又东过陇西河关县北,洮水从东南来流注之。"②桑钦拾起《尔雅》《禹本纪》"河出昆仑"说,认为在中华西北方的大地中心有一绝高之原名昆仑墟,黄河水从其东北侧流向东南流进渤海,又从渤海经海外从南边流到积石山。从积石山又向西,从南边流入葱岭山,又从葱岭流出向东北流。黄河的另一源头是于阗国南山,河水向北流,与葱岭东北流的河水汇合,向东注入蒲昌海。再向东进入边塞之内,从南边流过河西走廊的敦煌、酒泉、张掖诸郡,再向东经过陇西郡的河关县(治今甘肃积石山县大河家)北,洮水从东南来汇入黄河。桑钦的解释简直太富想象力了,不知黄河怎么从葱岭东流进渤海后又从南边流到积石山的,又怎么从积石山向西流回葱岭的。北魏郦道元注《水经》这一段时,以数万字的篇幅,将中国西部及其周边国家的地理都讲了一遍,还是无法说清楚黄河源头究竟在哪里,又怎么流到积石山的。可见直到南北朝时,学者对黄河源头的认识实际上只是到积石山为止,再往上只能是猜测了。

隋朝在今青海省兴海县境设河源郡,将黄河源头由积石山向西推进到今阿尼玛卿山北侧。此事与隋炀帝西击吐谷浑有关。大业五年(609年)四月,隋炀帝西

---

①《汉书》卷九六《西域传上》,北京:中华书局,1962年,第3871页。
②《水经注》卷一、卷二,上海:上海古籍出版社,1990年,第1—29页。

巡至西平(治今青海省海东市乐都区东),陈兵讲武,六月以大军合击吐谷浑,会师青海湖,破吐谷浑国都伏俟城(今青海共和县石乃亥乡铁卜卡城),然后皇帝率大军经大斗拔谷(今甘肃民乐县东南扁都口)到张掖。隋在吐谷浑故地新设西海(治伏俟城)、河源、鄯善(治今新疆若羌县东北楼兰古城)、且末(治今新疆且末县西南)四郡。原来,隋破伏俟城后,将军刘权奉命继续南进,过曼头、赤水二城,新设河源郡并在此地组织屯田,留镇当地五年。《隋书·刘权传》称:"大业五年,从征吐谷浑,(刘)权率众出伊吾道,与贼相遇,击走之。逐北至青海,虏获千余口,乘胜至伏俟城。帝复令权过曼头、赤水,置河源郡、积石镇,大开屯田,留镇西境。在边五载,诸羌怀附,贡赋岁入,吐谷浑余烬远遁,道路无壅。"[1]《隋书·地理志》载:"河源郡,统县二:远化、赤水。"自注:"(河源郡)置在古赤水城。有曼头城、积石山,河所出。"[2]河源郡治所为古赤水城,在今青海省兴海县南,曼头城在今兴海县北,此积石山即今阿尼玛卿山,位于青海省东南部,延伸至甘肃省南部边境,呈西北—东南走向,山势巍峨磅礴,由13座山峰组成,平均海拔5900米,最高峰海拔6282米,有冰川面积约126平方公里,是河源地区最大的山,黄河由该山东南侧向西北侧绕流。因兴海县东境有黄河流过,大概刘权等人的行踪至此为止,故称今阿尼玛卿山为黄河之源的积石山,隋朝在此地设河源郡。自此以后,此积石山脉称大积石山,而将今甘肃积石山县一带的山称小积石山,且这里距位于今甘肃积石县的小积石山已有数百公里之遥。隋置河源郡,言其境之大积石山为"河所出",无疑是先贤探寻黄河源的一大进步。

唐贞观九年(635年),在西海道行军大总管李靖的统领下,诸将分兵出击党项和吐谷浑,党项内属,吐谷浑王伏允潜逃。任城王李道宗说:"柏海近河源,古未有至者。伏允西走,未知其在,方马瘠粮乏难远入,不如按军鄯州,须马壮更图之。"积石道大将侯君集说:"今虏大败,斥候无在,君臣相失,我乘其困,可以得志。柏海虽

---

① 《隋书》卷六三《刘权传》,北京:中华书局,1974年,第1504页。
② 《隋书》卷二九《地理志上》,北京:中华书局,1974年,第816页。

远,可鼓而致也。"①二将率众在荒原上艰难行军二千余里,"转战过星宿川,至于柏海,频与虏遇,皆大克获。北望积石山,观河源之所出焉。乃旋师,与李靖会于大非川,平吐谷浑而还"②。柏海即位于今青海玛多县的鄂陵湖、扎陵湖,星宿川即位于今青海省曲麻莱县境的星宿海,二者都在巴颜喀拉山北麓。就是说,他们已经到了真正的黄河源头地区,可惜他们并未对此有正确的认识,还以为黄河源头在阿尼玛卿山,所以要"北望积石山,观河源之所出焉"。贞观十五年(641年),唐太宗以文成公主与吐蕃首领松赞干布和亲,"令礼部尚书江夏郡王道宗主婚,持节送公主于吐蕃,弄赞率其部兵次柏海,亲迎于河源。见道宗执子婿之礼甚恭"③。这是李道宗第二次来到河源地区的柏海(今鄂陵湖、扎陵湖),而弃宗弄赞(松赞干布之名)亲自到河源迎接,对李道宗执子婿之礼。以上两例说明,贞观年间唐人的足迹已经到达真正的河源地区,而且这里是唐蕃道必经之处。

唐穆宗长庆元年(821年),吐蕃赞普赤热巴金派遣其礼部尚书论讷罗到长安请和,唐朝派大理卿御史大夫刘元鼎作为会盟使,前往吐蕃逻些(今西藏拉萨)会盟。史书记载:"是时元鼎往来,渡黄河上流,在洪济桥(今青海贵南县北黄河上)西南二千余里,其水极为浅狭,春可揭涉,秋夏则以船渡。其南三百余里有三山,山形如鏊,河源在其间,水甚清泠。"④所谓三山,即巴颜喀拉山,刘元鼎说黄河源于巴颜喀拉山间,其判断为唐杜佑肯定。

汉唐间严肃的史学家,对河源问题的说法都持审慎态度,而非盲从帝王的信口开河。司马迁认真查阅张骞出使西域的报告,发现其中根本没有提到西域有所谓昆仑山,于是评述说:"今自张骞使大夏之后也,穷河源,恶睹《本纪》所谓昆仑者乎!故言九州山川,《尚书》近之矣。至《禹本纪》《山海经》所有怪物,余不敢言也。"⑤就

①《新唐书》卷二二一《吐蕃传上》,北京:中华书局,1975年,第6225页。
②《旧唐书》卷六九《侯君集传》,北京:中华书局,1975年,第2510页。
③《旧唐书》卷一九六《吐蕃传上》,北京:中华书局,1975年,第5221页。
④《旧唐书》卷一九六《吐蕃传下》,北京:中华书局,1975年,第5265页。
⑤《史记》卷一二三《大宛列传》,北京:中华书局,1982年,第3179页。

是说,张骞虽然在西域经历过河源地区,却没有说他见到了昆仑山,否定了《禹本纪》《山海经》河源昆仑山在敦煌西边的说法,实际上是否定了汉武帝将西域产玉之山定名昆仑山的做法。因而在《史记·夏本纪》中以"织皮昆仑、析支、渠搜、西戎即序"①一句,将昆仑说成是西部荒服之外流沙之内的一个国族,不言河源与昆仑山有直接关系。《汉书·地理志》中两次提到昆仑山,一说金城郡临羌县(治今青海西宁市区)西有昆仑山祠,言:"西北至塞外,有西王母石室、仙海、盐池。西有弱水须抵池、昆仑山祠。"一说敦煌郡广至县(治今甘肃瓜州县锁阳城镇破城子古城)下有"宜禾都尉治昆仑障"②。昆仑障在东汉名昆仑塞,东汉永平十七年(74年)"冬十一月,遣奉车都尉窦固、驸马都尉耿秉、骑都尉刘张出敦煌昆仑塞,击破白山虏于蒲类海上,遂入车师"。章怀太子注言:"昆仑,山名,因以为塞,在今肃州酒泉县西南。山有昆仑之体,故名之。周穆王见西王母于此山,有石室、王母台。"③要之,两汉史家都说昆仑山在敦煌以西不远的地方,但不提其与河源的关系。唐杜佑《通典》对河源问题"考诸家之说,辩千古讹舛",针对《水经》之说进行讨论,指出:"自葱岭、于阗之东,敦煌、酒泉、张掖之间,华人来往非少,从后汉至大唐,图籍相承,注记不绝,大碛距数千里,未有桑田碧海之变,陵迁谷移之谈,此处岂有河流?纂集者不详斯甚。"从自汉至唐凡去西域者皆未见敦煌以西有大河的事实,指出河出葱岭、于阗南山及"潜流说""悉皆谬误"。又以历史记载、诸出使吐蕃使节所见和吐蕃人的说法得出结论,说:"宁有今吐蕃中,河从西南数千里向东北流,见与积石山下河相连。聘使涉历无不言之,吐蕃自云:昆仑山在国中西南,则河之所出也。"④大胆否定自古以来黄河发源于西域的说法,作出黄河发源于吐蕃境内的正确结论。

如果说隋唐对黄河发源地的探寻都来自涉地官员相关报告的话,元代则是朝廷派遣专人前往对河源进行了实地考察。元朝至元十六年(1279年)崖山之役灭

---

① 《史记》卷二《夏本纪》,北京:中华书局,1982年,第65页。

② 《汉书》卷二八《地理志下》自注,北京:中华书局,1962年,第1611、1614页。

③ 《后汉书》卷二《明帝纪》,北京:中华书局,1965年,第122页。

④ 《通典》卷一七四《州郡四·风俗》,北京:中华书局,1984年。

宋朝,次年(1280年)雄心勃勃的元世祖忽必烈就悉心规划全国尤其是民族地区的治理,希望查清黄河源头,在河源地区建一城,方便番贾互市,并疏通上下游河道和设置邮驿,以通水陆运输,方便吐蕃等到京师进贡和交换物资。他说:"黄河之入中国,夏后氏导之,知自积石矣。汉唐所不能悉其源,今为吾地,朕欲极其源之所出,营一城,俾番贾互市,规置航传。凡物贡水行达京师,古无有也。朕为之,以永后来无穷利益。"①于是派遣其旧部中曾经多次出使吐蕃的女真蒲察氏人都实,以招讨使的名义,佩金虎符,前往寻找黄河源头。都实一行于四月到达河州(今甘肃临夏),然后向西南进发,走了四个月时间,约四五千里路,方抵达河源,于冬天回到大都,将考察情况及绘制有沿途诸城和驿传的地图一起呈报皇帝。忽必烈喜出望外,任命都实为统乌思藏路暨招讨都元帅,仍旧佩金虎符,负责经营吐蕃等族事宜。

可惜的是,都实呈给元世祖的考察报告并没有流传下来,以至明初撰写《元史》时只能据元翰林学士潘昂霄的《河源志》和临川朱思本所得帝师所藏梵文图书,撰写成《河源附录》一篇,以充篇幅。元末陶宗仪在所著《南村辍耕录》收录了《黄河源》②一篇,不仅包括潘昂霄《河源志》,还有一幅上南下北的"黄河源图"和奎章阁学士院鉴书博士、文林郎柯九思于元统元年(1333年)为该书所写的述,使我们得到了较为早期的都实探索河源的口述实录及相关信息。

原来,元仁宗延祐二年(1315年),都实的弟弟、翰林学士承旨阔阔出与翰林侍读潘昂霄奉命宣抚京畿西道,公余,阔阔出告诉潘昂霄,他曾经跟随其兄长都实"抵西国,穷河源",并详细地讲述了他们探寻河源的所见所闻,被潘昂霄记录成《河源志》一文。据该志记载,阔阔出首先介绍他随都实所见河源的情况,说:

> 河源在土蕃朵甘斯西鄙,有泉百余泓,或泉或潦,水沮洳散涣,方可七八十里,且泥淖溺,不胜人迹,逼观弗克,旁履高山,下视灿若列星,以故名火敦恼儿。火敦,译言星宿也。

①《南村辍耕录》卷二二《黄河源》,北京:中华书局,1985年,第265—266页。
②《南村辍耕录》卷二二《黄河源》,北京:中华书局,1985年,第265—268页。

　　意为黄河发源于吐蕃所辖朵甘斯(今四川甘孜,系吐蕃中节度使所在地)以西今星宿海一带方圆七八十里的地方。这里是一片湿地,由一百多个泉眼形成许多或深或浅的水坑和或大或小的水流,到处都是泥淖,人无法进入,我们想到跟前仔细看看也做不到,只好登上旁边的山头,往下看一片璀璨犹如天空中的群星,所以这里被命名为火敦恼儿,也就是汉语的星宿海(在今青海曲麻莱县境)。

　　接着又叙述他们考察所得黄河从星宿海流出直到东胜州(今内蒙古托克托县)河道的距离及走向。先说上游至阿尼玛卿山(文中称之为昆仑山)东南段的行程。

　　　群流奔凑,近五七里,汇二巨泽,名阿剌恼儿。自西徂东,连属吞噬。广轮马行一日程,迤逦东鹜成川,号赤宾河。二三日程,水西南来,名亦里出,合赤宾。三四日程,(水)南来,名忽兰。又水东南来,名也里术,合流入赤宾,其流寝大,始名黄河。然水清,人可涉。又一二日,歧裂八九股,名也孙斡论,译言九度。通广六七里,马亦可度。又四五日程,水浑浊,土人抱革囊,乘骑过之。民聚落纠木干象舟傅毛革以济,仅容两人。继是,两山峡束,广可一里、二里或半里,深巨测矣。朵甘斯东北鄙,有大雪山,名亦耳麻不莫剌,其山最高,译言腾乞里塔,即昆仑也。山腹至顶皆雪,冬夏不消。土人言,远年成冰时,六月见之。自八九股水至昆仑,行二十日程。河行昆仑南半日程地。

　　这是说,黄河从星宿海群流奔凑大约五里或七里汇为两个大湖,名阿剌恼儿(今青海玛多县境的扎陵湖和鄂陵湖)。骑马再行一日,迤逦向东,成为一条河,名赤宾河(由鄂陵湖东流出经今玛多县西之一段黄河的古名)。骑马再行两三日,亦里出河(今黑河)从西南流来,汇入赤宾河。又行三四日,忽兰河(今热曲)从南边流来。又有也里术河(今河)从东南方向流来,汇入赤宾河,河水变大,才开始称为黄河。但这段河水很清,且不深,人可以涉流过河。再行一两日,河道分成八九股,名也孙斡论,汉语名九度河(沿今玛多县与玛沁县界由北向南流的一段黄河)。河宽有六七里,马可以涉过。再行四五日,河水变得浑浊,当地人手抱着革囊或乘马就能过河,也有的人将树干编成木筏外围皮革用以渡河,每筏仅能容纳两人。往东南是两山峡谷里的河川,河宽半里到一二里,深不可测。在朵甘斯东北部,有一座沿途最高的大雪山,名亦耳麻不莫剌(今阿尼玛卿山,又名大积石山),译成蒙古语为腾乞里塔,也就是昆仑山。从山腹到山顶是终年不化的雪。黄河从八九股水(即九渡河)流到昆仑山的一段,骑马要走二十日。黄河在昆仑山南的流程,骑马有半天的距离。

下边说由阿尼玛卿山南缘至玛曲河口一段。

> 又四五日程,至地名阔即及阔提,二地相属。又三日程,地名哈喇别里赤儿,四达之冲也,多寇盗,有官兵镇防。①昆仑迤西,人简少,多处山南。山皆不穹峻,水亦散漫。兽有髦牛、野马、狼狍、羱羊之类。其东山益高,地亦渐下,岸狭隘,有狐可一跃越之者。行五六日程,有水西南来,名纳邻哈剌,译言细黄河也。又两日程,水南来,名乞儿马出,二水合流入河。

这是说,再行四五日,就到了阔即和阔提二地(在今青海久治县西),二地相连。再行三日,其地名哈喇别里赤儿(在今青海久治县东),此处是四通八达的冲要之地,多寇盗,有官兵驻守防御。昆仑山以西人口稀少,多数居住在山南,其山都不高峻,河水也不湍急,野兽有牦牛、野马、狼狍、羱羊之类。而东边的昆仑山越来越高,河岸也狭隘,最窄的地方狐狸可以一跃而过。行五六日,有纳邻哈剌(今四川红原县境的白河)从西南流来。纳邻哈剌的意思是细黄河。又行两日,乞儿、马出[今甘肃玛曲县之黑河(又名墨曲)及玛曲河]从南边来,二水合流入黄河。

以下讲黄河北流至阿尼玛卿山北,经贵德州、积石州、兰州、鸣沙州、宁夏府,直至东胜州的一段。

> 河北行,转西,至昆仑北,二日程地,水过之北流。少东,又北流。约行半月程,至贵德州,地名必赤里,始有州事②官府。州隶河州置司土蕃等

①文渊阁《四库全书》本《辍耕录》下有"近北二日,河水过之"八字。
②文渊阁《四库全书》本《辍耕录》,"事"字为"治"字。

处宣慰司所辖。又四五日程,至积石州,即《禹贡》积石。五日程,至河州安乡关。一日程,至打罗坑。东北行一日程,洮河水南来入河。又一日程,至兰州。其下过北卜渡,至鸣沙州,过应吉里州,正东行。至宁夏府,南东行,即东胜州,隶西京大同路地面。

黄河转向北流,再向西流,两日路程,到昆仑山以北,向北流。稍稍向东以后,又向北流。约半月路程,到贵德州,州治必赤里(今青海贵德),这才开始有州一级的官府,贵德州属在河州设置的吐蕃等处宣慰司管辖。又行四五日,到积石州,这里就是《禹贡》所说"导河积石"的积石。马再行五日,到河州安乡关(今甘肃临夏莲花镇)。行一日,到打罗坑(今甘肃东乡县境),向东北行一日,洮河水从南边流入黄河。再行一日,到兰州(治今甘肃省兰州市城关区)。从兰州城下过北卜渡,到鸣沙州(治今宁夏中宁县东北),过应吉里州(治今宁夏中卫),向正东行,到了宁夏府(治今宁夏银川),向南东行,就是东胜州,它隶属于西京大同路地界。

阔阔出对随其兄长都实探寻黄河源过程的叙述极为具体,潘昂霄的记载真实可靠。都实的勘踏,探明了黄河源头在今青海曲麻莱县的星宿海上游数十里,比唐人认定的黄河源头阿尼玛卿山(大积石山)多出一千多里,是极大的进步。特别是都实的河源考察彻底破除了《山海经》以来的河水潜行之说,在河源考察史上有划时代的意义。清乾隆年间修成的《西域图志》曾哀叹道:"河水自蒲昌海潜行地下,至积石复出为中国河源,其说见于《山海经》《史记》《汉书》《水经注》诸书,先儒传习,都无异说。自唐杜佑作《通典》不取其说,宋欧阳忞谓其荒远不经,元潘昂霄《河源志》亦以史称'河有两源,一出于阗,一出葱岭'为诞妄,于是河水潜行之说,不复取信于后人。"[1]虽然都实并未探到今人确认的黄河源卡日曲,但那是因为时代的局限,我们不应苛求。元明之际学者宋濂早就确认都实考察结论的可靠性,在其所撰《治河议》中引用都实考察文字,言"河源自吐蕃朵甘斯西鄙"云云[2]。尤其是都实的

---

①《西域图志校注》卷二六,乌鲁木齐:新疆人民出版社,2002年,第392页。

②《文宪集》卷二八《治河议》,载文渊阁《四库全书》第1224册,台北:商务印书馆,1986年,第437页。

勘踏,带动了后代中央王朝不断派出专门人员对黄河源头进行勘踏,其首探之功,是必须肯定的。

这里必须提到世代生息于青藏高原的藏族先民对河源认识的贡献。早在唐贞观九年(635年),唐军追击潜逃的吐谷浑王伏允时,任城王李道宗就说道:"柏海近河源,古未有至者。"①这里是说自古以来中央王朝没有人到过河源地区,而柏海则接近河源,显然李道宗所言"柏海近河源"是从吐蕃人那里听来的了,这从侧面证明了早在隋唐之际,吐蕃人就对黄河源在柏海(今扎陵湖和鄂陵湖)附近有明确的认识。到唐杜佑撰《通典》时,就很好地回答了这一问题,言:"今吐蕃中,河从西南数千里向东北流,见与积石山下河相连,聘使涉历无不言之。吐蕃自云:昆仑山在国中西南,则河之所出也。"②元朝人更明确地提及,帝师收藏的梵文书中有准确的河源记载。《元史·河源附录》中说:"临川朱思本又从八里吉思家得帝师所藏梵文图书,而以华文译之。"我们知道,元朝最高神职帝师是皇帝任命的吐蕃萨迦派高僧,其所收藏的梵文图书中,有与潘昂霄《河源志》内容互为补充的对黄河源的记载。朱思本译文中对黄河源头方位的叙述称:"河源在中州西南,直四川马湖蛮部之正西三千余里,云南丽江宣抚司之西北一千五百余里,帝师撒思加地之西南二千余里。水从地涌出如井,其井百余,东北流百余里,汇为大泽,曰火敦脑儿。"称黄河源头在星宿海(火敦脑儿)西南百余里。按星宿海上游的支流主要有三条,在北的一条名扎曲,在西的一条名约古宗列曲,在西南的一条名卡日曲,帝师所收古藏文图书中所称向东北流入星宿海的河源显然指的是卡日曲,而卡日曲正是当代学者所认定的真正的河源。朱思本还根据帝师所藏古藏文图书概述了黄河的长度,称:"大概河源东北流,所历皆西番地。至兰州凡四千五百余里,始入中国。又东北流,至达达地,凡二千五百余里,始入河东境内。又南流至河中,凡一千八百余里。通计九千余里。"③按元朝每市里折合0.3072公里,约今2704公里,这是黄河自发源地

①《新唐书》卷二二一《吐蕃传上》,北京:中华书局,1975年,第6225页。
②《通典》卷一七四《州郡四·风俗》,北京:中华书局,1984年。
③《元史》卷六三《地理志六·河源附录》,北京:中华书局,1976年,第1564、1567页。

至潼关的距离,再加上东流入海的1000公里,合计长度约为3800公里,其黄河长度的统计十分珍贵。

明代没有官方对黄河源头的探寻,但明初就有关于河源的记录。元明间僧人宗泐(1318—1391年),浙江临海人,八岁师从天竺僧人笑隐诉公学佛,成为著名的学问僧。入明以后,受到明太祖的敬重。洪武十一年(1378年)底,明太祖因为中土佛书有所遗缺,委派六十一岁高龄的僧人宗泐率其徒弟三十人,前往西域寻求佛经。在三年多时间里,宗泐一行到达过宜八里(疑即别失八里,今新疆吉木萨尔县治北之破城子)、雪岭(今阿富汗兴都库什山)、别利迦竹国(或即《佛祖统纪》之迦磋国,今印度卡奇湾北岸之卡奇地区)、灵鹫山(古佛教中心王舍城附近名山,在今印度比合尔邦底赖雅附近)、鸡足山(今印度佛陀迦耶东南之 Gurpa hill)诸地,求得《庄严》《宝王》《文殊》等佛经,由乌思藏(指西藏之前藏地区)向北,又经过几个月,"雪中临黑水,冰上渡黄河"(《到河州》诗),终于到达河州,返回京师(南京)已是洪武十五年(1382年)。宗泐回程在上游渡黄河时,撰《望河源》诗,其诗序言:"河源出自抹必力赤巴山,番人呼黄河为抹处,牦牛河为必力处,赤巴者分界也。其山西南所出之水,则流入牦牛河,东北之水是为河源。予西还宿山中,尝饮其水,番人戏相谓曰:'汉人今饮汉水矣。'其源东抵昆仑可七八百里,今所涉处尚三百余里,下与昆仑之水合流。中国相传以为源自昆仑,非也。昆仑名麻瑃剌,其山最高大,四时常雪,有神居之。番书载其境内祭祀之山有九,此其一也。"[1]宗泐明确指出,黄河源出于抹必力赤巴山,即今巴颜喀拉山,该山西南为牦牛河(即长江上游的通天河)源头,山之东北为黄河源头。番人又称黄河为"汉水",即流往汉地之水,所以宗泐西行取经回程住在山中,饮用了黄河的水,番人说:"汉人今天喝汉水了!"从黄河源头到昆仑山(大积石山、阿尼玛卿山)至少有七八百里。黄河在昆仑山北自东向西流,与昆仑之水(曲什安河)合流,过去的书中都说黄河源自昆仑山,那显然是错误的。宗泐的最大贡献是明确了中国两大河流长江和黄河分别发源于巴颜喀拉山南麓

---

①《列朝诗集》,北京:中华书局,2007年。

和北麓,而且指出当地的番人又称黄河为汉水,它是从东边流到阿尼玛卿山之北侧的。

博学好思、重视边地治理的清圣祖玄烨于康熙四十三年(1704年)四月,命蒙古正白旗人、侍卫拉锡与满洲正白旗人、内阁侍读舒兰等人前往考察黄河的源头①。拉锡一行于四月初四日离京,九月返回,其考察奏疏被《清圣祖实录》卷二一七、《东华录》卷一九、《钦定八旗通志》卷一六六和卷二四〇两种《舒兰传》,以及《清史列传》卷一二《舒兰传》和《清史稿》卷二八三《舒兰传》收录,各有详略或删改。现将内容最为详尽的《钦定八旗通志》卷二四〇《舒兰传》之奏疏文字即考察报告转录于下:

> 臣等奉使巡察黄河发源处,于康熙四十三年四月初三日奉训旨言:"黄河之源虽名古儿班索而嘛,其实发源处从无人到。尔等务须穷源明白,察视其河流于雪山自何处流入雪山边内,凡经流等处,宜详阅之。若至其地瘴气甚厉,可进则进,不可则止,不必泥旨强进。钦此。"
>
> 臣等钦遵,于康熙四十三年四月初四日自京起程,五月十三日至呼呼诺儿地方……十四日,至贝勒色卜腾札儿所居地,名呼呼卜拉克。十五日居其地。十六日贝勒色卜腾札儿同臣等起程。六月初七日,至星宿海之东,有泽名鄂陵,周围二百余里。初八日,至鄂陵之西,又有泽名札陵,亦周围三百里。鄂陵之西、札陵之东,相隔三十里,此二泽亦产那胡、布哈等鱼。初九日至星宿海,蒙古名鄂敦塔拉,择山之至高者登而视之,观星宿海之源,小泉万亿,不可胜数。周围群山蒙古名为库儿棍,即昆仑也。南有高山名古儿班吐而哈,西南高山名布胡珠而黑,西有高山名巴而布哈,北有高山名阿克塔阴齐奇,东北高山名乌兰杜石。古儿班吐而哈诸泉西番国名为噶尔马塘,巴而布哈山诸泉名为噶尔马滁穆郎,阿克塔阴齐奇山诸泉名为噶尔马沁尼。三山之泉流出三支河,即古儿班索而嘛也。三河

---

① 《清史列传》卷一二《舒兰传》,北京:中华书局,1987年,第829页。

往东,顺流入于札陵。自札陵一支流入鄂陵,自鄂陵流出之河,乃黄河也。除此,而他山之泉与平地之泉流出为小河者,不可胜数,尽归黄河。朝东而下,自呼呼诺儿雪山以至于星宿海,一路产野牛、野骡、豹、猞猁狲、牝牡盘羊、鹿狍、小黄羊、火狐、沙狐、羱羊、香獐、獭儿、獾子等兽。

臣等自星宿海于六月十一日回程,欲看冰山之形并黄河向何方流去等处。故离原去之路,向东南行二日,登哈而给山,见黄河往东而流至呼呼托罗海山,又向南流绕撒除克山之南,又北流,至巴而托罗海之南流去。第二日,至冰山之西,但见其山最高,云雾蔽之。蒙古言此山长三百余里,九高峰,自古至今未见冰消者,终日云雾,常雨雪,一月之中得晴三四日而已。

自此回行,十六日至席拉库特尔之地,寻看黄河流入雪山边内之处,又向南行过僧库里高岭,行百余里,又至黄河岸,见黄河自巴而托罗海山向东北流,于归德堡之北、边哈山之南,从两山峡中流入兰州。

臣等谨将黄河发源山川之图,恭呈御览。自京至星宿海共七千六百余里。宁夏之西,由松山至星宿海,天气渐低,地势渐高,人气闭塞,故多喘息,非瘴气也。

拉锡是一武将,此奏疏当为理藩院笔帖式(民族语翻译和文书官)出身的舒兰所撰,故而《八旗通志》《清史列传》《清史稿》等官书皆将其收入《舒兰传》中。奏疏报告,拉锡、舒兰于四月初四日从京师启程,五月十三日到达呼呼诺尔(青海湖,"诺尔"意为湖),十六日贝勒色卜腾札儿随同拉锡等人一起由呼呼卜拉克出发考察。走了二十一天,于六月七日到星宿海东边的鄂陵湖边,该湖周长二百余里。第二天,走到西边的札陵湖,该湖周长三百里。两湖之间相距三十里。两湖中都出产那胡鱼和布哈鱼。六月九日到了星宿海,在其周围勘踏了两天。先登上星宿海旁边最高的山观察,看到星宿海的源头,有难以计数的小溪泉。周围的群山,蒙古名库儿棍,就是昆仑山。南边的昆仑山支脉名古儿班吐而哈,西南的昆仑山支脉名布胡珠而黑,西边的昆仑山支脉名巴而布哈,北边的昆仑山支脉名阿克塔阴齐奇,东北的昆仑山支脉名乌兰杜石。三条河向东流入札陵湖。

这一段对河源的描述非常重要。第一，明确了河源地区的鄂陵湖和札陵湖的间距及各自的方位、大小，二湖相距三十里，鄂陵湖在东，札陵湖在西，前者方圆二百余里，后者方圆三百里，而不是如元都实那样将二湖混称为阿剌脑儿。第二，指出星宿海周边有由多个泉水形成的三条支流汇来，一为南边古儿班吐而哈山的诸泉（番语名噶尔马塘，今名卡日曲），二为西边巴而布哈山的诸泉（番语名噶尔马滁穆郎，今名约古宗列曲），三为北边的阿克塔阴齐奇山诸泉名为噶尔马沁尼（今名札曲）。三山之泉流出三支河，总名古儿班索而嘛也。显然，黄河最上源应该从这三条支流中去寻找。按照近代地理学界的意见，通常以最长的一条支流视为大河的河源。这就为学者确定黄河最终的源头提供了基础。第三，他们将黄河源地区的巴颜喀拉山也称为昆仑山（库儿棍），这就从文献上与《尔雅》和《禹本纪》所称黄河源于昆仑山完全挂钩。从先秦以来，历代对昆仑山的定位十分混乱。先是《山海经》称昆仑山在敦薨（敦煌）之西，接着是汉武帝定于阗（今新疆和田）南山为河源之昆仑山，这就有了今新疆的昆仑山。隋朝时在今青海兴海县境内设河源郡，称河源于大积石山，即今阿尼玛卿山，故唐、元文献称阿尼玛卿山为昆仑山，将昆仑山从新疆延伸至今青海境内。康熙年间，拉锡、舒兰又将黄河源地区的巴颜喀拉山脉也称之为昆仑山，从而构建出西起帕米尔高原，东至西藏，并横贯青海省境，直至四川、甘肃西边的一个巨无霸山系，而这一观点，为现代地理学界所接受。正如《辞海》所释："昆仑山，西起帕米尔高原东部，横贯新疆、西藏间，东延入青海境内。长约2500公里。古褶皱山。西段为塔里木盆地、藏北高原的界山，西北—东南走向，北坡较陡。高峰有慕士塔格山（7546米）、公格尔山（7719米）。东段成东西走向，分三支：北支为祁漫塔格山，中支为阿尔格山，东延为布尔汗布达山及阿尼玛卿山（积石山）；南支为可可西里山，东延为巴颜喀拉山，在四川边境与岷山及邛崃山等相接，成山原状。海拔6000米左右，多雪峰、冰川。"[1]看来，只有用现代昆仑山的定

---

①辞海编辑委员会：《辞海》，上海：上海辞书出版社，1980年，第1385页。

义,才能认识古代在河源问题上的诸多异说,也才能知道现代昆仑山系是如何由先秦河源昆仑山演绎而来的。第四,拉锡、舒兰等人还记载了河源地区的气候、鱼类和野生动物,还说河源的瘴气其实是因当地海拔太高氧气不足,外地人难以适应,资料十分可贵。

在拉锡、舒兰考察河源之后,为了撰修《清一统志》和《皇舆全图》,康熙皇帝曾一再派遣使臣前往河源等地进行测量。如"我圣祖仁皇帝屡遣使臣往穷河源,测量地度,绘入舆图,凡河源在右一山一水,与黄河之形势曲折道里远近,靡不悉载",以及"本朝康熙五十六年(1717年),遣喇嘛楚儿沁藏布、兰木占巴、理藩院主事胜住等绘画西海、西藏舆图,测量地形"①。

曾任礼部侍郎的学者齐召南(1703—1768年)于乾隆二十六年(1761年)撰成、乾隆四十一年(1776年)刊刻的《水道提纲》,根据所见《大清一统志》稿、康熙《皇舆全览图》及历代地理志书,对全国河道进行了精心考证,在卷五"黄河"中,首先叙述河源,指出:"黄河源出星宿海西巴颜喀喇山之东麓,二泉流数里,合而东南,名阿尔坦河。南流折而东,有小水自西南来会,当河源南岸,有古尔班蒙衮拖罗海山,三峰相并,又有拉穆拖罗海山,稍崇峻,北岸有噶达苏七老峰,高四丈,亭亭独立,石紫赤色,俗传为落星石,西南有阿拉尔巴颜喀喇岭。又东折而北,而东,而东南流,有乌哈峰泉水自西南来会,又东有拉穆拖罗海山水自南,有锡拉萨山水自北,俱来会。又东有七根池水自北来会。又东流数十里折东北流百里,至鄂端塔拉,即古星宿海,《元史》所谓鄂端诺尔也,自河源至此已三百里。"②并确认黄河源于星宿海西北三百里的支流阿尔坦河上游,即下文乾隆四十七年(1782年)阿弥达考察后所定的"真河源"阿勒坦郭勒河,亦即今人所称河源的卡日曲,由此我们不能不佩服清代考据学者的学术功力。

①《大清一统志》卷四一二《青海·山川·黄河》、卷四一三《西藏·山川·冈底斯山》,载文渊阁《四库全书》,台北:商务印书馆,1986年。

②《水道提纲》卷五,载文渊阁《四库全书》,台北:商务印书馆,1986年。

乾隆四十七年（1782年），由于河南黄河决堤多年不能合拢，清高宗弘历命乾清门侍卫阿弥达前往青海，找到黄河的真源，以告祭河神，解除水患。阿弥达考察后，进呈考察报告和所绘新图，乾隆皇帝命朝臣据以撰成《河源纪略》一书，全面总结了当时对黄河源头考察和研究的成果，并将该书收入《四库全书》史部地理类河渠之属。

当年七月十四日乾隆皇帝的诏谕归纳了这次考察的最重要成果，言：

今年春间，豫省青龙岗漫口合龙未就。遣大学士阿桂之子、乾清门侍卫阿弥达前往青海，务穷河源，告祭河神。事竣复命，并据按定南针，绘图具说呈览。据奏："星宿海西南有一河，名阿勒坦郭勒，蒙古语阿勒坦即黄金，郭勒即河也。此河实系黄河上源，其水色黄，回旋三百余里，穿入星宿海。自此合流至贵德堡，水色全黄，始名黄河。又阿勒坦郭勒之西，有巨石，高数丈，名阿勒坦噶达素齐老，蒙古语噶达素北极星也，齐老石也。其崖壁黄赤色，壁上为天池，池中流泉喷涌，酾为百道，皆作金色，入阿勒坦郭勒，则真黄河之上源也。"其所奏河源颇为明晰。①

阿弥达考察到星宿海上游西南的一条名阿勒坦郭勒②的支流，其流长三百余里，源于阿勒坦噶达素齐老(蒙古语意为北极星石)峰上诸泉形成的天池。据阿弥达一行用经纬仪测量，"噶达素齐老极三十五度、西二十度四分"③，也就是北纬35°，东经95°42′。据乾隆皇帝说，这就是黄河的真正源头。对于该河为今天星宿海地区的哪一条河，乾隆以来学者颇多争议。有学者将其与《河源纪略》中的附图相对照，认为是"阿弥达告祭的阿勒坦郭勒，就是今天人们公认为黄河正源的卡日曲"④。

---

① 《河源纪略》卷首《乾隆四十七年七月十四日内阁奉上谕》，载文渊阁《四库全书》，台北：商务印书馆，1986年。

② 《清史稿》中称为"鄂敦塔那"，《嘉庆一统志》称为"鄂敦他拉"，蒙古语意为黄金色河。

③ 《河源纪略》卷一二《质实四》，载文渊阁《四库全书》，台北：商务印书馆，1986年。

④ 胡兆祺：《黄河探源》，《青海社会科学》1981年第3期，第84页。

若果真如此,黄河正源的探寻已经找到正确结论。然而,事情并非如此简单。第一,因为阿弥达可能并没有将星宿湖上游诸支流进行全面考察,其结论难免让人怀疑。据黄盛璋先生考查"阿弥达交待,他沿南边这条色黄的阿尔坦河只走了一百里左右,不管是沿南边哪条河,都不能走到源头,可是图上不仅绘了河的源头形势,还在源头上注出'天池'与'噶达素齐老',只能证明他出于虚构"①。第二,撰书诸臣"恭禀圣谟",牵强附会乾隆皇帝关于黄河初源于葱岭(帕米尔高原)的谬说,认为黄河"自罗布淖尔伏流一千五百里,东南至阿勒坦噶达素齐老流出,为阿勒坦郭勒",泥古而不知变,严重削弱了阿弥达河源发现的重大意义。

清康熙、乾隆间的两次河源考察,形成了对黄河源头的基本认识,为民国时期学者所遵从。如《青海志略》称:"黄河为我国第二大河,全长约八千里,发源于巴颜喀拉山噶达素齐老峰东南麓。当东经九十五度,北纬三十五度,海拔一万四千尺,南流纳数小水为阿尔坦河(蒙名阿勒坦郭勒全河之义,番名马曲河),东南流二百余里,纳拓戈河、长云河之水,至星宿海……"②

1952年8月,黄河水利委员会组成黄河河源查勘队,对黄河源头进行了四个月综合勘查。考察认定,黄河正源是星宿海以西的约古宗列渠(曲),而该河发源地是其西的雅合拉达合泽山,还一反元以后诸历史记载,说河源地区的札陵湖在东,鄂陵湖在西③,并将其编入各种地理书或绘成地图,广为传播,引起学界的极大争议。

为了实事求是地弄清黄河发源地区的相关问题,1978年7月,由青海省和国家测绘总局牵头,邀请中国科学院地理研究所、中国社科院历史研究所、北京大学地理系、北京师范大学地理系等单位的专家学者组成两个考察组,分别对黄河源与扎陵湖、鄂陵湖进行了一个月的勘察和调查,取得了可喜的成绩。8月在西宁召开了

①黄盛璋:《黄河上源的历史地理问题与测绘的地图新考》,载祁明荣主编《黄河源头考察报告》,西宁:青海人民出版社,1982年,第35页。

②许公武编著:《青海志略》,上海:商务印书馆,1943年,第15页。

③《黄河河源勘查记》,《人民日报》1953年1月21日。

有更多专家参加的相关问题科学讨论会,形成了《扎陵、鄂陵两湖名称和黄河河源问题科学讨论会纪要》(以下简称《纪要》)。《纪要》指出,从唐以来的历史文献和图籍中对两湖的名称及位置都有明确的记载,但1953年以后却将两湖的名称颠倒了。从黄河水利委员会勘察队和南京地理研究所的实地测量结果、藏语两湖名称的含义及当地藏族群众的意愿出发,应该将两湖定位为扎陵湖在西、鄂陵湖在东。《纪要》还指出,根据地质调查,雅合拉达合泽山与约古宗列曲相距30公里,分别在两条水系上,雅合拉达合泽山并非约古宗列曲的发源地。根据历次测量及考察结果,通过对源头诸支流的长度、流量、流域面积的比较和传统习惯等因素,应该将黄河正源定为发源于巴颜喀拉山支脉各姿各雅山北麓的卡日曲。1979年2月,青海省人民政府将考察及专家研讨意见上报国务院,获得批复,以卡日曲作为黄河发源地,将两湖名称更正为扎陵湖在西、鄂陵湖在东。

河源地区卡日曲与约古宗列曲情况比较表

支流名称	河流长度	流量大小	同一时期源头出水量	流域面积
卡日曲	201.9公里	6.3立方/秒	泉水旺盛,干旱年份水流不断	3126平方公里
约古宗列曲	178.9公里	2.5立方/秒	泉水微小,河床中多处断流,水源甚微	2372平方公里

为了科学、合理、准确地确定长江、黄河、澜沧江源头的地理位置,准确测定其坐标、高程等重要地理信息数据,为各项科学研究提供依据,由青海省政府组织,国家测绘局指导,武汉大学测绘学院技术支持的三江源头大规模科学考察,于2008年9月启动。门类齐全、技术先进、阵容强大的科学考察活动历经41天,行程7300多公里。这次科考,按照国际上河流正源确定的三个标准,即"河源唯长""流量唯大""与主流方向一致"的标准,同时考虑流域面积、河流发育期、历史习惯。黄河以青海省玛多县黄河沿大桥为起点,卡日曲最长的源头——那扎陇查河长度为362.63千米,比玛曲最长的支流约古宗列曲长36.54千米。以河源唯远的原则,卡日曲应为黄河源头。卡日曲的流量是玛曲的两倍。卡日曲的上源为那扎陇查河,

发源于青藏高原巴颜喀拉山脉塔鄂热西北2.2公里处,行政隶属于玉树藏族自治州称多县扎朵镇①。

　　从先秦到当今,历代学者对黄河发源地进行了不懈地艰苦探寻,目前对黄河源头的认识虽然还存在不同意见,但基本可以告一段落,其结论就是黄河发源于青藏高原巴颜喀拉山北麓的卡日曲,更详细一点说,黄河的上源是发源于青藏高原巴颜喀拉山脉塔鄂热西北的卡日曲南源那扎陇查河。

　　　　　　（本文系应甘肃省黄河文化研究会之邀,于2021年至2022年撰出。）

①《长江黄河发现新源头　科考成果需经法定程序审批》,《人民日报》2009年07月17日。

中华农业文明的开创者炎帝神农氏

炎帝,号神农氏,姜姓伊耆氏,又称烈山氏、连山氏,名轨,又名石年,是距今约五六千年传说时代的帝王,也是中华农业文明的开创者,更是中华民族尤其是许多少数民族的始祖。

一

传说,少典氏之妃安登,为有侨氏之女。安登游于华阳,受一位龙首之神所感怀孕,在列山石室生下了神农,长于姜水,而为姜姓之祖。神农身长八尺七寸,头似牛,面如龙,嘴唇很厚。出生三个时辰就能说话,五天就会走路,七天就长全了牙齿。三岁就开始玩种植的游戏。成年以后封于伊继国的耆地,所以以伊耆为其氏。

当时,人们只知捕鱼、打猎,以鱼虫兽禽为食物。随着人口的繁衍,渔猎所得越来越难以维持生存。神农悉心寻找可以使人们不再挨饿的食物。有一天,天上下雨时夹带了许多粟,神农将它们收集起来,将木棒削尖做成了耜,将木头弯曲做成了耒,用这两种农具将粟种到地里,长成了庄稼,生产出了粮食。后来,神农又培育出麦、菽、黍、稻,与粟合称五谷。他的儿子柱不仅能植谷,还会种蔬菜。神农观察土地的高低燥湿肥瘠,教人们种植不同的作物,使人们有了稳定来源的植物食品。神农还发现了种麻和养桑蚕的方法,教民种麻养蚕,用麻、丝织成布帛,制成衣裳。既防寒保暖,又遮羞护体。

由于农业生产的需要,神农制定了最初的历法,根据天地阴阳的变化,正节气,审寒温,告诉人们何时下种,何时收割。据说,神农还发明了凿井技术,让人们集中居住,有清洁的水饮用和灌溉。神农还亲自尝水泉的甘苦,使人们知道哪儿的水可以喝。

当时先民的生活条件很差,筑窠而居,掘地而室,披皮生食。神农发明了斧斤等木工工具,修建了最早的有顶无墙的房屋,让人们从潮湿的地穴中搬出来,既可避寒暑,又可挡风雨。此外,神农又发明了陶器的生产方法,使人们有了鼎、壶、罐、瓮、瓶、盆等生活用具,提高了生活的质量。神农还发明了舂粮用的杵臼和做饭用的灶,教人们用杵臼将粮食捣碎,在石上和陶器中烧煮谷物。居住房屋和吃烧煮后的食物,使人们增强了抵抗能力,提高了智力。

为了解除人类疾病的痛苦,神农亲自品尝各种草木,察其寒温之性,给各种草木命名。神农以自己的身体做药理试验,据说他曾经在一天之中尝了72种毒草,每次都差点死去,幸亏又吃了一种叫茶(即"茶")的植物,才解了毒,从而知道了茶叶的解毒功效。以后,他采了许多药给人治病,解除了人们的病痛。现在流传的《神农本草经》,虽说是秦汉间人托神农所作,但其中有一部分应是神农发现的药物。该书共载药物365种,评述了药物性味、功用、主治和疗效,是我国现存最早的药学文献。在长期为民治病的过程中,神农知道了如何辨别色脉,如何使用适合的药方,甚至发明了针石,用来为人们疗疾。因而人们称神农是医药的始祖。

二

神农是一位天下共主,他以火德为王,故称炎帝,以陈(今河南淮阳)为都城,后又迁都于鲁(今山东曲阜)。他设置了五官:春官为大火,夏官为鹑火,秋官为西火,冬官为北火,中官为中火。神农造五弦之琴,演六十四卦,命乐官作《下谋》《扶犁》《丰年》等乐曲。神农时民风质朴,从不忿争。政府的法令简单而不繁杂,人们自觉地服从管教,从来没有处死过人。诸侯夙沙氏不听炎帝的号令,其臣箕文劝谏,他不仅不听,还将箕文杀了。神农没有出兵讨伐,而是退而修德。后来,夙沙之民自己向国君发动进攻,然后归附炎帝。

神农娶奔水氏(又作承桑氏)女听拔为妃,有13个儿子。神农的小女儿名女娃,到东海游玩时不幸被水淹死,变成了一只名叫精卫的鸟,她每天衔西山的木石去填东海,精神十分感人。传说炎帝在位120年,活到168岁去世,葬于长沙茶乡之尾,称为茶陵。他的子孙临魁、承、明、直、厘、哀、榆罔先后继位,为炎帝380年。到榆罔时,其帝德衰落,诸侯们互相攻伐,战乱不已,生灵涂炭,神农氏也无可奈何。黄帝毅然担负起安定天下的重任,他与炎帝联合,用战争的手段,征讨抗命不从的诸侯,诸侯纷纷前来归附,成为天下共主。炎帝企图夺回失去的地位,终于起兵相争。炎、黄二帝在今北京市延庆与怀来二县间的阪泉进行决战。经过三场恶战,黄帝得胜。从此,黄帝天下共主的地位最终确立。

据传,炎帝神农氏的后代在东方建立了26个小国,留在中原的炎帝后代与黄帝后代相融合,形成了华夏族,即汉族的前身。有不少炎帝后裔向四方迁徙,与当地居民杂居,形成了许多非华夏族。古代东夷、西戎、南蛮、北狄都有炎帝的后裔。北方和西北主要是嬴奄族系的羌、羝、羯、鞑靼、倪等。后来的鲜卑、东胡、女真、蒙古、义渠、吐蕃等皆出于此。东部有焦夷、牟夷、郱夷、莒夷、赤狄、白狄等。南方有濮、黎、苗、诸蛮等。古人将炎帝和黄帝称为中华诸民族的始祖,是有很深刻的历史人文内涵的。

三

炎帝神农氏是否实有其人,学术界有不同看法,有人肯定其有,有人论定其无。其实,正如世界各国上古史都有一段传说时代一样,从历史的角度将他看成一位传说人物,一位曾经有过的氏族社会的部落领袖更为恰当。其事迹无疑有很多的夸大和神化色彩,而且有许多矛盾和后人不断增饰的成分。例如,说他活了168岁,在当时那种恶劣的自然环境下,根本就是不可能的。再如,他与黄帝究竟是同时期的人还是有前后关系,古人说法也不同。甚至他成长的姜水,是今天的何地,也说法很多。这些,我们都不必在此进行考辨。因为炎帝实际上是一种文化的代表,一个氏族的象征,一群先祖的化身。

从考古学的角度来说,炎帝的事迹都是可以找到出土材料佐证的。炎帝活动的中原及其邻近地区的新石器时代的文化遗存,有许多与传说中炎帝的事迹相符。当然,炎帝文化究竟相当于考古学上哪一个文化阶段,学者们分歧还很大。有人认为相当于裴李岗—磁山文化,因为炎帝号称神农氏,是最早种粟的人。而20世纪70年代在河北武安磁山遗址中发掘出储存粮食的窖穴88个,所藏全部为粟。据碳14测定,该遗址距今为7300年。有人认为,从文献记载看,炎帝是距今约五六千年的人,因而,他只能是相当于仰韶文化阶段的人。仰韶文化因最早发现于河南渑池县仰韶村而得名,其遗存广泛分布于西至甘肃河西走廊,东至山东西南部,北至河北中部和内蒙古河套平原一带。据碳14测定,该文化距今7000—4700年,与黄帝的时代大体相同。其遗址中出土大量石制农具,如石杵、石臼、石磨盘等粮食加工工具,还出土了粟、稻、高粱、菜籽等农作物种子,各种生活陶器,以及纺轮、骨针、骨锥等纺织缝纫工具。在郑州大河村遗址第四期的陶器中,发现一件砂质灰陶盂,其流口有九个起过滤作用的圆孔,专家分析是先民煎药的器皿。这些材料都是其他新石器文化遗存中不完全具备的,且符合炎黄时代的特征。有人进一步分析说,仰韶文化中的半坡类型是炎帝部族创造的,后岗类型是黄帝部族创造的,庙底沟类型是黄帝部族战胜炎帝部族以后两个部族共同创造的。当然,上古的任何一项发明,都是先民们经过几百年、几千年甚至上万年的探索才出现的,农耕如此,制陶如此,药石也是如此。神农可能对前人的这些发明创造有所总结和提高,所以古人才将这些事物的发明权归结于他。

九黎首领——蚩尤

蚩尤,又写作蚩邮,上古传说时期九黎族的君长,首创炼铜和制造铜兵器,骁勇善战,被奉为战神。

一

在从野蛮向文明过渡的时期,中华大地上,生活繁衍着无数的氏族和部落。这些氏族、部落长期友好交往、结合,而又相互争夺,构成了一幅波澜壮阔的先民生活史。他们的事迹,由于当时尚无成熟的文字,故而仅以传说在先民之间世代口耳相传,传说愈久,其中的情节往往愈来愈离奇,人物形象往往愈来愈高大,颇具神话色彩。这些传说和神话是上古先民真实历史的折射,其中不乏合理的内容。作为历史研究工作者,不应全盘否定这段历史的真实性,而应该从传说和神话中找出那些合理的真实的历史。

据研究,在距今五千年前后,中华大地生活的部族,大约可分为四大部族集团。

第一大集团是在东部江淮流域生活的东夷,其早期代表人物是太皞,号伏羲氏。传说,那位炼石补天的女娲,就是伏羲氏的妹妹。东夷有四个重要的支系,就是传说中很有名的皋陶、伯益、颛顼和帝喾。东夷的后裔,在后来建立了不少的方国,而且与中原华夏不断融合,终于与华夏族融为一体。

第二大集团是生活于南方的苗蛮。苗、蛮二字,在古代是阴阳对转的同音同字。苗蛮的活动地域在今湖北、湖南、江西一带,以北一直到河南西部的熊耳、外方、伏牛诸山脉间。苗蛮大体有两个主要的分支,一支是以蚩尤为首领的九黎,另一支是所谓的三苗。在这里,九和三都是数字较多的意思,不必确指有哪九个黎人部族或哪三个苗人部族。九黎部族较早地进入中部地区,与中部的炎黄部族发生交往和斗争,故而留下了许多传说。

第三大集团是生活于中部地区的华夏集团,主要有炎帝族和黄帝族。炎帝,号神农氏。据说他生于渭河支流的姜水,很可能是姜人的一支。由于他发明了农耕和医药而成了天下的共主,他以陈(今河南淮阳)为都城,后来又迁都于鲁(今山东曲阜)。黄帝族据说最早居住于西北方,后来游牧到中部地区定居了下来,在今河南新郑周围建立了有熊国。

第四大集团是生活于西方和北方的戎狄和氏羌。狄族中的熏鬻,发展成后来的北方强族匈奴。氏羌在汉唐之际的中华历史舞台上扮演了非常重要的角色。

这些部族和集团,成千上万年在中华大地上披荆斩棘,辛勤劳作,发展生产,建立家园,开拓着各自的地区,创建着各具特色的文化和文明。

二

关于蚩尤的事迹,古史传说系统中十分混乱,而且往往自相矛盾。仅以其身份而言,就有五种不同的说法。《大戴礼记》中说,蚩尤是庶人之贪者。东汉应劭在《史记集解》中称蚩尤是古天子。孔安国、高诱和马融都说蚩尤是九黎君长之号。郑玄说,苗民即九黎之后。宋人罗泌《路史》中又说:"蚩尤姜姓,炎帝之裔也。"《世本》宋衷注言:"蚩尤,神农臣也。"

从民族学的观点来看,说蚩尤为古天子,又是九黎君长,还是神农臣,是比较可信的。臣在上古文献中是指同时期的部族首领。说他为神农臣,就表明他生活于神农氏之时。至于古天子的说法,也可以理解。因为在上古,天子的概念是比较宽泛的,大凡曾经权倾一世者,都可以言之。而九黎君长,只是言他为南方部族集团中的一位代表性人物,至今南方的苗族等,仍自称为蚩尤之后,就是明证。但说他是庶人,显然与传说的事实相矛盾,一个庶人,怎么可能发动与炎黄集团的大战?至于说他是炎帝之裔,更难以自圆其说了。因为倘若如此,为何后来他成为炎帝部族的敌人?

古代文献中关于蚩尤的传说材料,都出于华夏集团及其后裔,难免有将污水都泼向敌人的嫌疑。综合各种材料,比较真实的蚩尤大约是这样的:蚩尤为约五千年前南方苗蛮集团中一位实力最大的部族首领。传说,蚩尤兄弟有八十一人,都是兽身铁额,吃沙石。这实际上是说,他的部族是由八十余个强有力的黎蛮氏族组成。而且这些氏族首领都能征善战,其饮食也与中原之人大不相同。九黎大约较早地进入了文明时代,所以在《大戴礼记·用兵篇》中说:"蚩尤,庶人之贪者也,及利无义,不顾厥亲,以丧厥身。蚩尤,愍欲而无厌者也。"撇开其中的偏见不说,可以看出,蚩尤部族当时生产力较高,以致其首领和部民有了财产私有的意识,为了较多地占有财富,而不顾中原人所谓的"义"。私有财产的增加,必然导致社会的分化,阶级的产生,为了维持社会的安定,又必然要产生高于一般人之上的一种权力,并以一定的刑法制度来约束人们的行为。《尚书·吕刑》中言:"蚩尤惟始作乱,延及于平民,罔不寇贼,鸱义,奸宄,夺攘,矫虔,苗民弗用灵,制以刑,惟作五虐之刑曰法。"就活生生地反映了这种国家行为产生的现实。寇贼、奸宄等,是说苗蛮之人聚敛和争夺财产活动的激烈,以至于"灵",就是原始崇拜的巫神已经不起作用,不得不制定刑法。所谓五虐,就是后来中原文献中所说的五刑。当时,中原社会大概尚未发展到这一阶段,所以对蚩尤所在的苗蛮之人制定五刑大惊失色,而称之为虐。但从历史发展的眼光来看,这种虐,正是历史进步的表现。

在现代考古发掘中,楚地的上古文化遗存十分丰富,反映出苗蛮地区是中国文明最早产生的地区之一。一些学者探寻中国文字的起源,认为我国文字的产生有两个源头:一源是甘肃秦安大地湾一期遗址中出土的公元前5810—前5360年的彩绘符号,这些符号中的许多,至今均能用古彝文解读,证明其与现存古彝文有着直接的渊源关系;另一源是山东大汶口遗址出土的公元前4400—前3600年的彩绘与刻画的象形符号。有人研究指出,苗语和古汉语互通词在1586个以上。在五帝传说中有逐三苗去流沙的说法,而大汶口遗址的山东地区又曾是蚩尤活动过的地方。苗族和彝族都是苗蛮族集团的后裔,苗语与古彝文竟然与上古中华文字相通,则上文所论,苗蛮较早进入文明社会的说法,自然也就得到了验证。

三

原始战争是人类文明的催生婆。在氏族社会和传说的英雄时代,战争不断。战争必须有武器,而传说中的铜兵器的发明和创造者,就是蚩尤。

科学史告诉我们,铜器的发明和使用不是某个圣人一朝一夕突发意念的结果,而是先民们经过数千年的实践,才发现青铜的性质和摸索出成熟的冶铸技术的。考古发现,在新石器时代晚期的遗址中就有青铜器出土。然而,古代传说毫无例外地将青铜器的发明权归于蚩尤。在《太平御览·资产部》中引《尸子》说:"造冶者,蚩尤也。"《广韵》中也说:"蚩尤造九冶。"所谓九冶,是指多种冶炼和铸造青铜器的方法。大概,蚩尤总结和改进了青铜冶铸的方法,传说中古人才会对其有这么深刻的印象。可以说,蚩尤在中国古代科学技术史上,是金属冶炼术的第一位代表性人物。

据说,蚩尤最早以铜制造的是兵器。《世本》中说:"蚩尤以金作兵,一弓,二殳,三矛,四戈,五戟。"《管子·地数篇》有一长段黄帝与伯高的对话,并详说蚩尤如何开始冶铜和制造兵器的过程。大意是:黄帝问,怎样才能统一天下? 伯高说,你必须发展生产,还要击败各部族之武力。这就需要祭祀那些含有铜铁矿的山。黄帝修教十年,发掘葛庐之山,先流出的是水,接着就流出来的是铜。"蚩尤受而制之,以为剑、铠、矛、戟。是岁相兼者,诸侯十二。故天下之君,顿戟一怒,伏尸满野,此见戈之本也。"这个故事还有其他说法,但其透露出的真实历史却是颇令人寻味的。其一,至少伯高和黄帝都将战争视为统一天下的主要手段,战争并不是都应该被诅咒的。其二,蚩尤曾经与黄帝有密切关系,有人甚至称其为"黄帝臣"。否则黄帝怎么会让一个敌人去为他冶炼矿石、制造兵器呢? 第三,蚩尤是第一位铸青铜兵器的发明家。在人类科学发明史上,但凡最先进的发明,都是用于军事。蚩尤发明铸铜术以后,首先用以制造兵器,就是理所当然的了。对此,《吕氏春秋·荡兵》中解释道:"蚩尤作兵。蚩尤非作兵也,利其械矣。未有蚩尤时,民固剥林木以战矣。"蚩尤是中国古代改竹木兵器为铜兵器的一位代表,也可以说是中国青铜兵器的创始人。

四

　　《史记·五帝本纪》中,将蚩尤说成是一个十恶不赦的坏人。据说黄帝初起时,发明农耕和医药的天下共主炎帝神农氏已经衰落,诸侯们互相攻伐,战乱不已,生灵涂炭,神农氏也无可奈何。黄帝毅然担负起安定天下的重任,他用战争的手段,征讨抗命不从的诸侯,诸侯纷纷前来归附。九黎君长蚩尤最为残暴,没有人能战胜他。炎帝想乘机侵凌诸侯,诸侯们不服从,都投靠黄帝。黄帝积善修德,发展生产,抚恤万民,教练军队,终于与炎帝在阪泉大战,炎帝战败。这时,只剩下蚩尤继续作乱,不服从黄帝的命令。黄帝于是征发诸侯的军队,与蚩尤战于涿鹿的原野,终于擒杀了蚩尤,诸侯们都尊奉黄帝为天子。

　　在其他史籍中,黄帝与蚩尤的战争就激烈和复杂多了。在《山海经·大荒北经》《史记正义》引《龙河鱼图》等书中说,当初,天下有两位并列的后(王),一是赤帝(即炎帝),一是蚩尤。上天命赤帝分正二卿,命蚩尤在少昊之地司理东方。后来,蚩尤驱逐了赤帝,在涿鹿打败赤帝,占领了赤帝的属地,威震天下。赤帝无可奈何,向同族的黄帝求援。黄帝在以仁义不能禁止蚩尤后,于是诉诸武力。在三年中与蚩尤打了九仗,都未能获胜。黄帝听了谋臣们的意见,以德行治理百姓,整兵振武,发展黍、稷、菽、麦、稻等粮食作物的生产,团结归附的各个诸侯。黄帝到泰山上,见连夜大雾,仰天而叹,上天派遣玄女授给黄帝兵书神符。黄帝得到兵书,悉心钻研,然后调集各诸侯的军队,排成不同的方阵,每个方阵分别打出熊、罴、貔、貅、区(chū)、虎等图像的旗帜,统一号令,在涿鹿的原野与蚩尤决战。双方的士卒都英勇无畏,战斗十分激烈。黄帝手下的大将应龙是一位水神,他施展法术,蓄积大量水向蚩尤的军队冲去。蚩尤不甘示弱,请来了风伯和雨师,刮起了大风,下起了暴雨。在泥泞中,战车行进困难,战士们扭打在一起,难解难分,鲜血多得将盾牌都漂起来了。黄帝不得不亲自唤来了一位名魃的天女,魃是旱神,她一下凡就止住了风雨。天气放晴,黄帝的将士们终于擒杀了蚩尤,获得胜利。蚩尤的血染红了方圆一百二十里的大地,凝固成盐卤,这就是后来解州(今山西运城西)的盐池。

战后,黄帝率兵进入九黎地区,命应龙居于赤水之南,魃无法回到天宫,就留在了中原。所以后来南方多雨,中原多旱。

黄帝将蚩尤的头和身体分别埋葬。不久,天下又出现骚乱。黄帝知道蚩尤的声威犹在,于是画了蚩尤的像到处悬挂。天下人都以为蚩尤未死,只是被黄帝降服,更多的诸侯都来归附,黄帝终于登上了天下共主的位置。

由于蚩尤和黄帝都英勇善战,所以后代称二人为战神,而在每次出征之前都予以祭祀。《史记·封禅书》说:齐国有八神,"三曰主兵,祠蚩尤"。《史记·天官书》言:"蚩尤之旗类彗而后曲,象旗,见则王者征四方。"《史记·高祖本纪》说,刘邦在沛县起事时,就"祠黄帝、祭蚩尤于沛庭而衅鼓"。看来,蚩尤以其首创铜兵器和善于作战而被神化,称之为主战的天星、天神。古人认为战争有善德,也有恶德,可以平乱,也可以造乱,所以黄帝也被称为战神,但是稍低于蚩尤的战神。其实上述黄帝画蚩尤像到处悬挂,就表明蚩尤在早期中国战争史上至高无上的地位。

五

上述传说,剔除其中的神话成分,大体反映了一定的史实。总而言之,当炎帝为天下共主时,蚩尤在南方发展了起来,他用武力征讨别族,力量愈来愈强。后来其兵锋指向北方,竟然对天下共主的炎帝族发动了攻击。炎帝这时已经衰落,不得不求助于黄帝。黄帝用文的一手不行,就使用武的一手,但仍无法奏效,最后不得不动员天神,才将蚩尤制服。当然这个天神不是别的,而是天下的诸侯贵族,他们背叛蚩尤,归附黄帝,战争的胜利也就不言而喻了。

其实,在古文献中,对黄帝与蚩尤的关系,并非一味视之为仇敌。如《韩非子·十过篇》言:"昔者,黄帝合鬼神于泰山之上,蚩尤居前。"《越绝书·计倪内解》云:"臣闻炎帝有天下,以传黄帝,黄帝于是上事天,下治地,故少昊治西方,蚩尤佐之。"都说蚩尤与黄帝曾有过很密切的关系。从地理上看,九黎活动地区与黄帝活动地区是相接壤、相交错的。蚩尤之苗蛮与黄帝族多数情况下都是有着友好往来的,两大集团间的战争只是暂时和偶然的。

　　后来,南方苗蛮与中原华夏集团一直保持友好的关系。传说,苗蛮的首领一再成为五帝的大臣。如尧手下世掌天地之官的羲和,为"重黎之后"(重黎即九黎),是蚩尤的族人。颛顼帝年轻时,就是因为辅佐少昊治理九黎地区,成绩卓著而受到人们拥戴。他继天子位后,以北正黎负责民政,这位黎,当是九黎首领。帝喾时,又以黎为火正,此黎,当仍为九黎首领之名。殷纣王时,投奔周文王的楚王先祖鬻熊也是苗蛮集团的首领,故而被分封于楚。中华民族在其形成初期,就是这样各民族互相交融,最终形成了强大而且生生不息的伟大民族。

开创成都平原瑰丽文化的古蜀王杜宇

号称天府之国的四川，其早期历史有许多神秘的不解之谜，而这些又多与传说中的神秘人物蜀王杜宇联系在一起。李白《蜀道难》就以"噫吁戏，危乎高哉！蜀道之难，难于上青天！蚕丛及鱼凫，开国何茫然。尔来四万八千岁，不与秦塞通人烟"开首。在极言蜀道之难，蜀国历史之悠远的同时，更增添了几分神秘色彩。

一

四川古称巴蜀，是上古巴国和蜀国的合称。今成都平原往南至云南、贵州二省北部，往北至今陕西、甘肃二省南部地区，都是古蜀国的疆域。其活动中心，早期在四川西北的岷山地区，后期在川西平原。传说中的蚕丛、柏灌、鱼凫、杜宇、开明等古蜀国君主，都以川西为活动中心。关于蜀人的族属，一般认为是古代氐羌的一支。但既已长期居此，有的学者就主张，在蜀地之人可称为蜀人，蜀人所属之族均可称为蜀族，蜀族之王均可称为蜀王。无论如何，蜀地先民不属于传统中所说的古代华夏族系。

蜀人的历史十分悠久。早期的君长是蚕丛、柏灌、鱼凫，他们在蜀地的建设中贡献很大，所以留下了名字，其所历时间当有数百上千年，是蜀民由原始向文明过渡时期的著名君长，大概相当于中原的五帝至夏商时期。传说，蚕丛氏"目纵"，即眼角向上斜，死后以石棺、石椁埋葬，其活动中心大体在今四川茂汶一带。其所以称为蚕丛，研究者认为是因其发明了养蚕，川西考古中发现的许多原蚕和蚕茧是其证明。柏灌氏的事迹，文献无载，学者多持阙疑的态度。他之所以被后人记忆，当是因其率族人由山区向平原地区迁徙，他的部族大体活动于以今四川都江堰市（原灌县）为中心的地区。传说鱼凫氏称王于湔山（今四川彭州市北部的茶坪山），此处临水,其部民以捕鱼为生,故而人们称他为鱼凫。鱼凫,学名鸬鹚,俗称鱼鹰,是一种善于捕鱼的水鸟。许多学者认为,鱼凫氏很可能是从长江中游的江汉平原溯江而上,逐步进入这一地区的,与蚕丛氏不是同一部族。

古蜀人很早就与中原社会有千丝万缕的联系。黄帝正妃嫘祖为西陵氏,有人认为西陵之地当距蜀较近,故能将养蚕技术带至中原。史书又言,黄帝子昌意娶蜀山氏女昌仆,生高阳,即帝颛顼。蜀山氏恐指古蜀氏。《竹书纪年》中说,颛顼出生于若水(今雅砻江),大禹出生于石纽(今四川汶川县西北),且在西羌长大。《尚书·牧誓》是周武王伐商时的战争誓词,其中提到参加其伐商联军的西土八国,"庸、蜀、羌、髳、微、卢、彭、濮",蜀就是古蜀。只是,传说中的蚕丛至杜宇、开明这一条蜀王世系,与上述情况的关系如何尚难厘清。

二

杜宇是在鱼凫之后最著名的一位蜀王,传说他是从天上降到人间的。同时有一位从江源(今四川崇庆一带)地井中生出的女子,名利。杜宇娶利为妻,南北两支族系相结合,在利的帮助下,杜宇自立为蜀王,并认为自己的功德高于诸王,而号称望帝,以郫邑(今四川成都市郫都区)为都城,同时又以瞿上(今双流区与新津区交界的牧马山)为陪都。

杜宇教民开垦成都平原,耕种收获,从此进入农业社会。他开掘朱提(今云南昭通)的银矿,发展矿冶业,在南中开发林业资源,又在汶山(今松潘草原)开辟牧场,加强传统的畜牧业。这三种产业结合,使蜀民逐渐富裕起来,蜀国也变得前所未有的强大。此时的蜀国疆域,北到位于今陕西汉中的褒斜谷口,西到熊耳、灵关,即今青神到宝兴、芦山一线,南到南中,即今云南、贵州北部,东边大体以涪江与巴人为界。

蜀国在周围地区的影响日益增大,杜宇不仅在本国任用贤能,还有意向境外招揽贤人。楚国鳖邑(今贵州遵义)县令开明,与杜宇秘密联络,被楚君发现,决定将其处死。开明毅然率族人投奔蜀国,杜宇见其贤能,任命其为国相。在开明的辅佐下,蜀国国力更盛。

杜宇时期还进行了一项重要的水利工程——玉垒山的开凿。水利是农业丰收的保证,杜宇教民耕稼,开始了蜀国的农业经济。但成都平原地势低洼,常闹水灾,农业产量和人民的生命财产都没有保障。古地质学研究表明,成都平原本为四川白垩纪内海的最后遗迹,在四川盆地西北的邛崃山、九顶山和盆地中的龙泉山之间,本是由江、湔、雒、绵诸水蓄积成的内湖,后来内湖干涸,成为东北至西南走向的低洼平原。在岷江出山口的都江堰市西南,有一座玉垒山(九顶山),山虽不大,但阻隔着江水东流。每当暖年,冰山雪融,大水骤下,一泻千里,毁坏大量的民宅和农田,造成巨大危害。在一次大洪水之后,杜宇决心治水,在国相开明的规划和率领下,蜀民凿开玉垒山,在沿途筑堤修坝挖沟掘渠,经过多年努力,终于治水成功,既防止了水患,又保证了下游农田的灌溉,使蜀地成为旱涝保收的天府之国。

传说,由于开明治水之功甚大,受到蜀民的爱戴。年老的杜宇于是效法尧舜,实行禅让,开明取代杜宇,成为蜀国国王,开启了历12世、数百年的开明王朝。直到公元前316年与巴国一起被秦国所并。杜宇禅位后,避居于西山。杜宇提倡农耕,蜀民十分怀念他。传说,杜宇死后其魂魄变成了子鹃鸟(又名杜鹃),每到春二月,就到农田上空"布谷——布谷"地鸣叫,呼唤人们收麦播谷,不误农时。由于呼唤布谷过于劳累,杜鹃鸟啼血而亡,鸟血洒在山间,化成了一丛丛红色的杜鹃花。四川的百姓世代不忘杜宇的恩德,奉杜宇为农神,称为"土主",在各地修建了许多土主庙,四时祭祀。也有记载说,杜宇并非禅位,而是被开明篡夺了政权,赶至深山度过余生。他变成杜鹃鸟,还在哭泣其王位的丧失,直至啼血而死。唐人胡曾《成都》诗中称:"杜宇曾为蜀帝王,化禽飞去旧城荒。年年来叫桃花月,似向春风诉国亡。"李白诗中也说:"蜀中曾闻子规鸟,宣城还见杜鹃花。一叫一回一肠断,三春三月忆三巴。"对杜宇的不幸寄予深切的同情。

三

1986年7—8月,考古工作者在四川广汉南兴镇三星堆村古代遗址中,发现并清理了两个大型祭祀坑,出土了各种古代珍贵文物上千件,成为西南考古史罕见的重大发现。根据出土物品及地层情况,考古工作者判定其年代为商代晚期或西周初期,距今约3000年。这一发现为研究古蜀地区青铜时代的历史,揭示人们前所未知的一些蜀国政治、经济、文化、手工业和宗教情况,提供了宝贵的实物资料。

三星堆遗址北临鸭子河(即古雒水),东、南、西三面有人工夯筑的城墙,墙下有2.8米深的城壕。残存的城墙还有2000米,最高处达7米,底部宽处有30米。三星堆出土文物中,最令人惊叹的是大型金器和数量多且形体巨大的青铜雕像群。

出土的大型金器中,有一条用纯金包卷而成的权杖,长142厘米,直径2.3厘米,重逾半公斤,上面刻有戴王冠的人头像、鱼、鸟、树叶等图案。另有三件用金皮制成,与真人头部大小相仿的金面具,其眉、眼、口部镂空,鼻梁突出,形象十分逼真。这么巨大的早期金器出土,不仅在国内属于首次,在国际上也属罕见。

三星堆出土的400多件青铜器,可归为人物、礼器和动植物三大类。人物雕像中,包括10件人体雕像,其中一尊身高181.2厘米(含帽高10厘米),底座高90厘米的青铜人像,是目前全世界发现的最高大、最古老的古代青铜人雕像。还有与真人头部大小相当的青铜人头像40余件、面像20余件。最大的青铜人面像宽138厘米,高64.5厘米,双眼球突出眼皮外数十厘米,耳朵向头上翘起,造型手法十分夸张,是当今世界上最大的青铜人面像。其他的青铜人头像也有数十厘米,它们或戴以平顶之冠,或着以高凸之冕,或头与冠合铸,或头与冠分开,或头部裸露,服饰华美,发型讲究,显示了人物的不同身份,反映出十分成熟的青铜雕塑技艺。出土的青铜礼器有尊、罍、方彝、小编钟等20余件。其中的龙虎尊、三羊三鸟尊、四牛四鸟尊、四牛八鸟尊等,造型优美生动,工艺水平很高。出土的青铜动植物,有三棵祭神的神树,上边饰满奇形怪状的飞禽走兽、枝叶、果实和铃铛,其中最高的一棵高达140厘米,是十分难得的艺术珍品。另外还有附着于其他器物之上的鸡、鸟、蛇、虎、龙、牛、羊及神化的动物像等。

据专家研究,这批大型青铜器的制造,工艺十分复杂。工匠们不仅使用了多范合铸的浑铸法,而且采用了先铸、后铸、嵌铸等分铸法,更重要的是还采用了铜焊、热补、铆接等先进技术。这些技术,比目前已出土的中原殷商青铜器的制造工艺水平都要高,中原地区直到秦俑坑的铜车马才使用了这些技术。另外,三星堆青铜器的合金成分,除了一般的铜、锡、铅以外,还含有磷和砷,从而提高了青铜在熔化后的流动性,以及青铜的硬度、强度和弹性,这些都是殷商青铜器中所没有的,充分体现了古蜀青铜冶铸的高超水平。

四

蚕丛到杜宇的历史记载充满了神话色彩,过去学者多以传说视之,未曾予以深究。1995年底至1996年底,考古学者在新津、都江堰、温江、郫县、崇州等地,先后发现5座距今四五千年的古城址,其中位于新津区龙马乡的宝墩古城,面积约60万平方米,城内发现有墓葬、灰坑等遗迹,出土有花边口罐、圈足尊形器等,充分证明了自蚕丛至柏灌历史的真实性。而三星堆大批青铜器的出土,则揭开了鱼凫与杜宇时代古蜀历史神秘的面纱。

研究者认为,三星堆遗址应该是古蜀国鱼凫至杜宇时代的文化遗存。原因有四:第一,庞大的城墙遗址和面积达64平方米的房屋基址,是只有都城和宫殿、宗庙才可能有的。第二,出土的大量玉制、石制礼器,如璧、圭、琮、璋、瑗、戈、剑、斧等,大量的酒器和工艺陶器,只能是统治者及上层人物所使用的,特别是全国罕见的直径达70厘米的特大玉璧和残长尚有167厘米的特大玉璋,只可能是王室专用的物品。第三,两个祭祀坑的规模都相当可观,每个坑中的玉石礼器达百余件,用作牺牲的动物骨渣在3立方米以上,还有大量金器和青铜器,仅一个坑中的象牙就有60余节。这些都说明其祭祀礼仪的规格很高,非王室莫属。第四,出土的纯金包卷的金杖,上边刻有头戴王冠的人像,应是君王的权杖。第五,出土的陶器和青铜器中有大量的鸟形图案和雕刻,联系到鱼凫和杜宇都是以鸟为名,而古蜀国自他们以后又有杜鹃鸟的崇拜,他俩在世时,很可能以该种鸟作为王的象征。

根据以上分析,以及三星堆遗址年代的测定,学者判定,三星堆为殷末或周初,即古蜀国鱼凫至杜宇时代的遗物。杜宇这位古蜀王的事迹,除了传世文献中的记载以外,又得到了出土文物的补充。古蜀人民以这些举世罕见的遗物向世人宣布,他们早就为中华民族文明史谱写了瑰丽夺目的一章!

神箭手后羿

后羿,夏朝前期太康、仲康、帝相(前1978—前1930年)时人,东夷族有穷氏首领。以善射闻名,在太康不恤民事时,他乘机入居夏都,总揽朝中大权,又先后立夏王仲康和帝相,并自称王,在夏朝历史上影响很大。

一

东夷是上古三代一个十分强大而古老的民族。在甲骨文中,夷字由大、人二字组成,既可解释为夷是一个身材修长的民族,又可解释为夷是一个人口众多,土地、文化都与华夏不相上下的民族。段玉裁校定《说文解字》中言:"夷,东方之人也,从大从弓。"朱骏声《说文通训定声》分析:"夷,东方之人也,从大从弓。会意。弓,所持也。"这两段引文从文字学的角度告诉我们,古代的夷人,一是居住于东方,二是长于弓矢,即射箭。有人从音韵学分析,今山东与辽宁隔海相对的地区及辽东半岛的一些地方,都读"人"为ying,与夷为双声,乃一音之转。说明从发音来看,当时夷人称自己的种族为人,夷字也是根据此音造出来的。夷人以善射闻名,传说,发明矢者是黄帝时的夷牟,这位牟显然是位夷人。

据古史记载,夷有九种:畎夷、方夷、于夷、黄夷、白夷、赤夷、玄夷、风夷、阳夷。其实,九在古代是个表示多的约数,只是说明夷人有很多部族,并不说明夷人仅有九个部族,因为三代常称的东夷,就不在此九夷之列。史书中言,夷人本是今山东和江苏北部土生土长的民族。学者因此断言,在这一地区发现的大汶口文化和山东龙山文化就是新石器时代夷人的文化遗存。大汶口文化主要分布在鲁中、鲁南和苏北的淮北地区,据碳14测定,其年代在公元前4300—前2200年,即为夏以前时期。出土的早期石器都经过磨制,比较精致,石器的穿孔技术发达。陶器以夹砂陶和泥质红陶为主,有少量的灰陶和黑陶。中期出现有火候较高和质地细密的白陶,陶器制作中已开始用轮制。晚期已用轮制法生产大件陶器,其陶胎厚度仅1—2厘米,极为突出。龙山文化以山东龙山镇城子崖首先发现而得名,分布于今山东全境及江苏、安徽两省的淮北地区,年代约公元前2100—前1800年,即相当于五帝末至夏朝中前期。其石器有用管钻法的穿孔技术,陶器的轮制法水平较高,黑陶是其最突出的特征,出现了冶铜业。大量出土物品说明夷人的经济文化发展水平已达到相当的高度,并出现了阶级对立,有明显的贫富分化。

有穷氏为夷人的一个部族,活动中心在今山东平原县一带,大概因该部族在诸夷中最善于射箭,故其首领以羿为号。为了将夏朝前期曾夺取夏政权称王的羿与以前的羿相区别,我们按古书中的说法,称称王之羿为"后羿",后即王的意思。南宋郑樵在《通志》中分析道:"羿乃善射者之号也。其字从羽从廾,廾即拱字,拱羽为羿,是指其人之名而制字也。"据传说,在帝喾及其以前,有穷氏的历代首领羿都担任射正,即专管射箭之事的武官。帝喾赐给羿彤弓和素矢,将其封于钮,为中朝的司射之官。传说,在尧时,天上同时出现了十个太阳,使庄稼枯焦,草木旱死,黎民难以生活,同时猰貐、凿齿、九婴、大风、封豨、修蛇皆为民害。根据尧的命令,羿率兵出征,施展其善射的本领,在畴华之野诛杀了凿齿,在凶水之上杀了九婴,在青丘之泽平了大风,在洞庭斩断了修蛇,在桑林活捉了封豨,杀了猰貐。又朝天上射箭,射掉了九个太阳,只留下一个太阳为大地提供光源。这一传说中的十日并出,据现代学者分析,实际上反映了当时有许多部族首领同时称王,反叛帝尧的现实,与后边所说的猰貐等为民害是一回事。其中的大风,可能是居于今山东青丘地区的风夷;封豨可能是有仍氏,善乐舞;修蛇指三苗。羿平定了这些反叛的势力,为民除了大害。也有人分析,十日并出指古代的一次大旱灾,与此同时,又有许多怪兽、怪鸟和水火妖怪为害。羿除去这些,是与自然作斗争的曲折反映。后来,河伯溺杀人,羿与其作战,射其左眼;风伯将黎民的房屋吹坏,羿与其作战,射伤其膝。羿为民众立了大功,因此,在虞夏时仍世代担任中朝的司射之官。

二

夏朝建立后,有穷氏仍是黄河下游一股巨大的势力。其首领后羿的左臂长得很长,从小就善于射箭。先后拜吉甫和楚狐父为师,刻苦学习射箭技术,水平进一步提高。有一次,他和吴贺一起在北方游玩,有一只雀在天上飞。吴贺让他射雀,后羿问:"射杀这只雀吗?"吴贺说:"射雀的左眼。"后羿弯弓一箭飞去,正中雀的右眼。在场者都称其神箭,后羿却感到惭愧,发愤继续钻研射箭技术,终于发无不中,成为真正的神箭手。

这时,夏朝的第三位王太康继位。太康是一个奢侈淫佚、好酒好色、游猎无度之徒,他根本不管政事和黎民疾苦,有一次到洛水边打猎游玩竟长达一百多天,不肯返回。他的几个弟弟因此发动反叛,互相争夺帝位。后羿见夏王朝内部矛盾重重,黎民怨声载道,实在忍无可忍,就带兵西行,攻下夏都阳翟(今河南禹州),并派兵阻挡太康不许其过河。太康无可奈何,只得投靠其同族斟寻(今河南偃师)氏。后羿宣布废去太康,立其弟仲康为夏王,由自己总揽朝中大权。

这时,王朝的官员们仍然不能认真于职守,世为掌管天文历法之官的羲和沉湎于酒,连历日之事也不认真去做。历日是指导黎民百姓按时从事农耕的要事,为此,后羿委派胤侯率领六师前往讨伐,以惩其不敬。仲康在位十三年逝世,后羿将仲康之子相扶植为夏王。为了维持和发展衰败的政权,后羿赶跑了帝相,自己称王。帝相在同姓部族斟灌氏的拥戴下,于帝丘(今河南濮阳西南)建立了政权。后羿称王以后,曾先后征伐淮夷、风夷、黄夷。乐正后夔娶有仍氏之女为妻,生伯封。伯封心胸狭窄,犹如豕般狠毒,人称其为"豕封"。后羿带兵灭了伯封,后夔由此绝祀。

三

但是,后羿也没有振兴王朝的绝招,大权在握,战功累累,反而滋长了骄横之心。他自恃擅长射箭,不修民事,也不祭祀神灵,整天在野外进行田猎,废弃贤臣武罗、伯姻、熊髡等人,而任用佞臣寒浞为相。寒浞表面上对后羿大肆吹捧、百依百顺,暗地里却收买后羿手下的家众,培植自己的势力。在后羿称王八年时,寒浞认为时机成熟,指使他所收买的后羿家众,乘田猎的机会杀了后羿。他们将后羿的肉煮熟食用,还强迫后羿的儿子们吃,儿子们不忍心如此,全部被杀。寒浞自立为帝,夺取了后羿的妻室,生子浇和殪。当两个儿子长大后,寒浞将浇封于过,将殪封于戈,以巩固自己的统治。后来,寒浞要独霸天下,命浇带兵攻灭了斟灌氏,帝相逃到斟寻氏。浇带兵随之灭了斟寻氏,杀死了帝相。帝相之妻后缗正怀着身孕,从墙洞中逃出,回到母族有仍氏,生下了儿子少康。许多年以后,帝相的遗腹子少康在夏臣伯靡的帮助下灭了寒浞及其子浇和殪,恢复了夏王朝的统治,史称"少康中兴"。少康致力于改善与夷人的关系,东夷各部族重新与夏王朝交好。

四

与后羿有关的还有一个嫦娥奔月的美丽传说。据说,后羿称王,享受着一个帝王所拥有的无比威望和奢侈的生活,因此萌发了能永远如此的愿望。于是他向西王母请来了长生不死之药,他的妻子嫦娥(本作"姮娥",汉代为避汉文帝刘恒名讳,改"姮"为"嫦")偷吃了此药,身子马上变得很轻盈。嫦娥请求占卜官有黄对此进行占卜,结果为"吉。翩翩归妹,独将西行,逢天晦芒,毋恐毋惊,后且大昌"。嫦娥于是就飞上了月宫,成为月亮之神。后羿痛心爱妻离己而去,称再也找不到像嫦娥这样美丽的女子了。

关于这个传说,先秦和西汉的著作中有许多不同的版本。如《山海经·大荒西经》中称"帝俊之妻常羲"。《诗·大雅·生民》疏中引《大戴礼·帝系篇》中作"常仪",说她是帝喾下妃娵訾的女儿。《礼记·檀弓》疏引《帝系篇》作"常宜"。其实,羲、仪、宜、娥古音相同,只是其身份的说法大异,在我们看来,恐怕后羿之妻最为合理。

研究文学史者,仅仅将此作为一个美丽的神话来欣赏。研究历代天气变迁的学者则认为,这表现了在十日并出、炎热危害之时,人们希望寻找一处凉爽的地方,而阴冷的月亮显然是令人神往的,看来,嫦娥是为了实现这一目的的勇敢探险者。

本人以为,联系后羿的历史传说,这个故事的内蕴是不言而喻的。《路史·夷羿传》中杂引《天问》等古籍,言后羿之妻名纯狐,字姮娥,后羿被杀后,成为寒浞之妻,为其生浇与豷二子。联系古人称月宫为广寒宫,而与嫦娥有私者名寒浞,则所谓嫦娥奔月,乃是其对所爱之人的一次选择,究竟是投入寒浞的怀抱,还是继续维持与后羿的夫妻关系?她最终选择了寒浞。寒浞后来为王数十年,嫦娥当然随之享尽了荣华富贵,譬若神仙。这样,我们就将神话中的历史底蕴揭示了出来。

历史上关于羿和后羿的传说和记载如此之多,首先说明,后羿当实有其人,绝不仅是神话中人;其次也说明,先民对武艺高强的英雄,尤其是神箭手的崇拜;再次还说明,东夷族人在上古史上是有很大历史贡献的,后羿代夏是对腐朽政权的一次正当干预,看来是受到当时民众拥护的,否则他不可能主持夏政那么长时间。

(原载郭卿友主编:《中国历代少数民族英才传》,兰州:甘肃人民出版社,2000年。)

暴虐淫侈丧国家
——殷纣王的专横荒淫与商亡

从公元前16—前11世纪,中国历史上是商王朝时期。商朝后来迁都殷邑(今河南安阳),所以又称为殷商。商朝传了十七代三十王。第三十代纣王自恃聪明,刚愎自用,文过饰非,淫虐无比,奢侈无度,滥施酷刑,加重聚敛,大肆杀戮王公贵族,使诸侯、贵族和小民都相与反叛。纣王在危机日益深重时还大规模对周边部族用兵,平定了东夷,耗费了巨大的人力物力,最终导致商朝灭亡。

一、才智过人　荒淫无比

殷纣王,姓子,名辛,字受德,号纣王,商王朝的末代天子。他身材高大壮实,长相俊朗,聪明过人。他力气特大,曾经徒手与猛兽格斗,将九头牛拖着往后走。有一次,宫室的一根柱子坏了,他竟用手托着屋梁,让人将坏了的柱子换掉了。

商王朝从第二十四位天子祖甲开始,逐渐出现衰败的景象。此后,王权与贵族势力的斗争日益激烈,贵族与奴隶的矛盾也不断发展,统治危机日益加深。纣王自恃聪明,看不起群臣,以为天下人都不如自己,文过饰非,刚愎自用,淫虐无比。他嫌竹筷子不好,让玉工做象牙筷子。他的叔父箕子从这件小事就看出他不好的苗头,说:"他现在做象牙筷子,随后肯定要做玉的杯子。有了象筷、玉杯,也就不会用陶土的粗簋盛普通的饭菜食用,不会穿短衣褐衫,不会住茅草矮房。他奢侈无度,国内的产品不能满足,一定会到远方去寻求珍奇宝物,从此将一发不可收拾。"果然,纣一继位,就将殷都扩大到沫邑,称为朝歌。建百里王宫,大修殿室台观、离宫别馆。

纣王征讨有苏氏,有苏氏将其女儿妲己献出。妲己长得太美了,纣王被她的姿色所迷,对她言听计从。为了讨妲己喜欢,纣王让乐师创作新的靡靡之音的乐曲和名为北里的舞蹈。还用七年时间在朝歌城里建了一座周三里高千尺的台观,以玉石为门,琼玉为室,取名鹿台。并加征赋税,搜刮了无数的钱财放在鹿台上。又修建了一座巨大的粮仓,名钜桥,仓里装满了搜刮来的粮食。还四处罗致珍奇宝物和名贵狗、马,养满了宫室。又扩大王室园囿沙丘,弄了许多飞禽走兽放在里面,用活人喂养猛兽。纣王将沙丘中的一些宫殿布置成市场,称九市;在一座宫室里挂了好多肉片,称肉林;修了一个奇大无比可以行船的池子,里面装满美酒,称酒池;用酒糟堆成一座座高大的山丘,称糟丘。纣王、妲己和一些贵族朝臣,以一百二十天算作一夜,在那里发狂地戏耍喝酒,叫作长夜之饮。无数男男女女在肉林中追逐打闹。三千人一批,趴在酒池边像牛一样喝池子里的酒。喝醉酒的人,有的赶着马车绕着糟丘狂奔,有的骑在马上烧肉吃,有的甚至用绳子拴住宫奴的脖子拖到酒池里淹死。纣王醉生梦死,连日子都不知道了,问陪着玩的亲贵,亲贵也说不上。又问箕子。箕子叹息,心想"一个国家没有了日子,天下也就危险了。你们都不知道日子,只有我知道,我也就危险了"。于是也装着酒醉,说:"不知道!"

二、严刑酷法 众叛亲离

纣王等人奢侈糜烂的生活耗费了无数的钱财,民众无法忍受其沉重的剥削,纷纷逃亡或造反。有的诸侯国君因其政治腐败开始反叛,连朝中大臣也怨声载道,为王朝的前途担忧。面对严重的政治危机,纣王不是改邪归正,反而认为是刑威不够,决定实行严刑酷法。纣王先是制造了熨斗,点了炭火去烫人。后来干脆造了一个铜柱子,在上边涂满油,放在烧红的炭火上,逼迫受刑的人在铜柱上走。看着人从滚烫油光的铜柱上滑下来,掉进炭火中,挣扎号叫,直至烤焦,纣王和妲己高兴得手舞足蹈,此刑被称为炮烙之刑。

当时,西伯昌、九侯和鄂侯是王朝的三公。九侯的女儿十分漂亮,也被献给了纣王。这位女子很贤惠,看不惯宫中淫秽的生活。纣王竟将她杀死,并且连累其父,将九侯也剁成肉泥。鄂侯争辩了几句,纣王把鄂侯也杀了,将他的肉割成一条一条的,做成肉脯。西伯昌听说此事,叹了一口气。崇侯虎将此事密告给纣王,纣王将西伯昌囚禁于羑里,提拔一贯阿谀奉承的费仲主持朝政。费仲贪赃好贿,民众不服。纣王又让恶来主持朝政。恶来最爱以谗言诽谤别人,一旦大权在手,人们更难逃避灾祸了。因此,诸侯们更加疏远纣王。

周人献出美女、名马和珍宝,将西伯昌赎出。西伯昌回国后,表面上耽于玩乐,暗地里修德行善,力量逐渐强大,不少诸侯背叛商纣归附西伯昌。比干见商王朝危机日益加重,劝谏纣王,纣王不听。大臣祖伊告诉纣王,天下百姓都盼望大王完蛋。纣王自信地说:"我能活多久,自有天命。"祖伊见纣王不可劝谏,也反叛了。

纣王更加淫乱昏庸,微子启多次劝谏不听,叹息:"如今殷朝要灭亡了,就好像在汪洋大水中,没有岸,也没有渡船。"他想自杀,又想逃跑,拿不定主意,就与太师疵和少师强商量。两人回答说:"如果死能够安定社稷有利国家,那么死也无憾。如果死不能够安定社稷有利国家,不如逃亡。"微子启于是逃走了。箕子向纣王进谏,纣王不听。比干以死强谏,纣王愤怒地说:"我听说圣人的心脏有七个洞,今天我就要看一下。"活活地剖开比干的胸膛,取出心脏。箕子害怕了。有人劝他说:"还是逃吧!"箕子回答:"明明知道劝谏没有用还要说,是不明智。以自己的死去彰扬君王的过失,是不忠。作为大臣去讨好民众,我又不忍心。"于是散开头发,撕破衣服,装成疯子,给人去当奴隶,只是有时也会弹琴抒发内心的忧伤。就这样,纣王还是把箕子囚禁了起来。不久,太师疵和少师强带着祭器逃到了周。

三、周人兴起 商纣亡国

周人姓姬,其始祖据说是帝喾正妃姜原的儿子弃。经过长期的发展,周人成为夏商在西部的一个重要方国。周国首领昌号称西伯,他仁慈爱民,敬老爱幼,礼贤下士,声誉日隆,许多名士都来投奔。他不仅把周国治理得井然有序,还担任商王朝的三公,也很得人心。

纣王残暴荒淫,连亲信大臣也随意杀戮,西伯昌为商王朝的前途叹息,被纣王囚禁。在狱中,西伯昌曾作歌抒发愤懑的心情,吟道:"商朝政治混乱啊,已经无可救药。君臣同流合污啊，没法加以区分。迷乱于音乐美女啊，总是听信谗言。无比的残酷暴虐啊，连我都感到惭愧。囚禁我在监牢里啊，只是由于话语。前来探访我的诸侯们啊，都是那么的担忧。"其他诸侯对西伯昌被囚极为同情，劝说纣王不听，纷纷带了卧具到狱中陪西伯昌坐牢。

周臣散宜生、闳夭、姜尚求来天下绝色的有莘氏之女，买来骊戎的文马、有熊的九驷，以及许许多多的珍奇宝物，通过大臣费仲献给纣王，请求释放西伯昌。纣王高兴地说："有这个女人就足够赎出西伯了。"西伯昌回到岐下，为了麻痹纣王，表面上耽于游乐，暗地里却更加积德行善，招徕士人，讲究信誉，和悦百姓，在诸侯中声望更高；后又对外征讨，首先挫败了西方的犬戎，继而灭了密须、黎国、邘国和商在西方最强的盟邦崇国（今陕西户县东），势力更大，史称周文王。

文王死后，其子发继位，号武王。武王以姜太公为师，周公旦为辅，召公、毕公等人为助手，继续文王未竟的事业，决心灭商。

武王派人去探听商朝的消息。探子报告："现在谗人胜过忠良。"武王说："还不行。"不久，探子报告："贤人开始逃亡。"武王说："还不到时候。"下一次，探子报告："殷民不敢说话了。"武王高兴得笑了。就在这时，殷朝太师疵、少师强抱着商的祭器和乐器投奔周人，其内史向挚也带了商的图册和法器来周。姜太公说："商朝的混乱已经到了极点，可以行动了。"于是武王通报天下诸侯道："殷有重罪，不能不讨伐！"武王召集了三百辆战车，三千名虎贲勇士，四万五千名全副盔甲的士兵，向东开拔。周军出潼关，渡过盟津，驻扎于黄河北岸。诸侯赶来助战的兵车达四千辆。武王发布《泰誓》，向全军说道：

> 如今的商王纣，只是听妇人的话，自绝于天意，毁坏天地人三正，远离自己的亲族弟兄，用靡靡之音取代先祖的正乐。他沉湎于淫乐，生活奢侈，宫室台榭陂池无数，残暴无比，万民受难，忠良被害，甚至剖开孕妇的腹部取出婴儿。天神震怒，命我的父亲执行天罚。我的父亲没有来得及完成，遗命于我小子姬发。各位长期观察商朝政事，深知子受毫无悔改之心。

敌对双方如果力量相同,就比较德行;德行相同,就比较仁义。他商王受虽然有亿万臣民,却是亿万条心。我姬发虽然只有三千臣民,却是一条心。商王恶贯满盈,天命诛之。我如果不顺从天命,罪恶就太大了。你们大家都要支持我,使人世间永享太平。

二月甲子日清晨,大军进至商都郊外的牧野(今河南淇县南),纣王集结了七十万军队前来迎战,双方战车摆开。武王派遣姜太公带领一百名勇士,先行向敌军发起冲击。大军随即全线出动。纣王的军队虽多,却都不愿替暴君卖命,内心无不盼望武王赶快打过来。武王的兵车从中军冲出,纣王的军队马上倒转戈矛,击刺顽抗的商军,为武王开路。纣王见全军溃败,立即调转兵车逃跑,登上鹿台,自焚而死,殷商灭亡。

殷纣王是中国历史上有名的荒淫无比的帝王,他的荒淫和暴虐,导致享国五百余年的王朝一旦而亡。一个那么聪明、那么孔武有力、那么仪表堂堂的天子,竟成了亡国之君。掌权者的腐败将导致国家的灭亡,这是多么深刻的教训呀!

隋以前西王母形象的演绎

西王母与周穆王会见并赠礼的故事,是东西方君主的第一次正式交往,也是西域玉石与华夏丝绸的第一次交流,从而形成了在中国文化史上极有影响的西王母文化。这件事原貌如何,后来西王母的形象又是如何演绎的,这就是本文所要探究的问题。

一、东西方君主会见的最早记录

在中国古代文献中,最早记载与西王母故事相关的周穆王出游资料在《左传》中,云:"昔穆王欲肆其心,周行天下,将皆必有车辙马迹焉。"[①]穆王名满,第五任周王(前976—前922年在位),他曾周游天下,留下了车马行迹。这是春秋后期的资料。

随后就有《竹书纪年》与《穆天子传》两种较详细记述周穆王西征与西王母相见的资料。原来,晋武帝太康二年(281年)[②]盗不准掘汲郡(治今河南汲县)战国魏襄王墓发现大批竹简,经当时的学者荀勖、和峤、束晳等整理成七十五篇古书,其中就包括《竹书纪年》十三篇与《穆天子传》五篇。《晋书·束晳传》言:"初,太康二年,汲郡人不准盗发魏襄王墓,或言安厘王冢,得竹书数十车。其《纪年》十三篇,记夏以来至周幽王为犬戎所灭,以事接之,三家分,仍述魏事至安厘王之二十年,盖魏国之史

---

①《春秋左传注》昭公十二年,北京:中华书局,1981年,第1341页。

②汲冢书的发现时间,在《晋书》中有三说,《武帝纪》言咸宁五年,《卫恒传》言太康元年,《荀勖传》言太康二年。雷学淇《竹书纪年考证》认为:"竹书发于咸宁五年十月,《帝纪》之说,录其实也。就官收以后上于帝京时言,故曰太康元年。《束晳传》言二年,或命官校理之岁也。"其说颇有道理。本文仅言太康二年,以与下引《束晳传》说法保持一致。

书……《穆天子传》五篇,言周穆王游行四海,见帝台、西王母。《图诗》一篇,画赞之属也。又杂书十九篇……大凡七十五篇,七篇简书折坏,不识名题……武帝以其书付秘书校缀次第,寻考指归,而以今文写之。(束)皙在著作,得观竹书,随疑分释,皆有义证。"①

《竹书纪年》以编年的形式,记载了上古至战国魏襄王二十年(前299年)的史事。学者以其所用纪年判断,该书先为三代史官所记,周幽王以后为晋国史官所记,三家分晋后由魏国史官所记,直至魏之今王(襄王)二十年的编年史书。该书所记史实,虽与传统史书记载有出入,却屡屡与出土甲骨文和金文的记载相符,因而学者对该书的史料价值评价很高。可惜该书原简早已佚失,而荀勖等人整理的释文也逐渐失传。幸有唐宋诸类书保存了书中的许多文字。明清以来陆续有学者从事该书辑佚工作,最严谨者为王国维于丁巳年(1917年)所成《今本竹书纪年》,其中有两条与西王母相关的记载:

> (帝舜)九年,西王母来朝。西王母之来朝,献白环、玉玦。

> (周穆王)十七年,王西征昆仑丘,见西王母。其年,西王母来朝,宾于昭宫。秋八月迁戎于太原。王北征,行流沙千里,积羽千里,征犬戎,取其五王以东。西征,至于青鸟所解(原注:三危山)。西征还,履天下亿有九万里。②

《史记》言:"舜年二十以孝闻,年三十尧举之,年五十摄行天子事,年五十八尧崩,年六十一代尧践帝位。践帝位三十九年,南巡狩,崩于苍梧之野。"③西王母第一次来朝在虞舜践帝位九年,约公元前2100年。西王母第二次来朝是对周穆王去西王母国的回访,时间在周穆王十七年,约公元前960年。西王母两次来朝华夏帝王的时间相距1100余年,显然,所谓西王母,是西王母国历任君主的通名,而不是某

---

①《晋书》卷五一《束皙传》,北京:中华书局,1974年,第1432—1433页。

②王国维:《今本竹书纪年》,载方诗铭、王修龄《古本竹书纪年辑证》,上海:上海古籍出版社,1981年,第198、246—247页。

③《史记》卷一《五帝本纪》,北京:中华书局,1982年,第44页。

一个人。十七年,周穆王西行至昆仑丘见西王母,当年西王母即来回访,可见该昆仑山原本离中原并不是太远。

更详细的西王母资料在《穆天子传》中。今传该书六卷,据说是荀勖整理后所定,署为晋郭璞注,前有晋荀勖序,言:"虽其言不典,皆是古书,颇可观览。"①清四库馆臣也说,书中所记"实则恍惚无征",故将其收于子部小说家类②。该书记事无年代,仅以甲子记日,颇类《尚书》等早期文献色彩。而其叙事稍详,且有夸侈,又与《左传》《国语》等有相像之处,与战国间形成的《国策》、诸子书大有不同。故我们以为,《穆天子传》应为周室东迁前后整理旧有故事形成的作品。郭璞注《穆天子传》卷三记周穆王见西王母之事。文云:

> 癸亥,至于西王母之邦。(卷二末文字)

> 吉日甲子,天子宾于西王母。乃执白圭玄璧以见西王母,好献锦组百纯,□组三百纯,西王母再拜受之。

> □乙丑,天子觞西王母于瑶池之上。西王母为天子谣,曰:"白云在天,山陵自出,道里悠远,山川间之,将子无死,尚能复来?"天子答之曰:"予归东土,和治诸夏,万民平均,吾顾见汝,比及三年,将复而野。"天子遂驱升于弇山,乃纪其迹于弇山之石,而树之槐,眉曰:"西王母之山。"西王母之山还归,其□世民作忧以吟曰:"比徂西土,爰居其野,虎豹为群,于鹊与处。嘉命不迁,我惟帝天子大命,而不可称顾世民之恩。"流涕出陨,吹笙鼓簧,中心翔翔,世民之子,唯天之望。

> 丁未,天子饮于温山,□考鸟。③

周穆王于此年某月的癸亥日到达西王母国所在的弇山,第二天为甲子吉日,遂会见该国之君西王母,以白色的圭和红色的璧作为见面礼,且赠其丝锦一百匹,丝绶三百匹,西王母多次拜谢周穆王的赠礼。第三天乙丑日,周穆王邀西王母在瑶池

---

① 《穆天子传序》,载《汉魏丛书》,长春:吉林大学出版社,1992年,第294页上栏。
② 《四库全书总目》卷一四二《穆天子传》提要,北京:中华书局,1965年,第1205页下栏。
③ 《穆天子传》卷三,载《汉魏丛书》,长春:吉林大学出版社,1992年,第296页中栏、下栏。

之上畅饮美酒,席间,西王母唱起了《白云之歌》道:感叹东方的君王越过千山万水来到西王母国,祝愿他长寿,希望还能再次访问。周穆王表示:回去治理好国家,三年后一定还到这儿会您。这段记载,塑造了东方君王在公元前10世纪远赴西方,与其国君西王母会见的故事。以玉圭为赞,是三代君主贵族相会的礼数,而赠以大量丝锦和丝绶,可视为丝绸之路上中原丝织品第一次输送于西方的记录。特别值得注意的是关于西王母形象的叙述,按照清四库馆臣的说法:"然所谓西王母者不过西方一国君。"①普普通通,绝无神仙诡异色彩。

二、从人到神的西王母

赋予西王母以神仙色彩的是《山海经》。该书作者,有人言为伯益,有人言为大禹,清四库馆臣分析道:"观书中载夏后启、周文王及秦汉长沙、象郡、余暨、下雟诸地名,断不作于三代以上,殆周、秦间人所述,而后来好异者又附益之欤!"②应视为确论。

《山海经》有三处提到西王母:

> 又西三百五十里,曰玉山,是西王母所居也。西王母其状如人,豹尾虎齿而善啸,蓬发戴胜,是司天之厉及五残。

> 海内西北陬以东者,蛇巫之山。上有人操柸而东向立。一曰龟山。西王母梯几而戴胜杖,其南有三青鸟,为西王母取食,在昆仑虚北。

> 西海之南,流沙之滨,赤水之后,黑水之前,有大山,名曰昆仑之丘。有神,人面虎身,有文有尾,皆白处之。其下有弱水之渊环之,其外有炎火之山,投物辄然。有人,戴胜、虎齿,有豹尾,穴处,名曰西王母。此山万物尽有。③

---

① 《四库全书总目》卷一四二《穆天子传》提要,北京:中华书局,1965年,第1205页下栏。

② 《四库全书总目》卷一四二《山海经》提要,北京:中华书局,1965年,第1205页上栏。

③ 《山海经校注》,上海:上海古籍出版社,1980年,《山经柬释》卷二《西次山经》,第50页;《海经新释》卷七《海内北经》,第305—306页;《海经新释》卷一一《大荒西经》,第407页。

  《山海经》中也多次记载西王母之事,说明西王母在先秦中华记忆中的重要地位。三处所言西王母的居地各不相同,郭璞分析道:"《河图玉版》亦曰:'西王母居昆仑之山。'《西山经》曰:'西王母居玉山。'《穆天子传》曰:'乃纪名迹于弇山之石,曰西王母之山也。'然则西王母虽以昆仑之宫,亦自有离宫别窟游息之处,不专住一山也。故记事者,各举所见而言之。"①至于西王母的形象,首先,她不是人而是神,是"天帝之女"②,其职责为"司天之厉及五残",即专管灾疫和五刑残杀的凶神。其次,"其状如人",长着与人相似的面庞,有着老虎般的牙齿,身子如老虎一般白底上是黑色虎纹,尾巴又像豹子一样,蓬乱的头发前戴着玉制的蔽发饰物——胜。最后,她居住在洞穴(或云"西王母石室")之中,经常手持杯子面朝东凭几而坐,有三只青鸟(或云"三足鸟",见司马相如《大人赋》)负责为她取食。彻底颠覆了《竹书纪年》《穆天子传》中善于唱歌的西方国王西王母的形象,将一个人变成了形象怪异的神。若西王母真是如此长相,周穆王怎么可能与她一见钟情,相约三年后再长途跋涉来相会呢?周穆王的审美观也太奇特了。

  司马迁遍阅中秘藏书,遍游全国,搜集大量历史资料,撰述《史记》。书中辩斥《山海经》所记神怪之不可信,言:"至《禹本纪》《山海经》所有怪物,余不敢言之也。"③《史记·赵世家》中,以数十字叙述周穆王(先秦穆、缪二字相通)会见西王母的故事:

   造父幸于周缪王。造父取骥之乘匹,与桃林盗骊、骅骝、绿耳,献之缪王。缪王使造父御,西巡狩,见西王母,乐之忘归。而徐偃王反,缪王日驰千里马,攻徐偃王,大破之。乃赐造父以赵城,由此为赵氏。④

  其内容大体与《穆天子传》相似。至于西王母国在何处,《史记》中引述张骞出

①《山海经校注》,上海古籍出版社,1980年,第409页。
②《汉魏六朝百三家集》(四库全书本)卷五七《晋郭璞集·山海经图赞》称:"西王母:天帝之女,蓬发虎颜,穆王执贽,赋诗交欢。韵外之事,难以具言。"
③《史记》卷一二三《大宛列传》,北京:中华书局,1982年,第3179页。
④《史记》卷四三《赵世家》,北京:中华书局,1982年,第1779页。

使西域的报告,言:"安息长老传闻条枝有弱水、西王母,而未尝见。"①条支,西亚古国名,在今伊拉克境内底格里斯河和幼发拉底河之间,据说为塞琉古(塞琉西)建立。张骞未曾到过此地,系传闻之国。我们不能不佩服司马迁实事求是的鉴史之功。

明方以智《通雅》言:"按郭璞注《尔雅》,以西王母在西,《山海经》言虎齿有尾曰西王母,此谓外国之人耳。《穆天子传》西王母,正如外国之君长。后乃附会,以与东王公相对。"②明胡应麟更斥《山海经》西王母形象的无谓,言:"《山海经》称西王母豹尾、虎齿,当与人类殊别。考《穆天子传》云,天子宾于西王母,觞于瑶池之上,西王母为天子谣,天子执白圭玄璧及献锦组百、纯组三百,西王母再拜受之。则西王母服食语言,绝与常人无异,并无所谓豹尾、虎齿之象也。《山海经》偏好语怪,所记人物率禽兽其形,以骇庸俗,独王母幸免深文,然犹异之以虎齿,益之以豹尾,甚矣!其无稽也。"③但无论如何,《山海经》开始颠覆了三代以来西王母的形象,将西王母从人变成了神。

《山海经》中的西王母神仙的形象契合了汉魏方士学者好夸猎奇的风气,诸书纷纷从早期西王母的记述中演绎出颇多灵异。其中,汉武帝时的东方朔扮演了重要角色。传为东方朔所撰的《神异经》中言:

(东荒经)东荒山中有大石室,东王公居焉,长一丈,头发皓白,人形鸟面而虎尾,载一黑熊,左右顾望,恒与一玉女投壶……

(中荒经)昆仑有铜柱焉,其高入天,所谓天柱也。围三千里,圆周如削,下有回屋,仙人九府治,上有大鸟,名曰希有,南向,张左翼覆东王公,右翼覆西王母,背上小处无羽,一万九千里,西王母岁登翼上,之东王公也。故其柱铭曰:"昆仑铜柱,其高入天。员周如削,肤体美焉。"其鸟铭曰:"有鸟希有,绿赤煌煌,不鸣不食,东覆东王公,西覆西王母,王母欲东,

---

① 《史记》卷一二三《大宛列传》,北京:中华书局,1982年,第3163—3164页。
② 《通雅》卷二一《姓名》,载文渊阁《四库全书》,台北:商务印书馆,1986年。
③ 《少室山房笔丛》卷三四《三坟补逸下》,上海:上海书店,2001年,第344页。

登之自通,阴阳相须,唯会益工。"①

据称,这是最早将西王母的配偶称为东王公的文字。所谓东王公,就是东方之男性君主的意思。文中对《穆天子传》中周穆王与西王母三年后再见的相约之言做了最大的发挥,将东王公和西王母视为"阴阳相须"的夫妇,西王母每年都会登上大鸟之背去会见东王公。后来的《汉武帝内传》又有了七月七日西王母下凡与汉武帝相见的故事。从二书中,我们依稀能感悟到古代广为传播的董永每年七夕与七仙女在鹊桥相见的原始因子。

在汉魏人的眼中,东王公和西王母都是天上的神仙。东汉吴晔著《吴越春秋》载,春秋后期,越王勾践败于吴王夫差后,大夫文种向其进复国称霸之九术,"一曰尊天事鬼,以求其福……越王曰:'善。'乃行第一术,立东郊以祭阳,名曰东王公;立西郊以祭阴,名曰西王母;祭陵山于会稽;祀水泽于江州。事鬼神,一年国不被灾……"②我们知道,历代帝王在都城郊外祭天祭地,这里的"尊天"就是要祭天神,只因东王公在东、西王母在西,而东为阳,西为阴,才称东郊祭阳,即祭东王公,西郊祭阴,即祭西王母。

两汉时期全国有许多西王母祠。西汉后期还发生过一次影响全国的以西王母筹保命告西王母祠的灾异事故。《汉书》载:

> 哀帝建平四年正月,民惊走,持稿或棷一枚,传相付与,曰行诏筹。道中相过逢多至千数,或被发徒践,或夜折关,或逾墙入,或乘车骑奔驰,以置驿传行,经历郡国二十六,至京师。其夏,京师郡国民聚会里巷仟陌,设张博具,歌舞祠西王母。又传书曰:"母告百姓,佩此书者不死。不信我言,视门枢下,当有白发。"至秋止。③

其实,这是时人借西王母来攻击当时干预国政的哀帝祖母傅太后,外戚王氏却

---

①《汉魏丛书》所收《神异经》中无此段文字,此处系引自北魏郦道元《水经注》卷一引晋张华所叙《神异经》中文字,见王先谦《合校水经注》,北京:中华书局,2009年,第11页上栏。

②《吴越春秋》卷五《勾践阴谋外传》,上海:商务印书馆,1937年,第182页。

③《汉书》卷二七《五行志下之上》,北京:中华书局,1962年,第1476页。

借机除了外戚丁氏、傅氏的势力,而将汉成帝母王太后捧上前台,最后成就了王莽篡汉建新的历史。但也说明西王母的故事已经从典籍进入民间,成为家喻户晓之事。

大概因为《竹书纪年》中西王母在舜帝和周穆王时两次来东方朝见华夏帝王的记载,故而汉人又将西王母视为寿星,西汉扬雄《甘泉赋》有"想西王母欣然而上寿兮"句。①东汉中期成书的《太平经》中亦言:"乐莫乐乎长安市,使人寿若西王母,比若四时周反始。"②

西王母长寿并能助人长寿是因为其有不死成仙之药,西汉刘向的《列仙传》中记载,神农时的雨师赤松子"至昆仑山上,常止西王母石室,随风上下,炎帝少女追之,亦得仙俱去"③。又有"羿请无死之药于西王母,嫦娥窃之以奔月,将往,枚筮之于有黄。有黄占之曰:'吉。翩翩归妹,独将西行。逢天晦芒,毋恐毋惊。后且大昌。'嫦娥遂托身于月,是为'蟾蜍'"④。

还有燕昭王饮了西王母的"玉酒金醴",遂得羽化的故事。燕昭王是燕国第三十一代君主,名平,公元前311—前279年在位33年。燕昭王见西王母的记载始载于十六国苻秦方士王嘉所撰《拾遗记》卷四,宋时所编《太平广记》卷二《神仙二·燕昭王》摘引其主要内容如下:

> 燕昭王者,王哙之子也。及即位,好神仙之道,仙人甘需臣事之,为王述昆台登真之事,去嗜欲,撤声色,无思无为,可以致道。王行之既久,谷将子乘虚而集,告于王曰:"西王母将降,观尔之所修,示尔以灵玄之要。"后一年王母果至,与王游燧林之下,说炎皇钻火之术,燃绿桂膏以照夜。忽有飞蛾衔火集王之宫,得圆丘朱砂,结而为佩。王登握日之台,得神鸟所衔洞光之珠,以消烦暑。自是王母三降于燕宫,而昭王徇于攻取,不能

---

① 《汉书》卷八七上《扬雄传上》,北京:中华书局,1962年,第3531页。
② 《太平经合校》卷三九,北京:中华书局,1960年。
③ 《初学记》卷二三《道释部》"赤松黄石"条,北京:中华书局,1962年,第550页。
④ 《搜神记》卷一四,长沙:岳麓书社,2015年,第129页。

遵甘需澄静之旨,王母亦不复至。甘需白王母所设之馔,非人世所有,玉酒金醴,后期万祀。王既尝之,自当得道矣。但在虚凝纯白,保其遐龄耳。甘需亦升天而去。三十三年,王无疾而殂,形骨柔懦,香气盈庭。子惠王立矣。[1]

这个故事原型产生的时间很难准确界定,但肯定早于十六国时期。在《秦始皇本纪》中,燕国以卢生为首的方士是为始皇求不死之药的重要人物,因其求不死之药的进程,先后酿成了秦将蒙恬出兵击匈奴夺取河南地、尽杀身边随侍者以对所行之保密、坑杀诸生四百六十余人的三大事件。[2]我们发现这些记载与《搜神记》中燕昭王通过仙人甘需见西王母的故事情节十分相近,只是结果不同罢了。由此可否猜测,燕昭王见西王母故事可能形成于秦汉前后。燕昭王见西王母的故事有几点值得注意:其一,西王母极为长寿,故能在战国时讲述千万年前炎皇钻木取火的故事;其二,西王母能给人传授得道霞升之术;其三,即使像燕昭王这样"徇于攻取"的君王在吃了西王母的饭菜和酒以后也能得道羽化而去。请注意,该文所记相对于下引西王母见汉武帝的场景,还比较质朴,没有西王母来去时的宏大排场,也没有西王母是自天而下还是自外而入的路径叙述,更没有西王母成百上千神仙陪同的铺述。

大概时人意识到并非每个人都能成仙,昆仑山上西王母的不死之药一般人是无法企求的,为了给普罗大众以长寿的希望,中药中遂将有养生功效的枸杞子和枣子命名为西王母。《本草纲目》言:"枸杞地骨皮,[释名]枸檵,枸棘,苦杞,甜菜,天精,地骨,地节,地仙,却老,羊乳,仙人杖,西王母杖。(本经上品)""[主治]枸杞,主五内邪气,热中消渴,风痹风湿。久服坚筋骨,轻身不老,耐寒暑,下胸胁气、客热头

---

[1]《太平广记》卷二《神仙二·燕昭王》,载《笔记小说大观》第3册,扬州:江苏广陵古籍刻印社,1983年,第13页下栏。

[2]始皇"三十二年(215年),始皇之碣石,使燕人卢生求羡门、高誓""燕人卢生使入海还,以鬼神事,因奏录图书,曰:'亡秦者胡也。'"三十五年"卢生说始皇曰:'臣等求芝奇药……方中,人主时为微行以辟恶鬼,恶鬼辟,真人至……愿上所居宫毋令人知,然后不死之药殆可得也。'"等记载,见《史记》卷六《秦始皇本纪》,北京:中华书局,1982年,第251、252、257、258页。

痛,补内伤大劳嘘,吸强阴,利大小肠,补精气诸不足,易颜色,变白、明目、安神,令人长寿。(本经别录)"①"有仙人枣,长五寸,把之两头俱出,核细如针,霜降乃熟,食之甚美,俗传云出昆仑山,一曰西王母枣。"②

还将古代很常见的龙须草视为西王母所乘虎之须。"有龙须草,一名缙云草,故世人为之妄传。至如今有虎须草,江东亦织以为席,号曰西王母席,亦岂西王母乘虎而堕其须也?"③

又将古代玉制的管状乐器律说成西王母所献。"黄帝作律,以玉为管,长尺,六孔,为十二月音。至舜时,西王母献昭华之琯,以玉为之。"④

三、道家神话中的天神西王母

道教于东汉末形成,其后,遂将历代传说中的神仙列入道教系统,西王母顺理成章地成为道教诸神之一。

东晋道士葛洪(284—364年)所著《枕中书》言,当天地混沌如鸡子时,盘古真人,即元始天王已经游乎其中。经过四劫,天地始分,然后产生岩石、水、元虫、滨牟、刚须和龙。元始天王住在天中心之上的玉京山。再经过二劫,在石涧积血之中生出太元玉女,她"天姿绝妙,常游厚地之间,仰吸天炁,号曰太元圣母",元始天王下游见到太元圣母,"与通气结精,招还上宫"。元始天王再经一劫一施,太元圣母生下了扶桑大帝东王公,号为元阳父,又生下了九光玄女,号为太真西王母。后又生下地皇十一头,人皇九头,各治三万六千岁。再后才是八帝三王。所谓三王,即夏禹、殷汤、周武三位开国君主。⑤西王母的出身如此高贵,在天地间简直是无与伦比。由此决定了她可以与天地并存,永远保持青春,真正的万寿无疆!

---

① 《本草纲目》卷三六《木之三》,武汉:崇文书局,2015年,第174页。

② 《洛阳伽蓝记校释》,北京:中华书局,1963年,第68页。

③ 《古今注》卷下《问答释义第八》,北京:中华书局,1985年,第22页。

④ 《晋书》卷一六《乐志六》,北京:中华书局,1974年,第474页。

⑤ 《枕中书》,北京:中华书局,1991年,第2页。

南朝梁道士陶弘景(456—536年)所著《真诰》言："所谓金母者,西王母也;木公者,东王公也。仙人拜王公,揖王母。"[1]正式将东王公、西王母定位为众仙人的总管,且因五行说中以西方为金、以东方为木,称西王母为金母,东王公为木公。

班固所撰《汉武帝内传》,是早期道家西王母形象的集大成者。文云[2]:汉刘彻即皇帝位以后,好神仙之道,经常祷祈名山大川五岳,以求神仙。元封元年(前110年)四月戊辰日,一青衣女子自称是西王母使女来对武帝说,从今天开始,你要斋戒,不管人事,到七月七日西王母就会来。七月七日夜二更,西南方向云端箫鼓声和人马声响起,在骑乘龙、虎、麟、鹤和天马的数千仙人的前导下,西王母"乘紫云之辇、驾九色斑龙",在五十位天仙的随侍下下凡至承华殿前,由二侍女扶侍上殿,东向登床而坐,"视之可年三十许,修短得中,天姿掩蔼,容颜绝世,真灵人也"。武帝"跪拜问寒暄毕立",王母让他面南共坐。"王母自设天厨,真妙非常,丰珍上果,芳华百味,紫芝萎蕤,芬芳填樏,清香之酒,非地上所有。"又拿出三千年才一结实的七颗仙桃,自食三颗,给武帝四颗。在酒筋数遍以后,王母的诸侍女王子弹八琅之璈,作九天之钧,歌玄灵之曲。歌毕,王母开讲,要想修身,必须营气,常思灵宝,以上仙籍。并将侍笈玉女李庆孙书写的《太仙真经》给他,让他缮录而据以修行。

言毕,王母即命驾龙严车离去,武帝下席叩头挽留。王母于是派侍女郭密香前往问候四千余年未见的上元夫人,希望她屈驾下凡向刘彻语以至道。上元夫人是统领十万玉女名篆的三天上元之官。不久,在箫鼓声中,在千余女文武灵官的陪同下,上元夫人从天而降。"夫人年可二十余,天姿精耀,灵眸绝朗,服青霜之袍,云彩乱色,非锦非绣,不可名字。头作三角髻,余发散垂至腰,戴九云夜光之冠,曳六出火玉之佩,垂凤文林华之绶,腰流黄辉精之剑。"夫人上殿拜王母,王母让她同坐北向,并向刘彻介绍:"此真元之母,尊贵之神女。"于是,武帝拜问寒温,还坐。夫人说,你刘彻好道而无收获,是因为你"胎性暴,胎性淫,胎性奢,胎性酷,胎性

①《真诰》卷五《甄命授第一》,载文渊阁《四库全书》,台北:商务印书馆,1986年。
②以下文字,系据《汉武帝内传》,载文渊阁《四库全书》第1042册,台北:商务印书馆,1986年,第289—297页。

贼。……从今已舍尔五性,反诸柔善,明务察下,慈务矜冤,惠务济贫,赈务施劳,念务存孤,惜务及爱身,恒为阴德,救济死厄,旦夕孜孜,不泄精液,于是闭诸淫溉,养汝神,放诸奢,从至俭,勤斋戒,节饮食,绝五谷,去膻腥,鸣天鼓,饮玉浆,荡华池,叩金梁。按而行之,当有异耳"。在王母的一再催促下,夫人又答应教武帝尸解之方。王母说,尸解之方是下方,我会在后三年赐给他"成丹半剂、石象散一具"。

这时,武帝见王母巾笈中有一卷书,王母言其为《五岳真形图》,是三天太上道君所书,秘藏于玄台,而出为灵真之信。在武帝叩头固请之下,"今以相与,当深奉慎,如事君父,泄示凡夫必祸及也"。上元夫人告诉武帝,你虽然有了《五岳真形图》,却没有灵飞之符、玉女之箓、策精之书等十二事,仍无法"召山灵、朝地神,摄总万精,驱策百鬼,束虎豹,役蛟龙"。武帝又下地叩头请求夫人授以致灵之途。在西王母的一再催督之下,上元夫人终于传授给刘彻"灵飞及此六丁左右招神天光策,精可以步虚,可以隐形,长生久视,还白留青"。

最后,"王母因授以《五岳真形图》,帝拜受俱毕。夫人自弹云林之璈歌,步玄之曲。王母命侍女曰:四非答歌。歌毕,乃告帝从者姓名及冠带执佩物名,所以得知而纪焉"。

第二天早晨,"王母与上元夫人同乘而去,人马龙虎道从,音乐如初。而时云彩郁勃,尽为香气,极望西南,良久乃绝。帝既见王母及上元夫人,乃信天下有神仙之事"。

以上不厌其烦地引述《汉武帝内传》,是因为这篇文字中的西王母形象太重要了。第一,作为天神的西王母自天堂下凡时的排场极尽壮观和奢华,人间帝王再怎么样也是无法与其比肩的。第二,尽管她已诞生了亿万年,却仍是约三十岁容颜绝世的女子,多么令人爱慕。第三,她的地位极高,大汉雄主武帝在她面前只有叩头跪拜一再求请的份儿。第四,她的餐饮称为天厨,非人间所有,而餐后水果,就是后来孙悟空在天上偷吃的仙桃(在《西游记》中称蟠桃),她给汉武帝吃了三颗,虽然后来汉武帝并没有停止杀戮,但死后被尸解,并出现许多灵异之事。第五,统领十万玉女名箓的神女上元夫人被西王母召来,其排场一如西王母,而其年龄只有二十来岁。上元夫人可以呵斥汉武帝的无道,也能教授汉武帝修身养性,可以步虚,可以隐形,可以长生不老,可以免除其所有罪恶,留名青史。

《汉武帝内传》中的西王母和上元夫人的形象,给道家和文人以无限发挥的空间。有学者试图论证其无谓无根,其实,神仙的事本来就不是历史学者讨论的课题,我们还是尊重魏晋道家对西王母的编排吧。

(原载《石河子大学学报》(哲学社会科学版)2021年第2期)

东周历史鸟瞰

公元前11世纪中叶,周武王联合各方国诸侯,出兵东向,在牧野打败商朝的军队,杀死殷纣王,建立了中国历史上最长寿的一个朝代——周朝。周朝经历了37代天子791年的统治,到公元前256年才被秦国灭掉。周朝本来以沣水以东的镐京为都城,到公元前770年,迁都到位于现在河南洛阳的洛邑。镐京在西,洛邑在东,所以习惯上称公元前770年以前的周朝为西周,以后的为东周。

人们说的东周,大体上包括历史上的春秋、战国两个阶段。章回体小说《东周列国志》为了说清前因后果,从周宣王中兴开始,讲到了秦始皇,虽然它突破了严格的东周历史的时限,却使故事更为生动,更为完整。

西周初期十分兴盛,但从中期开始就逐渐走向衰败。第十代天子周厉王生活奢侈,又特别暴虐,引起民众的不满和议论。他就派巫师监视,杀死议论的人,使矛盾更为尖锐。愤怒的镐京居民终于发起暴动,将周厉王流放到彘,由诸侯周公和召公共同执掌政权,历史上称为"周召共和"。共和元年(前841年),中国历史从这一年开始有了明确而且连续不断的纪年。周厉王死后,他的儿子周宣王曾经使周王朝有所复兴。但到第12代天子周幽王时,王朝的危机更为严重。关中地区发生地震、山崩和河水枯竭等严重自然灾害,周幽王不仅不抚恤灾民,反而更加奢侈腐化,贪得无厌。周幽王宠爱妃子褒姒,为了博得褒姒一笑,周幽王一次又一次地举起烽火,欺骗诸侯前来勤王。最严重的问题是,周幽王决定废去王后申氏,杀掉太子宜臼,另立褒姒为王后,立褒姒的儿子伯服为太子。申后的父亲申侯于是联合犬戎,举兵攻打周幽王,在骊山下杀死周幽王,掳走褒姒。周幽王的儿子宜臼即位时,关中遭受兵火洗劫,残破不堪,犬戎又不时前来骚扰,宜臼只得将都城迁到洛邑,东周开始。

西周建立后,为了加强对各地的统治而大封诸侯,让他们作为王室的藩卫。有同姓的诸侯,如鲁、晋、郑、燕,也有异姓的诸侯,如齐、宋、陈、楚等。诸侯再在自己的封地里分封卿大夫、卿大夫又在自己的封地里分封士,这样自上而下统治人民。据说,周朝先后分封和归顺于他的诸侯,总数有八百之多。当然,诸侯有大有小,有的封地超过现在的数省,有的比现在一个县的地方还小。周时有公、侯、伯、子、男五等爵位,如鲁、齐、晋是公爵,申是侯爵,郑是伯爵,楚是子爵。周王朝前期政治上强大,经济上发达,所以各诸侯国都认真地奉周王室为天下的共主。周平王东迁以后,一些诸侯国经过长期休养生息发展了起来,而王室的力量却逐步衰微,渐渐丧失控制诸侯的能力。强大了的诸侯,不再对周王室唯命是从了,他们有的蚕食周的土地,有的攻伐别的诸侯国。公元前708年,周恒王带军队讨伐桀骜不驯的郑国,郑伯不仅敢于领兵抗拒,而且打败了王师,一箭射中了周王的肩膀。说明这时周王的地位已经严重下降,只是还保存着天下共主的虚名罢了。孔子将公元前722—前481年的历史写成了一部史书——《春秋》,后人就把这一段历史称为春秋时期。

春秋时期,见于史书的诸侯国名有一百二十八个,但比较重要的不过十几个,它们主要是位于今天山东的齐、鲁,位于今天河南的卫、宋、郑、陈、蔡,位于今天山西的晋,位于今天北京及其周边地区的燕,位于今天陕西、甘肃的秦,位于今天河南、安徽南部和两湖的楚,位于今天江苏中南部的吴和位于今天浙江一带的越。这些比较大的诸侯国凭借其实力,用战争来扩充领土,迫使弱小国家听从他的号令,并互相争夺,形成了诸侯争霸的局面。霸,又写作伯,就是诸侯中老大的意思。

最早称霸的是齐桓公。齐是太公姜尚的封国,一开始,齐就致力于整顿政治,发挥滨海鱼盐的优势,提倡家庭纺织业,发展商业和手工业,使其国力逐渐发展起来。齐桓公(前685—前643年在位)继位后,以管仲为相,整顿国政,废除公田制,按土地的肥瘠确定赋税,设盐、铁官并铸钱,增加财政收入,寓兵于农,将基层行政组织和军事组织合为一体,增加了兵源和作战能力,迅速成为华夏各国中最富强的诸侯国。随后,齐桓公便打起了"尊王攘夷"的口号,先后吞并了30多个小国,帮助或干涉其他国家抗击夷狄的侵扰,终于在公元前679年成为诸侯中的"霸主"。公元前656年,齐桓公带领8个诸侯国的联军,召陵(今河南郾城)一战,打败了强盛的楚国,其霸业发展到顶峰。

齐桓公死后,齐国出现争夺君权的内乱,力量削弱。楚国乘机发展势力,先后灭了它北边的几个小国,重新把矛头指向中原。宋襄公(前650—637年在位)也以抵制楚人北侵为号召,企图充当中原的霸主。公元前638年,楚宋两国的军队在泓水(今河南柘城西北)相遇。宋军在河北岸摆好了阵势,楚军还在渡河,宋大司马建议出击,宋襄公不许。楚军刚过河,还没有摆好阵势,大司马再次提出进攻,宋襄公还是不许。楚军整顿好队伍,立即向宋军发动进攻,大获全胜,连宋襄公都被射伤了腿,不久死去。

正当楚国称雄中原的时候,西部的晋国发展了起来。晋文公(前636—前628年在位)青年时因"骊姬之乱",曾在外流亡十九年,饱尝艰辛。即君位后,他改革政治,发展经济,整军经武,取信于民,安定王室,友好秦国,在诸侯中威信很高。公元前633年,楚军包围宋国都城商丘。次年初,晋文公出兵救宋,两军相遇,楚军来势凶猛。由于楚王在晋文公流亡时曾有恩于他,所以晋军一开始退避三舍(90里),楚军却紧追不舍。在城濮(今山东鄄城西南)战场,晋文公先将敌军最薄弱的右翼打垮,然后佯装中军退却,吸引楚军进入包围,从两面夹击,以弱胜强,大败楚军,成为霸主。

晋文公死时,秦穆公谋求向东方发展,被晋所阻。崤地(今河南三门峡市东)一战,秦全军覆没,转而向西,吞并了一些戎狄部族,称霸西戎。

楚国在城濮战后,向东发展,灭了五十余国,势力南到云南,北达黄河,经济文化有所发展。楚庄王(前613—前591年在位)改革内政,平息暴乱,兴修水利,国力更为强大,竟向周定王的使者询问周鼎的大小轻重。公元前597年,楚军与晋军会战于泌(今河南武陟东南),楚军大胜。不久,又进兵围宋,晋人不敢去救,于是中原各小国纷纷归向于楚,楚人称霸中原。

连续不断的战争给人民带来巨大的灾难,也引起中小诸侯国的厌倦,加以晋楚两大国势均力敌,谁都无法吃掉对方。于是由宋发起,于公元前579年和公元前

546年举行了两次"弭兵"会盟,从此,战争大大减少。

当中原诸侯争霸接近尾声时,地处江浙的吴、越开始发展。公元前506年,吴王阖闾以伍员为大将,统兵伐楚,攻进楚都郢(今湖北江陵)。然后又挥师南进,伐越。越王勾践一戈击中阖闾,阖闾因伤逝世。公元前494年,吴王夫差为父报仇,兴兵败越,越王勾践求和,送给吴王珍宝美女,自己亲自为夫差牵马。吴王乘胜向北进击,大败齐军,成为小霸。越王勾践卧薪尝胆,十年生聚,十年生息,终于在公元前473年消灭吴国,夫差羞愤自杀。勾践北上与齐晋会盟于徐(今山东滕县南),成为最后一个霸主。

据史书记载,春秋242年间,有三十六名君主被杀,七十二个诸侯国被灭,有大小战事四百八十多起,诸侯的朝聘和盟会四百五十余次。

随着生产力的发展,水利的兴修,铁器的使用和牛耕的推广,春秋中后期,各诸侯国的经济得到不同程度的发展,政治形势也产生了相应的变化。最重要的是诸侯国内部卿大夫的势力逐渐发展起来,著名的如鲁国的三桓、齐国的田氏、晋国的六卿。他们利用自己的经济实力,控制和瓜分公室,并互相争斗,以扩充领地。晋国的六卿争斗到最后,剩下韩、魏、赵三家。公元前403年,周威烈王正式承认三家为诸侯。公元前391年,田氏废除了齐康公姜贷,自立为国君,也得到周安王的承认。三晋和田氏的胜利,宣布了强者生存、弱者淘汰的残酷政治法则。于是,以魏国的李悝改革为起点,各国争相进行以富国强兵为目标的变法运动。变法的核心是将劳动者固着到土地上,以增加国家的赋税收入。社会文明程度的加深,使统治者对物质享受的贪欲急骤膨胀。增加剥削量最直接的办法是掠夺更多的土地,而掠夺土地最便捷的途径是战争。所以,这个时期,战争愈来愈多,也愈打愈大。据统计,从公元前475—前221年的255年中,有大小战争二百三十次。战争打起来,双方动辄出动几万至几十万人。西汉末年的刘向,将有关这段历史的各种资料编成一本书,取名《战国策》,从此,人们都将这一时期称为战国时期。

战国时期最有实力的是齐、楚、燕、秦、韩、赵、魏,人称"战国七雄"。魏国通过李悝改革,成为战国初期第一个强国。齐威王随即任用邹忌等人进行改革,成为实力仅次于魏的大国。公元前353年的桂陵（今河南长垣北）之战和公元前341年的马陵（今山东阳谷县境）之战，齐国以著名军事家孙膑为军师，打败了魏军，从此，齐国成为中原最强的国家。楚悼王任用吴起进行变法也日益强盛了起来。但楚国旧势力太强，楚悼王刚死，吴起就被乱箭射死。

公元前359年和公元前350年，秦孝公任用商鞅进行的变法最为彻底。商鞅变法鼓励人口增殖，重农抑商，废除世卿世禄制度，奖励军功，编制户口，实行连坐之法，使秦国成为战国中期以后最强大的国家。虽然后来商鞅被车裂而死，但新法并未废止。齐国和秦国东西对峙，展开了争取其他诸侯国、孤立对方的斗争，而韩、魏、赵、楚、燕等国，也在联秦抗齐和联齐抗秦中摇摆。这时，出现了两个著名的政治家——苏秦和张仪，他们分别主张合纵和连横，导演了一场生动悲壮的历史话剧。

秦国为了向东发展，首先对其东边的魏国用兵，使东方各国十分恐慌。洛阳人苏秦于公元前334年到燕国游说，大讲东方各国联合抗秦的合纵之策。燕文侯给他车马金帛，去游说各国。苏秦鼓其三寸之舌，使赵、韩、魏、齐、楚都以他为相，称为约长，并向秦国发出通牒，秦兵竟有十五年不敢出函谷关。魏人张仪本与苏秦都是鬼谷子的学生，苏秦功成名就以后竟羞辱老同学。张仪一气之下，来到秦国，向秦惠王献上连横之策，就是与东方部分国家联合，攻击其他国家。公元前328年，张仪说服魏国与秦联合，并成为秦、魏二国的相，合纵受到破坏。公元前319年，六国听从公孙衍的意见，赶走张仪，以楚怀王为纵长，于次年第一次合纵攻秦，被秦击溃。为了破坏楚、齐联盟，张仪出使楚国，欺骗楚怀王说："如果你能断绝与齐的关系，秦国将割给你商、於之地六百里，并将秦王的女儿嫁给你。"楚怀王见利忘义，与齐绝交。然后派使者向秦索要土地，张仪说："我当时说的是六里地。"楚怀王大怒，发兵攻秦。秦国联合齐国的军队打败楚军，杀其八万人。张仪又说服韩王、赵王、燕王与秦连横。公元前301年，齐、韩、魏联合攻楚。公元前299年，楚怀王受骗往秦，被扣留，从此楚国一蹶不振。公元前285年，燕将乐毅说服赵、魏、楚联合攻齐，一直攻破齐都临淄（今山东淄博），虽然后来齐将田单收复了失地，但齐国元气大丧，从此再也没有与秦抗衡的力量。

公元前278年，秦将白起攻破楚都郢城（今湖北宜城），揭开了秦国统一战争的序幕。楚国迁都于陈(今河南淮阳),爱国诗人屈原投汨罗江自尽。魏人范雎向秦昭王献"远交近攻"之策,就是与远方国家结盟,集中力量打败邻近的国家,再逐步兼并其他各国。公元前265年开始,秦以瓮中捉鳖的办法出兵封闭韩上党郡(今山西长治一带)与其都城新郑的联系,迫使韩国将上党献给秦。上党军民向赵求救,赵派老将廉颇率军驻守长平(今山西高平北),声援上党。公元前260年,秦派大将王龁夺取上党,与廉颇在长平对峙。廉颇加固垒壁,以守为攻,打破了秦兵速战速决的计划,双方僵持达四月之久。秦用反间计,使赵国以年轻气盛专能纸上谈兵的赵括代替廉颇为长平赵军统帅。秦国也秘密地换来大将白起。赵括一到前线就主动出击,白起派出奇兵分割赵军,并将赵括包围起来。赵军被围断粮46天,军心大乱,赵括冒险突围,当场丧命,全军大败。白起将四十万赵军降卒全部活埋。长平之战是秦国与他在中原最后一个强手的决战,也是战国最后一次大战。至此,东方六国都已不再是秦国的对手。

长平之战前后,东方出现了著名的战国四公子,即赵国平原君赵胜,齐国孟尝君田文,魏国信陵君无忌,楚国春申君黄歇。他们礼贤下士,广招宾客,关心国事,采取各种方式对付秦国的入侵来挽救本国的灭亡。然而,历史的大潮是任何人也无法扭转的,六国终究未能摆脱亡国的命运。

这里有必要交代周王室的下落。战国时,周王室连名义上的共主地位也没有了,但仍在洛阳一带勉强维持。西周初年营建洛邑时,共修建了两座城。西边的方十七里,叫王城,东边的小些,叫成周。战国时,由于王室内部争权和分封,先后出现了居于王城的西周公和以巩邑为都城的东周公,而真正的天子周赧王却不得不把王廷从成周徙至王城,寄居于西周公治下。公元前256年,秦军攻取韩国的阳城(今河南登封东南)、负黍(今河南登封西南)二地,斩首四万。西周君联合诸侯军队出伊阙(今河南洛阳南)攻秦,以隔断秦与阳城的通道。秦昭襄王于是发兵攻西周,西周君不得不将其统有的三十六邑献给秦,西周灭亡。不久,周赧王死去,作为天子之国的周朝不复存在。

公元前250年,秦庄襄王继位,以阳翟商人出身的吕不韦为丞相。吕不韦上台就亲自带兵灭了东周。公元前247年,秦庄襄王死,十三岁的嬴政继位为秦王,他就是后来的秦始皇。吕不韦指挥秦军先后夺得东方许多地方,设三川郡、太原郡、东郡,并于公元前241年粉碎了楚、赵等国第四次也是最后一次合纵对秦的军事进攻,还用反间计除掉了反秦最激烈的魏信陵君。至此,在疆土广大兵强马壮的秦国面前,东方六国君主不过与秦的郡县长官差不多了。

公元前238年,嬴政亲自执掌政权,随即出动大军,以摧枯拉朽之势,横扫六国旧势力,于公元前230年灭韩,公元前228年灭赵,公元前225年灭魏,公元前224年灭楚,公元前222年灭燕、灭越,公元前221年灭齐,终于建立了中国历史上第一个统一的多民族的封建国家,历史翻开了新的一页。

东周是一个有着灿烂文化的时期。东周初年,随着王室的衰微,过去由王室垄断的学术文化走向民间,各国首先有了自己的史官和编年史,私人治学和向弟子传授学问也开始出现。春秋后期,老子和孔子成为一代学术的代表。老子讲"道"和"无为"。孔子讲"仁"和"礼"。孔子还对前代学术文化进行全面总结,编定了《诗经》《尚书》《易经》《礼经》《春秋》和《乐经》,奠定了儒家文化的基础。战国时期,社会的剧烈变革对学术文化提出了一系列要求,加上士阶层的形成和统治者的提倡,使得许多学派纷纷出现,形成了百家争鸣的局面。当时,最有影响的是以孟轲、荀卿为代表的儒家,以庄周为代表的道家,以墨翟为代表的墨家,以韩非为代表的法家,以邹衍为代表的阴阳家,以公孙龙子为代表的名家,以孙膑为代表的兵家,以许行为代表的农家,以苏秦、张仪、公孙衍为代表的纵横家,以吕不韦为代表的杂家。各派各家都著书立说,广授弟子,参与政治,互相批判,又互相渗透,学术思想极为繁荣,促进了社会的发展和学术的进步。在文学上,出现了上古诗歌总集的《诗经》,伟大的爱国主义诗人屈原和以他为代表的楚辞,以及诸子的散文。在史学上,创造了编年史体,出现了《左传》《国语》《世本》《竹书纪年》《战国策》等不朽著作。在科学技术上,有在当时世界上最为先进的天文观察记录和阴阳合历的历法,有齐人甘德和魏人石申合编的《甘石星经》,有扁鹊等精通各科的名医,有先秦医学的结晶《黄帝内经》。这些都是令人自豪的。

(原载《东周列国大观》,上海:上海古籍出版社,1996年)

汪姓起源及汪侯采邑考辨

汪姓,是有悠久历史的中华大姓。家谱和其他文献中关于汪姓来源的说法五花八门,关于鲁汪侯的采邑也各有所云,不可不予以考辨。

一、春秋鲁成公次子汪侯是汪姓始祖

汪姓起源,大体可以归纳为五种说法:第一,源于五帝末期的古国汪芒氏;第二,源于《山海经》中的汪野国;第三,以居住地河流汪水为姓;第四,源于春秋时期鲁成公次子汪;第五,历史上某些少数民族部落、族群或外姓人改为汪姓。

(一)源于汪芒氏说,是古人杂糅汪侯次孙汪芒事迹的编造

汪姓源于汪芒氏说,较早见于宋邓名世《古今姓氏书辩证》,云:"汪,出自古诸侯汪芒氏之裔。春秋时,鲁公为有嬖童汪锜,能执干戈以卫社稷,战齐师死焉,孔子命鲁人勿殇之。唐歙州刺史汪华,始居新安,故望实出新安。今黔歙之人十姓九汪,皆华后也。陈稷州别驾汪刚,陈亡,自歙州徙河间,又有河间汪氏。"①此说因郑樵《通志·氏族略》②的引用在古代影响很大。

汪芒氏或作汪罔氏,是传说与信史交替时期的部族名称。《国语·鲁语》言:"吴伐越,堕会稽,获骨焉,节专车。吴子使来好聘,且问之仲尼曰:……'敢问骨何为大?'仲尼曰:'丘闻之,昔禹致群神于会稽之山,防风氏后至,禹杀而戮之,其骨节专车。此为大矣。'客曰:'敢问谁守为神?'仲尼曰:'山川之灵,足以纪纲天下者,其守为神;社稷之守者,为公侯。皆属于王者。'客曰:'防风何守?'仲尼曰:'汪芒氏之君

---

① 《古今姓氏书辩证》卷一五,南昌:江西人民出版社,2006年,第223页。
② 《通志》卷二八《氏族略》,北京:中华书局,1984年,第463页。

也,守封嵎之山者也,为漆姓。在虞、夏、商为汪芒氏,于周为长翟,今为大人。'客
曰:'人长之极几何?'仲尼曰:'僬侥氏长三尺,短之至也。长者不过十之,数之极
也。"①意为,吴人打败越国后,在会稽(今浙江绍兴)发现一节必须用车才能拉的骨
节,吴国使者到鲁国以此事请教孔子。孔子回答,此为防风氏,大禹在会稽大会天
下群神,他迟到了,以致被杀,其一节骨头就要用专车来拉。防风氏是漆姓,为封嵎
之山的守护神,称汪芒氏,到周代称为长翟,春秋时称为大人。

　　孔子博学,故能将大骨节与防风氏的传说联系起来。从我们现代人的眼光来
看,这个大骨节,或许是恐龙、大象或其他巨型动物的骨节,并不一定是人的骨骼。
且孔子说汪芒氏为部族名称,而该族是漆姓,非汪姓。其后裔何时为汪姓,无文献
可证。再者,古人所言禹在会稽大会群神,防风氏因迟到被杀之事是历史传说。在
中国最古的文献《十三经》中并无"防风""汪芒""汪罔"诸词。汪芒氏的文字记载最
早见于上引《国语》。《国语》被称为春秋外传,可能是左氏为著作《左传》而采集的春
秋时期各国之"语"的汇集本。吴王夫差伐越,入会稽是鲁哀公元年,即公元前494
年之事。《左传》哀公六年"夏,公会吴于鄫"。鄫在今山东苍山西北。这是会稽战后
鲁君与吴人的第一次接触。吴使来鲁请孔子鉴定在会稽发现的巨型骨节事,《史
记·孔子世家》记于鲁定公五年,公元前505年,即发现巨型骨节前12年,显然有误。

　　由汪芒氏之族名,我想到了汪姓家谱中鲁汪侯次孙三世亦名汪芒。《歙西塌田
汪氏家谱》言:"芒,挺次子,迁周河西。"②汪芒迁居的周河西,有人指为今甘肃河西
走廊,使其成为一个值得讨论的问题。东周王城在今河南洛阳一带,周的河西肯定
与后来的河西走廊无关,因为汉武帝以前诸中央王朝的势力并未到达彼处,且古文
献中无河西走廊一词。黄河在古代文献中多称为河,其总流向是由西向东。由于
山脉的阻隔,黄河上中游形成了几字形,先是在今甘肃中部和宁夏西部由南向北
流,此段河流之西,汉唐时称为河西,今人称为河西走廊。黄河在内蒙古境内自西

　　①《国语》卷五《鲁语下》,上海:上海古籍出版社,1978年,第213页。
　　②《歙西塌田汪氏家谱》卷一《叶一》,徽城古香堂,光绪癸未(1883年)刊本。

向东流,至托克托县境转向南,沿晋、陕边界向南流,到风陵渡附近拐向东流入华北平原,直至入海。古人将由北向南的这一段黄河称为西河。《尚书·禹贡》:"黑水、西河惟雍州……浮于积石,至于龙门西河。"郑玄传:"积石山在金城西南,河所经也。沿河顺流而北,千里而东,千里而南,龙门山在河东之西界。"《正义》:"河在雍州之东而谓之西河者,龙门之河在冀州西界,故谓之西河。《(礼记·)王制》云,自东河至于西河千里,而近是。河相对而为东、西也。""《(尔雅·)释水》云,河千里一曲一直,故千里而东,千里而南,至于龙门西河也。"①著名军事家吴起在魏武侯时曾担任西河郡守。西河之东称为河东,就是今山西省境。西河之西称为河西,就是今陕西东部沿黄河一线。辞书言:"河西,古地区名,泛指黄河以西之地。春秋战国时指今山西、陕西两省黄河南段之西。"②春秋时有一名汪的城邑。《左传》文公二年:"冬,晋先且居、宋公子成、陈辕选、郑公子归生伐秦,取汪,及彭衙而还,以报彭衙之役。"③明确汪系秦国的城邑,且位于彭衙附近。彭衙在今陕西白水县东北,学者或指春秋时的汪邑在今陕西澄城境。这个汪邑就位于时人所称的河西境内。鲁文公二年当公元前625年,是该邑以汪为名在此前。汪侯次孙汪芒迁于周河西,或许就是投靠并落脚于秦国的汪邑。据家谱,汪芒生活于公元前500年前后,与《国语·鲁语》所记吴使问孔子巨型骨节时期相近且稍前数年。孔子屡在鲁国任职,且回答过汪芒侄子汪锜丧事如何办的礼制问题,应该知道汪侯及其子孙的事迹。我以为孔子口中的汪芒氏君的原型,或许就是鲁汪侯孙汪芒其人。

《古今姓氏书辩证》将鲁汪侯曾孙四世汪锜、唐初的汪华、南朝陈的汪刚(他书写作"纲")与汪芒氏之汪联系到一起,使我们深感汪芒氏传说的编造。据《家谱》汪侯重孙四世有兄弟三人,其季即名锜,他执干戈卫社稷与齐人战死的事迹,见于《左传》哀公十一年(前484年)和《礼记·檀弓下》,因其未成年(十九岁)而死,孔子曾对其丧事发表意见。古人将汪芒氏与汪锜、汪华联系到一起,恰恰证明了防风汪芒氏

---

① 《尚书正义》卷六《禹贡》,载《十三经注疏》(清嘉庆刊本),北京:中华书局,2009年,第316页上、317页上。

② 史为乐主编:《中国历史地名大辞典》下册,北京:中国社会科学出版社,2005年,第1653页。

③ 《春秋左传注》文公三年,北京:中华书局,1981年,第526页。

为汪姓始祖之说,是其将传说之防风与史载之汪侯后人事迹杂糅到一起的编造。而汪华早在唐初就自认是鲁汪侯之后,与防风汪芒无关。

若上说成立,或者坚称汪芒氏为其得姓始祖的汪姓家族,其实与以鲁汪侯为始祖的汪姓家族是一个老祖宗。

(二)汪姓源于汪野,是迷信讹本的误说

汪姓源于汪野国的说法,发端于东汉张衡《思玄赋》句:"超轩辕于西海兮,跨汪氏之龙鱼。闻此国之千岁兮,曾焉足以娱余?"[①]《文选·思玄赋》李善注云:"《海外西山经》曰:'轩辕之国,在穷山之际,不寿者八百岁,龙鱼陵居在北,状如鲤,在汪野北。其为鱼也,如鲤。汪氏国在西海外,此国足龙鱼也。'"[②]李善言典出《海外西山经》,但《山海经》中并无《海外西山经》,唯其《海外西经》中有与李善所引近似的文字,言:"轩辕之国,在此穷山之际,其不寿者八百岁,在女子国北。人面蛇身,尾交首上。穷山在其北,不敢西射,畏轩辕之丘。在轩辕国北,其丘方四蛇相绕,此诸夭之野,鸾鸟自歌,凤鸟自舞,凤皇卵民,食之甘露,民饮之,所欲自从也。龙鱼陵居在其北,状如狸,一曰虾,即有神圣乘此以行九野。一曰鳖鱼,在夭野北,其为鱼也,如鲤。"[③]文中李善引文关键词"汪"的相应位置为"夭"字。李善引文"汪氏国""汪野"的相应位置为"沃之国""沃之野"。清吴任臣《山海经广注》言:"《博物志》作诸沃。《事赋》作诸沃。又篇海引此'夭'音'沃'。"故文中"夭"或为"沃",但绝无为"汪"者。《大荒西经》文:"西有王母之山,壑山海山,有沃之国,沃民是处沃之野,凤鸟之卵是食,甘露是饮。……爰有百兽,相群是处,是谓沃之野。"[④]

《山海经》和李善引文中"汪"字或"沃""夭"字的孰正孰误,只有通过考查诸古籍引用或相关文字来探究。撰成于战国末年的《吕氏春秋》卷一四《本味》篇有:"流沙之西,丹山之南,有凤之丸,沃民所食。"注言:"流沙在敦煌西八百里,丹山在南

①《后汉书》卷五九《张衡列传》,北京:中华书局,1965年,第1923页。

②《六臣注文选》卷一五《思玄赋》,北京:中华书局,2012年,第280页。

③《山海经校注》卷七《海外西经》,上海:上海古籍出版社,1980年,第221页。

④《山海经校注》卷一六《大荒西经》,上海:上海古籍出版社,1980年,第397页。

方,丹泽之山也,二处之表,有凤皇之卵。食凤卵也,沃之国在西方。"①是西方有"沃之国",无"汪之国"。西汉刘安《淮南子·坠形训》云,九州之外有八殥,八殥之外有八纮,八纮中"西方曰金丘,曰沃野"。又云,海外三十六国中有"沃民"之国,②并无所谓"汪野""汪国"。唐宋类书录引《山海经》的类似文字,如《艺文类聚》卷九〇"鸟部一"录:"《山海经》曰:轩辕之国,清沃之野,鸾鸟自歌。"此外《太平御览》《天中记》录引相关文字皆为"沃"字,而非"汪"字。学者对《山海经》中"夭""沃"或"汪"字的正讹曾有考证,袁轲撰《山海经校注》称:"毕沅说'汪氏'系'沃民'之误,良确。"③前后相距200年的两位名学者一致认为《山海经》中只有"沃"字,无"汪"字,更无"汪氏"。

显然,《山海经》中原本就没有"汪野"一词,或许东汉张衡所见抄本已因字形相近将"沃"讹为"汪"了。所谓汪野国,是前人读讹本谬造之国,而"汪姓源于汪野"一说,则是前人迷信汉唐误说、不查原典的空穴之风,难以为凭。

宋朝罗愿,元朝汪松寿,明朝宋濂、李东阳,清朝汪琬都撰文对汪氏源于汪野说予以否定。罗愿(1136—1184年)著《新安志》,将汪姓源出汪芒氏和汪野国说一并批驳,道:"氏族之书皆以汪姓出汪罔氏,亦曰汪芒。孔子所谓漆姓,守封嵎之山者,在虞夏商为汪罔氏,于周为长狄,于春秋时为大人。又《海外西山经》有汪野。李善以为,汪氏国在西海外。然则汪罔其氏而汪野其国也。顾所居,距中国辽远。……孔子之答吴客,何至舍本国之汪而远称封嵎之长狄大人以为证邪?《春秋正义》亦引苏氏云:《国语》称大人者,屏居夷狄,不在中国。由此观之,谓汪氏为诸侯之裔,似稍近人情。"④我们千百年以后的汪姓人,没有必要坚持古人已经否定了的说法,认莫须有的人当祖宗。

---

①许维遹:《吕氏春秋集释》,北京:中华书局,2009年,第316页。
②刘文典:《淮南鸿烈集解》卷四《坠形训》,北京:中华书局,2013年,第166、176页。
③《山海经校注》卷七《海外西经》,上海:上海古籍出版社,1980年,第223页。
④《新安志》卷一《祠庙》附《汪王庙考实之二·姓氏》,载文渊阁《四库全书》史部地理类。

(三)因汪水之名而得汪姓,是"俗传失实"

亦有因居住在汪水一带,而以水名为姓之说。汪水一名,据云出自《水经注》。《后汉书》卷八五《东夷传》:"(徐)偃王处潢池东,地方五百里。"唐章怀太子李贤注云:"《水经注》曰,黄水一名汪水,与泡水合,至沛入泗。自山阳(今河南焦作)以东,海陵(今江苏泰州)以北,其地当之也。"①查徐偃王是周穆王(前1001—前947年)时的一位东夷首领,其居地在今苏、豫、皖诸省交界一带。黄水发源于今湖北麻城五脑山,流经安徽,至今江苏丰县附近汇入沣水。

查诸种版本《水经注》皆无"汪水"一名。《水经注》卷二五《泗水》言:"沣水又东合黄水,时人谓之狂水,盖狂、黄声相近,俗传失实也。"②《水经注》系北魏郦道元(约470—527年)所作,则北朝时已有人称黄水为狂水,是以音近而"俗传失实也"。唐章怀太子注《后汉书》时竟然连《水经注》都未曾仔细阅读,就以失实的"狂水"为真,并误写为"汪水",以致出现某家族因居住于"黄水"(狂水)边,遂以水名讹为汪姓的说法。可以肯定,这一种汪姓来源的说法,是未曾认真读书的误说。中国古代既无"汪水",那么因居于汪水边而自定为汪姓的事就羌无故实了。不过若有某家族自称系因居住于汪水边而姓汪,我们也应予以尊重。

(四)各种改姓,与汪姓起源无关

改姓,是少数民族部落或某外姓家族、家庭更改为汪姓的行为。

中华民族几千年的历史是多民族共存共荣的历史。我们所说的姓一般是指汉字的姓,但历史上不乏少数民族改为汉姓的例子。如金女真族的古里甲部改汉字姓为汪,见《金史·国语解》:"姓氏:完颜,汉姓曰王。乌古论曰商。……古里甲曰汪。"③宋金汪古部或旺古部改姓汪,如著名将领陇西人汪世显,其先祖世代为吐蕃汪骨族酋豪,在其父彦忠时,改为汪姓。元人姚燧撰《便宜副总帅汪公(名忠臣,世显之子)神道碑》,言及汪世显家族汪姓的由来,云:"公王姓,由大父彦忠,世汪骨

---

①《后汉书》卷八五《东夷传》注,北京:中华书局,1965年,第2809页。

②《合校水经注》卷二五《泗水》,北京:中华书局,2009年,第383页。

③《金史》卷一三五《国语解》,北京:中华书局,1975年,第2897页。

族,故汪姓。"姚氏当是根据汪家人提供的行状资料撰此碑文,称汪世显之父姓王名彦忠,汪骨族人,因族名Onggur,移为汉字可有许多不同的写法,王彦忠遂改家族之王姓为汪姓。此后,蒙古族旺扎布氏、旺扎尔氏、旺古尔沁氏汉化后以部落名首字音近原则改为汪氏,满族瓦勒佳氏(汪拉佳氏)、完颜氏、汪佳氏(王佳氏)汉化部分以部落名首字音近原则改为汪氏。[①]这种改姓,只与那些少数民族家庭、部落有关,人数有限。而作为八旗汉军的诸汪氏,如汪凤祥、汪整、汪世臣、汪登魁、汪承诏等家族原为居住于东北各地的汉人,[②]也与汪姓最初的起源无关。

还有外姓人因各种原因改为汪姓。有皇帝赐姓,如[辽宁凤城]《汪氏家谱》言,谱主原台尼堪人,清帝赐以汪姓。有赘婿改妻家汪姓,如[安徽休宁]《汪氏谱略》,其始祖吴璂,于宋初迁来休宁西乡。其后裔吴元一,宋自休宁西乡赘居本邑西山登源汪村汪氏,改姓汪。[③]有外姓家庭将其子改为汪姓的,最著名的例子是宋朝初期,福建泉州翁氏,其六子皆中进士,史称"六桂联芳",六子分金分银分家分氏各自立派,其中,第六子处休,被翁老赐姓为汪氏,遂成汪氏一族,世代相传。

诸如此类的例子还很多,但都是某些部落、家庭或家族的个体行为,后代数量不大,与总体的汪姓起源无关。

(五)鲁汪侯才是汪姓正源

排除了源于汪芒、汪野、汪水诸说,各种改姓对汪姓来说,不仅时间较迟,而且改姓诸汪相较于历代成千上万的汪姓家庭来说,只是小众。故而,汪姓的正源仅余下春秋鲁汪侯一说。

这里有必要说一下古代姓与氏的异同分合。先秦时期,姓和氏是有区别的,姓是天子给某些大家族的族号,即某家族所有人共享的通名。随着家族繁衍,人口越来越多,为了对不同子孙的后代加以区分,于是在姓之下出现了氏,作为大家族的分支。当时,男子称氏,用以别尊卑;女子称姓,用以别婚姻。氏的获得,有诸种方

①《清朝通志》卷八《姓氏略八》,载《中国家谱总目》,上海:上海古籍出版社,2008年,第1189页。

②《八旗满洲氏族通谱》卷七七,载文渊阁《四库全书》史部传记类总录之属。

③此两例,见《中国家谱总目》,上海:上海古籍出版社,2008年,第1189、1220页。

法,有的以其祖父(古称王父)的名字为氏,有的以担任的官号或职业为氏,有的以居住地为氏,有的因事件为氏,有的以所在城邑名为氏,等等。秦汉以后,随着旧贵族的没落和平民的崛起,人们对姓氏的区别不再重视,认识逐渐模糊,于是原来的姓和氏都被称为姓了。

一般汪姓家谱称汪氏系黄帝—后稷—周文王昌—周公旦千古相传之姬姓的分支,始祖(一世)是春秋时鲁成公次子汪(以下简称"鲁汪"或"鲁汪侯"。不宜称姬汪,因为先秦男子称氏,不称姓),公元前500年左右,鲁汪的孙子辈(三世)开始以汪为氏(姓),此后子孙以辈分称之为四世、五世、六世……,至今已传百世。

清道光四年(1824年)徽州汪家椿撰《汪氏谱稿》(抄本)称:

一世,汪 姬姓,系自周公封鲁,世守其国,父成公黑肱,母定姒。以周简王十三年(前573年)生,有文在手,曰汪,因名之。[1]长而敦敏,有功于鲁,襄公以母弟之亲,命为上大夫。周灵王十七年(前555年),食采颍川,号汪侯。以上寿终。配王氏大夫珣女,合葬颍川城南三十八里。子一:挺。

二世,挺 字文质,汪子。周景王时为司谏,配荣阳郑氏约女,合葬洛阳牛耳山。子二:诵、芒。

三世,诵 字玄通,挺长子,以王父名别姓汪氏。周敬王二十年(前500年)为都司马,居鲁东平阳,配河间柳氏怀文女。子三:钺、铨、锜。

芒 挺次子,迁周河西。

这一段系谱,主要追述了汪氏为姬姓分支。周公旦辅助其兄武王灭商建周朝后,继续在王庭辅政。周公长子伯禽受封于鲁,袭爵为公。伯禽子孙世代为鲁国国君,称鲁公。第二十一任君主为鲁成公,名黑肱,在位18年(前591—前573年)。鲁成公有二子,长子名午,继位为鲁襄公(前573—前542年在位),次子名汪,是家谱中汪姓的始祖。鲁成公的小儿子出生以后,手掌纹路为汪字,因此命名汪,姓姬,以颍川为食邑,号为汪侯。其子挺有两个儿子:诵和芒。汪侯的孙子辈按礼应该别氏

---

①《六安汪氏通宗世谱》更详言:"吾汪氏系出鲁黑肱次子,生有异质,手有异文,左水右王,遂名汪。"

了，于是诵和芒以其祖父的名"汪"为氏，从他们弟兄开始，为姬姓汪氏，或者说在姬姓之下正式出现了汪氏的分支。秦汉以后，俗称姬姓汪氏为汪姓。

家谱的这些说法是传承有自的。2500余年一贯的汪姓始终注重家谱的修撰。九十一世汪家椿于道光四年所作《汪氏谱稿序》称："吾宗自汉作谱，晋唐两应诏索，历宋元明至国朝，迭经修续，文献之征尚矣！"中国人修家谱至少有三千多年的历史，《周礼》："小史掌邦国之志，奠系世，辨昭穆。"①就是专门主管王族、诸侯及大夫世系谱牒的机构。先秦著作《世本》中则有汇编三代帝王、诸侯、大夫的世系谱。据此，作为上大夫的鲁汪侯家族至迟在战国时就应该有家族世谱的撰修。此后，汉末三国时期的三十一世汪文和曾撰修《汪氏宗谱》；东晋咸康二年（336年）诏索天下谱，三十五世汪旭因上《颍川汪氏大宗血脉谱》；唐贞观十二年（638年）诏索天下谱，四十四世汪华因上《汪氏大宗谱》②。以后历朝历代，都有汪姓族人修谱的记录，不少家谱都是反复续修。如1919年汪宗海撰《歙西汪氏重辑支谱》（上海图书馆藏抄本）卷首有《汪氏历届修谱时代谱名撰序人名表》，列有自东晋至清康熙五十七年汪姓家族二十次修撰家谱的情况。1941年修的［浙江兰溪］《沙溪汪氏宗谱》，是该家族自南宋以来家谱的第十三修本。迭经修撰，传承有序，可信度高的汪姓家谱虽饱经沧桑、屡受浩劫，至今数量仍很大。上海图书馆编、王鹤鸣主编《中国家谱总目》十卷本（上海古籍出版社2008年出版），收录介绍国内、国外收藏的608个姓氏近5万种家谱的情况，其中收录汪姓家谱466种。据我所知，该总目所收汪姓家谱仍缺失甚多，估计旧存与近三十年新撰的汪姓家谱至少有800种。

家谱关于汪姓源于鲁汪侯的说法，得到古代文献的有力支持。三十五世汪旭呈上《颍川汪氏大宗血脉谱》后，东晋朝廷指派著作郎、知谱臣、著名学者袁乔（字彦叔）予以审定，袁审查后上疏，充分肯定汪氏谱史实的可靠性，称："臣读汪氏家谱云：汪氏承周文王之裔，鲁伯禽之胤，成公黑肱之次子汪侯之后也。谥命族姓，观经

---

① 《周礼注疏》卷二六《小史之职》，载《十三经注疏》（清嘉庆刊本），北京：中华书局，2009年，第1766页。
② 此三条皆据清光绪辛巳年汪邦忠撰《歙西堨田汪氏家谱》。

传子史,实为不虚。"①唐初四十四世汪华《上谱表》说:"臣伏阅旧谱,分封创于姬旦,得姓始于汪侯。枝叶相承,代膺簪绂。"其手书《颖川侯像赞》亦言:"天生颖异,手见王文。凡厥汪氏,赖植其根。"②元汪松寿著《汪氏渊源录》称:"汪氏之先,本于轩辕,别于后稷,族于姬鲁,而氏于颖川,实为鲁成公之次子。"明宋濂(1310—1381年)言:"盖汪氏出于鲁成公之次子汪,其后遂以汪为氏。"③明李东阳(1447—1516年)称:"汪氏出黄帝之后,至后稷为姬姓。伯禽封于鲁,传至成公,黑肱之子名汪,食采平阳,卒葬颖④川。孙诵以王父名为氏。"⑤清人汪琬道:"吾汪氏之得姓,当从食采为正。盖始则以采地为氏,继则以氏为姓也。"⑥

二、鲁汪侯封邑考

自周武王开始,依照与周王血缘关系的远近及与周的同盟关系实行分封制,周王分封诸侯,有公、侯、伯、子、男诸国,各诸侯国君再层层分封其子弟同姓为大夫为士,各有封地,世代继承,食封地租赋。鲁是周初最重要的封国之一,一般由嫡长子继承鲁国国君之位,称鲁某公,如《春秋》中之桓公、庄公、闵公、僖公、文公、宣公、成公等,其余诸子或仿周公例在周王朝任职,或视其声望和功绩在鲁任卿大夫,且予以相应食邑。鲁汪为鲁成公次子,且有功于国,为鲁上大夫,其受封为侯也是众口一词,不容否定。但是其封邑之名,却有三说:一说封邑为汪,"食采于汪,因以为氏焉"⑦;一说封邑为平阳,"黑肱之子名汪,食采平阳,卒葬颖川"⑧;一说封邑为颖川,"(汪)有功于鲁,食采颖川,故封颖川侯"⑨。一般说法都认为汪侯受封于鲁,故而都

①《漳县汪氏族谱》卷四(抄本)。
②汪承兴、汪如红、汪根发编著:《大唐越国公汪华文献》,北京:新华出版社,2014年,插页。
③《文宪集》卷七《严陵汪氏家谱序》,载文渊阁《四库全书》集部。
④古籍中,作为地名的"颍"字与"颖"字多有互窜,本文中则尽可能依古籍原文书写,而不作辨析。
⑤《李东阳集》卷二《汪氏家乘序》,长沙:岳麓书社,1985年,第101页。
⑥《尧峰文集》卷一《汪姓缘起考》,载文渊阁《四库全书》集部别集类。
⑦《汪氏统宗谱》,载《上海图书馆藏家谱提要》,上海:上海古籍出版社,2000年,第283页。
⑧《李东阳集》卷二《汪氏家乘序》,长沙:岳麓书社,1985年,第101页。
⑨《平阳堂汪氏宗谱》首卷二《统宗总图·汪公颖川侯传》,第6页。

在鲁国境内定其封邑之地。这是在汪姓家族史上很值得讨论的重要问题。

先看食采于汪说。清人汪喜孙云："鲁地之见于《左氏》及《谷梁》注凡百二,未闻有汪也。"是说春秋历史文献中在鲁国境内找不到名汪的城邑。《左传》中凡三见汪字地名。桓公十五年传："祭仲专,郑伯患之,使其婿雍纠杀之……尸诸周氏之汪。"杜预注："汪,池也。"指周王畿内有一水池名汪。僖公三十三年传："郑将纳公子瑕,门于桔柣之门,瑕覆于周氏之汪。"杜预注："车倾覆池水中。"还是周王畿境内名汪的水池。文公二年传："冬,晋先且居、宋公子成、陈辕选、郑公子归生伐秦,取汪,及彭衙而还。"此汪为秦国之邑,地在今陕西澄城境。汪侯封邑名汪说于史无证,则侯因封邑名而自名汪一说也难成立。须知,古人之名一般在出生不久即定①,而封以爵邑一般在多年以后。依家谱,汪侯出生于周简王十三年(前573年),封爵于周灵王十七年(前555年),即其19岁时才因封邑名命汪侯之名,不合周礼。食采于汪邑说和因采邑名而自名汪说,皆无法采信。

又有汪侯封于平阳说。明初汪进(字希颜)撰《汪氏家乘》称："黑肱之子名汪,食采平阳,卒葬颍川。"②春秋时鲁国确实有平阳之邑。《左传》宣公八年经"城平阳",杜预注："今泰山有平阳县。"又哀公二十七年传："二月,盟于平阳。"杜预注："西平阳。"《正义》曰:"宣八年城平阳,此云盟于平阳,土地名。云,宣八年平阳,东平阳也。泰山有平阳县。此年平阳,西平阳也。高平有南平阳县。"③宋陈公说考定春秋时四平阳的地望,言:"平阳有四:宣八年,城平阳,鲁地也,曰东平阳,今沂州新泰县。昭二十八年,赵朝为平阳大夫,晋地也,今平阳府临汾县。哀十六年,卫侯饮孔悝酒于平阳,卫地也,今滑州胙城县。二十七年,盟于平阳,鲁西地也,曰西平阳,今袭庆府邹县鲁地也。"④是则春秋时平阳邑有四,一在晋,一在卫,二在鲁。鲁国境内的两个平阳邑,一为东平阳,在今山东新泰市;一为西平阳,在今山东邹城市西三十

---

①《仪礼·丧服》:"故子生三月,则父名之。"

②《李东阳集》卷二《汪氏家乘序》,长沙:岳麓书社,1985年,第101页。

③《春秋左传正义》卷六〇,载《十三经注疏》(清嘉庆刊本),北京:中华书局,2009年,第4741页。

④《春秋分记》卷三五,载文渊阁《四库全书》经部春秋类。

里的平阳寺镇。考虑到史书未言西平阳筑于何时，而东平阳筑城在公元前601年，又家谱言汪侯后裔三世诵"周敬王二十年为都司马，居鲁东平阳"，若鲁汪侯之封邑来自鲁君，可定其封邑平阳为东平阳，地在今山东新泰市。网上有人称汪侯食采之"汪"邑，在当时鲁国的平阳，不知有何根据。若因汪侯封于平阳，而称平阳为汪侯邑，亦可说通。但绝不可说其采邑本名为汪。

汪侯封于颍川说，为多数家谱所称。宋朱熹《颍川侯像赞》言："汪氏始祖，神圣自天。右王左水，两手俨然。合成汪字，遂以名焉。螽斯蛰蛰，得姓之传。仕显鲁国，侯封颍川。光前裕后，科第绵延。芳流千载，泽及万年。"[①]此颍川的地望，诸说纷繁。明初汪进撰《汪氏家乘》称："颍川为鲁颍川，而非豫州。"网络上有人言，汪侯所封颍川，即今山东邹城平阳寺镇。上段考证汪侯采邑平阳，已言史书中鲁国有东平阳和西平阳，汪侯所封应为东平阳。而邹城平阳寺镇系鲁西平阳，且未见其地又有颍川之名，所说不知根据何在！

颍川，当因颍水而名。古代黄河、淮河下游多次改道，作为淮水支流的颍水（河），其流经也不完全一致。《山海经·海内东经》："颍水出少室，少室山在雍氏南，入淮西鄢北。"少室山在今河南登封境，鄢在今河南省鄢陵县北。这是先秦的颍水流经。《汉书·地理志》颍川郡阳城下有"阳乾山，颍水所出。东至下蔡，入淮。过郡三，行千五百里"[②]。颍川郡阳城县在今河南禹州，在登封南，下蔡在今安徽凤台县。这是秦汉时的颍水流经。现代颍河，出河南省登封西境，东南流经禹州、临颍、西华、周口，与沙河合而东流，东南流经项城、沈丘，安徽界首、太和、阜阳、颍上，至西正阳关入淮河。总之，颍水发源于今河南省登封少室山，流至今河南鄢陵县境或安徽省境内入淮，并不经今山东省境内。《左传》中多有颍之地名，如昭公元年"天王使刘定公劳赵孟于颍"，此颍为周地，在今河南登封东南。颍川郡，秦王政十七年（前230年）置，以境内有颍水而得名，治所在阳翟（今河南禹州市）。西汉亦有颍川郡，

---

①汪宗海撰：《歙西汪氏重辑支谱》（民国八年抄本）卷四《典籍志》。

②《汉书》卷二八《地理志上》，北京：中华书局，1962年，第1560页。

辖境相当今河南登封、宝丰以东,尉氏、郾城以西,新密以南,叶县、舞阳以北。三国魏、西晋、隋、唐屡设颍川郡,治所几次移置。民国初年汪宗海撰《歙西汪氏重辑支谱》,其卷首有《汪氏宗谱历代迁居地理今释》,内释"颍川,今河南太康",不知有何根据。太康城相传是夏太康所筑,春秋时属郑地,秦在此置阳夏县,隋开皇七年(587年)改太康县。该县位于北纬34°东经115°,在颍河以北,距山东曹县东界直线距离80公里,或鲁曾领有该地,在此设颍川邑。但在古文献中难以找到相关证据。

总之,春秋鲁国境内并无颍川邑,前人之所以在鲁国境内寻找汪侯封邑,出自汪侯封邑得自鲁君的定向思维。但仔细品味家谱中关于汪侯封于颍川的文字,此颍川的地望似乎要改变思路去解决。

家谱言:"鲁襄公以母弟之亲,命(汪)为上大夫。周灵王十七年食采颍川,号汪侯。"这里首先要弄清"上大夫"与"侯"的关系,这就牵涉周时的爵制与官制。《礼记·王制》云:"王者之制禄爵:公、侯、伯、子、男,凡五等。诸侯之上大夫卿、下大夫、上士、中士、下士,凡五等。"《正义》释:"此一经,论为王者之制禄爵,公侯卿大夫以下及士之法。凡王者之制度,禄爵为重。其食禄受爵之人,有公、侯、伯、子、男,并南面之君,凡五等也。其诸侯之下,北面之臣,有上大夫卿,有下大夫,有上士,有中士,有下士,凡五等也。"[1]总的意思是,周时贵族爵位有两大类,属于南面之君的,有公、侯、伯、子、男五等爵位;属于北面之臣的,有上大夫、下大夫、上士、中士、下士五等爵位。爵位既是其受官的基础,也是其受禄的级别。封公、侯者有封国,称为诸侯。诸侯、大夫再将封地层层下封,而有大夫和士的不同,作为其受禄的级别,且与其在诸侯国内的任职相适应。王室官员,有三公和诸卿及大夫、士的不同等级;诸侯国官员则有诸卿、大夫、士的不同等级。卿是王朝和诸侯国中的高级官员,其爵位为大夫,但有上大夫与下大夫的不同。王朝有三公九卿,诸侯国中大国有三卿,都由天子所命,是上大夫爵。次等诸侯国三卿,其中二卿由天子任命,为上大夫,一卿由其国君任命,为下大夫。小国亦有三卿,一卿任命于天子,为上大夫,二卿由国

①《礼记注疏》卷一一《王制第五》,载《十三经注疏》(清嘉庆刊本),北京:中华书局,2009年,第2861页。

君任命,为下大夫。

　　春秋时王室衰微,"礼崩乐坏",各诸侯国不完全遵循周礼办事,诸侯国多有自命上大夫之例。家谱明言:"鲁襄公以母弟之亲,命(汪)为上大夫。"则鲁汪为鲁君所授上大夫,并在鲁国任卿,在鲁国境内应有其食邑,或即鲁东平阳。但鲁君无封侯爵之权,故鲁汪即使封于平阳,可称平阳大夫,而不可称为平阳侯。至于其封为颍川侯,而被称为汪侯,就不应该是鲁国封爵,而应该是王室的封爵。汪侯为何能得到王室的封爵? 原来,鲁是一个很特殊的封国,鲁公的次子照例要到王室任职。《史记索隐》言:"周公元子就封于鲁,次子留相王室,代为周公。其余食小国者六人,凡、蒋、邢、茅、胙、祭也。"①鲁汪侯为成公次子,若此时次子留相王室的制度还实行,汪侯应该在周王室任职,即使不能代为周公,也应该安排稍次一级的诸卿之职。于是在王室任职的鲁襄公的弟弟汪,就得到了周灵王赐予的侯爵,并在王畿内给其颍川的食邑。家谱言,鲁汪侯子(二世)挺任王室司徒属下的中级官员司谏,孙(三世)诵任王室的高级军职都司马,曾孙(四世)钺、玄孙(五世)嵩食采陈郡,都可以证明本人所推断汪侯在周王室任职从而受封于颍川邑的判断有一定可能。那么,汪侯所封、所葬之颍川,不是鲁君所封,而是周王所封,不在鲁境,而在周境,即今河南登封市。

　　通过以上讨论,我的观点是,汪姓始祖鲁汪先是被其兄鲁襄公任为鲁国上大夫卿,食邑平阳(东平阳),地在今山东新泰市;十九岁时,在王室任职的鲁汪,被周灵王封于周颍川邑,为侯爵,遂称汪侯,地在今河南登封市。

　　本文意在探讨汪姓早期历史的两个问题,拙见或不成熟,谨以抛砖引玉罢了。

---

① 《史记》卷三三《鲁周公世家》,北京:中华书局,1982年,第1524页。

春秋第一人——子产

子产(? —前522年),姬姓,国氏,名侨,字子产,又字子美,春秋时郑穆公之孙,在郑任执政二十余年,谥成子。《谥法》言:"安民立政曰成。"事迹见《左传》襄公八年至昭公二十五年及《史记》卷一一九《循吏列传》。

子产之父子国在郑成公、僖公时任司马,于郑简公三年(前563年)与执政子驷一起被政敌杀死。少年子产临难不惧,带兵平定骚乱,显示出非凡的才干。九年以后,子产被立为卿,任少正,在多次外交活动中面对强邻不卑不亢、有理有节,维护了小国利益,贤名播于列侯。郑简公二十三年(前543年),子产为正卿,从此执国政二十一年。为增强国力,子产进行了大刀阔斧的改革。

执政第一年,他就实行"田有封洫,庐井有伍"的田制改革,将当时已大量存在的私田编制起来,划清田界,确定私有权。此法实行之初,反对者甚众,舆人歌曰:"取我衣冠而褚之,取我田畴而伍之,孰杀子产,吾其与之。"三年以后,大见成效,舆人又歌曰:"我有子弟,子产诲之,我有田畴,子产殖之。子产而死,谁其嗣之?"显然,这一改革促进了经济的发展。

执政第二年,进行政治改革,一方面举贤任能,另一方面实行开明政治。子产对冯简子、子大叔、公孙挥等人皆依其特长,任以合宜的职务,而对恩人子皮的儿子、强族子皙的儿子,他却因其无能而拒绝任以官职。有人建议毁禁乡校,不许人们在乡校议论执政,子产不毁乡校,让人们在乡校充分发表意见,"其所善者,吾则行之;其所恶者,吾则改之"。实行开明政治,表现了他的宽广胸襟。

执政第六年,作丘赋,进行田税兵制改革。子产要求每丘(16井)农户出马一匹、牛三头以作军赋,使贫户与富户的负担趋于合理,增强国家军事实力和财政收入。

执政第八年,又铸刑书,进行法制改革。子产将法律条文铸在鼎上,公布于众,使人人有所遵循,限制了不法者的手脚,改变了过去无法可依的状况。有人因此称子产为法家学派的创始人。

子产改革,适应社会发展的需要,获得极大的成功,人称"子产治郑,城门不闭,国无盗贼,道无饿人"①。

郑定公八年(前522年)子产病逝,郑国"丁壮号哭,老人儿啼,曰:'子产去我死乎! 民将安归?'"②连孔子也流出眼泪,称子产是"古之遗爱也"。

改革从来都很艰难,更鲜有成功。子产改革的阻力也是很大的。当子皮授政于子产时,子产曾推辞道:"国小而倡,族大宠多,不可为也。"③作为中原小国的郑国,南北两边被楚、晋二霸紧逼,国内却是公族骄横,内乱迭出,要在这样的基础上进行改革,子产靠的是什么?

第一,是他"爱民""利国"的宗旨。子产曾向然明请教为政之道,然明回答:"视民如子。见不仁者诛之,如鹰之逐鸟雀也。"子产作丘赋,国人说他太毒,他说:"苟利社稷,死生以之。"子产执政,始终以民和国的利益为出发点。孔子说他是"古之遗爱",这个爱,就是儒家所谓的仁,以人为本位,采取各种改革措施,都考虑民与国的根本利益,这样,怎么会得不到民的拥护? 当然,子产的"民",不是我们今天所说的劳动人民,而是当时的国人,即占全国人口相当比例的自由民。

第二,是他"多思""慎行"的作风。子产向子大叔讲为政,说:"如农功,日夜思之,思其始而成其终。朝夕而行之,行无越思,如农之有畔,其过鲜矣。"子产推行政策,都事先反复思考,进行周密的论证研究,设计出详细的行动方案,然后据之实施。一旦实行,就坚持到底,无论人们不理解还是反对,都不会退缩。这样,其政事就没有出现过失误和失败。

第三,对公族强宗后发制人。"族大宠多"的问题,光靠武力是解决不了的。子

① 《困学纪闻》卷一○《尸子·治天下篇》,上海:上海古籍出版社,1992年,第361页。
② 《史记》卷一一九《循吏列传》,北京:中华书局,1982年,第3101页。
③ 《春秋左传集解》襄公三十年,上海:上海古籍出版社,1977年,第1147页。

产处理公族问题,一是得到郑国很有威望的子皮的支持,二是对一般公族取怀柔政策,三是对强宗后发制人。当时,最跋扈的公族是子皙,他在郑简公二十三年杀死执政伯有,继而强抢子南之妻,再又强迫郑伯及六子与其盟誓,"无礼而好陵人,怙富而卑其人"①。在时机尚未成熟时,子产一次次都忍着。子皙不思悔改,竟想灭子南全族,恶贯满盈,众叛亲离,连他的族人也联合起来要处死他。子产闻讯,赶到子皙处,数其罪状,令其速死,否则"大刑将至",终于伸张了正义,翦灭了豪强。

第四,以德服民,以猛纠民。子产临死前向继任执政的子大叔传授治民的经验,说:"唯有德者能以宽服民,其次莫如猛。夫火烈,民望而畏之,故鲜死焉;水懦弱,民狎而玩之,则多死焉,故宽难。"②孔子很欣赏子产的这套治民经验,发表了一通感慨,认为用宽容来与严厉相配合,政事就能通顺调和。

余论:子产以他高超的行政手段,在一个积贫积弱、问题丛生的小国成功进行了改革,被称为"春秋第一人"。拿他与同时期的孔子和管仲比,颇可以引出一些令人深思的东西。孔子很有政治抱负,想在鲁国干一番事业,到五十六岁,才"与闻国政"三个月,未曾施展,就被赶下了台。子产是很幸运的,他遇到了子皮这样一位很有眼光的人物,认识到子产的能力,主动将自己执政的位子让给子产,然后又以全力支持子产的改革,甚至当改革触犯到自己利益的时候也不改初衷。没有子皮,哪里会有历史上的子产?再说管仲,是在一个大国进行改革,而且有齐桓公的全力相助,终于成就了霸业。子产的能力很难说比管仲差,但他是在一个强邻胁迫的小国进行改革,在外交上只能做到不卑不亢,为小国争利益,却不可能获得霸主的地位,这是因为历史给他提供的舞台太小的缘故,小舞台上再高明的导演也导不出大场面的戏剧!

(原载张大可等主编:《影响中国历史进程的人物》,海口:海南出版社,1999年)

---

① 《春秋左传集解》昭公元年,上海:上海古籍出版社,1977年,第1197页。
② 《春秋左传集解》昭公二十年,上海:上海古籍出版社,1977年,第1467页。

工匠祖师公输般

公输般,氏公输,名般,字若,春秋时鲁国人。因般与班、斑同音,与盘形近,故又称之为鲁班、鲁斑、公输盘,亦有称之为公输子、输子、班输等。公元前5世纪著名工匠,历代木工尊为祖师,称"鲁班爷"。事迹散见于《礼记·檀弓下》《战国策·宋策》《墨子·公输》等处。

公输般的生平资料很少。《礼记·檀弓下》载,季康子之母死,公输般提出以机封为之敛。按,季康子于鲁哀公四年至二十七年(前491—前468年)为执政,为其母敛时,公输般应已成年,故公输般生年至迟也在公元前500年左右。《墨子·公输》有公输般为楚国攻宋发明云梯,墨子前往楚国劝止之事。据孙诒让《墨子年表》,墨子生于公元前468年,卒于公元前376年。他前往楚国时,派了弟子禽滑厘等三百人助宋守城,此当为墨子中年以后事,若为其40岁时,则应为公元前428年。从上述两条材料是否可以说,公输般生活于公元前500—前420年。关于公输般的出身,《孟子·离娄》赵岐注言:"或以为鲁昭公之子。"言其为公子,这实在有点令人难以置信。我们知道,先秦各种人的职业是固定的,世代继承的,"工之子常为工,农之子常为农,士之子常为士"。《檀弓》中有说,公输若年幼,却已承继了为贵族收敛的公职,而公输般为其族。可见,公输般出生于世代为鲁之工匠的家庭,而非鲁昭公之子。至于般之名,也有讲究。《山海经·海内经》有"少皞生般(或作'班'),般是始为弓矢",原来公输般是以上古巧匠之名为名。

史书中有很多关于公输般发明创造的记载。《世本》中言,他发明了舂米的碓砲。《檀弓》中说,他发明了用以向墓穴中吊放灵柩的机械。《墨子·公输》中说,他发明了攻城用的云梯。《墨子·鲁问》中言,他发明舟战用的勾和拒。前者用以钩住逃跑的敌船,后者用以抵住进犯的敌船。还说他用竹子做成鹊,"成而飞之,三日不下"。《盐铁论·刺复》中说,他精于凿枘调。《盐铁论·贫富》中言,他善于建造宫室台榭。扬雄《甘泉赋》中称,他善于操作曲刃的剞和曲凿的劂。班固《宾戏》称,他专巧于斧斤。《汉书·王褒传》中说,他能造延袤百丈、高五层的崇台。至于民间传说中,公输般的发明创造就更多了。如说他曾承接了一项修建大宫殿的任务,需要砍伐大量木材,时间紧,任务重,用斧子砍伐效率太低,公输般非常着急。一天,他匆匆上山,不小心被山上野草划破了手,他奇怪草叶为什么这么锋利,就摘了片草叶细心观察,发现草叶边满是排列整齐的细齿,他由此受到启发,发明了锯子。又说,他在家干活,母亲和妻子就当帮手。他用墨斗放线,母亲为他拉着线头。他刨光木料,妻子就在另一头顶着木料。后来,他在墨斗线头上加了一只小钩,用以钩住木料的一头,还发明了档木料的卡口,既节省了人力,又提高了质量和工效。后人为纪念这两项发明,把墨线上的小钩称"班母",把顶木料的卡口称"班妻"。传说公输般还为母亲造了木人、木马、木车,他母亲坐上以后,木人扬鞭打马,木马奔跑如飞,拉着车子载着他母亲一去不复返了,原来公输般没有设计刹车的机关。民间甚至把隋代李春主持修建的河北赵县安济桥也安到公输般头上。说公输般和妹妹鲁姜在一夜之间修成了这座大型石拱桥……这些记载和传说,真真假假,虚实相间,不必一一坐实。但可以肯定的是,公输般是公认的"天下之巧士"[1],他改进了传统的木作工具,发明了一些生产、生活和作战器具,还是一位杰出的建筑师。

公输般从一个木匠和建筑师变成有口皆碑的木工祖师"鲁班爷",除了他个人的聪明才智和杰出贡献之外,更显示了我国人民对祖国古代建筑成就的寻根与自豪。

早在新石器时代的早期,我们的祖先已经结束了穴居和巢居的生活,开始有了半地穴式的建筑和桩上建筑,发明了斧、奔、铲、凿等木作工具。距今7000年前的浙江余姚河姆渡遗址发现的干栏式建筑遗址,梁柱间用榫卯接合,地板用企口板密拼,显示了相当进步的木构技术。商代考古中,已发现了青铜制的斧、凿、锥、锯等

---

[1]《淮南鸿烈集解》卷一九《修务训》,北京:中华书局,2013年,第775页。

工具,当时的宫殿,殿的四周环绕廊庑,屋顶为重檐四坡式,很有特点。春秋战国时期,铁工具出现,各国统治者穷奢极欲,大量营造宫殿、宗庙、墓圹、城垣,不仅出现了像公输般这样杰出的建筑师,还创造出了最具民族特色的斗拱结构。斗拱的使用,说明我国古代工匠具有合力、分力等经验力学知识,成功地解决了剪应力对梁枋的破坏,使建筑物更坚固更美观。汉代,我国古代木结构建筑的屋顶出现了诸如四坡顶、歇山顶、卷棚顶、悬山顶、四角拊尖顶等形式,反映这种建筑体系的形成。魏晋隋唐,我国传统木结构建筑技术终于成熟,规模宏大的隋唐长安城的建筑是其标志,大量佛寺、佛塔的建筑更称宏伟。五台山佛光寺东大殿,是至今保存完好的唐代建筑,其雄壮有力的外檐斗拱、屋檐翘起的翼角、屋顶的曲线轮廓,给人以厚重有力的感觉,是唐代木结构建筑的典范之作。隋开皇年间修建在洨河上的赵州安济桥,以其首创的敞肩拱结构形式、精美的建筑技巧和奇特的施工技术,使桥梁经历1300多年仍巍然横跨,在中外桥梁史上占有重要地位。传统木结构建筑形式到宋辽金元时达到纯熟和高度发展的阶段。造型更趋华丽,格局由完全对称改向多样的平面和立面。山西应县佛宫寺释迦塔,是保存至今的辽代木塔。塔身八角、九层,外观是五层、六檐,高达67.31米,结构奇巧,以复梁式木架使整个木塔构成一个牢固的整体,经历多次强烈地震的考验依然屹立,是世界最高的古代木结构高层建筑。北宋李诫的《营造法式》一书,系统地总结了古代建筑技术和建筑艺术的成就,是重要的古建筑学文献。明清时期,一般木构建筑更加简洁明快,外形更注意用石刻、木刻、砖刻彩画予以装饰。小巧绮丽的江南园林和宏伟厚重的帝王宫苑是这一时期建筑最具特点的部分。南京灵谷寺的无梁殿,全用大砖砌成,历经600年沧桑,完好无损,反映了当时建筑力学的高度水平。

我国古代建筑,用料简易,布局大方,造型美观,色彩艳丽,雕饰奇特,风格多样,主次分明,是世界建筑中的奇葩。这一奇葩的培植者,正是像公输般这样的千万知名或不知名的木匠、石匠。

余论:人类为了生存,就必须吃喝穿住。于是,食品、服装和居室就成了人类文明的重要内容。但长期以来,人们重视思想上的创造和政治上的斗争,以为这就是历史,却忽视了历史最基本的东西——物质资料的生产,包括手工业、农业的创造和发展。马克思首先强调了物质资料生产在历史研究中的重要地位。我们今天探讨中国五千年文明史上最有影响的人物,特意将为我国人民物质生活的丰富与发展作出贡献的公输般、贾思勰、黄道婆等人也列于其中,正是出于这一思维方式对历史的认识。

孔子对中国传统文化主干内容的建构

春秋战国时期社会剧烈变革,士阶层的形成和统治者的提倡,许多学派纷纷出现,形成了百家争鸣的局面。当时,百家之中有影响的是以孔子、孟轲、荀卿为代表的儒家,以老子、庄周为代表的道家,以墨翟为代表的墨家,以吴起、商鞅、申不害、慎到、韩非为代表的法家,以邹衍为代表的阴阳家,以公孙龙子为代表的名家,以司马穰苴、孙武、孙膑为代表的兵家,以许行为代表的农家,以张仪、公孙衍、苏秦为代表的纵横家,以吕不韦为代表的杂家。各派各家著书立说,广授弟子,参与政治,互相批判,又互相渗透,学术思想极为繁荣,造就了思想文化的大创新大发展,促进了社会制度的转型和生产力的猛进,奠定了中国传统文化的思想基础。其中,法家对中国政治、道家对中国学术、儒家对中国文化、墨家对中国科技的影响极大。但从对中国社会的长期深刻影响来看,儒家思想无疑是中国传统思想文化的主干内容。

儒家思想的创始人孔子,通过对三代思想文化记忆的搜集研究,整理出后来被称为"六经"的儒学文本,提炼出被归纳为"六德"的思想观点,设私学教授三千弟子,发扬和传播其学术,终于形成了在中国历史上影响最大的儒家学派。本文就是想通过对孔子"六经"及其思想的探讨,分析儒家学派形成的特点。

一、孔子生平

孔子(前551—前479年),名丘,字仲尼,人们敬称其为孔子、孔夫子,鲁国陬邑(今山东曲阜)人,春秋时期伟大的思想家、政治家和教育家,儒家学派的创始人。

孔子的先世是宋国人。其父叔梁纥为陬邑大夫,晚年娶颜氏少女徵在为妻,生孔子。孔子出生时,头顶中间低四边高,如尼丘山的形状,因此命名为丘,字仲尼。孔子三岁时丧父,家境贫困,幼时就喜欢玩祭祀和礼仪的游戏,读书也很刻苦。十七岁时,已经以博学和德行闻名。鲁大夫孟僖子临死前嘱咐两个儿子去拜孔子为师,说:"吾闻将有达者曰孔丘,圣人之后也。臧孙纥有言:'圣人有明德者,若不当世,其后必有达人。'今其将在孔丘乎!我若获没,必属说与何忌于夫子,使事之,而学礼焉,以定其位。"①年轻时,孔子当过季氏家的仓库吏、司职吏和司空。后离开鲁国,到各诸侯国游历。在齐国受排斥,在宋国和卫国被驱逐,在陈、蔡间受困。又从鲁国到周,向老子问礼。临走时,老子对他说:"吾闻富贵者送人以财,仁者送人以言。吾虽不能富贵而窃仁者之号,请送子以言乎!凡当今之士,聪明深察而近于死者,好讥议人者也。博辩闳达而危其身,好发人之恶者也。无以有已,为人子者无以恶已,为人臣者身父母之有也。言听则仕,不用则退,保身全行,臣之节也。"②孔子以之作为人生的座右铭。

鲁昭公二十五年(前517年),鲁国掌权的三大夫将鲁昭公打败,鲁昭公逃到齐国。孔子随昭公到齐,向齐太师学习韶乐,沉浸其中,几个月尝不出肉的味道。后来,孔子回到鲁国,广招弟子,传授学问,成为很有影响的学者,季桓子和吴公子季札都曾向孔子请教问题。鲁定公九年(前503年),孔子被任命为中都(今山东汶上西)宰,治理地方很有成绩。次年,孔子升任司空,又升至大司寇。鲁定公与齐景公在夹谷盟会,以孔子为相礼者。齐人想在盟会上以武力劫持鲁定公,因孔子事先有备,带了军队前往,而未得逞。齐人在盟书中私自加上要求鲁国在齐军出境时以三百辆战车跟随的条文,孔子针锋相对提出,要齐国归还其侵占鲁国的汶阳之地,方可履行此约。盟誓以后,齐侯要设享礼招待定公,孔子指出,这不符合礼法,于是没有设享礼。齐景公认识到这次盟会得罪了鲁君,所以事后将以前侵占的郓、獾、龟阴三地归鲁,以示道歉。定公十四年(前496年),孔子由大司寇代理国相,因为有机会实践自己治理国家的设想而面有喜色。门人说:"闻君子祸至不惧,福至不喜。"孔子曰:"有是言也。不曰'乐其以贵下人'乎!"③孔子下令处死了扰乱国政的

---

①《春秋左传注》昭公七年,北京:中华书局,1981年,第1296页。

②《孔子家语》卷三《观周第十一》,载文渊阁《四库全书》子部儒家类。

③《史记》卷四七《孔子世家》,北京:中华书局,1982年,第1917页。

大夫少正卯,并致力于治国,使做买卖的人不敢哄抬价格,男人和女人分开道路行走,道不拾遗,四方旅客不用找官府就能受到很好的照料。

　　齐国对孔子代理鲁相忧虑不已,害怕鲁国称霸后将首先兼并齐国,于是挑选了八十位漂亮女子穿了绣花衣服,跳康乐之舞,加上三十匹有花纹的良马,送给鲁定公。从此,定公沉湎于女乐之中,不理政事。孔子见自己已无法施展抱负,只当了三个月代理国相,就离开了鲁国,带了弟子们周游列国,寻找实施自己政治主张的机会。

　　在十三年时间里,孔子先后到过卫、陈、曹、宋、郑、蔡、楚等国,在研究各国政治、社会、历史的同时,教授弟子,并向各国国君推销其政治主张,受尽磨难。路过匡(今河南长垣境)地时,因为孔子的长相与曾经侵暴过匡的阳虎相似而遭匡人包围五天。在宋,孔子正与弟子在大树下习礼,宋司马桓魋竟将大树砍倒,想压死孔子。在郑,孔子与弟子失散,郑人说孔子像个丧家之犬。在蔡,孔子弟子子路问一位担着草器的老者:"子见夫子乎?"老者回答道:"四体不勤,五谷不分,孰为夫子!"在陈、蔡之间,孔子被包围于野外,断粮数日。孔子希望有君主能重用他,说:"苟有用我者,期月而已,三年有成。"[1]意思是说,假如有人用我当政,一年时间我就能推行政教,三年就能大有成效,然而没有一个国君任用他。

　　鲁哀公十一年(前484年),孔子六十八岁时回到鲁国。他"病没世而名不称焉。吾道不行矣,吾何以自见于后世哉!"[2]为了死后能留名,寄托自己的政治主张,更为了挽救"礼崩乐坏"的社会现实,他开始撰述表达自己政治思想的著述。孔子自称其"述而不作,信而好古"[3],就是说,我孔子虽有德但无天子之位,所以我只是传述旧章,而不重新制礼作乐。于是他以"祖述尧舜,宪章文武"[4]为旗号,集中精力整理旧有的文化古籍,总结三代中国思想文化的精髓,并作为向弟子授课的教材,

　　①《论语注疏》卷一三《子路》,载《十三经注疏》(清嘉庆刊本),北京:中华书局,2009年,第5447页。

　　②《史记》卷四七《孔子世家》,北京:中华书局,1982年,第1943页。

　　③《论语注疏》卷七《述而》,载《十三经注疏》(清嘉庆刊本),北京:中华书局,2009年,第5390页。

　　④《礼记正义》卷五三《中庸》,载《十三经注疏》(清嘉庆刊本),北京:中华书局,2009年,第3547页。

编定了《诗》《书》《易》《礼》《春秋》《乐》等六部书。

孔子感慨时光的流逝,站在河边说:"逝者如斯夫,不舍昼夜!"①孔子七十三岁时生病,见子贡来,叹息道:"太山坏乎! 梁柱摧乎! 哲人萎乎!"②七天以后,即鲁哀公十六年(前479)夏历二月十一日(周历四月十八日)逝世。鲁哀公悼念道:"旻天不吊,不慭遗一老,俾屏余一人以在位,茕茕余在疚。呜呼哀哉尼父! 无自律!"③意思是,老天不仁慈,不肯留下这位老人,丢下我一个人孤零零地在君位上。呜呼哀哉尼父! 我再也没有榜样了!

二、孔学"六经"

孔子整理出的六部文献,在西汉被立为经典,合称儒学"六经"。

《诗》,又称《诗经》,是前代诗歌的选集。本来周朝有采诗之官,负责从民间和宫廷、京畿搜集各种诗歌,以了解社情民意,改革政治。孔子周游列国搜集到三千多首古诗,加以整理,选取其中有利于礼义施行的三百零五首,编成了《诗》或称《诗三百篇》,汉代学者将其列为儒家六经之一,遂称为《诗经》,是上自西周初期(前11世纪),下至春秋中期(前7世纪),共约五百年周人的作品。因表现体裁和音乐性质不同,《诗经》分为风、雅、颂三种题材。风指国风,就是民间歌谣。风以隐喻含蓄的方法对百姓进行感化,对统治者进行劝诫。按其地区有周南、召南、邶、鄘、卫、王、郑、齐、魏、唐、秦、陈、邻、曹、豳十五国风,共160篇。雅是宫廷和京畿一带的乐歌。周人称王畿为夏,"雅"与"夏"音同啊,通用,故名。雅分大、小雅,主要因时代不同和音调的变化而区别。大雅音调比较沉厚,小雅音调相对比较轻快。雅共105篇,主要用于贵族酬唱。颂是歌颂的意思,为宗庙祭祀时所用的乐章,旨在铺陈盛美,歌颂祖先的丰功伟绩,从而激励后人。颂又分周、鲁、商颂,共40篇。周颂产生于西周前半期,鲁颂大约是公元前7世纪鲁国的诗,商颂大约是公元前8、7世

---

① 《论语注疏》卷九《子罕》,载《十三经注疏》(清嘉庆刊本),北京:中华书局,2009年,第5410页。

② 《史记》卷四七《孔子世家》,北京:中华书局,1982年,第1945页。

③ 《论语注疏》卷九《子罕》,载《十三经注疏》(清嘉庆刊本),北京:中华书局,2009年,第5410页。

纪宋国的诗,但追述了商朝盛世时的景况,可证商史。颂的音调节奏迟缓板滞,一唱三叹。孔子说:"诗,可以兴,可以观,可以群,可以怨。迩之事父,远之事君,多识鸟兽草木之名。"①就是,学诗可以了解社情,增进才智,搞好人际关系,表达思想观点,侍奉好父母和国君,增长见识。西汉传授《诗经》的有鲁、齐、韩三家。鲁为鲁地申培公,齐是齐地辕固生,韩是燕地韩婴,三家都列于学官。其后鲁人毛亨自称得子夏真传,作《毛诗训诂传》简称《毛诗》。后来,鲁、齐、燕三家诗亡佚,《毛诗》独存。《毛诗》经东汉郑玄作笺,唐孔颖达疏,陆德明释文,合在一起,称《毛诗正义》,是研读诗经的重要参考书。

《书》又名《尚书》,是我国最早的一部政治历史文献汇编。据传孔子从周王室访得虞、夏、商、周文件三千多篇,从其中选出对人有规范作用、足以垂世立教的典、谟、训、诰、誓、命等文体的文章一百篇,编成了该书。《尚书》按时代顺序编排,每代自成一书,称《虞书》《夏书》《商书》《周书》,每书若干篇,记载了我国上古三代的一系列重大历史活动。秦始皇焚书,《尚书》遭受重大损失。到汉代,《尚书》有今、古文两种文本。伏生传《尚书》二十九篇,因用当时通行的隶书写成,故称今文《尚书》,列于学官,有欧阳和大、小夏侯三家。古文《尚书》发现于曲阜孔宅壁中,因用先秦蝌蚪文写成,故名。孔安国用今文校读,多出十六篇,共四十五篇。今文《尚书》古文《尚书》都是真《尚书》,司马迁都曾引入《史记》。古文《尚书》西晋佚散失传。晋元帝时,豫章内史梅赜献出了一部《尚书》,这部《尚书》将今文《尚书》二十八篇中的《尧典》后半部分辟为《舜典》,《皋陶谟》后半部分辟为《益稷》,《盘庚》分为上、中、下三篇,《顾命》后半部分辟为《康王之诰》。这样由原来的二十八篇变成了三十三篇,另外又伪造或编缀了二十五篇,共计五十八篇。此外还有孔安国的《尚书序》《尚书传》。此书宋以前学者多信而不疑,唐孔颖达作《尚书正义》就用的这个本子。宋人始疑之。清人阎若璩作《古文尚书疏证》,列举了一百二十八条例证,断定其为伪书,孔传、孔序也是魏王肃所伪造。但必须明确的是,说梅赜所献的古文

①《论语注疏》卷一七《阳货》,载《十三经注疏》(清嘉庆刊本),北京:中华书局,2009年,第5486页。

《尚书》为伪书,是指其中多出的那二十五篇及孔传和孔序为伪造,而由今文《尚书》析成的三十三篇则还是真的。

《易》,即《周易》。宋朝朱熹讲,有天地自然之《易》,有伏羲之《易》,有文王之《易》,有孔子之《易》。[①]天地自然之《易》,是讲在人类文明产生之前就有占卜的习惯,是古人生活经验和求生意识的反映,将其记录下来,就是原始的《易》,是自然哲学与伦理实践的根源。伏羲仰观天文,俯察地理,发现和总结了这些规律,用八卦的图象和数字,以阴和阳的对立变化来阐述纷纭繁复的宇宙和社会现象,讲述万物之理有变有不变,现象在不断变化,而一些最基本的原则又是不会变的,抽象出朴素的辩证法,于是有了伏羲之《易》。"文王拘而演周易"[②],殷纣王将周文王拘押于羑里,文王遂演绎《易》之八卦为六十四卦,其中《上经》三十卦,《下经》三十四卦。以"乾"为第一卦,并为每一卦写出卦象的解释"卦辞"。据传,周公旦又撰出三百八十四爻的"爻辞",以解释每一爻。于是,有了《周易》的本经,构筑起了古人认识世界和宇宙的初步哲学框架和系统。孔子从四十岁开始学《易》,读的次数太多,以至"韦编三绝"。经过艰苦研读,孔子对"本经"进行解释和阐发,撰成《彖》《象》《文言》《系辞》《说卦》《序卦》和《杂卦》共七种十篇,[③]附经而成,自目为"传",即释经之作,故《太史公自序》中称之为《易大传》。[④]后人因其为孔子之作,而视之为经,称为"十翼"。自经孔子解释,《周易》就跨进了哲学的领域,成为一切道理的根本,我们民族最早阐述宇宙变化和人生命题哲学思考的成果,中华思想文化的理论源泉。

《礼》,指《士礼》,就是《仪礼》,其内容是关于士大夫应该掌握的冠、昏、饮、射、聘、觐、丧葬、祭祀的各种礼仪。孔子认为,礼是实现天下归仁和个人立身的重要手段。经过长期的搜集和实践,孔子终于对已经崩坏的礼有了全面的掌握。总结三代礼仪的变化,他认为只有周礼方可纠正世风,说:"周监二代,郁郁乎文哉,吾从

---

①《文公易说》卷二一《杨道夫录》,载文渊阁《四库全书》经部易类。

②《报任少卿书》,载《六臣注文选》卷四一,北京:中华书局,2012年,第770页。

③对"十翼"的作者,学界有争论,此据吕绍刚《周易阐微》(吉林大学出版社,1990年)观点。

④《史记》卷一三〇《太史公自序》,北京:中华书局,1982年,第3288页。

周。"从而将其著录于书。自春秋至西汉,《仪礼》在传授过程中又衍生出《礼记》《周礼》两书,成为列入十三经的三礼。孔门学者,在传授礼学的过程中,撰写了一百多篇论礼的文章,西汉时被搜集成书,称为《礼记》。流传至今有两种本子,一是《大戴礼记》为戴德所辑,原有八十五篇;一是《小戴礼记》为戴德堂兄之子戴圣所辑,共四十九篇。唐朝把《小戴礼记》列入"经书",后来所说的《礼记》就专指此书。而《大戴礼记》逐渐佚失,现今只有三十九篇。《礼记》是研究我国古代社会制度、儒家学说、文物礼仪等的参考书籍。战国时有人托周公之名,搜集周朝官制和战国时期各国制度,添附儒家思想,增删排比而成《周官》一书,又称《周礼》,共四十二卷,分天官、地官、春官、夏官、秋官、冬官六官。冬官早佚,汉时以《考工记》补缺。《周礼》所涉内容,大至天下九州,天文历象;小至沟洫道路,草木虫鱼。凡邦国建制,政法文教,礼乐兵刑,赋税度支,膳食衣饰,寝庙车马,农商医卜,工艺制作,各种名物、典章、制度,无所不包,堪称上古文化宝库。

《乐》,即《乐书》,就是古代的歌曲。"诗言志,歌永(咏)言"[1],孔子十分重视音乐对了解民情,陶冶情操,引导社会风气,建立和谐社会的作用。他用了很多精力搜集研究音乐,对其规律有了深切体会,说:"乐其可知也:始作,翕如也;从之,纯如也,皦如也,绎如也,以成。"[2]孔子为《诗经》中的每首诗都配以乐曲进行歌唱,以求合于韶、武、雅、颂之音,且以乐作为教学的课程之一。但乐是否有书,古人争论很多,难以定断。周予同先生云:"关于《乐经》,经今古文学家主张各异。古文学家以为古有《乐经》,因秦焚书而亡佚。今文学家则以为古无《乐经》,《乐》即在《礼》与《诗》之中。"[3]

《春秋》是一部编年史书。据说孔子曾使子夏等十四人去周王室访书,求得一百二十国史书。孔子以鲁国编年史《春秋》为基础,根据尊奉周王室,总结历史发展法则的精神,对史事进行书写删削,终于写成了自鲁隐公元年至鲁哀公十四年(前

---

①《尚书正义》卷三《舜典》,载《十三经注疏》(清嘉庆刊本),北京:中华书局,2009年,第267页。

②《论语注疏》卷三《八佾》,载《十三经注疏》(清嘉庆刊本),北京:中华书局,2009年,第5361页。

③《经学历史》,北京:中华书局,1959年,第20页注㈠。

722—前481），有思想有义例的编年史著作。《春秋》全书16572字，记有1800多条史事。每事一条，短则1字，最长者45字，平均9字，犹如现代文章的标题。如果说，其他经书是孔子载道之书的话，《春秋》则体现了孔子的"用"。孔子称该书"如用药治病"①，通过对春秋242年历史的叙述，按照其"正名"的主张，注重史事记载的褒贬，对各种统治人物进行严格褒贬，作为存王道和惩恶劝善的工具，既使"乱臣贼子惧"，又为后王树立了为政的榜样。孔子对此书极为重视，说："知我者其惟《春秋》乎！罪我者其惟《春秋》乎！"②《春秋》内容简单，且有许多"微言大义"，于是产生了解释《春秋》的著作——"传"。汉代，有五种《春秋》传，真正有影响并被列入经书而流传至今的，就是左丘明《左传》、公羊高《公羊传》和谷梁赤《谷梁传》，合称《春秋》三传，分别重点从史事、寓意和思想上解释《春秋》。

西汉尊崇儒术，以《易》《诗》《书》《礼》《春秋》立于学官，为"五经"。东汉时加上《论语》《孝经》，合称为"七经"。唐朝时，将《春秋》分为"三传"，即《左传》《公羊传》《谷梁传》；将《礼经》分为"三礼"，即《周礼》《仪礼》《礼记》。这六部书再加上《易》《诗》《书》，合称为"九经"，立于学官，用于开科取士。唐文宗开成年间，在国子学刻石，在以上"九经"之外，加上了《论语》《尔雅》《孝经》，共"十二经"。北宋时《孟子》正式列于经部，和《论语》《尔雅》《孝经》一起，加上原来的"九经"，构成"十三经"。"十三经"的内容博大精深，是中国古代思想文化的重要典籍。我们要研究中国传统文化，当以"十三经"为首选。

三、孔子思想"六德"

作为中国三代思想文化历史记忆的总结性成果，孔子在其整理的六经和言论集《论语》中反复阐发其思想主张，以挽救社会颓废风气，重塑国人素质，实现社会安宁。这些思想主张主要是仁、义、礼、智、信、孝六点。《尚书·虞书·益稷》有"以五

---

① 《群书考索·续集》卷一一引《伊川经说》，北京：书目文献出版社，1992年，第979页。
② 《孟子注疏》卷六下《滕文公章句下》，载《十三经注疏》（清嘉庆刊本），北京：中华书局，2009年，第5903页。

采明施于五色作尊卑之服汝明,予欲闻六律五声八音在治,忽以出纳五言汝听"。孔传称:"言欲以六律和声音,在察天下治理及忽怠者。又以出纳仁、义、礼、智、信五德之言施于民,以成化。"①将仁、义、礼、智、信称为"五德"。此五德,汉唐经学家也称为"五常"。西汉董仲舒《贤良对策》有"夫仁、谊、礼、知、信五常之道,王者所当修饬也,王者修饬,故天之佑,而享鬼神之灵,德施于方外,建及群生也"②。隋陆德明《经典释文》亦称:"五常谓仁、义、礼、智、信。"③但《尚书·泰誓》言:"今商王受狎侮五常,荒怠弗敬。"郑玄注云:"五常即五典,谓父义、母慈、兄友、弟恭、子孝,五者人之常行,法天明道为之。"④两者解释不同,容易产生异义,且五常之常,一般人难以理解,而"德"字道德伦理操守的含义人所共知。故用《尚书》孔传义,称仁、义、礼、智、信为"五德",我们加上被称为"德之本"的"孝",合称"六德"。

在孔子的学说中,"仁"是道德规范的核心和人生最高的道德境界。《论语》中108次论及仁。仁的基本含义是爱人,《论语·颜渊》:"樊迟问仁,子曰:'爱人。'"讲人与人之间的亲密关系,待人处世中的良心品德。要达到仁的境界,就要智、勇、信、忠、恭、敬、恕,尤其表现在忠、恕两方面。孔子认为忠、恕是达到"仁"的必由之路。《论语·卫灵公》:"子贡问曰:'有一言而可以终身行之者乎?'子曰:'其恕乎!己所不欲,勿施于人。'"还说:"己欲立而立人,己欲达而达人。"意思是,做任何事既要考虑到自己,更要从他人的角度去考虑;自己不愿意的,就不能加于别人,仁不能有私心,更不能有所偏心,兼爱无私是仁的最高境界。仁就要尊重他人的人格,孔子曰:"三军可夺帅也,匹夫不可夺志也。"⑤人要勇于为了实现仁而献身,不能为了活命而损害仁。子曰:"志士仁人,无求生以害仁,有杀身以成仁。"当然,在孔子的心目中仁并不是泛爱众,而是有明确的善恶观。他说:"唯仁者能好人,能恶人。"⑥孔

①《尚书正义》卷五《夏书·益稷》,载《十三经注疏》(清嘉庆刊本),北京:中华书局,2009年,第298页。

②《汉书》卷五六《董仲舒传》,北京:中华书局,1962年,第2505页。

③《经典释文》卷二四《论语音义》,上海:上海古籍出版社,2013年,第1353页。

④《尚书正义》卷一一《周书·泰誓下》,载《十三经注疏》(清嘉庆刊本),北京:中华书局,2009年,第386页。

⑤《论语注疏》卷一五《卫灵公》,第5470页;卷九《雍也》,第5385页;卷九《子罕》,第5411页。

⑥《论语注疏》卷一五《卫灵公》,第5468页;卷四《里仁》,第5366页。

子还提出仁就是人、为政在人的观点。哀公问政，孔子言："文武之政，布在方策。其人存，则其政举；其人亡，则其政息。人道敏政，地道敏树。夫政也者，蒲卢也。故为政在人，取人以身，修身以道，修道以仁。仁者人也，亲亲为大。"①将"仁"视为人与禽兽的最大区别，开辟了思想史上的"仁学"。提出政治的好坏，关键在于人，不仅要有好的政策，还要有人来坚持执行。为政者要修身以道，修道以仁，其中最重要的是亲亲，就是从自己最亲近的人做起。孔子进一步提出，所有的为政者，能克制自己的欲望按照规矩行政就是仁，这样做就能树立榜样，使天下人都归向于仁。能不能做到仁，全在自己，而不能埋怨客观条件。子曰："克己复礼为仁，一日克己复礼，天下归仁焉。为仁由己而由人乎哉！"②

孟子发展了孔子"仁"的学说，认为"仁也者，人也。合而言之道也"。同时也将人（仁）提到道的高度，成为"人道"一词的滥觞。他进而发展孔子"为政在人"说，明确提出"仁政"说。孟子对梁惠王说："地方百里而可以王。王如施仁政于民，省刑罚，薄税敛，深耕易耨，壮者以暇日修其孝悌忠信，入以事其父兄，出以事其长。上可使制梃以挞秦楚之坚甲利兵矣，彼夺其民时，使不得耕耨以养其父母，父母冻饿，兄弟妻子离散。彼陷溺其民，王往而征之夫，谁与王敌！故曰仁者无敌，王请勿疑。"③孟子的"仁政"说，上承春秋时期的"德政"思想，内核是孔子"仁"的思想，认为统治者应该将爱人之心推及于政治措施，"为政施仁"，而其基础则是孟子的性善论。孟子的"仁政"说在战乱频繁的战国时期未被采纳，直到西汉时期随着儒家学说正统地位的确立才受到重视。宋代理学发展了孟子"仁"的理论，不仅将其视为人的本性，更将其上升到哲学层面，视之为世界的本源。

义（義）字从羊从我，本义具有美善、适宜之意。在《论语》中24次阐述义的含义，将义视为君子的道德标准和行事的出发点。《礼记·中庸》言："义者，宜也。尊贤

①《礼记正义》卷五二《中庸》，载《十三经注疏》（清嘉庆刊本），北京：中华书局，2009年，第3535页。
②《论语注疏》卷一二《颜渊》，载《十三经注疏》（清嘉庆刊本），北京：中华书局，2009年，第5436页。
③《孟子注疏》卷一四《尽心章句上》，第6038页；卷一《梁惠王章句上》，第5800页。

为大。"①义就要处事适宜正当,维护公平正义,为此,就要尊重和任用贤人。西汉公孙弘进一步解释道:"义者,宜也。明是非,立可否,谓之义。"②要处事适宜,就必须有明确的是非观,要有正确的行为规范,这才是义。义是君子与小人区别的标志,君子明晓仁义,小人只知道财利。"君子喻于义,小人喻于利。"对君子来说,义是第一要务,要见义勇为,但又不能乱为,更不能逞匹夫之勇。孔子言:"君子义以为上。君子有勇而无义为乱,小人有勇而无义为盗。""今之成人者何? 必然见利思义,见危授命,久要不忘平生之言,亦可以为成人矣。"这里,孔子对成人提出了三条标准,一是见到财富和利益时首先想到是否合于义,二是见君亲有危难就要不顾危险去施救,三是当自己贵达时不应忘记自己卑微时的承诺。人要安贫乐道,不取不义之财。子曰:"饭疏食,饮水,曲肱而枕之,乐亦在其中矣! 不义而富且贵,于我如浮云。"③孔子自称过赤贫的生活也有自己的乐趣,通过不义的手段获得富裕和尊贵,不是我应该做的。孟子则说:"义,人之正路也。"④孔子提出的重义轻利思想,对中国古代社会有很大的影响,并最终成为社会上层和底层一致重视的道德标准,"义"成为忠诚、扶危济困和相互帮助的代名词。

礼是古代政治制度和人们行为道德规范的总称。"礼"本指敬神。《说文》:"礼,履也;所以事神致福也。从示从豊。""豊,行礼之器也。从豆象形。"⑤朱熹言:"礼,谓制度品节也。"⑥是对礼最全面稳妥的概括。礼源于远古流传下来的传统习惯和仪式,在周代被视为一种严格的政治制度。《左传》载:"礼,经国家,定社稷,序民人,利后嗣者也。"⑦《论语》中75次提及礼。孔子认真研究后发现,三代之礼有着

①《礼记正义》卷五二《中庸》,载《十三经注疏》,北京:中华书局,2009年,第3535页。

②《汉书》卷五八《公孙弘传》,北京:中华书局,1962年,第2616页。

③《论语注疏》卷四《里仁》,第5367页;卷一七《阳货》,第5488页;卷一四《宪问》,第5455页;卷七《述而》,第5392页。

④《孟子注疏》卷七《离娄章句上》,载《十三经注疏》,北京:中华书局,2009年,第5918页。

⑤《说文解字注》,郑州:中州古籍出版社,2006年,第2页下、208页。

⑥《论语集注大全》卷二,载文渊阁《四库全书》经部四书类。

⑦《春秋左传注》隐公十一年,北京:中华书局,1981年,第76页。

互相沿习借鉴的关系，称："殷因于夏礼，所损益，可知也；周因于殷礼，所损益，可知也。其或继周者，虽百世，可知也。"他十分重视礼的作用，说："道之以德，齐之以礼，有耻且格。"①是说用道德来引导民众，用礼制品节来规范民众的行为，民众就会有羞耻心而不违反礼，并且能自我修养以归于正当。《左传》中说："礼之可以为国也久矣，与天地并。君令臣共（恭），父慈子孝，兄爱弟敬，夫和妻柔，姑慈妇听，礼也。"②说明礼在宗法制度下是对各种人和各种德行的要求。从表现形式看，有朝觐之礼、聘问之礼、丧祭之礼、乡饮酒礼、婚姻之礼等，而每一项礼都以规范人与人之间的关系为目的。"朝觐之礼，所以明君臣之义也。聘问之礼，所以使诸侯相尊敬也。丧祭之礼，所以明臣子之恩也。乡饮酒之礼，所以明长幼之序也。昏姻之礼，所以明男女之别也。夫礼，禁乱之所由生，犹坊（堤防）止水之所自来也。"③由人与人之间的礼上推为整个国家成员间上下等级之礼，从而达到社会安定国家统治稳定的目的。如果这些礼被废弃，国家、社会就会陷入混乱。孔子认为，礼不是走形式，也不是越奢侈越好，要提倡节俭和用心。鲁人林放请教礼的根本是什么？孔子回答："大哉问！礼，与其奢也，宁俭；丧，与其易也，宁戚。"在君臣关系上，孔子提出："君使臣以礼，臣事君以忠。"君臣各有礼的要求，这就与后来所提倡的臣对君的愚忠有根本的不同。孔子曰："恭而无礼则劳，慎而无礼则葸，勇而无礼则乱，直而无礼则绞。"④意思是，人只有恭敬而不以礼相节制就会困苦，人只有审慎而不以礼相节制就会畏惧，人只有勇武而不以礼相节制就会作乱，人只有直率而不以礼相节制就会刺人之非。孔子认为人们要克服自己的欲望去实践礼的要求，要"非礼勿视，非礼勿听，非礼勿言，非礼勿动"。"克己复礼，天下归仁。"礼对人们行为的节制作用确实是十分重要的。

　　智在孔子的词语中有知识（知）和智慧（智）两重含义，不仅讲人的知识、智慧，

①《论语注疏》卷二《为政》，载《十三经注疏》（清嘉庆刊本），北京：中华书局，2009年，第5349、5346页。

②《春秋左传注》昭公二十六年，北京：中华书局，1981年，第1480页。

③《礼记正义》卷五〇《经解》，载《十三经注疏》（清嘉庆刊本），北京：中华书局，2009年，第3495页。

④《论语注疏》卷三《八佾》，第5356页；卷八《泰伯》，第5400页。

也讲处世哲学。《论语》中无"智"字,却有数十处"知"字,其中一部分就是"智"的原字。樊迟曾请教何为"知"。孔子回答曰:"知人。"①在《史记》中这句话被译写为"知人则智"②,显然在这里"知"就是"智",智慧之义。知识是智慧的基础,孔子曰:"盖有不知而作之者,我无是也。多闻,择其善者而从之;多见而识之;知之次也。"意思是说,有些人没有知识就妄自穿凿,著作篇籍,我不这么做。一定要多闻而择其善者,多见而了解清楚,这是次一等的智。这告诉我们,有知才能有智。孔子强调智慧主要来自后天的学习,并将其作为评判人的重要条件,说:"性相近也,习相远也。唯上知与下愚不移。"③在这里没有瞧不起普通民众的意思,而是指出达到智慧的道路,指出人生终结评判来自你的学习和实践。

孔子名言:"知者乐水,仁者乐山;知者动,仁者静;知者乐,仁者寿。"说的是智慧者讲究动,如水流般没有止息,每天都要有所前进,从而自得其乐。孔子说:"不知命,无以为君子也;不知礼,无以立也;不知言,无以知人也。"④提出,人们要学习并懂得三方面的知识,才能称其为智慧。一是命,就是自然法则;二是礼,就是各种规则规矩;三是言,就是别人的言行。否则不能成为君子,不能在社会中自立,不能了解他人的善恶。在学习知识的过程中要实事求是,不能不懂装懂,否则就不是智。孔子曰:"知之为知之,不知为不知,是知也!"有了智慧,就能在行事时不被迷惑。子曰:"仁者不忧,知者不惑,勇者不惧。"⑤孔子通过评判时人,提出智者要选择仁者为邻,要节俭而不是奢侈。⑥仅仅是在政治上忠诚和经济上清廉,不一定就是智。⑦关键是你能否建功立业,为民造福。孔子与子贡关于管仲评价的对话很经

---

①《论语注疏》卷一二《颜渊》,第5436、5440页。

②《史记》卷二《夏本纪》,北京:中华书局,1982年,第77页。

③《论语注疏》卷七《述而》,第5394页;卷一七《阳货》,第5484页。

④《论语注疏》卷六《雍也》,第5384页;卷二〇《尧曰》,第5510页。

⑤《论语注疏》卷二《为政》,第5348页;卷一四《宪问》,第5358页。

⑥子曰:"里仁为美。择不处仁,焉得知?"(《论语》卷四《里仁》,第5366页)子曰:"臧文仲居蔡,山节藻棁,何如其知也。"(《论语》卷五《公冶长》,第5374页)

⑦《论语注疏》卷五《公冶长》,载《十三经注疏》,北京:中华书局,2009年,第5374、5374—5375页。

典。子贡曰:"管仲非仁者与? 桓公杀公子纠,不能死,又相之。"子曰:"管仲相桓公,霸诸侯,一匡天下,民到于今受其赐。微管仲,吾其被发左衽矣。岂若匹夫匹妇之为谅也,自经于沟渎而莫之知也。"管仲辅佐的公子纠被齐桓公杀死,他没有学普通人随主子自尽,而是投靠齐桓公,帮助其尊王攘夷,一匡天下,让天下臣民受益,他这才是真正的智慧。孔子说:"宁武子,邦有道,则知;邦无道,则愚。其知可及也,其愚不可及也。"联系孔子所说:"可与言而不与之言,失人;不可与言而与之言,失言。知者不失人,亦不失言。"①我们就能更深刻地理解孔子对宁武子的评价,实际上讲了智者的处世哲学,当国君有道时要充分发挥自己的聪明才智,在国君无道时要会装愚傻保护自己。对可以对话的人说话,对不可以对话的人不说话,智者既不能失去好人,也不能说不该说的话。孔子待人处世的智慧,在历代中国社会很有典型性。

信即诚实不欺枉。在《论语》中共33次论及信。孔子弟子有子解释:"信近于义,言可复也。"是说,信与义的含义相近,都是说话算数的意思。孔子将信看作交友待人及为官者最基本的行为要求,称:"言必信,行必果。"就是说了的话就要算数,做事就要坚持到底。诚信是做人的根本,所有行动的基石。"人而无信,不知其可也。大车无锐,小车无軏,其何以行之哉!"②人如果不讲信誉,本事再大也没有用。就好像牛车没有车辕,驷马之车没有曲勾衡,牛马驾不了,车又怎么走动呢!交友必须讲诚信,子夏言:"与朋友交,言而有信。"孔子特别强调统治者要对民众讲诚信,认为:"言忠信,行笃敬,虽蛮貊之邦行矣。言不忠信,行不笃敬,虽州里行乎哉?"③只要统治者讲忠诚和信誉,即使蛮夷之邦也可以推行政事。否则,即使在州里也行不通。子贡问孔子如何行政。孔子提出三条:"足食,足兵,民信之矣。"即足够的粮食、足够的军队和民众的信任。子贡说:"必不得已而去,于斯三者何先?"曰:"去兵。"子贡又问:"必不得已而去,于斯二者何先?"曰:"去食。自古皆有死,民

---

①《论语注疏》卷一四《宪问》,第5357页;卷五《公冶长》,第5375页;卷一五《卫灵公》,第5468页。

②《论语注疏》卷一《学而》,第5338页;卷一三《子路》,第5348页;卷二《为政》,第5349页。

③《论语注疏》卷一《学而》,第5337页;卷一五《卫灵公》,第5467页。

无信不立。"在回答弟子樊迟的问话时,孔子说:"上好礼,则民莫敢不敬;上好义,则民莫敢不服;上好信,则民莫敢不用情。夫如是,则四方之民襁负其子而至矣,焉用稼?"对民众诚信,受到拥护,民众才会为了国家去做任何事。子夏分析诚信在行政时的重要性,说:"君子信而后劳其民;未信,则以为厉己也。信而后谏;未信,则以为谤己也。"①诚信是一切事务的根基,尤其是施政者治民的根本,有了诚信,就能政通人和,诸事顺成。

孝,是古代子女善待父母长辈的伦理道德行为。《论语》中16次论到孝。孔子之孙子思将其师曾参所述孔子关于孝的对话撰写成《孝经》一书,②更是儒家关于孝道的经典。孔子认为孝是人最重要的行为,是道德的根本,国家对万民的一切教化都从孝道中来。说:"人之行,莫大于孝。""夫孝,德之本也,教之所由生也。"孔子将孝道分为三个层次,称:"夫孝,始于事亲,中于事君,终于立身。"③所谓事亲,就是善待长辈,"事父母能竭其力"。孔子语汇中,常将孝悌连称,意思是敬爱顺从兄长的悌也在孝的范围之内。正如孔子引佚《书》所言:"孝乎惟孝,友于兄弟,施于有政,是亦为政。"孝顺父母长辈兄长,当然首先要替他们做事,好吃好喝地养护他们,就是"有事,弟子服其劳;有酒食,先生馔"。但仅有此不行,孔子说:"今之孝者,是谓能养。至于犬马,皆能有养。不敬,何以别乎?"意思是狗马等畜生都知道供给老者吃喝,如果不敬,与畜生有什么区别?孔子对樊迟说:"孟孙问孝于我,我对曰,无违。"樊迟问:"何谓也?"孔子答:"生,事之以礼;死,葬之以礼,祭之以礼。"这里孔子将孝顺父母长辈归纳为"无违",就是不要违背他们的意愿。在他们活着的时候要以礼相待,在他们去世以后要按照礼的规定去安葬,还要按照礼的规定去祭祀。所谓礼敬父母长辈,一是要顺从父母长辈,不能让他们不高兴,这就是所谓的"色

①《论语注疏》卷一二《颜渊》,第5437页;卷一三《子路》,第5346页;卷一九《子路》,第5502页。
②关于《孝经》作者学界争论很多,此处依汪受宽《〈孝经〉的作者流传与影响》,《历史文献研究》总第十八辑,1999年。
③汪受宽:《孝经译注》,上海:上海古籍出版社,2012年,第44、24、44页。

难"①。要保持自己身体健康,别做危险的事,别造成病伤让父母担心。所谓"身体发肤受之父母,不敢毁伤"②"父母唯其疾之忧",别做非法的事情,让父母牵心。有子曰:"其为人也孝弟,而好犯上者,鲜矣;不好犯上,而好作乱者,未之有也。"③父母在世时,不要外出太远,有事外出也得禀明去处,以便随叫随到。所谓"父母在,不远游,游必有方",要随时关注父母的年龄,因其长寿而高兴,也因其衰老而忧惧。所谓"父母之年,不可不知也。一则以喜,一则以惧",维护父母声誉不使受辱,发现父母的不当,可以小心地劝谏,如果他不愿听从,你还要恭恭敬敬不违背父母的意志,即使父母处罚和侮辱自己也不怨恨。就是"事父母几谏,见志不从,又敬不违,劳而不怨"④。孔子将家庭的孝道与为官的忠君联系起来,说:"君子之事亲孝,故忠可移于君;事兄悌,故顺可移于长;居家理,故治可移于官。是以行成于内,而名立于后世矣!"⑤孝顺者既可以处理好家庭关系,又可以处理好邻里关系,更可以报效于国家,扬名后世,光显父母。

据说孔子曾经说:"欲观我褒贬诸侯之志在《春秋》,崇人伦之行在《孝经》。"⑥意思是,孔子的政治理论寄托在《春秋》之中,孔子的实践方法著明在《孝经》之中。孔子提倡的孝,认为人们要行孝,告诉人们如何行孝,劝谏统治者以孝道治天下,将道德、伦理和政治社会融为一体,适应了古代立国之本的农业经济和以宗法家族为基础的社会结构的需要,受到历代统治者的尊崇和提倡,成为其教化的根本和治国的基本方略。孝道以尊老敬老为核心,以稳定家庭和社会为目标,经过两千多年的提倡和传播,已经沉淀为我们民族道德观念和文化心理的重要内容。

孔子的思想博大恢宏,超越时空,以人和人的关系为出发点和归属,探求社会安定、人际和谐的方法,得到历代学者和政治家的认同。其所创立的儒学和儒家学

①《论语注疏》卷一《学而》,第5337页;卷二《为政》,第5348、5347、5346、5347页。
②汪受宽:《孝经译注》,上海:上海古籍出版社,2012年,第44页。
③《论语注疏》卷二《为政》,第5347页;卷一《学而》,第5335页。
④《论语注疏》卷四《里仁》,载《十三经注疏》(清嘉庆刊本),北京:中华书局,2009年,第5368、5367页。
⑤汪受宽:《孝经译注》,上海:上海古籍出版社,2012年,第58页。
⑥[宋]邢昺《孝经序疏》所引汉纬书《孝经钩命决》言,见汪受宽《孝经译注》第88页。

派,作为中国思想文化的主流,经过后继者的完善和发展,成为中国古代社会占统治地位的思想,并影响了我们民族的个性,对现在和未来中国的发展有着不容置疑的作用。孔子不愧是中国古代最伟大的思想家。

（原载《社科纵横》2018年第2期）

六艺与六经说

一、六艺内容的四种解释

六艺的内涵,古代学者有不同的解释。

其一,指周代贵族学校所设礼、乐、射、御、书、数六种教学科目。见《周礼·地官·保氏》:"而养国子以道,乃教之六艺:一曰五礼,二曰六乐,三曰五射,四曰五驭,五曰六书,六曰九数。"①《周礼·地官·大司徒之职》亦言:"以乡三物教万民,而宾兴之。一曰六德,知、仁、圣、义、忠、和;二曰六行,孝、友、睦、姻、任、恤;三曰六艺,礼、乐、射、御、书、数。"②

其二,指《诗》《书》《易》《礼》《春秋》《乐》六部儒家经典。《史记·滑稽列传》中引孔子曰:"六艺于治一也。《礼》以节人,《乐》以发和,《书》以道事,《诗》以达意,《易》以神化,《春秋》以道义。"③将儒家六经称为六艺,而且阐明了六经在教育中的作用。周予同先生言:"六经或称六艺,专指《诗》《书》《礼》《乐》《易》《春秋》六者。《乐》今不传,故去其一而曰五经。"④

其三,对儒家经书及其研究著作的图书目录分类。西汉末年,刘向、刘歆父子整理皇家藏书,刘歆编成《七略》一书,将皇家藏书分为六大类,其中第一大类名为《六艺略》,著录了《易》《尚书》《诗经》《礼》《乐》《春秋》《论语》《孝经》、小学九小类的

①《周礼注疏》卷一四《地官·保氏》,载《十三经注疏》(清嘉庆刊本),北京:中华书局,2009年,第1575页。
②《周礼注疏》卷一〇《地官·大司徒》,载《十三经注疏》(清嘉庆刊本),北京:中华书局,2009年,第1523页。
③《史记》卷一二六《滑稽列传》,北京:中华书局,1982年,第3197页。
④《经学历史》,北京:中华书局,1959年,第20页注㈠。

著作103家,3123篇。①由于其下分九小类而不是六小类,因而与以六艺指《诗》《书》《易》《礼》《春秋》《乐》六部儒家经典的说法不能等同。

其四,指孔子从周代官学继承而来教育学生的六个科目。如《史记·孔子世家》言:"孔子以《诗》《书》《礼》《乐》教,弟子盖三千焉,身通六艺者七十有二人。"②其中虽未明言六艺为哪些,但句中言"以《诗》《书》《礼》《乐》教",只提到四种著述,而不是六种(经书)。且此处之《书》指的是《尚书》,与礼、乐、射、御、书、数中的书(小学、文字学)不同,在六经中并不包含六艺中的御、书、数等内容。故而,孔子教学生的六艺,显然不是专指孔子编定的六部经书,六经只是其教六艺课程所用的部分课本而已。故而,辞书称:"六艺,儒家私学从周代官学继承而来的教学科目,即礼、乐、射、御、书、数"③,是有道理的。

西周时,已经有了比较完备的政教合一的官学体系。贵族子弟八岁入小学,进行道德行为准则和社会生活技能的基本训练。十五岁以后入大学,王朝的大学名为辟雍,诸侯的大学名为泮宫。其教学内容逐渐形成理论和实践相结合的礼、乐、射、御、书、数的六艺教育,就是以行为仪表规范为主的礼,以诗歌、音乐、舞蹈为内容的乐,射箭技能的射,驾驭战车技能的御,识字和书写的书,各类计算的数。这六点,有人格养成,有知识教育,还有实践培训,总的目标是培养能文能武的贵族子弟,以适应其社会身份的各项要求。周平王东迁以后,王朝势力衰微,贵族官学衰落,文化下移,代之而起的是私人讲学之风。那些熟悉六艺的缙绅先生逐渐带徒授业,转化为私学教师,其中最著名的是鲁国的孔子。孔子综合三代以来思想文化的精髓,寻求挽救世风颓废、礼乐崩坏的方法,创立了以仁、义、礼、智、信为核心的儒家学说。他从事私学教育,贯彻自己的政治理想,借鉴周朝国子学的六艺,为学生开设了礼、乐、射、御、书、数六个方面的课程,弟子达三千人,其中身通六艺者七十二人。显然,孔子的六艺与周国子学的六艺从教育对象,到教育目标,再到教学方

---

①《汉书》卷三〇《艺文志》,北京:中华书局,1962年,第1701—1723页。

②《史记》卷四七《孔子世家》,北京:中华书局,1982年,第1938页。

③《中国历史大辞典》上册,上海:上海辞书出版社,2000年,第547页。

式上都有一定差别,不可完全等同。

有人也许会问,第二种、第四种说法都是引《史记》为证,为何有如此之不同?其实在《史记》中此类看似自相矛盾的文字并不在少数,学者认为这是司马迁疑以伪疑写作手法的表现。而在六艺的解释上,司马迁还有自己的苦衷,原来他的父亲司马谈和他的老师董仲舒都有六艺即六经的说法。其父司马谈《论六经要旨》中言:"夫儒者,以六艺为法,六艺经传以千万数,累世不能通其学,当年不能究其礼。"[1]称"六艺经传"中六艺乃指儒家经书。董仲舒《春秋繁露》言:"君子知在位者之不能以恶服人也,是故简六艺以赡养之。《诗》《书》序其志,《礼》《乐》纯其美,《易》《春秋》明其知,六学皆大,而各有所长。《诗》道志,故长于质;《礼》制节,故长于文;《乐》咏德,故长于风;《书》着功,故长于事;《易》本天地,故长于数;《春秋》正是非,故长于治人。"[2]司马迁是个孝子,他不能在书中公然与父、师唱反调,他又不愿违背自己研读古史的心得,故而在《史记·孔子世家》中,不仅不明说六艺的具体内容,而且在文中先讲孔子整理《尚书》《礼记》《诗经》和《乐》,说:"孔子之时,周室微而礼乐废,诗书缺。追迹三代之礼,序《书》传……编次其事。……故《书》传、《礼记》自孔氏。……'吾自卫反鲁,然后乐正,雅颂各得其所。'……三百五篇孔子皆弦歌之,以求合韶武雅颂之音。"接着就讲"成六艺",说:"礼乐自此可得而述,以备王道,成六艺。"然后才讲读《易》、作《春秋》。显然,在司马迁的心中,六艺并非儒家的六经,而是礼、乐、射、御、书、数。

当然,我们今天不能以司马迁的是非定是非,也没有必要否定两千年前形成的对六艺概念的不同认识,完全可以四种概念并存,只是在不同的场合,使用其不同的概念即可。

---

①《汉书》卷六二《司马迁传》,北京:中华书局,1962年,第2712页。

②《春秋繁露》卷一《玉杯第二》,北京:中华书局,1992年,第35—36页。

二、孔学礼乐射御书数的具体含义

××区××书院建设,通过借鉴全国各地孔庙(文庙)建筑布局和建筑规制,应用中国孔庙"庙学合一"的理念进行规划设计,旨在纪念孔子,传承儒家思想。计划在圣人广场东、西两侧各设置三个文化柱,其柱身是以六艺为主的文字及图案。按照这一设计理念,我以为此处所谓六艺,即孔学之六艺,当应是上列六艺内容的第四种解释,即孔子从周代官学继承而来的教学科目,即礼、乐、射、御、书、数。

对礼、乐、射、御、书、数诸名目的解释,见于《周礼·保氏》,其文云:"养国子以道,乃教之六艺。一曰五礼,二曰六乐,三曰五射,四曰五驭,五曰六书,六曰九数。"郑玄注释道:"养国子以道者,以师氏之德行审喻之,而后教之以艺仪也。五礼,吉、凶、宾、军、嘉也;六乐,云门、大咸、大韶、大夏、大濩(护)、大武也;郑(众)司农云:五射,白矢、参连、剡注、襄尺、井仪也;五驭,鸣和鸾、逐水曲、过君表、舞交衢、逐禽左;六书,象形、会意、转注、处事、假借、谐声也;九数,方田、粟米、差分、少广、商功、均输、方程、赢不足、旁要;今有重差、夕桀、句股也。"[1]

以下,我们分别对其进行解释。

1.五礼:指吉礼、凶礼、宾礼、军礼、嘉礼

吉礼,即祭祀天神、地祇、人鬼等的礼仪活动。如郊天、大雩、大享明堂、祭日月、大蜡、祭社稷、祭山川、籍田、先蚕、祭天子宗庙、功臣配享、上陵、释奠、祀先代帝王、祀孔子、巡狩封禅、祭高禖等。

凶礼,主要指在发生不幸时所行的礼制。《周礼·春官·大宗伯》:"以凶礼哀邦国之忧。"分为丧、荒、吊、禬、恤五类项目。丧礼是对死亡者表示哀痛与悼念之情的礼仪,在民间主要是处理死者殓殡、祭奠和拜踊哭泣的礼节;荒礼即遇到荒年饥馑或瘟疫流行时,帝王与王臣采取减膳、节约等措施,以表示体察灾情、与民同苦之意;吊礼即他国或他人遭受灾害后,帝王或王臣派遣使者前往慰问的礼仪;禬礼是某国

---

①《周礼注疏》卷一四《地官·保氏》,载《十三经注疏》(清嘉庆刊本),北京:中华书局,2009年,第1575页。

遭受敌国侵犯而城乡残破后,同盟诸侯筹集财物予以援助的礼仪;恤礼即邻国遇到寇乱后,帝王或诸侯派遣使者前去慰问,以示同情关切的礼仪。

宾礼,用于朝聘会同,是天子款待来朝会的四方诸侯和诸侯派遣使臣向周王问安的礼仪。包括朝、宗、觐、遇、会、同、问、视等礼仪。其中,前四项是不同季节诸侯定期拜见天子典礼的名目,后四项是不定期朝见天子仪式的名目。

军礼,用于征伐,是军事活动方面的礼仪。《周礼·春官·大宗伯》:"以军礼同邦国。"古代军礼大致分为五类:大师之礼,用于征伐行动;大田之礼,用于田猎活动;大均之礼,用于户口普查和赋税调整时的仪式;大役之礼,用于修建城邑、宫殿、水利等时的仪式;大封之礼,用于诸侯之间封疆划界的仪式。

嘉礼,即喜庆典礼。主要包括冠、婚、燕、飨、射等活动中的礼仪。冠礼、婚礼是自天子达于庶人的通礼。燕礼、飨礼是帝王或朝廷独有的礼仪,燕礼特指君臣燕饮之礼,飨礼也是君王设酒宴以飨宾,古称"大飨"。

射礼,就是射击比赛的典礼。有大射礼,在天子或诸侯将举行祭祀等事时,请臣下比试射艺,优秀者可参加祭祀活动;有乡射礼,主要是地方的尊老之礼。在举行乡射礼之前,要为被选中的贤能之士设宴饯行,该仪式叫作"乡饮酒礼"。

2.六乐:指云门、大咸、大韶、大夏、大濩(护)、大武

周代国家以乐舞熏陶并影响百姓,对世人的道德情操起到潜移默化的作用。六乐是大司乐给国子传授的乐舞。《周礼·春官·大司乐》载,大司乐"以乐舞教国子,舞云门大卷、大咸、大磬(韶)、大夏、大濩(护)、大武"。郑玄注:"此周所存六代之乐。黄帝曰云门大卷;大咸咸池,尧乐也;大磬(韶),舜乐也;大夏,禹乐也;大濩(护),汤乐也;大武,武王乐也。"①古人谓周公制礼作乐,六乐中的前五乐据说是周公整理的,而大武则是周公创制的。

①《周礼注疏》卷二二《春官·大司乐》,载《十三经注疏》(清嘉庆刊本),北京:中华书局,2009年,第1700—1701页。

3.五射:指白矢、参连、剡注、襄尺、井仪

五射的解释是郑玄引郑众(司农)《周礼解诂》之言。《周礼·地官·保氏》贾公彦疏言:"大司乐文,先郑云:五射白矢已下无正文。或先郑别有所见,或以义而言之。云白矢者,矢在侯而贯,侯过见其镞白。云参连者,前放一矢,后三矢连续而去也。云剡注者,谓羽头高镞低而去剡剡然。云襄尺者,臣与君射,不与君并立,襄君一尺而退。云井仪者,四矢贯侯,如井之容仪也。"①

4.五驭:指鸣和鸾、逐水曲、过军表、舞交衢、逐禽左

春秋及其以前,战争主要是车战,而贵族都有驾自备的战车率家臣随国君甚至天子作战的义务,故而驾车是每个贵族的基本技能。五驭就是战车的五种不同的驾驶方法。五驭的解释是郑玄引郑众(司农)《周礼解诂》之言。《周礼·地官·保氏》贾公彦疏言:"大司乐文,先郑云:五射白矢已下无正文。或先郑别有所见,或以义而言之。……云五驭者,驭车有五种。云鸣和鸾者,和在式,鸾在衡。案:《韩诗》云,升车则马动,马动则鸾鸣,鸾鸣则和应。先郑依此而言。云逐水曲者,无正文。先郑以意而言,谓御车随逐水势之屈曲,而不坠水也。云过军表者,谓若《毛传》云:'褐缠旃以为门,裘缠质以为樴,间容握驱而入击,则不得入。'《穀梁》亦云:'艾兰以为防,置旃以为辕门,以葛覆质以为槷流,旁握御击者不得入。'是其过军表即褐缠旃是也。云舞交衢者,衢道也,谓御车在交道车旋应于舞节。云逐禽左者,谓御驱逆之车,逆驱禽兽使左当人君以射之,人君自左射。故《毛传》云,自左膘而射之,达于右腢为上杀。又《礼记》云,佐车止,则百姓田猎是也之类。"②

5.六书:指象形、会意、转注、处事、假借、谐声

这里郑玄引用了郑众(司农)《周礼解诂》对汉字构造的解释,与我们熟悉的东汉许慎《说文解字叙》中所言六书为指事、象形、形声、会意、转注、假借稍有不同,将处事改称指事、谐声改称形声。唐贾公彦《周礼保氏疏》解释:"云六书象形之等,皆

①《周礼注疏》卷一四《地官·保氏》,载《十三经注疏》(清嘉庆刊本),北京:中华书局,2009年,第1576页。
②《周礼注疏》卷一四《地官·保氏》,载《十三经注疏》(清嘉庆刊本),北京:中华书局,2009年,第1576页。

依许氏《说文》,云象形者,日月之类是也,象日月形体而为之。云会意者,武信之类是也,人言为信,止戈为武,会合人意,故云会意也。云转注者,考老之类是也,建类一首,文意相受,左右相注,故名转注。云处事者,上下之类是也,人在一上为上,人在一下为下,各有其处,事得其宜,故名处事也。云假借者,令长之类是也,一字两用,故名假借也。云谐声者,即形声一也,江河之类是也,皆以水为形,以工可为声。但书有六体,形声实多,若江河之类,是左形右声;鸠鸽之类是,右形左声,草藻之类是;上形下声,婆娑之类是;上声下形,圃国之类是;外形内声,阛阓衡衒之类是;外声内形,此声形之等,有六也。"①简单来说,象形字是描画物体的外形,笔画随物体的形状而弯曲。如"日""月"二字。会意字就是将两个以上的独体字(古人称"文")拼在一起构成的合体字(古人称"字"),人们通过字形可意会新字的字义。如止戈为武,人言为信。转注是指两个字部首相同,字义也相同,可以相互注释。如"考、老"二字都属于"老"部,"考"训为"老","老"训为"考"。处事字见到字形就能认识,仔细观察体会就能懂得它表示的意思。如"上""下"二字。假借指语言中已经有了词,但还没有为它造字,于是依照语音借用一个已有的字来寄托这个"本无其字"的词的意义。如语言中已经有了"花钱"的"huā"这个词,但是并没有为它专门造字,于是就借用"花朵"的"花"字。谐声字又称形声字,是用表示事物的偏旁标明所造字的意义范畴,再取另一偏旁来比譬所造字的读音。如"江、河"各字的"水"旁,表明该字的意义与水有关,读音各与"工""可"相同或相近。

6.九数,指方田、粟米、差分、少广、商功、均输、方程、赢不足、旁要

这里郑玄是引用了郑众(郑司农)《周礼解诂》对九数的解释。唐贾公彦《周礼保氏疏》解释:"云九数者,方田以下皆依《九章算术》而言。云今有重差句股也者,此汉法增之。马氏注以为,今有重差、夕桀,夕桀亦是算术之名,与郑异。"传世有《九章算术》②一书,九卷,晋刘徽说:"周公制礼,而有九数,九数之流则《九章》是

---

① 《周礼注疏》卷一四《地官·保氏》,载《十三经注疏》(清嘉庆刊本),北京:中华书局,2009年,第1576页。
② 《九章算术》,文渊阁《四库全书》子部天文算法类算书之属,台北:商务印书馆,1986年。

矣。"学者考定,该书汉代即已成形,有晋刘徽注、唐李淳风注释。《九章算术》分为九章,共收有246个数学问题,代表了当时世界数学的最高水平。方田,38题,"方田以御田畴界域",主要讲述各种平面几何图形面积的计算方法,包括长方形、等腰三角形、直角梯形、等腰梯形、圆形、扇形、弓形、圆环这八种图形面积的计算方法。另外,方田还系统地讲述了分数的四则运算法则,以及求分子分母最大公约数等方法。粟米,46题,"粟米以御交质变易",讲谷物粮食交换标准兑换率;提出比例算法,称为今有术。差分又作衰分,20题,"衰分以御贵贱禀税",提出比例分配法则,各种事物相对的比例叫作列衰,按等第分东西叫作衰分。少广,24题,"少广以御积幂方圆",已知面积、体积,反求其一边长和径长等;介绍了开平方、开立方的方法。商功,28题,"商功以御功程积实",讲土石工程和体积、容积计算;除给出了各种体积公式外,还有工程分配方法,涉及的形体有长方体、棱柱、棱台、圆锥、圆台、四面体等。均输,28题,"均输以御远近劳费",即合理摊派赋税;用衰分术解决赋役的合理负担问题。方程,18题,"方程以御错糅正负",是多元一次方程组问题;采用分离系数的方法表示线性方程组,相当于现在的矩阵;解线性方程组时使用的直除法,与矩阵的初等变换一致。这是世界上最早的完整的线性方程组的解法。这一章还引进和使用了负数,并提出了正负术——正负数的加减法则,与现今代数中法则完全相同;解线性方程组时实际还施行了正负数的乘除法。赢不足又写成盈不足,20题,"盈不足以御隐杂互见",大体是二元一次方程组问题;提出了盈不足、盈适足和不足适足、两盈和两不足三种类型的盈亏问题,以及若干可以通过两次假设化为盈不足问题的一般问题的解法。旁要又作勾股,24题,"句股以御高深广远",就是利用勾股定理求解的有关测望、营造等方面的问题。必须注意,根据中国数学史,上述九数的概念远远超出西周和春秋时期的数学水平,不可盲目相信。

三、六经与孔子教育

孔子(前551—前479年),名丘,字仲尼,人们敬称其为孔子、孔夫子,鲁国陬邑(今山东曲阜)人,春秋时期伟大的思想家、政治家和教育家,儒家学派的创始人。

为了推行自己的政治主张,孔子带着学生们周游列国,企图干预诸侯,但作用极微。鲁哀公十一年(前484年),六十八岁的孔子回到鲁国。他"病没世而名不称焉。吾道不行矣,吾何以自见于后世哉!"为了死后能留名,寄托自己的政治主张,于是孔子集中精力整理旧有的文化典籍,并作为向弟子授课的教材,编定了《诗》《书》《易》《礼》《春秋》《乐》六种典籍。学者称其整理撰述的六种典籍为"六经",即六种儒家经典。可能由于先秦至汉代诸子各家的典范性著作都被称为经,如道家之《道德经》、医家之《黄帝内经》之类,为突出儒家学派的独尊地位,区别于诸家学派之经,学者遂将儒家经典别称为"六艺"。

《书》又名《尚书》,是前代政治文献的汇编。孔子从周王室访得虞、夏、商、周的文献三千多篇,从中选出有规范作用、足以垂世立教的典、谟、训、诰、誓、命等文体的文章一百篇,编成了该书。

《礼》,指《士礼》,就是《仪礼》,其内容是关于士大夫应该掌握的冠、昏、饮、射、聘、觐、丧葬、祭祀的各种礼仪。孔子认为,礼是实现天下归仁和个人立身的重要手段。经过长期的搜集和实践,孔子终于对已经崩坏的礼有了全面的掌握。总结三代礼仪的变化,他认为只有周礼可纠正世风,说:"周监于二代,郁郁乎文哉,吾从周。"①从而将其著录于书。

《乐》,即《乐书》,就是古代的歌曲。"诗言志,歌咏言",孔子十分重视音乐对了解民情、陶冶情操、引导社会风气的作用。他用了很多精力搜集研究音乐,终于对音乐的规律有了深切体会,说:"乐其可知也:始作,翕如也;从之,纯如也,皦如也,绎如也,以成。"②孔子以乐作为教学的课程之一,但乐是否有书,古人说法不一。周予同先生云:"关于《乐经》经今古文学家主张各异。古文学家以为古有《乐经》,因秦焚书而亡佚。今文学家则以为古无《乐经》,《乐》即在《礼》与《诗》之中。"③

《诗》,又称《诗经》,是三代诗歌的选集。诗按性质和乐调分为风、雅、颂三类。

---

① 程树德撰:《论语集释》卷六《八佾下》,北京:中华书局,1990年,第182页。

② 程树德撰:《论语集释》卷六《八佾下》,北京:中华书局,1990年,第216页。

③ 《经学历史》,北京:中华书局,1959年,第20页注㈠。

风是民歌。雅是贵族应酬的歌曲,又分大雅和小雅,大雅音调沉厚,小雅音调轻快。颂是宗庙祭祀的乐章,音调节奏迟缓板滞,一唱三叹。孔子说:"《诗》可以兴,可以观,可以群,可以怨。迩之事父,远之事君,多识于鸟兽草木之名。"①就是,学诗可以提高才智,搞好人的关系,表达思想情感,侍奉好父母和国君,增长见识。孔子搜集到三千多首诗,加以整理,并选取其中有利于礼义施行的三百零五首,编成了《诗》。对每首诗,孔子都配以乐曲进行歌唱,以求合于韶、武、雅、颂之音。

《易》,即《周易》,是古代占卜之书。相传伏羲制《易》,周文王对其进行整理,演绎为六十四卦和三百八十四爻,成为《周易》。孔子从四十岁开始学《易》,读的次数太多,连编竹简的牛皮绳都多次磨断。孔子对《易》进行解释和论说,写成了十翼。经过十翼的阐发,《周易》就不限于占筮之用,而是跨进了哲学的领域,成为一切道理的根本。

《春秋》是一部编年史书。据说孔子曾使子夏等十四人去周王室访书,求得一百二十国史书。孔子以鲁国编年史《春秋》为基础,总结三代历史发展的法则,对史事进行书写或删削,终于写成了自鲁隐公元年(前722年)至鲁哀公十四年(前481年),共二百四十二年的编年历史。孔子注重史事记载的褒贬和正名,以其作为存王道和惩恶劝善的工具。孔子对此书极为重视,说:"知我者其惟《春秋》乎!罪我者其惟《春秋》乎!"②

汉武帝采纳董仲舒的建议,"废黜百家,尊崇儒术",把儒学的著作称为"经",将儒家思想作为皇朝唯一正统的思想,陆续设置了《易》《书》《诗》《礼》《春秋》的五经博士官,招收博士弟子,传习和发展儒学。东汉时,以五经加上《论语》《孝经》,合为"七经"。唐代将《礼》分为《周礼》《仪礼》《礼记》;《春秋》分为《左传》《公羊传》《穀梁传》,加上《易》《诗》《书》,合称为"九经"。唐文宗开成年间,刻石经,以九经加上《孝经》《论语》《尔雅》,为"十二经"。北宋时,将《孟子》列入经部,这才有了"十三经"的

---

①程树德撰:《论语集释》卷三五《阳货下》,北京:中华书局,1990年,第1212页。
②《孟子注疏》卷六下《滕文公章句下》,载《十三经注疏》(清嘉庆刊本),北京:中华书局,2009年,第5903页。

名称。宋代理学家二程和朱熹极力宣扬《论语》《孟子》和《礼记》中的《大学》《中庸》,亲自为四书集注。从此,又出现了"四书"这个名称。

正如上边所说,汉代虽然称儒家六经,但只列了五经博士,就是因为《乐》在当时已经无书,故而无人研究和教授弟子。

汉代学者称六经为六艺,但六经《诗》《书》《易》《礼》《春秋》《乐》与六艺礼、乐、射、御、书、数无法构成对应关系。六经是书籍,六艺是课目名称,概念不同。孔子认识到六经的教育作用,在《礼记·经解》中,孔子曰:"入其国其教可知也,其为人也温柔敦厚,《诗》教也;疏通知远,《书》教也;广博易良,《乐》教也;洁静精微,《易》教也;恭俭庄敬,《礼》教也;属辞比事,《春秋》教也。"[1]这是指以六经对国民进行的教育。如果作为六艺教材,《礼》即《仪礼》可用于礼仪的教育,《乐》(即《乐经》)和《诗》(即《诗经》)可用于乐的教育,《春秋》可以用于属辞比事即作文的教育。其他的《书》《易》两种经在六艺中没有对应的课目。射和御在图书分类中属于"兵技巧"一类,是百家中的兵家。射是射箭的课程,具有很强的实践性,在《汉书·艺文志》中著录有《逢门射法》二篇、《阴通成射法》十一篇[2],似乎可用于此课的教材。御是驾车的课程,实践性更强,未见在三代有驾车的教材。书是小学,即文字学,其图书分类在六艺和儒家类,主要是教授学生识文断字,《尔雅》作为诸经的辞解,或可当之,《春秋》的属辞比事教育已经是其中的高级教育了。《汉书·艺文志》六艺略之小学类,录有据称是周宣王时太史所作《史籀》十五篇,有佚名撰《八体六技》,有秦李斯作《仓颉》一篇,[3]可能是古代较早的小学著作或识字课本,真正合乎六艺之书的六书的小学类典籍是东汉许慎所撰《说文解字》。

通过以上考查,我们的观点是,以孔庙之六艺而言,六艺的四种解释中只有第四种孔子所创立儒家私学从周代官学继承而来的教学科目,即礼、乐、射、御、书、数符合其要求。我们介绍汉代学者对六艺礼、乐、射、御、书、数具体内容的详细解释,

---

①《礼记正义》卷三〇《经解》,载《十三经注疏》(清嘉庆刊本),北京:中华书局,2009年,第3493页。

②《汉书》卷三〇《艺文志》,北京:中华书局,1962年,第1761页。

③《汉书》卷三〇《艺文志》,北京:中华书局,1962年,第1719页。

则是为了给六艺柱的文字和图案设计提供素材。儒家六经《诗》《书》《易》《礼》《春秋》《乐》,可以作为六艺教育的部分教材,但不是六艺教材的全部,而且御、射等课程主要是实践训练,不需要或没有教材。故而,"以《诗》《书》《易》《礼》《春秋》《乐》作为(六艺柱)文字创作来源"的意见,仅可参考,没有多少实际意义。

问鼎中原的楚庄王芈侣

楚庄王芈侣(前613—前591年在位),古苗族,楚国历史上一位有为的君主,他任用孙叔敖为令尹,问鼎中原,继晋文公以后成为霸主。

一

楚国是古苗人的后裔。周文王时,苗族头领鬻熊归附周人,后来参加伐纣的联军。周成王分封功臣,将鬻熊的后代熊绎封于楚蛮,为子爵,姓芈(mǐ),居丹阳(今湖北秭归)。西周时,熊绎的子孙不断发展,立国号为楚。东周至春秋初,楚国力量更为强大,楚君熊通于周桓王十六年(前704年)自尊为楚武王。楚文王熊赀时,将国都迁至郢(今湖北江陵)。楚成王在位46年,一即位就派人给周天子进贡,周惠王赐胙于楚成王,说:"镇守你的南方,平定夷越的混乱,不要侵扰中原之国。"这时楚国已有地千里。齐桓公、宋襄公都曾与楚作战,以抗击楚对中原的侵扰。晋楚城濮之战,楚军大败,楚人北上的企图再次受阻。此后,楚转而向东发展,先后灭了江(今河南息县西)、六(今安徽六安)、蓼(今河南固始)、群舒(今安徽舒城、霍山一带)和巢(今安徽巢湖北),占领了淮南等地。

楚庄王即位初,公子燮求为令尹不得,乘令尹子孔率军袭舒、蓼之机,联合子仪父发动叛乱,被平定。自此,楚庄王有三年时间整天玩乐,不发号施令,还向全国臣民下令:"有敢于进谏者,死无赦!"大夫伍举进宫,见庄王左臂抱着郑姬,右臂拥着越女,坐在钟鼓之间,就说:"臣希望有进陈隐语的机会。隐语说:'一只鸟在高山上,三年了,既不飞,也不鸣。'请问这是只什么鸟?"庄王回答道:"三年不飞,一飞必定冲天;三年不鸣,一鸣必将惊人。"伍举说:"我明白了!"几个月以后,庄王淫乐更甚,大夫苏从又入宫进谏。庄王问:"你没有听到我的命令吗?"苏从说:"我愿意以自己的死使君王明智。"于是,庄王停止了淫乐,致力于政事,杀掉了几百个民众痛恨的人,任用了几百个贤能的人,以武举、苏从主持政事,国人都很高兴。庄王三年(前611年),楚国大饥,山戎和群蛮叛楚,楚兴兵,平定了戎蛮之乱,并乘胜灭了带头反楚的庸国(今湖北竹山东)。

二

楚庄王求贤若渴,虞丘推荐了一位隐于民间的处士,名孙叔敖。楚庄王与孙叔敖谈话以后,知道他确实贤能,于是重用孙叔敖,三个月以后,就以其为令尹(国相)。有一位粗衣老人对孙叔敖说:"人地位越高越要谦逊,官做得越大越要细心,俸禄越厚越要慎重收取。你能谨慎地守住这三条,就足以治理楚国了。"孙叔敖在国内施行教化,引导人们上下和睦亲近,风俗淳厚美好,政令宽缓,官吏清廉。他注意发展生产,修建了芍陂,使许多农田旱涝保收,秋冬时,劝导民众入山打猎采集,春夏时让民众趁水涨将竹木运出山去,使人们都能得到方便和好处。

楚庄王认为钱币太轻,改铸大的钱币,商贾们觉得不便使用,纷纷抛弃了本业。市令向令尹报告道:"市场情况混乱,人们不安于其业,有的走了,不走的也不安心。"孙叔敖问:"这种情况有多久了?"市令说:"大约三个月。"孙叔敖说:"唉,我马上让它恢复旧观。"五天以后,他朝见庄王时,陈言道:"改铸重币,使市场混乱,臣请求恢复原状。"庄王同意了,正式下令,三天以后,市场又像以前那样兴旺了。楚民喜欢造底座低的车子,楚庄王认为这种车子不便于马拉,想下令一律改为高车。孙叔敖说:"法令一再颁下,使百姓无所适从,不好。大王如果一定要改高座车,臣请求下令让民间将门槛都加高,有车子乘的都是君子,他们不能老是经过乡里的门槛就下车。"庄王答应了。半年以后,人们因为高门槛低车座不便上下车,自动将车座都加高了。

三

国家得到治理后,楚庄王重新将兵锋指向北方。庄王六年(前608年)秋,楚庄王兴兵,联合郑军讨伐叛楚盟晋的陈国,进而侵袭宋国。晋军在赵盾的统率下,前来救陈、宋,攻打郑国。楚军由为贾统领,在北林(今河南郑州东南)与晋军交战,俘房晋将解扬,晋军败退,楚军缴获兵车五百乘。庄王八年(前606年),楚庄王伐陆浑(今河南嵩县北)之戎,接着率军北上,直至成周(今河南洛阳)郊外。周定王派王孙满前往慰劳,楚庄王向王孙满问天子宝器九鼎的大小轻重。王孙满知道其意不善,回答道:"当天子在于德行,而不在于鼎。当年夏王正有德的时候,要求九州之牧进贡青铜,铸造了九鼎。到夏桀昏德,鼎就迁于商,在商朝六百年。商纣暴虐,鼎又迁于周。德行如果美善,鼎虽然小,也是重的。如果奸邪昏乱,鼎虽然大,也是轻的。周朝的德虽有衰败,但天命并没有改变。鼎的轻重,是不能问的。"楚庄王于是退兵。

庄王九年(前605年),楚庄王以若敖氏子越椒为令尹。有人在庄王面前说越椒的坏话,越椒害怕了,就发动叛乱,向楚庄王发起进攻。楚庄王以三王之子为人质,仍不行。七月,楚庄王率兵与若敖氏在皋浒(今湖北襄阳西)大战,越椒射出一箭,飞过楚庄王的车辕,穿过鼓架,钉在铜钲上。越椒又射出一箭,飞过车辕,穿透车盖。士卒们都害怕了,向后退却。楚庄王大喊道:"当年,我的先君文王平定息国时得到三支强矢,越椒偷去了两支,已经射完了。"于是擂响了战鼓,全军向若敖氏发动反攻,迅速平定了叛乱。

庄王十年(前604年),郑襄公继位后,叛楚附晋,楚庄王带兵前往讨伐,晋国派荀林父领兵来救,陈与楚结盟。庄王十三年(前601年),众舒反叛,楚庄王出兵讨伐并灭了舒蓼。楚庄王于是正其疆界,东至滑内(今安徽合肥东),与东邻的吴国和越国结盟。庄王十四年(前600年),楚庄王再次领兵伐郑,晋军在谷缺的率领下前来救郑,在柳棼将楚军打败。从此,楚、晋为了争夺郑国,多次发生战事。次年,陈国发生内乱,夏姬与陈灵公、孔宁和仪行父淫乱,其子夏征舒感到耻辱,用箭将灵公射死,自立为君。楚庄王带兵攻入陈国,将夏征舒杀死,并以陈为楚县。群臣都表示祝贺,只有刚出使齐国回来的大夫申叔时没有祝贺。楚庄王问其原因,申叔时答道:"俗语说:'牵牛从别人地里走过,田主将牛夺去。'牛主走捷径踩坏庄稼是不对的,但夺了人家的牛则更不对了。大王因为陈国内乱而率诸侯的军队去讨伐,这是正义的,但贪心别国的疆土,又怎么向诸侯们发号施令呢!"庄王觉得申叔时讲得有道理,就将陈灵公的儿子午迎回国继位,为成公。

四

庄王十七年(前597年)春,楚庄王率兵围攻郑国,三个月以后,攻克其都城,郑襄公赤膊牵羊来降,楚庄王退兵三十里,与郑媾和。晋国派三军前来救郑,以荀林父为中军将,随会为上军将,赵朔为下军将。到黄河边时,听到楚郑媾和的消息,荀林父想还军,先轸认为,既已来此,不能不进而退,于是渡过黄河。听说晋军前来,正要退师的楚庄王在其嬖人伍参的怂恿下,决定与晋人交战。两军在邲(今河南荥阳东北)相遇。晋将帅内部矛盾甚多,晋将赵旃夜里到楚营军门前挑战。楚庄王指挥左广的战车出去追赶赵旃,赵旃丢了战车跑进树林。晋军派出战车前去迎接,楚军见晋军前来,就出兵列阵迎战。孙叔敖对将士们说:"前进! 宁可我们迫近敌人,不可让敌军迫近我军。一定要抢在前面,以挫败敌军的意志。"楚军一齐向晋军冲去。晋军不知所措,纷纷败逃。荀林父见已无可挽救,下令道:"快跑! 先渡过河的有赏。"晋中军和下军一齐涌向河边的几条船,船上的人怕人太多过不了河,将抓住船舷的手指都砍掉了,船中手指成捧。晋军战车抽掉横木、扔掉大旗,拼命逃跑。只有晋上军作为后殿,没有溃散。楚庄王在黄河边上祭祀河神,建造了先君的神庙,报告战胜晋军的消息,然后胜利班师。

这年冬天,楚庄王率军讨伐萧,宋国派华椒率军来救。楚庄王灭了萧,更怨恨宋人救萧。庄王十九年(前595年),庄王派申舟出使齐国,申舟经过宋国时,被宋执政华元捉住杀死。楚庄王得信,愤怒地一甩袖子站起来,提起佩剑就上了战车,出兵伐宋。于九月将宋都商丘包围。宋人向晋求援,晋人不敢再出兵。宋国被围九个月,城中早已没有粮食,最后不得不与宋订立城下之盟,以华元作为人质。盟约中写道:"我无尔诈,尔无我虞。"意思是,我不骗你,你不欺我。此后,鲁、宋、郑、陈等国都归向了楚,楚国成为中原诸国的盟主。

楚庄王在位二十三年卒,其子芈审继位为楚共王。

(原载郭卿友主编:《中国历代少数民族英才传》,兰州:甘肃人民出版社,2000年。)

创设学宫 推动学术繁荣
——齐稷下学宫

2000多年前的战国,虽说战争不断、社会混乱,却是一个思想大解放、文化璀璨发展的时期,人称其为"百家争鸣"。当时,各家各派的思想巨子都著书立说,广授弟子,奔走天下,游说诸侯,互相驳难,互相渗透,学术思想极为活跃,促进了社会的进步和学术的发展,奠定了中华传统文化的思想基础。百家争鸣局面形成的根本原因,固然在于当时生产关系的巨变和特殊的社会政治状态。但是,当时盛行的养士之风,特别是齐国在都城设立的稷下学宫,给学者的学术研究和相互促进、融合,提供了一个待遇极为优厚、气氛十分宽松的环境,实在是当时学术繁荣的巨大推动力。

一、设立学宫 聚贤育才

齐国位于今山东半岛,是西周初年异姓诸侯中最大的封国。这里僻处海滨,多山少田,从吕太公开始,就注意发挥地方的优势,简化礼仪,鼓励商业和手工业的发展,充分利用海滨鱼盐的资源,使齐国迅速发展起来。春秋中叶,齐桓公任用管仲进行改革,对当时出现的私田进行丈量,根据其肥瘠和排灌条件,确定不同的赋税等级,增加了国家的财政收入。又采取得力措施促进鱼盐业的继续发展,方便商品流通,鼓励境外贸易。并打出"尊王攘夷"的口号,使齐桓公成为春秋第一位霸主。

随着生产力的发展,水利的兴修,铁器的使用和牛耕的推广,春秋中后期,各诸侯国的经济得到不同程度的发展,政治形势也产生了相应的变化。最重要的是诸侯国内部卿大夫的势力逐渐发展起来,著名的如鲁国的三桓、晋国的六卿和齐国的田陈氏。他们利用自己的政治经济实力,控制和瓜分公室,并互相争斗,以扩充领地。晋国的六卿争斗到最后,剩下韩、魏、赵三家。周魏烈王于公元前403年正式承认三家为诸侯。齐国大夫田陈氏的势力逐渐发展,而姜姓君主却更为腐败,齐康公整天酗酒和沉湎于女色之中,拒不听政。齐相田和于公元前391年将康公迁于海上,给予一个城邑的俸养,夺取了姜齐的政权。公元前386年,周安王正式册命田和为诸侯,田陈氏名正言顺成为齐国君主。

这时,中国历史早已进入战国时期。西周分封的数百诸侯经过长期的历史动乱和兼并战争,只剩下二十余国。其中比较有影响的是齐、楚、燕、秦、韩、魏、赵,号称战国七雄。三晋和田氏的胜利,宣布了强者生存、弱者淘汰的残酷政治法则。由于官僚政治的发展,士在政治生活中的作用迅速增强。为了在竞争中求得生存和发展,各诸侯国争相豢养和礼聘士人,用他们进行政治经济改革,以富国强兵。

作为一个商品经济比较发达的国家,齐文化有与其他以农业立国的国家所不同的是其博大兼容的特点。齐国的君主,历来有重才任贤的传统。当初,太公吕尚就注重"修道术,尊贤智,赏有功"。齐桓公更是不惜花费重金招揽天下贤士,并采取实际措施培养人才,让他们集中居住,使士成为一种职业,世代继承。田齐君主更是思贤如渴,重贤任能。公元前333年,齐威王与魏惠王一起狩猎。魏惠王问:"大王有什么宝物吗?"威王答:"没有。"魏惠王说:"像我们这样的小国都有直径一寸可以分别照亮十二辆兵车前后的宝珠十枚,为什么你们这样的万乘大国,竟然没有什么宝物呢?"齐威王坦然地回答道:"我所认为的宝贝与大王完全不同。我有大臣檀子,让他驻守南城,楚人就不敢前来进袭,而泗水流域的几个诸侯都来朝见。我有大臣田盼让他驻守高唐,赵国军队就不敢越过大河。我有官吏黔夫,让他驻守徐州,燕、赵二国都祭祀祈祷,怕齐军前去进攻,前来投奔的有七千家之多。我有大臣种首,让他负责治安,盗贼匿迹,道不拾遗。我的这些文臣武将,每位都光照千里,何止十二辆兵车呢!"说得魏惠王惭愧地低下了头。齐宣王在与士人的交往中,也深切地认识到礼贤下士的重要。学者颜斶在见齐宣王时,两人坐席相距较远,颜斶坚持要宣王向他靠近,齐宣王不满地说:"究竟是君王尊贵,还是士人尊贵?"颜斶毫不犹豫地回答:"是士人尊贵,而不是君王尊贵。"并讲了一番道理,使齐宣王不得不服。有位叫王斗的先生到王宫前要见齐宣王,齐宣王派谒者引他进殿。王斗对谒者说:"我跑去见宣王说明我好势利,宣王跑来见我说明他礼贤下士。怎么办?"谒者回报。齐宣王马上亲自跑到门口迎接,陪着王斗一起回殿,向王斗请教治国之策。王斗向齐宣王推荐了五位贤人为官,使齐国的社会得到治理。

面临着各诸侯国之间更为激烈的生死存亡的竞争,田齐君主明确提出"辟土地,朝秦楚,莅中国而抚四夷"的政治目标。就是扩充齐国的疆土,迫使秦、楚等大国都来称臣,安抚周边各民族,成为天下的最高统治者。要实现这一雄伟目标,当然首先要有足够的人才。代齐初期的田齐桓公(前374—前357年在位),就已经发现私家养士难以满足国家对人才的长期和大量的需求,于是实施了一项前所未有的大胆的文化举措,在齐国都城临淄(今山东淄博)创立了稷下学宫。稷下学宫,是用以聚集人才、讨论学术、培养新人、咨询政治的一个类似现代大学的机构。它的设立和发展使齐都临淄很快成为当时的文化和学术中心,促进了齐国政治、经济、文化的迅速发展,使齐国成为战国时的一流大国。齐桓公以后,稷下学宫经齐威王,到齐宣王时达到鼎盛,据说有学士数百千人之多,齐闵王时仍然兴盛。齐闵王末年,齐国被燕赵韩魏秦的联军打败,临淄失陷,稷下学宫受到破坏,停顿达数年之久。齐襄王复国,恢复了稷下学宫。到齐王建时,由于国力的衰竭,稷下学宫的情况也大不如前。直到公元前221年,秦灭齐统一六国,稷下学宫才走完它150年的历程。

二、待遇优厚 制度健全

齐国从公元前9世纪中叶迁都临淄,到田氏代齐时已经四百多年。据对齐国故都临淄遗址的考古发掘,临淄有大城与小城之分,大城为郭城,城墙全长14158米,小城为齐国的统治中心,其城墙全长7275米。纵横家苏秦曾盛赞齐国的强盛和临淄的繁华,说:"齐国地方二千里,甲兵数十万,粮食堆如山丘。临淄富饶而又殷实,其民无不吹竽鼓瑟,击筑弹琴,斗鸡走狗,六博蹋鞠者。临淄的街上,车毂相击,行人肩摩,将衣衽连起来就可以组成帷帐,将衣袖举起来就可以组成幕布,挥出来的汗像雨一样,家家敦实富足,志高气扬。"

临淄小城西门名为稷门。学宫就设在稷门之外,故称稷下。据对当地考古发掘和地名演变资料的分析,稷下学宫规模宏大,其中心建筑在小城西门外,南至小城西南部,北至今邵家圈以南。稷下学宫地势高爽,北侧有系水流过,旁有申池,风景秀丽,环境幽雅。学宫前有宽阔的黉大路,与西门相通,西门北去就是高大的桓公台宫殿。学宫内小桥流水处处,亭台楼阁相望,讲堂高大宽敞,花树修竹错落其间。齐国君主还在大路两旁修建了许多座独立的府第,每位稷下先生一座,全都是高门大屋,殿宇轩昂,窗明几净,舒适壮丽。

当然,仅有高房大屋及优美环境,还不足以使稷下成为当时的学术中心,因为学者更重视的是自身的人格和治学的环境。为了招揽学者,齐国君主规定,凡来稷下的学者,都授予上大夫爵位,享受上大夫的俸禄,但不必担任实职,不用到官府去管事,只需专心研究学问和教授弟子。上大夫是周秦之际人臣的最高爵位。按周礼规定,王朝的三公九卿和大诸侯国的三卿由周天子任命,为上大夫爵。次等诸侯国三卿,其中二卿由天子任命,为上大夫,一卿由其国君任命,为下大夫。小国亦有三卿,一卿由天子任命,为上大夫,二卿由其国君任命,为下大夫。看来,上大夫就是相当于齐国国相、大司马等高级职务者的爵位和俸禄,其待遇之优厚,自不待言。现在,齐国君主设置了数十上百上大夫的爵位,虚位以待各国来齐的著名学者,当然能吸引来那些有学识的学者。

对前来投奔的各国学者,齐国君主都亲自接见,与其交谈,实际是考察其学识和能力。齐国君主经常挑选稷下先生担任国相等高级职位,却不派政府官员到稷下学宫担任领导工作,而是由稷下先生们自主推选那些德高望重、博学卓识的学者担任学宫的负责人,称为祭酒。史书记载,著名的儒学大师荀卿在齐襄公时就曾三次担任祭酒的职务。

稷下学宫对学术研究实行开放性的管理,对各派学术兼容并包,鼓励各派学术的争鸣。当时,举凡儒、道、法、墨、兵、阴阳、纵横等各家各派的学者都云集于此。他们在阶级、阶层、政治倾向、地域文化、心理结构、思维方式、价值观念等方面都存在一定的差异,故而其学术理论、政治观点都有不同。尽管齐国当时在政治上盛行的是黄老之学,但在学宫里,稷下先生们享有充分的思想自由和学术自由,可以自由地研治学问,著书立说,无人干涉。各家各派的学说和平共存,自由发展,没有丝毫来自政治方面的干预。稷下学宫定期进行学术聚会,各位学者或宣扬己见,或就某些问题展开讨论,或者互相驳难,以启发思智,促进学术的发展。据说,一位名叫田巴的稷下先生最擅雄辩,曾在一天之内辩败千人,传为美谈。

学者们在稷下还广收门徒,向弟子们传道授业,培养了大批学者和有用的人才。史载,孟子在稷下时有学生数百人,田骈有门徒百人,淳于髡去世时,竟有三千弟子为其服丧。稷下学宫对弟子的受业、事师、生活、起居、礼仪等方面,都有明确的规章制度进行约束。据研究,托名管仲的《管子》一书,就是稷下学者们的著作汇编。其中《弟子职》篇规定:弟子对先生要毕恭毕敬,专心致志地聆听先生讲课,接受真理的传授,有不懂的地方,当堂向先生请教,下课时要全体起立,课后要反复温习;要恭敬地侍奉先生的饮食起居,清晨伏待先生起床和洗漱,吃饭时跪着给先生献上饭菜酒酱,然后站在旁边照应,侍候先生吃完饭后,弟子才能开始吃饭;学习要身体力行,见善则从,闻义则服,行为正直,修养德行,不得骄横恃力,不许虚伪为邪,只能与有德行的人交朋友;生活起居要有规矩,作息要按时有度,早起晚睡,衣带整洁,注重礼仪,定时打扫室内外的卫生;同学之间,要互相尊重,长幼有序,晚间互相切磋学问,交流学习心得,检讨礼节和学习的不周;接待宾客要彬彬有礼、行动敏捷,勇于回答宾客的询问,恭谨地服侍宾客用餐。这些学生守则,有力地保障了稷下学宫的学习秩序。

为了向稷下学者提供议论政治的固定渠道,齐国君主继承管仲时的传统,专门开设"啧室之议",让学者们批评君上的过失,反映社情民意,向学者们咨询治国方策,征求对政事的建议,甚至是对现行政策的否定或批评。而稷下先生们也多喜欢议论时政,向君王陈述己见,实际上成为齐国的高级政治顾问。齐威王继位后,不理政事,整天淫乐暴饮。善于隐语的稷下先生淳于髡晋见齐威王时说:"我们齐国有一只大鸟,停在王庭之前,三年了都没有飞走,也没有鸣叫,大王知道这是一只什么鸟吗?"齐威王知道这是在暗示自己应该有所作为,于是回答道:"这只鸟不飞则已,一飞就冲上天;不鸣则已,一鸣必定惊人。"当即振作起来,悉心治国。此外,如齐宣王曾向尹文请教如何当好国君,田骈曾以道术说君主,尹文曾向齐闵王论士,孟子向齐威王讲说仁政,邹忌以弹琴论政等,都是这类稷下学者在为齐国的强大和治理出主意想办法。

稷下学宫对学者实行来去自由的政策,各地各国学者来的欢迎,去的欢送。离开稷下的学者,将其在稷下学到的知识传播到齐国各地和其他诸侯国,促进了战国时期文化水平的总体提高。

三、文化殿堂 群贤毕集

稷下学宫优厚的供给、和洽的气氛和良好的制度,吸引了各国各派的学者纷纷前来供职,许多思想大师在此著述讲学,发展了自己的学术观点。这些思想大师,有属于儒家学派的孟轲、荀况,有属于道家学派的田骈、宋钘,有属于阴阳家的邹衍、邹大,有属于纵横家的苏秦、张仪,有属于兵家的孙膑,有属于医家的扁鹊;还有陈轸、淳于髡、接子、环渊、鲁仲连等著名学者。

孟轲(约前372—前289年),字子舆,邹(今山东邹县东南)人,战国时期著名思想家、教育家,儒家学派的重要传人,人称为孟子、亚圣。孟子受业于子思的门人。学成以后,他到各国游历,想借助诸侯的力量,实现自己的政治抱负。孟子曾在齐威王和齐宣王时两次游齐,在稷下学宫为上大夫,并被齐宣王任为卿,处师宾之位长达23年,其学术与稷下学宫有非常密切的关系。《孟子》一书中,记有许多孟子在齐与其他学者进行学术争论,给学子传道授业,以及与齐国君主讨论政治的内容。例如,孟子曾与淳于髡争论"男女授受不亲"是不是礼的问题和贤者应该有何作为的问题。在齐国,孟子曾向其弟子充虞讲述棺椁用木与尽孝的关系,也曾多次向宣王讲要重德义,行仁政,方可成霸业,特别是对齐国的现行国策表达了意见。齐宣王六年(前314年),孟子劝齐宣王乘机伐燕。齐军入燕,大量杀戮平民,引起燕人的反抗,被迫撤退。当时,孟子多次劝齐宣王行仁政而勿图霸业,不要俘杀燕平民,为燕国立君。齐宣王未曾采纳。孟子的学识,在稷下得到成熟和发展。孟子晚年时回到故乡,与弟子们著书立说,成《孟子》七篇。孟子认识论最根本的是心性论,他认为人的本性是天赋的、纯善无恶的,对人性本质的仁义礼智等善端,不虑而知的良知,不学而能的良能,应该加以保护,存心养性,通过内在修养,达到知天、立命的圣贤人格。孟子的道德规范主要是仁、义、礼、智,诚则是四德的抽象和概括。四德中以仁义为主,仁是人,人心,义是符合仁的行为,礼、智是为实现仁、义服务的。要贵义贱利,反求诸己,与人为善,实现人性的净化,富贵不能淫,贫贱不能移,威武不能屈。人的价值集中体现在道德价值上,治国平天下都赖于个人的修身。从上述认识出发,孟子提出仁政学说。仁政施予的对象是民,民是立国之本,民为贵,社稷次之,君为轻。行仁政,就要轻其刑罚,薄其赋敛,制民之产,实行教化,以德服人,贵王道贱霸道。要实施仁政,就必须通过禅让确立贤君,通过尊贤以任用贤能。让劳心者治人,劳力者治于人。治于人者食人,治人者食于人。孟子继承、深化、丰富和发展了孔子的思想,排斥了异端的学说,使儒学成为战国时期的显学,对后世儒家思想的演变有很大影响,被视为孔门儒学的正宗。

荀况(约前313—前235年),字卿,赵国郇邑(今山西临猗、解县一带)人,战国后期著名思想家、教育家,人称荀子。荀况十五岁时就到齐稷下学宫,学习研究28年,成为饱学之士。因劝谏齐闵王无效,离齐到楚。齐襄王(前283—前265年在位)时,回到新恢复的稷下学宫,因其德高望重,学问渊博,三次被推为祭酒(学长)。大约在公元前266年应聘至秦,对秦昭襄王讲大儒"势在人上,则王公之材也;在人下,则社稷之臣、国君之宝也"。齐王建新立,荀况第三次游稷下,这时他已是稷下最负盛名的儒学大师。回齐多年后被人谗害,又离齐赴楚,任兰陵令。后来,家居兰陵著书授徒至死。荀况的学识,在稷下养成,又有所创新,他的思想凝聚于《荀子》一书中。荀况不满世道和学术的混乱,他要通过对诸子的批判,发扬儒家的思想和精神。在哲学上,荀况认为自然界与人类各有其职分,天是物质的客观的,人是社会的能动的,人要发挥能动作用,制天命而用之。他批判孟子的性善论,认为人的本性是恶,所谓善都是人为(伪)的。人们在后天环境的陶冶下,通过主观的学习和修养,可以化恶性为善德,形成高尚的道德人格,这就是"化性起伪"。在社会观上,他用"明分使群"来说明国家制度和伦理道德的起源,人之所以区分于禽兽在于人能群,而人之所以能群是因为人有富贵贫贱之分,明分必须依靠礼义。群体性和等级制的统一,是最理想的和谐社会结构。在历史观上,他主张法后王,认为"舍后王而道上古,譬之是犹舍己之君而事人之君",人们要以近知远,善言古者必有节于今。在政治上,他主张礼法兼治、王霸并用。要隆礼,以礼作为区别等级、划分名分和职分的标准;又要明法,以法律、政令作为衡量曲直、判断是非的准绳。强调行仁和亲民,贤王应该尚贤使能,强本节用,开源节流,裕民富国,兼利天下。总之,荀况主要通过在稷下的研讨,发展了他的学术,继承、发挥了孔子"外王"的方面,注重于推行王道于天下,成就裕民富国的事功,从而形成了独树一帜的荀学。同时他在稷下吸收了邹衍、邹大、淳于髡的学术思想,在思想理论上,既提倡儒家君臣父子的名教观,又有邹衍历史循环的宇宙观,又主张人性恶,从而成为法家思想的理论依据。他的弟子韩非、李斯后来成为著名的法家人物,与荀子学术的包容性有很大的关系。

邹衍(约前305—前240年),齐国人,阴阳家的代表人物。他很早游稷下学宫,以学问重于齐。邹衍到魏,魏惠王郊迎,礼为上宾;到赵,平原君待之以宾主之礼;到燕,燕昭王亲自为他在前面扫尘,听他讲学,为他筑碣石宫,执弟子礼。邹衍的学术基础是齐国土生土长的阴阳五行学说,他目睹诸侯们日益淫侈,而不能崇尚德行,悉心探讨治理国家的方法,在稷下又吸收了产生于宋国的老庄思想,铸成了自己的五德终始说和大九州说。春秋战国流行的自然界五行学说,有五行相生,五行相克的循环,五行相克是土克水,木克土,金克木,火克金,水克火。邹衍认为,人类社会的历史变化也是受土、木、金、火、水五种物质元素支配的,历史上每一个王朝的出现都体现了一种必然性,是按照五德转移相克的次序循环的。具体来说,凡帝王将兴,天一定会示祥于下民。黄帝时,天现大寅大蝼,所以色尚黄,是土德。大禹时,天现草木秋冬不枯,所以色尚青,是木德。商汤时,天现金刃生于水,所以色尚白,是金德。周文王时,天现火,有赤鸟衔丹书聚于周社,所以色尚赤,为火德。代替火德的将是水德,色尚黑。这种观点论证了朝代更替是自然的客观规律,成为秦始皇统一六国制定国策的重要理论根据。邹衍的大九州说认为,赤县神州的中国只是天下的八十一分之一,天下每九州合为一个单位,有小海环绕,称大九州。九个大九州有大海环绕,再往外就是天地的边际。这种对宇宙空间无限广阔性的认识,打破了传统封闭的地理概念,大大开阔了人们的视野,为统一中国及探索外部世界提供了理论依据。邹衍的著作《邹子》和《邹子终始》,据说有十余万言,但早已遗失。

田骈,齐人,为道家著名学者。齐宣王时,他已经在稷下讲学多年。因其善于辩论而被称为"天口骈"。齐闵王时,他离开稷下到薛地,成为孟尝君的上宾。到齐襄王重振稷下时,他已经去世。他的著作名为《田子》,二十五篇。其观点,一是强调事物的齐一、均齐,肯定事物的差别性、矛盾性和统一性;二是认为事物的变化都有其规律,因循事物的本性,随应事物的变化法则,就没有不合适的了。所以古人概括田骈的观点为"齐生死,等古今"。这一见解在哲学上有很高的价值,但并不能为齐国君主所接受。

宋钘(约前382—前300年),宋国人,曾长期在稷下为先生,与尹文、彭蒙齐名,是宋尹学派的重要代表。他以道家学说为基础,在与孟子、荀子的交往中,吸收了儒家学派的一些观点,他提出世界万物是由气组成的,气就是道,而道是客观的。他提出学者要广泛接触万物,破除主观偏见。为了解决征战不已的现实,他提出以"止息用兵"停止战争为外,以情欲寡浅为内,要见侮不辱,使人不斗。他有很多的学生,用自己的学说去教授弟子,在稷下形成了一支有影响的学术力量。

鲁仲连(约前305—前245年),齐国人,后期稷下学宫的著名学者和高节之士。据说,他12岁时就舌战稷下名师田巴,饮誉学宫。鲁仲连学识渊博,不尚空谈。终生以布衣周游诸国,为人排忧解难,主持正义。他曾几次为齐国大将田单出主意,使其取得战争的胜利。鲁仲连义不帝秦的故事,更为世人称道。那是公元前257年的事。秦军包围赵国都城邯郸已经三年,各国的军队都畏惧秦军而不敢前进。魏王甚至派将军新垣衍从小道进入邯郸,劝赵王尊称秦昭襄王为帝,说那样秦一定会高兴地撤军而去。正在围城之中的鲁仲连听到此事,通过平原君的介绍见到新垣衍,说:"秦是个崇尚杀人立功的国家,如果秦国称帝,我鲁仲连宁可跳进东海自杀,也绝不当他的顺民。如今你们魏人是不知道秦国称帝的害处,我可以让秦王把魏王给烹成肉泥。"新垣衍很不高兴地问道:"先生怎么能叫秦王把魏王烹成肉泥?"鲁仲连说:"当年,九侯将漂亮的女儿献给纣王,纣王嫌丑,反而将九侯烹成肉泥。鄂侯争辩了几句,也被做成干肉。如今,秦、魏都是万乘之国,都是王,魏国为何要看着秦战胜称帝,然后来将自己烹成肉泥呢?况且,秦王的欲望是没有止境的,称帝以后,就要更换诸侯的大臣,控制各个诸侯,到那时候,将军你还能得到魏王的宠信吗?"听了这一席话,新垣衍终于知道了秦称帝的利害,不再劝赵王奉秦为帝。这时,春申君率领的楚军和信陵君从晋鄙那里夺来的魏军赶到,三国军队大败秦军于邯郸城下,秦军解围而去。战后,平原君想分封鲁仲连,鲁仲连坚决辞让。平原君设酒宴,以千金之礼为鲁仲连祝寿,鲁仲连笑道:"如果说天下之士有什么可贵之处的话,就在于他们能为人排除忧患、消除困难、解脱纷乱,而不取任何报酬。如果要报答,那是商贾的行为,我鲁仲连绝不这样干!"说完,告辞而去。鲁仲连这样的天下之士,很难用什么家、什么派来限定。他倡导礼义,应属儒家;他善于为人排忧解难,又像个纵横家;他不计较个人得失,功成身退,像个道家;他巧舌如簧,能言善辩,又可说是个出色的名家。应当说,只有作为学术熔炉的稷下学宫,才可能培养出他这种不主一家的学者。

稷下学宫以其博大的胸怀、开放的制度和群贤璀璨的学者群,成为先秦学术史上最光辉的篇章,对华夏文化的发展有巨大的影响,在中国文化史上占有突出的位置。学者们在稷下学宫思想自由,如鱼得水,各家各派自由争鸣,互相吸收,互相补充发展,促进了学术的进步和学术思想的大解放、大发展。战国时期为历代学者所津津乐道的"百家争鸣",在稷下学宫有最生动的体现。稷下学者的思想与著述给我们留下了宝贵的文化遗产。稷下学宫这座文化熔炉,其思想来自鲁、秦、楚、晋、吴、越、燕、赵等各个文化区,却在这个学术殿堂里熔铸、提高,形成了以大一统政治学说为中心的稷下之学,这种学说再辐射到全国各地,并影响了以后华夏文化的发展和政治格局。田齐历代君主以恢宏的气概,建设和发展学官,招揽士人,为他们提供良好的治学环境,实行开放式的管理,让他们真正自由地开展各种学术交流,促进中华文化蓬勃发展。

（原载汪受宽主编:《开化与禁锢——文化重案与文化发展》,北京:中共中央党校出版社,1999年）

秦国成功的人才战略

秦国从秦穆公（前659—前621年在位）开始，经过400年的努力，终于由一个僻处西部的小国后来居上，发展成为一统天下的专制王朝。考其迅速崛起的秘诀，不能不谈其成功的人才战略。

在"秦始小国僻远，诸夏宾之，比于戎翟"的春秋时期，天下的人才不可能主动到秦国来。秦穆公在用好本土人才的同时，使尽一切手段招揽各诸侯国的人才。他用五张羊皮赎来奴隶百里奚，用重礼将蹇叔请来秦国，用诡计逼使戎国大夫由余投秦，分别任国相、上大夫和上卿。在三人的辅佐下，秦穆公兼并西戎十二国，辟地千里，遂"霸西戎"，为秦国的发展奠定了基础。孔子称赞秦穆公，其志大，行中正，善于选贤任能。"以此取之，虽王可也，其霸小矣。"战国时期，魏、楚、齐等国先后变法，走上富强之路。秦孝公根据当时游说之风渐盛的特点，发布《求贤令》，称："宾客群臣有能出奇计强秦者，吾且尊官，与之分土。"高官厚禄的允诺引来卫国"奇才"商鞅。秦孝公任用商鞅实行变法，奖励耕战，使秦国后来居上，实力大增。此后，秦国称雄天下，前景大好，其人才形势也发生了根本变化。东方士人发现秦国是发挥自己聪明才智、建功立业的理想处所，因而将投奔秦国作为首选。"秦国势便形利，权谋之士，咸先驰之。"可见，当时的形势是天下孔雀纷纷向西飞。

从大节上识人用人，是秦国人才战略的基础。年老的伯乐推荐方九皋为秦穆公求马。三个月后方九皋报告在沙丘找到一匹绝世良马，但他连马的毛色和公母都说错了，穆公批评伯乐所荐非人。伯乐感慨道，由此看来方九皋比我强千万倍，因为他已识"天机"。"得其精而忘其粗，在内而忘其外，见其所见而不见其所不见，视其所视而遗其所不视。若彼之所相者，乃有贵乎马者。"将马牵来，果然是匹千里马。秦人以这个故事说明，看待人才要从大处着眼，不可求全责备。

对看准了的人才，秦君就委以重任，放手使用，始终支持其发挥作用。公元前628年，秦穆公拒绝塞叔的意见，坚持出兵远袭郑国。回师时秦军在郩山大败，主将孟明视被俘后放回。大臣们都主张追究战败责任，诛杀孟明视。秦穆公却主动承认错误、承担责任，继续让孟明视担任正卿。第二年，孟明视率军在彭衙与晋军作战，再次败北。"秦伯犹用孟明。孟明增修国政，重施于民。"第三年，孟明视出兵渡河，终于雪郩山之耻，"封郩尸而还"。因此《左传》赞扬秦穆公"举人之周也，与人之壹也"。商鞅变法遭到以太子驷为首的许多人的反对，但秦孝公坚定地支持商鞅，终孝公一生使变法大见成效。

秦君在决策失误时往往能诚恳接受批评，迅速改正，绝不诿过于人，也是士人愿意为秦效力的一个原因。公元前250年，韩国水利工程师郑国为间谍的事被发现，在秦国贵族的要求下，秦王嬴政发布《逐客令》，要将所有外来客卿全部驱逐。李斯上《谏逐客书》指出："士不产于秦，而愿忠者众。"嬴政醒悟，当即废除逐客令，重用李斯为统一天下谋划，对郑国也是继续让其主持郑国渠的开凿，终于将300余里外的泾水引入洛水，灌溉关中平原，使关中农业大为发展，所产粮食堆满仓廪，在战乱之后，还可满足刘邦入关大军的供给。嬴政决定对楚国用兵，青年将军李信表示只需二十万兵，老将王翦坚持非六十万兵不可。嬴政说："王将军老矣，何怯也！"王翦负气告老还乡。李信率领二十万大军伐楚，小胜之后，被楚将项燕打败。消息传到咸阳，嬴政发现自己决策错误，亲自赶到频阳王翦家中诚恳道歉，满足其一切要求。次年，王翦率军出战，终于灭了秦国最强的对手楚国。

士为知己者死。由于国君的充分信任，士人往往都能竭诚为秦国服务，甚至不惜个人的生命。氐人李冰被任命为蜀郡守，为感激秦君的信任，他率领蜀人修凿都江堰水利工程，变水害为水利，使成都平原成为"天府之国"。魏人范雎向秦昭襄王提出"远交近攻"之策，并在明知有人偷听的情况下，大胆建议免去持守成之策的王舅魏冉的丞相之职。范雎披肝沥胆地说："正知今日言之于前，而明日伏诛于后，然臣弗敢畏也。大王信行臣之言，死不足以为臣患，亡不足以为臣忧。死者，人之所必不免也。臣死而秦治，贤于生也。"人才工作做到这一步，秦还有什么目标不能实现呢?

《韩非子·难二》评论道:"蹇叔处虞而虞亡,处秦而秦霸,非蹇叔愚于虞而智于秦也,此有君与无臣也。凡五霸所以能成功名于天下者,必君王俱有力焉。"秦国历代君主就是这样着力营造出人才发挥作用的环境,使各国士人纷纷来秦为其所用,依靠这些人的良谋善策,秦成为天下最为富裕和强大的国家,最终统一六国。秦国吸引和任用人才的成功经验,确实有一定的借鉴意义。

(原载《光明日报》2002年7月23日"读史随笔"栏)

杰出的商人政治家——吕不韦

在中国历史上,吕不韦是为数不多的出身于商人的大政治家。他没有走修身齐家治国平天下的常路,而是瞅准对象,抓住契机,迅速爬到战国政治斗争漩涡的最顶端。他不是功成身退,而是勇于进取,为秦最终统一六国奠定了基础。由此,他被历代卫道士们贬得一无是处,明人方孝孺甚至称其"行不谨,其功业无足道者"①。今天我们用新的眼光来看吕不韦及其事业,应该还这位杰出的商人政治家应有的历史地位。

一

商人从政,在古代极为罕见。古代社会的基本政策是重农抑商,秦汉政府将商人与刑徒等同,随意征发,甚至规定"贾人不得衣丝乘车,重租税以困辱之……市井之子孙亦不得仕宦为吏"②。在这样的环境中,商人连一般平民的权力都没有,哪里可能成为大政治家?吕不韦遇到的是一个特殊的时代。春秋战国时期,经济的变化引起社会的动荡和旧统治秩序的混乱,统治者从而放松了对商业的约束。工商业在这数百年间有很大的发展,尤以商业的发展更为突出。商人的大量涌现及其经济力量的增长,促使其谋求与经济力量相适应的政治地位,从而形成了一股政商交融的历史潮流。先是有商人弦高"以乘韦先牛十二犒师",挫败了秦军偷袭郑国的企图,名垂史册。后有范蠡、子贡等政治家,在功成以后,转而经商成为巨富。又有白圭、猗顿、郭纵、乌氏倮、巴寡妇清等人经营工商业,"与王者埒富""礼抗万乘,

---

① 《逊志斋集》卷四《读吕氏春秋》,上海:上海古籍出版社,1991年,第136页。
② 《史记》卷三〇《平准书》,北京:中华书局,1982年,第1418页。

名显天下"①。白圭总结其致富的经验说:"吾治生产,犹伊尹、吕尚之谋,孙吴用兵,商鞅行法是也。是故其智不足与权变,勇不足以决断,仁不能以取予,强不能有所守,虽欲学吾术,终不告之矣。"②说明,经商之法与治国之法原本有许多相通之处。

在这样一个工商业者竞相发挥个人才智、赢利赚息、获得政治地位的环境中,吕不韦比他的同行们有更高的眼光和更远的目标。他本来只是中原商业中心阳翟(今河南禹州)的一个大商人,"往来贩贱卖贵,家累千金"③,获得了相当的财富。但他不安心于富商"素封"的地位,想反范蠡、子贡之道而行之,将从商的经验运用于政治,争取他个人从未有过的成功。

对于一个新投身政界的人来说,在激烈复杂的斗争中究竟选择哪一位诸侯,是关系成败荣辱的根本问题。白圭经商的经验之一是"乐观时变……趋时若猛兽挚鸟之发"④。吕不韦准备投身政治,是在秦昭襄王四十二年(前265年)以后。秦昭襄王在位五十六年,即位之初,他与齐、楚修好,以主力对付东邻的韩、魏,一时威震中夏,与齐王合称东帝西帝。后来在魏冉的怂恿下,又全力伐齐、击楚,耗费了不少精力。直到公元前266年范雎为相,实施"远交近攻"的策略,首先向力量较弱的韩国开刀,逼其献出上党郡。上党郡不愿归秦,用计使力量强大的赵国出兵,与秦对抗,孰胜孰负,一时尚难分晓,作为经常"往来贩贱卖贵"的商人,吕不韦的消息十分灵通,他敏锐地认识到优势在秦国一边,便决心以自己的财力和智慧,加入秦灭六国的事业,占据最有利的政治地位。

作为商人,靠别人推举或毛遂自荐,吕不韦都无法进入政坛。他实施"人弃我取,人取我与"的策略,攫取秦质子子楚这一"奇货",投资政治。子楚是秦昭襄王的孙子,太子安国君的庶子。秦国一再进攻赵国,赵国对秦国的质子很不友好。子楚

---

①《史记》卷一二九《货殖列传》,北京:中华书局,1982年,第3260页。
②《史记》卷一二九《货殖列传》,北京:中华书局,1982年,第3259页。
③《史记》卷八五《吕不韦列传》,北京:中华书局,1982年,第2505页。
④《史记》卷一二九《货殖列传》,北京:中华书局,1982年,第3259页。

因是庶孙,经济上十分拮据,更没有继承王位的可能。吕不韦在邯郸经商时,见到子楚的状况,了解到安国君之宠妻华阳夫人没有子嗣,倘若设计让华阳夫人将子楚立为亲子嗣,将来就会成为王位继承人。史书上说,吕不韦"归而谓父曰:'耕田之利几倍?'曰:'十倍。''珠玉之赢几倍?'曰:'百倍。''立国家之主赢几倍?'曰:'无数。'曰:'今力田疾作,不得暖衣余食;今建国立君,泽可以遗世,愿往事之。'"①吕不韦抓住这一"奇货",拿出自己的全部家财投资,向子楚提供优裕的生活条件,并为其谋取太子嫡嗣的位置。这一投资取得了成功,作为回报,吕不韦被请任子楚之傅。

这中间还有一段颇为重要的插曲。吕不韦娶了一位姿色绝美又能歌善舞的邯郸女子为妾,并怀了身孕。在一次酒宴上,子楚一见就被该女子的美色迷住了,向吕不韦索要。吕不韦将该女子送给子楚,这就是后来成为子楚夫人、秦始皇母亲的赵姬。吕不韦究竟是有预谋地要自己的儿子有一位当国君的合法父亲,从而"买得个皇帝儿子"②,还是不得已才将怀有身孕的赵姬献给子楚,历来说法不一。《资治通鉴》卷五说:"吕不韦娶邯郸姬绝美者与居,知其有娠。异人从不韦饮,见而请之。不韦佯怒,既而献之,孕期年而生子政。"而《史记·吕不韦列传》的记载是:"吕不韦怒,念业已破家为子楚,欲以钓奇,乃遂献其姬。"清人帅方蔚甚至指出此为子虚之事。从历代宫廷借腹借种生子者不乏其例来说,我们没有必要否认嬴政为吕氏之子。究竟是有预谋还是顺水推舟,却不必认真。有的商人为了赚钱往往不择手段,吕不韦既然已经将全部家产都押到了子楚身上,又何必为了一个女子而惹恼子楚呢?献上赵姬,不仅巩固了吕不韦在子楚跟前的地位,而且还可能使自己有个当国君的儿子,他何乐而不为呢?

秦昭襄王五十六年(前251年)死,其子安国君继位,是为孝文王。一年后孝文王逝世,子楚继位,是为庄襄王。庄襄王立即实践当初所作"分秦国与君共之"的诺

---

①《战国策》卷七《秦策五》,上海:上海古籍书店,1985年,第275页。

②《史纲评要》卷三,北京:中华书局,1974年,第162页。

言,以吕不韦为丞相,封为文信侯,食河南洛阳十万户。吕不韦以千金的投资,实现了"立国家之主"的目标,自己也爬到一人之下万人之上的高位。三年后,庄襄王死,其子嬴政继位,吕不韦被尊为相邦,号称"仲父"。从公元前250年起,到秦王政十年(前237年)被免相,吕不韦主持秦国国政达十三年之久,对秦的统一事业作出了重要贡献。

二

作为相邦,吕不韦对秦统一事业的贡献是多方面的。

在军事上,他致力于兼并战争,努力扩张秦国领土。秦庄襄王元年,他亲自带兵灭了东周君,获得其河南、洛阳、谷城、平阴、偃师、巩、缑氏七邑。又派蒙骜伐韩,夺得其成皋、荥阳二地,设三川郡,使秦的东界与魏相接。次年,派蒙骜进攻赵国,得其三十七城。三年,派蒙骜攻克魏国的高都、汲,王龁攻得韩国的上党诸城,设太原郡。魏公子无忌率五国之兵第三次合纵攻秦,秦拒之于河外。终于使秦国的疆土达到"并巴、蜀、汉中,越宛有郢,置南郡矣;北收上郡以东,有河东、太原、上党郡;东至荥阳,灭二周,置三川郡"[1]。嬴政即位时仅十三岁,作为"仲父"的吕不韦,担子更重了,"国事皆决于文信侯"[2]。在巩固新设各郡的同时,他指挥麃公、蒙骜等将军继续向东发展,先后攻克了魏国的卷、畼、有诡等数十城,亦夺得韩十三城。秦王政六年(前241年),楚、赵、魏、韩、卫第四次,也是最后一次合纵攻秦,秦军反攻,五国联军以东撤退告终。秦军乘势攻取魏之朝歌及其附庸卫国的都城濮阳,置东郡,又拔魏之汲、垣、浦阳、衍氏,攻取赵之屯留等。至此,东方六国已不再有多少反击秦军的能力,"以秦之强,诸侯譬如郡县之君"[3]。所以,秦王嬴政亲政后,仅用十六年时间,就一一剪灭东方诸国,建立了真正意义上的统一国家。

在军事进攻的同时,吕不韦配合强有力的外交攻势。他灭了东周,却把东周君

[1]《史记》卷六《秦始皇本纪》,北京:中华书局,1982年,第223页。
[2]《资治通鉴》卷六,北京:中华书局,1956年,第203页。
[3]《史记》卷六《秦始皇本纪》,北京:中华书局,1982年,第230页。

安置于阳人地,使其奉周之祭祀,颇有存亡继绝之意,以减少诸侯联合反秦的口实。魏信陵君无忌,礼贤下士,善于听取不同意见,更能急人之难,曾率五国军队,联合抗秦,击败了秦之猛将蒙骜。为了除掉这一大敌,吕不韦设反间计。史书中写道:

> 秦王患之,乃行金万斤于魏,求晋鄙客,令毁公子于魏王曰:"公子亡在外十年矣,今为魏将,诸侯将皆属,诸侯徒闻魏公子,不闻魏王。公子亦欲因此时定南面而王,诸侯畏公子之威,方欲共立之。"秦数使反间,伪贺公子得立为魏王未也。魏王日闻其毁,不能不信,后果使人代公子将。公子自知再以毁废,乃谢病不朝,与宾客为长夜饮,饮醇酒,多近妇女。日夜为乐饮者四岁,竟病酒而卒。①

无忌卒于秦王政四年,反间计是从庄襄王死后开始的,此时的嬴政才十三岁,主持其事的当然是吕不韦了。更著名的是甘罗说张唐相燕之事。秦王政元年,为了联合燕国夹击赵国,吕不韦派蔡泽到燕国活动,三年时间,终于取得了燕王的信任,派燕太子丹入秦为质。为进一步操纵燕国国政,吕不韦计划派张唐去燕国为相。张唐在秦昭襄王时领兵伐赵,赵正悬赏捉拿,他害怕途中遇到危险,拒绝前往。十二岁的甘罗主动向张唐陈述利害,劝其赴任。不久,甘罗又自请出使赵国,向赵王说明秦、燕关系密切,于赵不利,终于使得赵王自动割出河间五城给秦,又出兵攻燕,得上谷三十城,以其中三城给秦。作为吕不韦门客的甘罗,凭其计谋,不费一兵一卒,扩地八城,传为佳话。吕不韦的外交形式灵活而不拘于成式。赵国建信君抱怨:"文信侯之于仆也,甚矣其无礼也。"门客希写就讥讽其"不如商贾",说:"夫良商不与人争买卖之贾,而谨司时。时贱而买,虽贵已贱矣;时贵而卖,虽贱已贵矣。……今君不能与文信侯相伉以权,而责文信侯少礼,臣窃为君不取也。"②吕不韦将商人的狡黠用于外交活动,为秦的统一战争扫除了障碍。

---

①《史记》卷七七《魏公子列传》,北京:中华书局,1982年,第2384页。
②《战国策》卷二〇《赵策三》,上海:上海古籍出版社,1985年,第721页。

吕不韦在秦国整顿内政,在经济上也作出了成绩。《史记·秦本纪》言:"庄襄王元年,大赦罪人,修先王功臣,施德厚骨肉,而布惠于民。"[1]这虽说是历来新君即位的例行公事,内容却不同往常。孝文王即位时,是"赦罪人,修先王功臣,褒厚亲戚,弛苑囿",重点在优待团结功臣亲戚,而这次的重点却在"布惠于民"。《吕氏春秋·顺民》中说:"先王先顺民心,故功名成。"吕不韦执政后,不仅调整统治集团内部关系,而且对国民普施恩惠,其志岂不在图"王业"吗!另外,秦王政三年和四年连续遭灾,于是秦国规定:"百姓内(纳)粟千石,拜爵一级。"[2]请别小看这十个字,这是古代鬻官爵之始。商鞅变法制定二十级爵法,但只有立军功者方可获得爵位及田宅。爵位多为虚名,规定富人交纳一定数量粮食,即由国家给予相应的爵位,既满足了富人的虚荣心,又增加了国家赈济灾害的粮食,是封建社会一项极重要的富国利民、解决粮荒的政策。《通典》认为此策始于汉文帝采纳晁错《论贵粟疏》,显然是说错了。秦王政八年还有两件富于开创性的内政措施:其一是王弟长安君成蟜在出征赵国时反叛被镇压,"死屯留,军吏皆斩死,迁其民于临洮"[3],就是将有罪百姓迁徙至边地,这可以视为西汉"徙民实边"的先声;其二是这一年关中发生水灾,"河鱼大上,轻车重马东就食"[4]。我们以为,这不是自发的逃荒,而是政府有组织地将受灾地区的百姓临时转移到粮食较充足的地方去。后来,隋文帝曾几次带领关中受灾百姓"就食于洛阳"[5]。吕不韦的行事,与之不能说没有近似之处,这其实也是救灾的一项有效措施。郑国渠是秦国两大水利工程之一,对关中地区的农业发展有重要影响。史书记载:

> 韩闻秦之好兴事,欲罢(同"疲")之,毋令东伐,乃使水工郑国间说秦,令凿泾水自中山西邸瓠口为渠,并(傍)北山东注洛三百余里,欲以溉田。

---

①《史记》卷五《秦本纪》,北京:中华书局,1982年,第219页。

②《史记》卷六《秦始皇本纪》,北京:中华书局,1982年,第224页。

③《史记》卷六《秦始皇本纪》,北京:中华书局,1982年,第225页。

④《史记》卷六《秦始皇本纪》,北京:中华书局,1982年,第225页。

⑤《隋书》卷二《高祖纪下》,北京:中华书局,1974年,第39页。

中作而觉,秦欲杀郑国。郑国曰:"始臣为间,然渠成亦秦之利也。"秦以为然,卒使就渠。渠就,用注填阏之水,溉泽卤之地四万余顷,收皆亩一钟。于是关中为沃野,无凶年,秦以富强,卒并诸侯,因命曰郑国渠。①

郑国渠的开凿是一项重大决策,史书中对其始凿时间语焉不详。《史记·李斯列传》中将郑国为韩间谍被发觉的事系于秦王政十年,此为"中作而觉",则其开始至少在两三年以前,这时的决策者只能是吕不韦。如果郑国渠与吕不韦无关,其事不会正巧在吕氏被免相时揭发,地方宗族势力也难以掀起一股逐客的大浪。

吕不韦所作最为人称道的是大力招揽、豢养和任用人才。战国时权贵养士之风很盛,后期的魏、楚、赵、齐四公子尤为著名,史书上说:"吕不韦以秦之强,羞不如,亦招致士,厚遇之,至食客三千人。"②有人因此将吕不韦养士与四公子养士等同视之,这是不妥当的。四公子养士,是用"以相倾夺,辅国持权"③,即培植个人势力,挽救六国危亡。而吕不韦是"招致宾客游士,欲以并天下"④。吕不韦对人才在统一事业中的作用有十分深刻的认识,他说:"国虽小,其食足以食天下之贤者,其车足以乘天下之贤者,其财足以礼天下之贤者,与天下之贤者为徒,此文王之所以王也。"⑤吕不韦的礼贤天下闻名,以至当时"诸侯之士斐然争入事秦"⑥,将军蒙骜、麃公,政治家李斯,上卿甘罗,用反间计使赵王逼使名将李牧自杀的司马空等,都是吕不韦发现和重用的人才,后来又多数成为帮助嬴政翦灭六国、建立秦帝国的重要人物。

作为兼并战争后期的相邦,在全面主持秦国国政的十三年中吕不韦尽职尽守,兴修水利,发展农业,协调国内关系,扩张了领土,最终粉碎了合纵的队伍,任用了一批杰出人才。清人吴汝纶说:"不韦相业甚伟。"这一评价极为恰当。

①《史记》卷二九《河渠书》,北京:中华书局,1982年,第1408页。
②《史记》卷八五《吕不韦列传》,北京:中华书局,1982年,第2520页。
③《史记》卷七八《春申君列传》,北京:中华书局,1982年,第2395页。
④《史记》卷六《秦始皇本纪》,北京:中华书局,1982年,第223页。
⑤《吕氏春秋集释》卷一五《报更》,北京:中华书局,2009年,第373页。
⑥《史记》卷一三〇《太史公自序》,北京:中华书局,1982年,第3315页。

三

使吕不韦留名后世的重要业绩是他组织编纂的《吕氏春秋》。

《史记·吕不韦列传》言："是时诸侯多辩士,如荀卿之徒,著书布天下。吕不韦乃使其客人人著所闻,集论以为八览、六论、十二纪,二十余万言。以为备天地万物古今之事,号曰《吕氏春秋》。布咸阳市门,悬千金其上,延诸侯游士宾客有能增损一字者予千金。"[①]有人因其为门客执笔而否认吕不韦的著作权。其实从历史记载及该书的内容看,这部书的发起、组织、审定者都是吕不韦,门客们只是在他的统一部署下,根据其总体要求和思想体系来撰写具体的篇章,吕不韦署名是当之无愧的。

《吕氏春秋》在《汉书·艺文志》中归于子部杂家类,有人因其不主一家的哲学思想而否定其价值。然而,杂家类《小序》言:"杂家流,盖出于议官。兼儒、墨,合名、法,知国体之有此,见王治之无不贯,此其所以为长也。"显然,杂家是杂取诸家以论政治的一派学问,本来就不是哲学书。《吕氏春秋》中自述其著书宗旨云[②]:

> 良人请问十二纪,文信侯曰:"尝得学黄帝之所以诲颛顼矣。爰有大圜在上,大矩在下,汝能法之,为民父母。盖闻古之清世,是法天地。凡十二纪者,所以纪治乱存亡也,所以知寿夭吉凶也。上揆之天,下验之地,中审之人,若此则是非可不可无所遁矣。"

吕不韦以黄帝诲颛顼自况,根据当时进行统一战争和战争以后建立清平社会的需要,组织宾客,探讨天地人事,总结历史经验,摄取各家各派有利于统一和治理的思想主张,撰成160篇政论文,提出一套全新的、不带学派偏见的封建政治理论,作为给将要亲政的嬴政学习帝王之术的教科书。该书的"杂",并不是乱七八糟的各家观点的拼凑,而是"采精录异,成一家言",是战国百家争鸣的集大成者。

---

① 《史记》卷八五《吕不韦列传》,北京:中华书局,1982年,第2510页。

② 《吕氏春秋集释》卷一二《序意》,北京:中华书局,2009年,第273—274页。

书中的十二纪,每月一卷,自孟春纪至季冬纪各五篇,另附《序意》一篇,可视为全书的宗旨。每纪之首篇为月令,讲本月帝王应做之事,实际上是后代典制书的滥觞。其他各篇,春季多论养生、律己,夏季多论善学、乐律,秋季多论兵威、顺民、用贤,冬季多论丧葬、忠谏、廉介。其基本精神是通过历代胜败兴亡事迹的总结,论述帝王如何顺应自然、无为、用贤、爱民、尊礼,从而安定社会,自己也得以延年益寿。

书中的八览,又称"吕览",所谓"不韦迁蜀,世传《吕览》"①,虽非事实,却道出了这八卷文章乃吕氏呕心沥血之作。"览"字从鉴,即历史借鉴,《有始览》云:"天斟万物,圣人览焉,以观其类,解在乎天地之所以形,雷电之所以生,阴阳材物之精,人民禽兽之所安平。"显然,八览在于通过对天地万物历史规律的探讨,弄清道理,让秦王政学习以后,获得治天下的根本和使人民"安平"的方法。八览共六十三篇文章,其中的《有始览》,讲天下一家的道理,为天下一统找根据,强调听取他人意见的重要。《孝行览》讲治国要以孝道为本,强调知贤和礼贤的必要。《慎大览》讲守天下之难,强调招揽人才、顺应民心的重要。《先识览》讲治乱在于人才,强调人主要善于听取正确有益的意见。《审分览》讲君道在无为,臣道在有知有为,强调君的责任是用能臣、正名分、治天下。《审应览》讲人主言行态度都要审慎,强调君主要给贤臣提供建立功名的条件。《离俗览》讲臣的品质在德与义,要忠君和廉洁,强调国家要讲信誉、兴利除弊,才能得民心,使民为己用。《恃君览》论天下必须有君主,君主要立公破私,重在礼士、得众、完备(预先有充分准备),忌在自骄、自智、轻物。

书中的六论,共三十六篇。其《开春论》讲重生、利民、得贤。《慎行论》讲行动要合于义,对事物要善辨其是非真伪。《贵直论》讲贤臣要敢于直谏人君之过失,人君拒谏必将亡国。《不苟论》讲进贤之必要,贤臣不可阿顺不肖之主,苟阿取容。《似顺论》讲君臣父子夫妇各有定分,人君要处虚、素服、无智,从而充分调动各种人的智慧和能力,要善于看到事物的反面及变化。《士容论》讲士人要具备不偏不党、柔而坚、

---

① 《史记》卷一三〇《太史公自序》,北京:中华书局,1982年,第3300页。

虚而实的品质,以国家和大义为重,并论述了农业的重要及农业生产的经验方法。

《吕氏春秋》统裁不足,故各部分内容多有交叉,甚至重复。但从总体来看,十二纪为全书宗旨,八览为对君王的具体要求和做法,六论为对几个伦理和政策问题的具体论述。该书以《春秋》命名,乃含学习孔子,以历史记载为名,行贯穿个人政治主张之实的寓意。其书主旨,在主张大一统和仁政,强调君主无为、贤人治国、爱民利民、取信、讲义、重礼、崇农本,是以儒家和道家思想为基干的新型政治和国家的设计书。在书中,无为与有为、暴力与仁义、刑杀与诛暴、封建与一统等,这些看起来互相矛盾的观点与行为,在实现"安平"社会的目标下,得到和谐与一致,成为相辅相成的政治手段,这就是杂家之"杂"的优势所在。吕不韦以经商的经验,行之于施政,虑之于即将建立的新政权,深得治术之精髓。他是一心一意为嬴政着想的,绝不存在篡夺嬴秦天下的野心。

《序意》言:"维秦八年,岁在涒滩,秋甲子朔……"前人每据此谓该书写于秦王政八年。但秦王政八年干支为壬戌,而涒滩为申。清孙星衍考订道:"考秦庄襄王灭周后二年癸丑岁至始皇六年,共八年,适得庚申岁,吕不韦指谓是年。"秦王政六年正是吕不韦事业的鼎盛时期。八年,嫪毐分其权。九年,嬴政灭嫪毐集团,亲自掌权。十年,吕不韦相邦职务被免。十二年,嬴政赐书吕不韦:"君何功于秦?秦封君河南,食十万户。君何亲于秦?号称仲父。"吕不韦知道,这宗投机买卖该收场了,于是毅然自杀。嬴政下诏:"自今以来,操国事不道如嫪毐、不韦者籍其门,视此。"[1]人被打倒了,书却没有被废。《吕氏春秋》一书经历了焚书之变和楚汉战争,完整地保存了下来,其中似乎还有吕氏自杀后他人增补的痕迹。《孟冬纪·安死篇》有:"自古及今,未有不亡之国也。无不亡之国者,是无不抇之墓也。以耳目所闻见,齐、荆、燕尝亡矣,宋、中山已亡矣,赵、魏、韩皆亡矣,其皆故国矣。"赵、魏、韩皆亡,

①《史记》卷八五《吕不韦列传》,北京:中华书局,1982年,第2513页。

在秦王政二十二年(前225年),①而灭楚(荆)在二十四年(前223年),灭燕在二十五年(前222年),灭齐在二十六年(前221年),但其前三国都城皆曾被他国占领,故史书言其"尝亡"。可见,这段文字当写于公元前225—前222年,其时吕不韦已死10余年。甚至秦始皇的不少说法和做法也明显是吸收了《吕氏春秋》思想的。例如,《吕氏春秋·孟秋纪·荡兵》讲:"义兵之为天下良药也……兵诚义,以诛暴君,而振苦民,民之说(悦)也。"秦始皇二十六年令曰:"寡人以眇眇之身,兴兵诛暴乱,赖宗庙之灵,六王咸伏其辜,天下大定。"②《吕氏春秋·先识览·观世篇》讲:"当今乱世,必求有道之士,知之礼之,然后智能可尽也。"秦始皇礼遇献破六国合纵之策的魏人尉缭,"见缭亢礼,衣服、饮食与缭同。"可谓知之礼之。《吕氏春秋·贵直论》讲:贤主要能接受批评的意见,"人主之患,欲闻枉而恶直言"。秦始皇在统一前听从茅焦的批评,将太后迎回咸阳,接受李斯之谏,停止驱逐客卿。《吕氏春秋·有始览·应同篇》以五行生克说论王朝兴替,云:"代火者必将水。"秦始皇灭六国后,"推终始五德之传,以为周得火德,秦代周,德从所不胜,方今水德之始"。《吕氏春秋·审分览·不二篇》讲,治国要统一观点、统一指挥,"听群众人议以治国,国危无日矣……一则治,异则乱;一则安,异则危"。秦始皇就"法令由一统""别黑白而定一尊"。此外,秦始皇巡游天下诸刻石所言:"贵贱分明,男女礼顺,慎遵职事。""上农除末,黔首是富。""尊卑贵贱,不逾次行,奸邪不容,皆务贞良。细大尽力,莫敢怠荒。""职臣遵分,各知所行,事无嫌疑。"这些都反映出《吕氏春秋》对秦始皇的影响。当然,在一些最根本的问题上,如君道无为,君主自律无私,分封与郡县并行,以仁义爱民治天下,充分发挥大臣的才智等,秦始皇的作为与《吕氏春秋》的主张完全乖背,而这正是导致秦二世而亡的重要原因。汉代的兴起与发展,有颇多与《吕氏春秋》主张相合的措施,西汉儒家更是将《吕氏春秋》视为圭臬。书中的《月令》被全文收入儒家经典的《礼记》。西汉陆贾、贾谊、刘安、董仲舒等更采其成说,加以发挥,成为历代统治者治国

---

① 秦王政十九年(前228年),秦军占领邯郸,虏赵王迁,赵国亡。后赵公子嘉至代,自立为"代王",于二十五年被秦俘虏。史书称其为"代王",即不以其为赵国君主。

② 《史记》卷六《秦始皇本纪》,北京:中华书局,1982年,第236页。

的参考资料。

毕沅《吕氏春秋新校正序》中说:"其书沈博绝丽,汇儒墨之旨,合名法之源,古今帝王天地名物之故,后人所以探索而靡尽与!"《吕氏春秋》内容丰富,体系博大,应该予以更多、更深入的研究。

(原载刘乃和主编:《中原文化与传统文化》,北京:高等教育出版社,1996年)

千古一帝——秦始皇

　　秦始皇（前259—前210年），姓嬴，赵氏，名政，秦朝皇帝，他最终完成了统一六国的大业，建立了统一多民族的专制主义中央集权政权，是中国历史上影响最大的人物之一。

　　秦始皇的出生是与韩国阳翟大商人吕不韦（？—前235年）有关的一个历史之谜。

　　吕不韦长期贩贱卖贵，积累了千金的家产。但他不满足于大商人的地位，一直在寻找机会，投身政界。秦昭襄王四十二年（前265年），他在邯郸经商时，得知秦质子子楚十分可怜。原来，子楚是秦昭襄王太子安国君的庶子。当时，秦一再进攻赵国，赵对子楚很不友善。子楚因是庶孙，经济十分拮据，更没有继承王位的可能。吕不韦发现此人奇货可居，便回家问父亲："耕田能得几倍利？"父亲回答："十倍。""做珠宝买卖呢？""一百倍。""树立一个国君呢？""无数的利。"吕不韦说："如今下苦种田，不够吃穿。要是树立一个国君，连子孙都有享不尽的荣华富贵。我的决心定了。"他找到子楚，说明了自己欲立其为国君的谋划。子楚说："你的计谋若能成功，我将以秦国的大权与你共享。"

　　吕不韦拿出全部家产，一半供给子楚优裕的生活和结交宾客，另一半全部买成珍宝奇物，亲自带到秦国，献给安国君宠幸的华阳夫人，并告诉她："子楚将您看作是他的上天，常常因为思念太子和夫人而日夜哭泣。"华阳夫人大喜。吕不韦又让华阳夫人的姐姐劝她："我们女人，靠美貌来取悦男人，一旦年老色衰，就很可怜。你没有孩子，不如将子楚立为嫡子嗣，你的终生荣华就有保障了。"华阳夫人觉得此言有理，便向安国君要求，安国君当即答应，并让人刻了玉符，正式以子楚为嫡子嗣。从此，子楚在诸侯中的声誉越来越高。

　　吕不韦新娶年轻貌美能歌善舞的邯郸女子赵姬怀了身孕。在一次酒宴上,子楚见到赵姬,惊其姿色之美,乘劝酒的机会向吕不韦索要。吕不韦十分生气,但转念一想,自己为了子楚把家产全都搭进去了,这个女人说不定还有大用,于是把赵姬献给了子楚。据说,赵姬隐瞒了怀孕的事情,于秦昭襄王四十八年(前259年)正月,生下儿子,古代"正"与"政"通,所以取名政,就是后来的秦始皇。母以子贵,赵姬被子楚立为夫人。

　　秦昭襄王五十年(前257年),秦军进攻赵都邯郸,赵王要杀死子楚。吕不韦用六百金买通看守,让子楚逃回秦国,又藏起赵姬母子。秦昭襄王在位五十六年(前251年)去世,安国君继位,为孝文王。一年后(前250年),孝文王死,子楚继位,为庄襄王,吕不韦为丞相,封文信侯。三年以后(前247年),庄襄王死,十三岁的太子嬴政继位为秦王,吕不韦被尊为相国,敬称为"仲父"(叔父),掌握着国家的大权,有家童万人。

　　吕不韦前后为相国十三年,为秦统一六国做了政治、舆论、外交和军事方面的准备,为秦国的统一事业作出了重要贡献。军事上,他于庄襄王元年带兵灭了东周君,获得其河南、洛阳、谷城、平阴等七邑,以河南洛阳十万户为自己的食邑,又派蒙骜、王龁等大将出征,夺得韩、赵、魏的许多地方,设三川郡、太原郡。秦王政六年(前241年),他又指挥秦国大军粉碎了楚、赵等国合纵对秦的军事进攻,并乘势攻取了魏、赵、卫的许多土地,设东郡。从此,东方各国已不再有多少反击秦军的能力,在疆土广阔兵强马壮的秦国面前,各诸侯国君就像秦郡县长官一般。在外交上,他将东周君安置于阳人地,使其奉周的祭祀,博取了存亡继绝的名声。吕不韦还用反间计,除掉了东方最有实力的魏信陵君,又任用年仅十二岁的甘罗出使赵国,割得其河间五城,并唆使赵出兵攻燕,夺得上谷三十城,以其中三城给秦。吕不韦的外交形式灵活而不拘成式。赵国建信君抱怨道:"文信侯对我,也太不讲礼让了!"门客希写讥讽他不如商贾,说:"一个好的商人不与别人争价钱,而是注意捕捉时机,买进贱的,在价高时卖出。如今,你无力与文信侯抗争,却埋怨他不讲礼让,我私下以为不应如此。"在内政和经济上,吕不韦调整统治集团内部关系,对国民施以恩惠。秦王政三年、四年，连续遭灾，吕不韦下令，百姓交纳一千石粟米，就给予一级爵位，获得了大量粮食用于救灾。为了发展关中的农业，吕不韦任用韩国水工郑国，开凿了沟通泾水和北洛水的渠道，使两岸四万多顷卤地变为旱涝保收的良田。

为了兼并天下，吕不韦大力招揽、豢养和任用士人。东方各国士人闻讯纷纷前来，其门客达三千人。吕不韦对这些士人量才使用，把他们安置于能充分施展其才干的岗位上。吕不韦组织门客，探讨天地人事，总结历史经验，撮取诸子百家有利于统一和治理的思想主张，撰成了包括一百六十篇论文共二十六卷的著作《吕氏春秋》。该书分为八览、六论、十二纪，提出"天下是天下人的，为国者立公破私，才可以得天下"。树立君主是为了维护群体和国家的利益，君主的责任是充分发挥臣僚的积极性，自己则无智、无能、无为。君主要顺民心，以仁义治理之，以爱利安抚之，以忠信引导之，尽力为民众祛灾致福。不可滥用民力，不能奢侈腐化，否则不当为君。大臣们应该亲密合作，忠君、利国，成就大事，君主若以黑为白，臣不能听从。吕不韦认为，该书具备了古今天下万物的事理，是进行统一战争和战后建立清平社会的最佳政治学说，因此，将该书公布于咸阳市门，把一千金悬挂在上边，宣称天下游士宾客只要能对该书更改一字，就赏给这一千金。

太后赵姬年轻守寡，时常与吕不韦来往。眼看着秦王嬴政渐渐长大，而太后淫乱不已，吕不韦恐怕祸害到自己，于是找到一个叫作嫪毐的人当舍人。吕不韦让人将嫪毐的胡须拔去，冒充宦者，送进宫中，侍候太后。太后不久怀孕，怕别人知道，就搬到雍地（今陕西凤翔）居住。嫪毐随时侍奉于太后左右，得到许多赏赐，受封为长信侯，宫室、车马、衣服、苑囿、骑射、围猎，纵情享受。朝中之事不管大小，都由嫪毐决定，他有家童数千人，门客一千多人。河西太原郡也改成了毐国。

男子二十岁本该行冠礼，结发加冠佩剑，表示其已经成人。但嬴政二十岁时，吕不韦和嫪毐都无意让权，因而也不为嬴政举行冠礼。秦王政九年（前238年），二十二岁的嬴政政治上已经成熟，还团结了一批忠实的谋臣、将领，于是他来到先公旧都雍（今陕西凤翔）蕲年宫，于四月己酉自己行冠礼、佩剑，表示要亲自执政了。

这时,嫪毐在内宫与人下棋赌酒,酒醉发生争斗,嫪毐瞪眼呵斥道:"我是大王的假父,你是什么东西,竟敢与我打斗?"此人气愤不过,向秦王揭发:"嫪毐是假宦官,经常与太后淫乱,生了两个孩子,都藏起来了。他还与太后合谋:'大王就要死了,以我们的儿子继承王位。'"赢政下令官府调查,嫪毐见自己末日来临,狗急跳墙,发动叛乱,盗用秦王和太后的玉玺,调发各县卒、卫卒、官骑、戎狄君公、舍人向蕲年宫发动进攻,想杀死赢政,以他与赵太后生的儿子继承王位。赢政下令相国、昌平君、昌文君调动军队镇压。双方的军队大战于咸阳,反叛被平定,嫪毐和参与反叛的卫尉竭、内史肆、佐弋竭、中大夫令齐等人都被枭首灭宗。九月,诛灭了嫪毐三族,杀死太后生的两个儿子,并且将太后软禁于雍地。事情牵连到吕不韦,秦王念吕不韦辅佐先王功劳很大,又有许多人说情,才没有将其下狱。秦王政十年(前237年)十月,吕不韦被免去相国职务,迁到封邑河南居住。诸侯各国闻讯,纷纷派人前来邀聘。赢政恐怕出现变乱,于十二年赐书吕不韦,道:"你对秦国有什么功劳?秦封你为文信侯,食邑十万户。你与秦有什么亲属关系?却号称'仲父'。你和你的家属都要迁到蜀地去!"吕不韦见大势已去,害怕被诛杀,于是饮鸩酒自尽。

这时,发现韩国水工郑国来秦修渠,原来是在进行间谍活动,在宗室贵族的要求下,赢政下令搜捕驱逐所有客卿官员。李斯上《谏逐客书》,这才停止逐客。李斯,楚上蔡(今河南上蔡)人,年轻时曾在郡里担任管文书的小吏,后来向荀卿学帝王之术。经过长期的钻研,他对荀卿的仁义之说产生了怀疑,说:"秦国四代以来不断取得胜利,兵强海内,威行诸侯,并不是靠行仁义,而是根据形势采取的策略。"荀卿说他这是"不求之于本,而索之于末"。尽管先生批评,李斯还是向往秦国,认为只有在那里才能建功立业。他向先生告辞道:"如今秦王欲吞并天下,称帝而治,正是布衣大肆游说的最好时机。人最可悲的是身处卑下之位而不设法改变。我要西去游说秦王。"秦庄襄王三年(前247年),李斯来到秦国,正逢庄襄王死,十三岁的赢政继位,国家大权操在相国吕不韦手里。李斯投靠吕不韦,逐渐取得信任,为其舍人,又被送至赢政处为亲信侍从的郎官。李斯劝赢政在这诸侯力弱、秦国强盛之时,迅速灭诸侯,成帝业,为天下一统。赢政因此拜李斯为长吏,又升为客卿。按照他的计谋,嬴政派遣谋士带了许多金玉到东方六国游说,或以金钱贿赂其服秦,或以武力杀其将相,或以谗言离间其君臣,然后以将军领兵攻城略地,吞灭各国。秦王政九年(前238)平嫪毐之乱,嬴政亲政。十年(前237年),发现韩国水工郑国为间谍事,在宗室大臣的鼓噪下,秦王下令驱逐一切客籍官员。李斯上《谏逐客书》,指出秦的富强多是任用外来士人的结果,不问是非曲直,一切逐客,是帮助敌国、损民益仇、虚内树怨的不当举动,这样,秦怎么能跨海内、制诸侯呢?李斯的上书打动了嬴政,逐客令撤销,重新任用客籍官员。从此,嬴政大权独揽,重用李斯、尉缭、王翦、桓齮等文臣武将,集中全力进行统一战争。李斯建议秦王先夺取韩国,以恐吓其他诸侯国。秦国随之一再派兵攻韩,终于在十七年(前230年)灭韩。李斯主持国政。

这时的秦国,南边兼并了巴、蜀、汉中,越过宛、郢,设置了南郡,北边占有了上郡往东,设有河东、太原、上党诸郡,东边到长平、山阳、雍丘一线,设有三川郡和东郡。三分天下有其二,东方六国与秦比起来,不过犹如其郡县一般,已经不再有多大的反抗能力。根据李斯和尉缭的建议,秦统一战争采取了军事、外交双管齐下的策略。军事上由近及远,各个击破。外交上,用重金贿赂,以离间六国君臣,破坏各诸侯国之间的关系,使其合纵不成,内部纷扰。秦的矛头首先集中于近邻的三晋,于十七年(前230年)灭韩,俘韩王安,设颍川郡。接着,乘赵国灾荒,派王翦、羌瘣、杨端和分路率兵攻赵,于十九年(前228年)俘赵王迁,灭赵,设邯郸郡。二十一年(前226年),因太子丹派荆轲行刺,秦王派王翦等将领攻取蓟城,燕王喜逃至辽东。二十二年(前225年),秦将王贲灭魏,然后向南边的楚和北边的燕杀去。二十四年(前223年),老将王翦率兵灭楚,在其地设楚、九江、长沙三郡。二十五年(前222年),王贲率兵俘获燕王喜,灭燕。王翦攻克江南之地,设会稽郡。齐相后胜被秦收买,一直不加防范,秦军于二十六年(前221年)从北部向齐发动进攻,俘齐王建,灭齐。这样,秦军只用了十年时间,就势如破竹地消灭了东方六国。后来,秦军又北驱匈奴,设九原郡,南伐百越,设桂林、南海、象三郡。至此,秦的版图东至大海和朝鲜,西到临洮和九原,南至北向户,北迄辽东,成为中国历史上第一个统一的国家。

　　嬴政统一六国,踌躇满志,自以为德兼三皇,功过五帝,定统一政权最高首脑的名号为皇帝。他称始皇帝,后代按世系计算,称二世、三世,直至万世皇帝。规定国家的一切大事都由皇帝裁决,皇帝关于制度的命令称为制,一般的命令称为诏,自称为朕。在皇帝之下,设三公九卿的中央官制。三公指丞相、御史大夫、太尉,九卿指奉常、郎中令、卫尉、太仆、廷尉、典客、宗正、治粟内史、少府。此外,设博士备顾问,设前后左右将军掌征伐。

　　按照邹衍的五德终始说,秦始皇认为秦是水德,规定以十月为岁首,崇尚黑色,改称民为黔首,各种成数都以六为约数,符节、法冠都是六寸,车宽六尺,六尺为一步,车驾六马,更改河水的名称为德水。他主持制定了一系列法律条文,如《田律》《厩苑律》《仓律》《金布律》《关市律》《工律》《徭律》《军爵律》《置吏律》等,一切都以贯彻法令为要务,不讲仁恩和义。此外,还推广商鞅制定的重农抑商政策,崇尚农业,抑制商贾,于三十一年(前216年)令黔首自实田,就是申报土地数字,确认土地私有,便于国家征税。于三十三年(前214年)征发曾经逃亡过的人、赘婿和商贾去攻略和戍守五岭以南。

　　秦灭六国后,对建立什么样的政治制度,朝廷大臣发生争论。丞相王绾要求分封诸子,大臣们多表示赞同。廷尉李斯上书反对道:“当年周天子分封的子弟同姓很多,后来诸侯互相攻伐,周天子无法禁止。如今天下统一,应该实行郡县制,给子弟功臣以丰厚的赏赐和供给,不仅容易控制,也不会出现异心,是安定国家的好方法。设诸侯是不恰当的。”秦始皇支持李斯,终于废除了分封制,在全国推行郡县制。将天下分为三十六郡(最后增至四十一郡),每个郡设守、尉、监。郡下设县,大县设令,小县设长。郡县官吏由皇帝直接任免,不得世袭。同时,在咸阳至各郡之间修筑统一标准的驰道,以加强中央对地方的控制。没收销毁民间所有的兵器,铸成由十二枚铜人为柱的巨型帝王编钟乐器——宫悬,以示天下一统,不再用兵。下令拆毁各诸侯国修建的关塞、城郭、川防。还在全国推行统一的度量衡标准,统一的文字,统一的圆形方孔钱,促进了各地区的经济文化交流。

　　三十四年(前213年),秦始皇在咸阳宫设酒宴大会群臣,博士淳于越又提出,应该实行分封制,让子弟功臣分镇各地,否则发生突然事变,将无人相救。已经担任丞相的李斯驳斥道:"五帝的政策不相重复,三代的措施不相因袭,一切都要随着形势的变化而变化。现在天下已定,法令一统,这些书生不师今却学古,用其来批评当朝政治,扰乱民心。臣建议,将《秦纪》以外的诸侯史书都焚毁,凡不是博士官收藏的《诗》《书》、百家语,全部交给地方官销毁。谁要敢私下谈论《诗》《书》的处以弃市之刑,以古非今的族灭,官吏知情不报的与之同罪。令下三十天仍不烧书的,处以黥刑,罚为城旦。只有医药、卜筮、种树的书不烧。有人想读书,就以吏为师。"秦始皇下焚书令,将《秦纪》以外的诸侯史书、不是博士官收藏的《诗》《书》、百家语全部销毁。禁止私下谈论《诗》《书》,以古非今。只有医药、卜筮、种树的书不烧,有人想读书就以吏为师。次年,由于对方士欺骗不满,秦始皇下令对诸生进行审处,将诽谤皇帝的和以妖言惑乱黔首的四百六十人全部坑杀,他的长子扶苏恐怕此举将引起天下不安,加以劝谏,秦始皇将其派到上郡,去当蒙恬的监军。

还在统一战争期间,秦始皇就仿照六国宫室的图样,在渭水北岸,从咸阳到雍之间修筑了大片宫殿,以容纳从各诸侯国搜罗来的美人、钟鼓。统一的次年,更大规模地进行营建,在渭水南岸,修建信宫和甘泉前殿。三十五年(前212年),在渭水南上林苑修建了规模宏大的阿房宫。到后来,秦始皇的离宫别馆多达七百余处,其中仅咸阳周围二百里内就有二百七十多处。与此同时,他还下令以一百多万人筑长城、修驰道、建骊山陵。他将天下豪富十二万户迁到咸阳,既充实都城,又便于控制。

秦朝建立不久,王翦与李信先后逝世,蒙恬任治理京师咸阳地区的内史。这时,北方的匈奴骑兵经常入境掠夺,严重影响边境地区人民的生产和生活。秦始皇于统一的次年,就亲自到接近匈奴的陇西(今甘肃临洮)、北地(今甘肃庆阳西南)二郡巡视。三十二年(前215年),蒙恬率三十万大军北伐,一举夺回河南地(今宁夏灵武至内蒙古杭锦后旗以南地区),又继续驱逐匈奴,收复黄河以北到阴山的大片疆土,新设三十四县,置九原郡。为了防御匈奴骑兵的内犯,蒙恬主持修筑长城。在蒙恬的规划和指挥下,从各地征发来的五十多万民工,一路依据地形,占据险要,斩山填谷,逶迤而东,把原来秦、燕、赵北边的长城都利用起来,修成了西自临洮(今甘肃岷县),东至辽东(今辽宁辽阳北),蜿蜒万余里的长城。从三十五年至三十七年(前212—前210年),蒙恬又负责由关中向北向西,修筑了两条连接京畿地区和边防线的专用道路——直道。一条由云阳(今陕西淳化西北)北达九原郡,全长一千四百余里。另一条由云阳向西北,沿子午岭,经今甘肃华池,向西入今宁夏境,直抵北地郡北。这一路开山填沟,挖石筑路,工程十分艰难。直道的修成,加强了中央和边防的联系,促进了边地的开发,维护了统一。其间,蒙恬还负责将数万内地居民迁移至九原、北河、榆中等地。蒙恬在上郡驻扎十余年,威震匈奴,匈奴单于头曼因畏惧而率众北徙。秦始皇对蒙恬兄弟十分信任。

为了显扬威德、统一政教习俗,秦始皇在统一后的十一年中曾五次巡幸各地。第一次在二十七年(前220年),他向西巡幸,出鸡头山(今大陇山),到陇西、北地二郡,由回中(今陕西陇县)返回。这显然与匈奴在西部的活动有关。第二次在二十八年(前219年),他到泰山和梁父山举行封禅仪式,并在泰山刻石纪念。然后沿渤海向东,登上成山角和之罘。再到琅邪住了三个月,造琅邪台,又立石刻颂秦的功德,以表明其心中的得意。继而向南行,过彭城(今江苏徐州),渡淮水,到衡山(今湖北黄冈),巡视南郡。由于湘江风大波涌,几乎失事,他下令将湘山(今湖南岳阳境)上的树木全部砍光。最后由武关返回。第三次在二十九年(前218年),他东行到阳武(今河南原阳)博狼沙,张良派力士持铁锤伏击,误中副车,秦始皇令天下大索十日。登上之罘山,刻石纪念,经琅邪,取道上党返回。第四次在三十二年(前215年),北至碣石(今河北昌黎),进而巡视北部边境地区,从上郡返回。

随着权势的发展,秦始皇越来越迷信方士,幻想求得不死之药。秦始皇在第二次巡幸到琅邪时,齐地的方士徐市(fú)上书说,海中有蓬莱、方丈、瀛洲三座神山,住着仙人。秦始皇就派遣徐市率童男童女数千人到海中去寻找仙人。第四次巡幸到碣石时,派燕人卢生寻找羡门、高誓两位仙人,又派韩终、侯生、石生去寻找仙人不死之药。卢生等求仙药不得,对秦始皇说:"臣等求芝奇药和神仙,却总遇不到,好像有什么恶鬼作怪。"因而劝秦始皇要微行,以避恶鬼。住的宫室不能让群臣知道,然后才能得到仙人神药。从此,秦始皇自称真人,并下令用复道、甬道将咸阳附近二百里内的宫观连接起来,每个宫观内都备有全套的帷帐、钟鼓、美人。谁若透露秦始皇的行踪和意图,就是死罪,只在咸阳宫与大臣们议事。还让博士制《仙真人诗》,每到一处,都让乐人弹奏歌唱。秦始皇花费了万万钱财,既没有见到仙人,也没有得到不死之药。卢生、侯生等人最后以秦始皇刚愎自用、贪于权势、专任狱吏为名,声言不可为其求仙药而一起逃走。

三十六年(前211年),在东郡的一块陨石上,有人刻了"始皇帝死而地分"七字,御史调查,毫无结果,秦始皇下令将陨石附近的居民全部处死。秋天,有使者夜过华阴时,有人持璧对使者说:"明年祖龙死。"祖龙就是第一个皇帝,暗指秦始皇。秦始皇听到此话,自我安慰说:"山鬼只知道一年的事。"让卜官占卜,卦得游徙吉。于是在三十七年(前210年)十月,秦始皇开始了他第五次,也是最后一次巡游。这次巡游由左丞相李斯、宦官赵高和秦始皇的小儿子胡亥陪同。先向南,到云梦,登九嶷山(今湖南蓝山境)。再折向北,沿大江东下,过丹阳(今安徽当涂东),经钱唐(今浙江杭州),过浙江,登会稽山,祭大禹,立石颂德。转向北,过吴中(今江苏苏州),渡江后沿东海向北,到琅邪、荣成、之罘,沿海边向西,至平原津(今山东德州南)生病。于七月丙寅日在沙丘(今河北平乡东北)平台死去。由于事前没有立太子,李斯怕皇帝的死讯引起大乱,于是秘不发丧,赵高阴谋立公子胡亥为帝,软硬兼施,迫使李斯就范。然后三人合谋,篡改秦始皇的遗诏,迫令扶苏自杀,关押蒙恬。他们将秦始皇的尸体置于温凉的车中,继续北巡,经井陉,到九原。时值盛夏,尸体腐烂发臭,就装了一车鲍鱼,以遮掩尸臭。再从直道回到咸阳,这才发丧,以胡亥继位为秦二世皇帝。赵高任郎中令,经常侍候在秦二世身边,处理国家大事。继而更改法律,实行严酷政策,将大臣、公子、公主任意处死,大兴工程,加重赋敛和徭役,使人人自危,万民欲反。终于陈胜振臂一呼,天下响应。

秦始皇的陵墓在骊山脚下,称骊山陵。此陵在秦始皇继位初就开始修建。秦统一以后,更经常役使七十万刑徒从事这项工程。墓室深达地下水层,炼了铜水浇灌,然后才下椁于内。墓中建造了宫室,塑造了百官殉葬俑,装满了各种珍奇宝贵的陪葬品。墓室内,顶上用明珠装饰成天穹中的日月星辰,底下布置成全国的地形图案,用水银做成的江河海洋,在机械的转动下流动不息。用鲸鱼油做成的烛,将墓室照得通明,还希望永远不要熄灭。为了防盗,在墓道中安装了弓弩,有人走近就自动发射。九月,秦始皇下葬后,二世皇帝下令将没有孩子的秦始皇宫妃全部殉葬,又怕泄露墓中的机关,将工匠全都封闭于墓中。

在中国历史上,很少有可以与秦始皇的影响相提并论的人物,他功大过亦大。是他领导的战争,结束了春秋战国五百余年诸侯割据混战的局面,在中国历史上第一次实现了真正的疆域统一,加强了各地区政治、经济、文化联系,为我国长期的统一奠定了基础。是他建立的封建专制国家制度和采取的一系列措施,奠定了以后历代王朝统治的基本模式,对中华民族风俗的统一和共同心理的形成产生了深远的影响。但是他又实行愚民政策,进行残酷统治,对百姓横征暴敛,使人民丧失了起码的生存条件,不得不起而造反。

(原载张大可等主编:《影响中国历史进程的人物》,海南出版社,1993年)

从封建到专制
——周秦政治制度的转变

一、概念

封建——封邦建国,以藩屏周。封建亲戚,以藩屏周,就是用宗法殖民的方法统治国家的制度。

专制——掌权者的绝对权力(统治者君主拥有统治国家和扼杀民众自由乃至人身的所有权力)。

要分清传统商周制度"封建"与五种社会形态之封建社会之"封建"的区别。本文讨论的封建是对前一概念的制度性概括。冯天瑜《"封建"概念辨析》(《社会科学战线》2006年第5期):"日中两国译者先后在19世纪70年代、20世纪初以'封建'译 feudalism ,本来大体是准确的,因为'封建'的汉语古义(封土建国)与feudalism的西义(封土封臣)具有通约性。当然,中西封建制又有差异,前者是'宗法封建制',后者是'契约封建制',但这种差异并不能否定以'封建'对译feudalism的基本合理性。但是,时至20世纪20年代以降,随着苏俄和共产国际泛化封建观的传入中国,将以'君主专制'和'地主经济'等'非封建'的秦汉至明清称之'封建社会',又经由1929—1933年中国社会史论战,使这种泛化封建观借着'马克思主义史学'之名,逐渐普被中国。而这种泛化'封建',既违背了'封建'古义与西义,也有悖于马克思的封建原论。通览马克思论著,尤其是晚年的古代社会笔记即可发现,他反对历史单线进化论,一贯致力于对中古世界多途演进的研究,不同意以西欧模式套用东方,批评滥用'封建',认为土地自由买卖的非贵族式土地所有制与封建主义不相兼容,中央集权君主专制与封建主义不相兼容。由于复杂的历史原因,泛化'封建'

成为'日用而不辨'的史学术语,其实,它在新旧名更替之际陷入了概念误植,造成中国历史述事的紊乱。"

夏、商、周三代"封建"(前2070—前221年,共1850年),秦至清"专制"(前221—1911年,共2132年),中国社会专制的传统十分久远。

二、夏商周三代封建制度是血缘政治

夏商周三代是血缘政治,周人所实行的封建制度是以宗法制度为基础的血缘政治制度的典范。

宗法是以家族为中心,以父权家长制的血缘关系为纽带,根据血缘远近区分嫡庶亲疏,从而确定其在家族中的权利和义务的一种社会制度。

《礼记·王制》言:"王者之制禄爵,公、侯、伯、子、男,凡五等。诸侯之上大夫卿、下大夫、上士、中士、下士,凡五等。"甲骨文中的"⊥",即士字,是男性生殖器的象形字。

周初分封同姓和异姓诸侯达1800个,大部分为同姓诸侯。而异姓诸侯中,最强大的是姜太公所封的齐国。这实际上是一种以姬、姜联盟为主体的部落殖民制度。在社会还很落后,交通很不发达,民风极为淳朴的当时,这种相对独立和松散的管理制度,是非常有效的。

在西周,同一始祖的嫡长子孙为大宗,周王一系的嫡长子孙一系为天下之大宗,为宗主,称天子、王,其疆域称为天下;其余分封为诸侯的子孙对天子来说是小宗,为公侯伯子男的不同爵位,其疆域称为邦或国,诸侯之位亦由嫡长子世袭,在其本国又为大宗,其余诸子分封为卿大夫,是诸侯国的小宗。卿大夫在本族为大宗,其余诸子为士,是小宗。小宗一般是古代家族的小家族长,其下又有其同族兄弟子孙家庭,称为庶人。各小宗都必须服从大宗的支配,承担一定的义务。

周的统治手法被后人总结为王道、德政、礼治,用仁的手段管理百姓,用礼约束百姓的行为,用乐陶冶百姓的情操,用信坚定百姓的信念,统治者行善务德,民众自然会服从。

国家的任务就是"昭明德而惩无礼",要"明德慎罚"。

三、春秋战国地缘政治势力的兴起

政治经济基础——春秋战国时期,原来分封的诸侯世代久远,血缘关系日益淡薄,为了争夺土地以获得更多赋税而"相攻击如仇雠"。又诸侯经过几代的经营分化,有强有弱,强大的诸侯不再完全听命于天子,而是逐渐走向独立,有时仅是利用天子的旗号而已。西周对诸侯和卿采取的是分封采邑的办法,而非俸禄,逐级分封出去的土地为诸侯、卿、士个人所控制,长此以往,周王室反而日益贫困,对诸侯的控制能力减弱,西周实行的血缘政治的纽带逐渐断裂。生产工具的改进,使个人凭力气就可以开垦出土地,出现以一夫一妻为核心的个体小家庭,原来的士大夫对自己家族的控制力日益削弱,为适应这种情况,管仲变革时"制鄙,三十家为邑,邑有司"(《国语·齐语》),对百姓的管理大体是地缘结构的,地缘政治逐渐占了上风。

治国方法——王道霸道的理论与实际。春秋至战国时期,有关于王道与霸道的争论,根据儒家的看法,以道德维系政治达到三代以上才是王道,以权术取得而讲事功则是霸道。中国历史,自周朝王道式微以后,就是霸业的开始。"挟天子以令诸侯"成了巩固霸业的手段。中央政府名义上虽然存在,但已经成为一个空架子,任人摆布了。春秋战国以后的汉、唐、宋、元、明、清,统统是霸道,制度上是皇权至上。

图强背景对王道的摒弃及礼崩乐坏。《左传》僖公二十二年:"冬十一月己巳朔。宋公及楚人战于泓。宋人既成列,楚人未既济。司马曰:'彼众我寡,及其未既济也,请击之。'公曰:'不可。'既济而未成列,又以告。公曰:'未可。'既陈而后击之,宋师败绩。公伤股。门官歼焉。国人皆咎公。公曰:'君子不重伤。不禽二毛。古之为军也,不以阻隘也。寡人虽亡国之余。不鼓不成列。'"宋襄公是最后一位连作战都讲礼仪的政治家。

理论基础——战国时孟子与荀子争论人性的政治意义,人性恶成为法家的理论基础,人性恶,所以国家应该以强力统治国民。

孔子创立了以仁为核心的儒家学说,强调统治者要行仁政,即西周的德政。但他又要人们克制个人的自然欲望去服从礼（"克己复礼为仁"），即统治者制定的各方面的行为规范，这就为专制统治准备了口实。

孟子的心性论认为人的本性是天赋的、纯善无恶的，对人性本质的仁义礼智等善端，不虑而知的良知，不学而能的良能，应该加以保护，存心养性，通过内在修养，达到知天、立命的圣贤人格。从上述认识出发，孟子提出仁政学说，强调"民为贵，社稷次之，君为轻"。

荀卿认为人的本性是恶，所谓善都是人为（伪）的。人们在后天环境的陶冶下，通过主观的学习和修养，可以化恶性为善德，形成高尚的道德人格。这就是"化性起伪"。在政治上，荀卿主张礼法兼治、王霸并用。要隆礼，以礼作为区别等级、划分名分和职分的标准。又要明法，以法律、政令作为衡量曲直、判断是非的准绳。

韩非建立了法家学术理论体系。他把历史分为上古之世、中古之世和近古之世三个阶段。当今之世，人民众而财货寡，事力劳而供养薄，人民之间就要发生争夺。在这种情况下，统治方法不能讲仁义道德，只能靠法治。他认为，人为了生存，都难免有欲利之心，而人和人的关系，则是利害关系，统治的方法必然只能是刑赏。他强调法莫如显，就是要公开；法不阿贵，诛罚不避权贵，庆赏不遗匹夫；执法必须认真，赏厚而信，罚严而必，以维护法令的严肃性。他讲统治术，要"因任而授官，循名而责实，操杀生之柄，课群臣之能者也"。他一再申明"权势不可以假人"，必须由君主牢牢地控制住。他还提出，处理政事要有分工，"事在四方，要在中央，圣人执要，四方来效"，就是具体事务由地方处理，但决定权在君主，要强化中央集权。此外，他还提出厉行赏罚、奖励耕战，以法为教，以吏为师等办法。韩非的意见，为专制提供了理论根据，适应了当时建立大一统专制主义中央集权制度的需要，被秦始皇和李斯完全接受并予以实践。

四、秦朝建立的专制主义中央集权制度

专制政治制度是一种基于地缘关系的社会政治制度，其滥觞是从商鞅变法开始的。

1.形成严密的户籍控制制度

商鞅变法后秦国"四境之内,丈夫女子皆有名于上,生者著,死者削"(《商君书·境内》)。采用什伍联保制控制劳动者,商鞅变法时"令民为什伍,而相牧司连坐"(《史记·商君列传》)。禁民随意迁徙,《商君书》"废逆旅""使民无得擅徙"(《商君书·垦令》)。旅客住客舍要有官府凭证,客舍收留没有凭证的旅客住宿,主人与"奸人"同罪。

2.国家直接干预百姓的生产和生活

建立军功爵制度,以杀敌和耕作为功。设二十级爵位,"有军功者各以率受上爵""明尊卑爵秩等级,各以差次名田宅"(《史记·商君列传》),杀敌甲士一名,赏爵位一级,田一顷,宅九亩,庶子一人。杀敌愈多,赏的爵位、田宅和奴隶愈多。禁止私斗,私斗者以情节轻重处以刑罚。"僇力本业,耕织致粟帛多者,复其身,事末利及怠而贫者举以为收孥"(《史记·商君列传》),是鼓励生育和耕织的制度。强制分户,"民有二男以上不分异者倍其赋(按户征收的人口税)"(《史记·商君列传》),逼得家庭男子多的出为赘婿。

3.施行连坐

在变法中,"设告相坐而责其实,连什伍而同其罪,赏厚而信,刑重而必,是以其民用力劳而不休,逐敌危而不却,故其国富而兵强","古秦之俗,君臣废法而服私,是以国乱兵弱而主卑。商君说秦孝公以变法易俗而明公道,赏告奸,困末作而利本事。……是以国治而兵强,地广而主尊","商君治秦,法令至行,公平无私,期年之后,道不拾遗,民不妄取,兵革大强,诸侯畏惧"。

秦嬴政统一六国后,用地缘政治否定了先秦时期的血缘宗法政治,将专制政治制度推向全国,构筑在地缘政治之上的皇权,从最高领导权力、权力形式、权力结构及权力制约等各方面都发生了翻天覆地的变化。

4.秦朝专制主义政治制度的基本内容

(1)朕即国家,最高权力集于天子一身。

(2)要求官吏对皇帝负责,各级官吏由皇帝任命,为了个人的官运和俸禄,官吏只对皇帝个人负责,而不是对百姓负责。

(3)皇帝及其家族,以及庞大的官吏队伍,形成了以皇帝为代表、以广大官员和贵族为基础的一个主宰天下的特权集团,牢牢地控制了全国百姓。

(4)中央实行三公九卿制。丞相、太尉、御史大夫为三公,分掌行政、军事和监察;奉常、郎中令、卫尉、太仆、廷尉、典客、宗正、治粟内史、少府为九卿。

(5)地方实行郡(郡守、郡尉)县(县令、县尉)制。县以下有亭和乡,十里为一亭,设亭长,十亭为一乡,设三老、啬夫、游徼。

(6)黔首泰半之赋,力役三十倍于古,没有居住自由,不许自由迁徙(住旅店、过关津要证明,只有朝廷组织的强制移民和徙谪),实行舆论一致(不许议论朝政),愚民哲学,禁止世俗教育。

秦皇帝"内兴功作,外攘夷狄,收泰半之赋,发闾左之戍。男子力耕不足粮饷,女子纺绩不足衣服。竭天下之资财以奉其政,犹未足以澹其欲也。海内愁怨,遂用溃畔"(《汉书·食货志》)。

汉承秦制,只是对秦朝最极端的专制手法进行了一些修改,增加了经过董仲舒改造的儒学作为专制的遮羞布,所谓"汉家自有制度,本以霸王道杂之,奈何纯任德教,用周政乎!"

中国的专制制度延续了2000多年,从19世纪后期,学者就致力于批判专制制度,但至今对人们的思维和行为影响很深,不从根本上批判秦以来的专制制度,就不可能建设新的民主政治,保障国民的基本权利。

楚汉战争的序幕

——刘邦出定三秦

公元前206年,刘邦进军霸上,秦王子婴投降,秦帝国正式灭亡。自此,天下群雄顿时失去了共同的敌人,由谁来君临天下的历史课题被提了出来。当时,农民起义军中唯有项羽和刘邦实力最强。刘邦认为自己攻入咸阳,灭了秦皇室,理应按照约定,称王关中,号令诸侯。项羽在巨鹿之战,消灭了秦军主力,自以为功劳最大,要当诸侯共主。这时,他听说刘邦已经平定关中,气急败坏,匆忙率40万大军西进,攻入函谷关,要消灭刘邦。于是在胜利面前,本来是同一战壕的战友为了争夺天下,开始了近四年的战争,历史上称为"楚汉战争"。刘邦出定三秦,则是楚汉战争的序幕。

公元前206年十二月,项羽破关而入,进驻新丰鸿门(今陕西临潼),厉兵秣马,飨宴士卒,准备一举歼灭刘邦及其10万军队。刘邦用张良之计,亲自到鸿门大营,卑躬屈膝,用花言巧语哄骗项羽,终于虎口脱险。鸿门宴后,项羽进兵咸阳,屠城,杀秦王子婴,焚烧秦宫室,火三月不灭。项羽认为天下已定,于公元前205年正月尊楚怀王为义帝。二月,分封各路起义军首领、豪杰和秦降将为十八诸侯。韩生建议项羽都关中为霸主,项羽回答道:"富贵不归故乡,如衣绣夜行,谁知之者?"①抢了秦宫的珍宝、妇女,自称西楚霸王,以彭城(今江苏徐州)为楚都。在分封刘邦时,项羽颇费了一番心事。虽然在鸿门宴上,刘邦辩称其并无称王关中的心事,但项羽明白,对自己的霸业威胁最大的是刘邦,所以必须对其严加警惕。原来,在分封诸侯之前,项羽曾派人到彭城询问将关中封给谁。楚怀王的回答是"如约",就是要按照

---

① 《史记》卷七《项羽本纪》,北京:中华书局,1982年,第315页。

约定将关中封给刘邦,项羽当然不能答应,就与范增商议,将刘邦封于巴、蜀、汉中为汉王,其原因是"巴、蜀道险,秦之迁人皆居蜀",交通不便,刘邦就难以出来与项羽对抗;且这些地方是秦统一天下过程中迁徙罪民之处,难以治理。遂借口"巴、蜀亦关中地也",正式封刘邦为汉王,领以巴、蜀、汉中共四十一县地,以南郑(今陕西汉中市)为王都。为了牵制刘邦,"距塞汉王"①,项羽又三分关、陇为雍国、塞国、翟国,以三位悍勇的秦朝投降将领为王。这三位封王者,一是章邯为雍王,领有咸阳以西包括今甘肃地区的秦朝陇西、北地二郡之地,都废丘(今陕西兴平东南);二是长史司马欣为塞王,此人本为秦朝栎阳狱掾,曾经有德于项梁,所以项羽封给他咸阳以东直到黄河的地区,以栎阳(今陕西临潼栎阳镇)为都城;三是都尉董翳,董翳足智多谋,以劝章邯降楚有功,被封为翟王,领有秦上郡之地,以高奴(今陕西延安东北)为都城。

项羽三分关中,将刘邦封为汉王,引起了刘邦的极大不满,就想发兵攻击项羽。此时项羽势力正在鼎盛,刘邦呈一时之忿,显然只能是鸡蛋碰石头。所以周勃、灌婴、樊哙都劝他不可如此。最重要的是萧何的意见,史载:

(萧)何谏之曰:"虽王汉中之恶,不犹愈于死乎?"汉王曰:"何为乃死也?"何曰:"今众弗如,百战百败,不死何为?《周书》曰'天予不取,反受其咎'。语曰'天汉',其称甚美。夫能诎于一人下,而信于万乘之上者,汤武是也。臣愿大王王汉中,养其民以致贤人,收用巴蜀,还定三秦,天下可图也。"汉王曰:"善。"②

萧何的这一段分析,平息了刘邦的愤怒,而且为他规划了学习商汤、周文武以屈为伸,以退为进,积蓄力量,最终取得天下的蓝图。刘邦接受了萧何的建议,假装服从项羽的安排。

四月,诸侯各归封国,项羽回彭城当他的霸王。刘邦在项羽所派3万士卒的护

①《史记》卷七《项羽本纪》,北京:中华书局,1982年,第316页。
②《汉书》卷三九《萧何传》,北京:中华书局,1962年,第2006页。

送(实为监视)下去汉国就任,楚子、诸侯人马因仰慕而随从者数万。刘邦一行从杜南进入蚀中道(在今陕西西安市长安区),向南行,一路不少部众及将领因思念关东故土而逃跑。谋臣张良陪护刘邦一直到褒中(今陕西汉中市褒城镇以东),这才辞行回韩王封地。根据张良的建议,刘邦一行在赴南郑时,烧毁沿途的栈道,以防备诸侯军队来犯,也给项羽造成其无意东向的假象。

到南郑后,刘邦健全王国机构,任命萧何为汉国丞相,以韩信为大将军,周勃、曹参、郦商为将军,灌婴为中谒者,靳歙为骑都尉,建立了一套强有力的文武班子。又招揽贤俊豪杰,充分利用巴、蜀、汉中丰富的粮食、物资,关心民生疾苦,为还定三秦做准备。刘邦与萧何研究所得秦丞相府图籍,“汉王所以具知天下厄塞,户口多少,强弱之处,民所疾苦者”①,据之制定争夺天下的具体策略。

在拜韩信为大将军的典礼结束以后,刘邦与韩信谈话,韩信向刘邦分析了天下形势,刘邦与项羽争夺天下的有利条件,建议刘邦欲取天下,先定三秦。韩信说:

> 项王虽霸天下而臣诸侯,不居关中而都彭城,有背义帝之约,而以亲爱王,诸侯不平。诸侯之见项王迁逐义帝置江南,亦皆归逐其主而自王善地。项王所过无不残灭者,天下多怨,百姓不亲附,特劫于威强耳。名虽为霸,实失天下心。故曰其强易弱。今大王诚能反其道,任天下武勇,何所不诛!以天下城邑封功臣,何所不服?以义兵从思东归之士,何所不散!且三秦王为秦将,将秦子弟数岁矣,所杀亡不可胜计,又欺其众降诸侯,至新安,项王诈坑秦降卒二十余万,唯独邯、欣、翳得脱,秦父兄怨此三人,痛入骨髓。今楚强以威王此三人,秦民莫爱也。大王之入武关,秋豪无所害,除秦苛法,与秦民约法三章耳,秦民无不欲得大王王秦者。于诸侯之约,大王当王关中,关中民咸知之。大王失职入汉中,秦民无不恨者。今大王举而东,三秦可传檄而定也。②

---

①《史记》卷五三《萧相国世家》,北京:中华书局,1982年,第2014页。
②《史记》卷九二《淮阴侯列传》,北京:中华书局,1982年,第2612页。

韩信之所以建议刘邦将第一个攻击目标定为三秦,首先是为了得地利,秦地地形险要易守难攻,领有了秦地,"地势便利,其以下兵于诸侯,譬犹居高屋之上建瓴水"①;二是为了得人心,入关之初,刘邦采取了一系列措施,得到秦民的拥戴,而项羽所封三秦王为秦之降将,极为不得人心;三是为了得物资,蜀地和关中自古就称为"天府",由于都江堰和郑国渠的修建,农业生产水平处于全国最前列,有丰富的粮食储备,而"凉州之畜为天下饶"。"秦地天下三分之一,而人众不过什三,然量其富居什六。"②四是为了得人才,除了跟随刘邦定关中的东方六国人才之外,秦地,尤其是陇西、北地居民"皆迫近戎狄,修习战备,高上气力,以射猎为先"③。人言"关东出相,关西出将",领有三秦刘邦就可以拥有更多杰出的将帅。三秦地区的这些优势将成为刘邦与项羽争夺天下的最大资本。

刘邦出定三秦,是楚汉战争的序幕。刘邦出汉中定三秦的第一个目标就是章邯所封的雍国。原来,章邯是三秦王中最为凶悍的一位,秦二世元年(前209年)九月,周文率领的起义军打破函谷关,进至距咸阳仅数十里的戏(今陕西临潼境),秦朝人心惶惶。秦二世采纳少府章邯的意见,免除骊山刑徒和奴产子的罪过,将他们武装起来,并紧急征召关西百姓,组成军队,以章邯为主将,司马欣为长史,董翳为都尉,镇压农民起义,周文兵败自杀。起义将领田臧杀死不懂军事的吴广,率军迎战,亦兵败而死。章邯军势如破竹,进抵陈县,陈胜退至下城父,于秦二世二年(前208年)十二月被车夫庄贾杀死。项梁立楚王后代熊心为楚怀王,自号武信君,在连连作战获胜后骄傲轻敌,被章邯偷袭战死。章邯乘胜率领秦军移师河北,将赵王歇包围于巨鹿。楚怀王在彭城召集军事会议,决定兵分两路。一路北上巨鹿,救援赵王歇,与秦军主力决战;另一路西进入关,直捣秦都咸阳。当时,秦的兵力仍很强大,诸路将领都不敢领受西路进军的任务。只有项羽为了替项梁报仇,要求担此重任。楚怀王跟前的老将们觉得关中百姓受秦朝残暴之苦最深,派往关中的将领只

---

①《史记》卷八《高帝本纪》,北京:中华书局,1982年,第382页。

②《史记》卷一二九《货殖列传》,北京:中华书局,1982年,第3262页。

③《汉书》卷二八四《地理志下》,北京:中华书局,1962年,第1644页。

能是忠厚的长者,而不能是剽悍残暴的项羽。于是,正式任命宋义为上将军,项羽为次将,范增为末将,率军北上,而派刘邦西进。项羽杀死畏惧秦军的大将军宋义,破釜沉舟,率大军在巨鹿之野与秦军决战,凡经九战,消灭秦军主力,秦二世三年(前207年)七月秦大将章邯投降。项羽立章邯为雍王,司马欣为上将军,向西进军。项羽怕降卒们反叛,将20万降卒全部坑杀于新安(今河南新安)城南。秦地百姓知自己从军的子弟被坑杀,他们的将领反而在起义军中升官,都十分痛恨章邯等将领。从一定意义上说,项羽封章邯等为三秦王自以为得计,其实是一步臭棋。

正在这时,由于项羽分封诸侯时十分不公平,心生怨恨的田荣、彭越、陈余举兵在齐、赵等地发难,项羽忙于镇压反叛,刘邦趁机实施其北进消灭三秦王的计划。

刘邦北上平定三秦的第一个目标是盘踞甘肃中东部和陕西西部的雍王章邯。章邯不愧为秦之屡战屡胜的勇将,刘邦消灭雍国的过程非常复杂,史书记载也略有不同。

(汉王元年)八月,汉王用韩信之计,从故道还,袭雍王章邯。邯迎击汉陈仓,雍兵败还走。止战好畤,又复败,走废丘。汉王遂定雍地。东至咸阳,别兵围雍王废丘,而遣诸将略定陇西、北地、上郡。(《史记·高祖本纪》)

五月,汉王引兵从故道出,袭雍。雍王邯迎击汉陈仓,雍兵败,还走;战好畤,又大败,走废丘。汉王遂定雍地。东如咸阳,引兵围雍王废丘,而遣诸将略地。(《汉书·高帝纪》)

(汉王元年)(雍)八月,邯守废丘,汉围之。(塞)八月,欣降汉,国除。(翟)八月,翳降汉,国除。

(汉王二年)(汉)十月,王至陕。(雍)十一月,汉拔我陇西。(雍)正月,汉拔我北地。(雍)六月,汉杀邯废丘。七月,属汉为陇西、北地、中地郡。(《史记·秦楚之地月表》)

(曹参)从还定三秦,攻下辨故道、雍、斄。击章平军于好畤南,破之,围好畤,取壤乡。击三秦军壤东及高栎,破之。复围章平,平出好畤走。因击赵贲、内史保军,破之。东取咸阳,更名曰新城。参将兵守景陵二十

> 三日,三秦使章平等攻参,参出击,大破之。赐食邑于宁秦。以将军引兵
>
> 围章邯废丘;以中尉从汉王出临晋关。(《汉书·曹参列传》)

刘邦究竟是于五月还是八月出兵的?《史记》《汉书》两帝纪记载不同,《秦楚之际月表》无汉王出兵记载。但从月表记八月灭塞、翟两王国看,从汉中出兵到围废丘,塞、翟二国降,当非一个月内所能完成之事,故当以五月出兵为是。刘邦从入汉中到出汉中仅一个月时间。

刘邦亲自率领大军,从南郑出发北上。原来从关中到汉中的道路已根据张良的建议烧毁,所以不得不改由最西边的故道北行。故道,颜师古注释称:"《地理志》武都有故道县。"然而,武都郡是汉武帝时才设立的,秦末既无武都郡,哪来故道县?所以,此故道并非县名,乃由关中至汉中之西线道路故道的意思。胡三省《资治通鉴音注》中对唐人几种关于故道的解释予以载录,云:"班《志》,故道县属武都郡。《括地志》:故道,今凤州两当县。杜佑《通典》曰:故道,凤州梁泉、两当县地。"①似乎杜佑有刘邦所行故道乃非指县名之意。然查杜佑原书,在唐凤州辖县有"梁泉,汉故道县地。后魏置今县。两当,汉故道县地。后魏置两当郡"②,此处应是胡三省失误了。真正明确辨清此事的是日本学者中井积德,《史记会注考证》中引其言曰:"故道原非地名,盖是处旧有秦蜀相通之道,而栈道张良所烧者为今道。今道已烧残不通,故从故道而往也。后世因为县名耳。"故道,又名嘉陵道,是由关中通往巴蜀的西线道路。该道由关中西行至陈仓,出散关,在今陕西凤县境南行,沿嘉陵江河谷,入今甘肃两当县、徽县、成县(秦下辨道)境,再入陕西略阳境,直抵蜀郡。

刘邦率军由南郑西行,章邯似乎已派兵守住了略阳西北的故道入口,所以《曹参传》中说"攻下辨故道",在下辨境打了一仗,才踏上故道,北行过今甘肃成县、徽县、两当县境,又一路过关斩将,经今陕西凤县境,入散关,矛头直指雍国都城废丘。雍王章邯闻讯,到陈仓迎战,被打败,退至好畤(今陕西乾县东),又战败,退守废丘。

---

①《资治通鉴》卷九《汉纪》,北京:中华书局,1956年,第312页。

②《通典》卷一七六《州郡六》,北京:中华书局,1984年,第934页。

刘邦派樊哙去包围废丘，自己指挥大军打败塞王，司马欣举国投降；又打败翟王，董翳降汉，刘邦以其地设渭南、河上、上郡三郡。雍国疆域广大，章邯分驻郡县的将领还在坚守，所以刘邦分派诸将收复陇西、北地诸郡县。这些都是汉王元年（前206年）八九两个月中的事。汉王二年（前205年）十月，刘邦出函谷关，入驻陕（今河南三门峡），伺机东向攻击项羽。不久，听到项羽杀死义帝的消息，当即在军营为义帝发丧，全军哀悼三日，同时向诸侯们通告，正式向项羽宣战，拉开了楚汉战争的大幕。

汉王刘邦派往收复陇西、北地的将领有周勃、靳歙、樊哙、郦商、蔡兼等。周勃在白水之北打败西县县丞所率武装以后，又破章邯将盗巴（又作益巴）军，进攻上邽，被刘邦调去守卫峣关（今陕西商州西北），以防东方诸侯西袭。章邯之弟章平①率部守陇西，汉骑都尉靳歙率军与战，大破之，斩雍国"车司马、候各四人，骑长十二人"。在汉军强大的攻势面前，不少陇西将士降汉，十一月，陇西六县为汉所有。汉王下令，"以万人若一郡降者，封万户"②，章平退守北地。汉将郦商部由陇西向东北行军，打败章邯派守乌氏的将军焉氏，又东进至栒邑（今陕西旬邑东北），破周类大军，在泥阳再败雍国之苏驵部，还俘虏了章邯弟章平。正月，汉全部收复北地郡地。随后，汉军集中兵力进攻废丘，引渭河水灌城，五月，废丘降，章邯自杀，汉王刘邦领有三秦之地，今甘肃兰州以东都成为汉王领土。

占领陇西、北地后，汉王在关陇等地进行了初步的建设。一是政权建设，在兰州以东的甘肃境内仍依秦制，设陇西、北地二郡，在关中咸阳以西地设中地郡，各自设官分职，如以郦商为陇西都尉，迅速安定了地方，建立起了稳定的后方。二是加强边备，"兴关中卒乘边塞""缮治河上塞"。"娄敬者，齐人也，汉五年戍陇西"，就是因此命令而由齐地"挽辂，衣羊裘"西行的③。由于楚汉战事吃紧，留守关中的萧何多次大量征召秦地百姓为兵，以补充刘邦被打散的军队，所以这种加强陇西等地边

---

①一说为章邯之子。

②《汉书》卷一《高帝纪》，北京：中华书局，1962年，第33页。

③《史记》卷九九《刘敬列传》，北京：中华书局，1982年，第2715页。

境守备的活动没能持久。三是发展农业生产，"诸故秦苑囿园池，皆令人得田之"①，就是将原来秦朝皇帝游猎的苑囿，以及由少府管理的园林池泽都解除禁令，允许百姓自由垦殖。四是"施民德，赐民爵""大赦罪人"，将更多的百姓从秦朝严酷的政令下解放出来，增加了地方的劳动力和汉军的后备兵员。五是优待汉军家属，令"关中卒从军者，复家一岁"②。将秦、陇、汉中、巴蜀等地建设成汉王与项羽争夺天下的稳定后方。在后方人力物力的大力支持下，汉王刘邦与项羽逐鹿中原，屡败屡兴，萧何"计关中户口，转漕、调兵以给军，未尝乏绝"③。汉王五年（前202）十二月，西楚霸王项羽兵败自尽，二月，刘邦即皇帝位，建立汉朝，史称西汉。

楚汉战争，刘邦对项羽的胜利从一定意义上说是平民对贵族的胜利。从夏、商、周到秦，前后数百个天子诸侯，有哪一个不是贵族出身？贵族们尚武、矜持、豪侈，曾经主宰了中国两千年的历史。到最后，他们堕落了，在新兴的土地所有者面前显得不合时宜了，也就该退出历史舞台了。春秋战国历史上，真正掀动社会波涛的是下层的土地所有者或曰平民。秦始皇建立的政治体制，实际上就是一套给土地所有者以一定权力的制度。贵族们仅仅依靠其高贵的出身，再也不能得到政治权力了。只有为建立政权和巩固政权建功立业的人，才能当大臣、郡守和县令。秦末农民战争的参与者，有不同的出身，怀着不同的动机。陈胜、吴广是地道的农民，刘邦、韩信是社会下层的平民，是小土地所有者的政治代表，他们并不反对秦朝的政治体制，只是反抗秦朝的暴虐和沉重的徭役，争取人的基本权利。项羽、张耳、陈余等人则是贵族出身，他们参加起义队伍，显然是为了复仇，为了夺回他们失去的特权。所以项羽一旦大权在手，就分封诸侯，完全否定秦朝建立的政治体制，恢复殷周的分封制度。而刘邦称帝后，虽然也被迫分封了少量的王，但其政治体制的主体是继承了秦始皇建立的三公九卿和郡县制度。历史在向前发展的时候，总有一些人顽固地要拉历史的车轮倒退，有的也能暂时得逞。但当一种政治体制被彻

①《史记》卷八《高祖本纪》，北京：中华书局，1982年，第369页。
②本段引文皆见《汉书》卷一《高帝纪》，北京：中华书局，1982年，第33页。
③《资治通鉴》卷九《汉纪》，北京：中华书局，1956年，第323页。

底否定以后,想让它根本逆转,就不可能了。项羽分封诸侯的失败是一个例子,袁世凯称帝垮台也是一个例子。历史大趋势如此,这是刘邦得胜、项羽失败的本质原因。

当然,个人原因也不可忽视。项羽英勇无畏,敢打敢冲,能征善战,不愧是叱咤风云的英雄,但他又有致命的弱点。韩信曾经指出,项羽是"匹夫之勇""妇人之仁""不能任属贤将""所过无不残灭者,天下多怨,百姓不亲附。名虽为霸,实失天下心"。这种人,即使每一仗都打胜,最终还是摆脱不了覆灭的下场。刘邦出身平民,有不拘小节、讲义气、敢作敢为、广交三教九流朋友的人际优势。对人心的美好与丑恶,他知之甚深,并采取不同的对策,争取人心。他先入关中本应为关中王,项羽却封他为汉中王,他也能忍住不满,到南郑就任。后来楚、汉两军相持于广武东西城,项羽威胁要杀刘邦的父亲刘太公,刘邦答道:"吾与项羽俱北面受命怀王,曰'约为兄弟',吾翁即若翁,必欲烹而翁,则幸分我一杯羹。"①洛阳称帝后,他总结自己胜利的原因,说:"夫运筹策帷帐之中,决胜于千里之外,吾不如子房(张良);镇国家,抚百姓,给馈饷,不绝粮道,吾不如萧何;连百万之军,战必胜,攻必取,吾不如韩信。此三者皆人杰也,吾能用之,此吾所以取天下也。项羽有一范增而不能用,此其所以为我擒也。"②

天下大乱,能者取胜。项羽充其量是一位杰出的军事家,而刘邦却善于驾驭军事家、政治家和理财家,这就是二人的高下之处。中国历史上第一个平民出身的皇帝,就这样登上了历史的舞台。

---

①《史记》卷七《项羽本纪》,北京:中华书局,1982年,第328页。

②《史记》卷八《高祖本纪》,北京:中华书局,1982年,第381页。

《史记·项羽本纪》《汉书·项籍传》对读记
——以项羽自刎地点考释为中心

　　1985年2月13日《光明日报》发表计正山的文章,认为项羽自刎于东城(今安徽定远)而非乌江。当时只觉其观点新奇,并没有过于在意。《中华文史论丛》2007年第2辑发表红学家冯其庸先生的两篇论文,一为《项羽不死于乌江考》,一为《千百年来一座有名无实的九头山》,阐述项羽实死于东城说。论文观点经过媒体大力宣传,引起学界的广泛关注和积极讨论。

　　初读冯文,觉得冯先生读书确实细心,发现了史书中的矛盾,得出推翻两千年传统观点的结论。但是查对史料,尤其是将《史记·项羽本纪》与《汉书·项籍传》对读,发现冯先生所论大有问题。

一、对读的文献学依据

　　班固所著《汉书》记载西汉一代历史,其中,有四篇纪、六篇表、三篇书、四十篇传,是在《史记》基础上写成的。白寿彝先生分析《汉书》中与《史记》有关的篇章,说:"其中有的是增补了多少不等的材料,有的是就原有材料另行编排,有的是就原文作了简单的分合,有的是基本上依原文照录。"①两书有关篇章的特点,为我们将《史记·项羽本纪》与《汉书·项籍传》对读提供了可能、奠定了基础。

　　以下对录了两书中自垓下突围至史家论赞的文字,为了分析方便,标以段序且将两书不同的文字用下画线标示。

---

　　①白寿彝:《司马迁与班固》,载吴泽主编《中国史学史论集》(一),上海:上海人民出版社,1980年,第219页。

《史记·项羽本纪》①	《汉书·项籍传》②
第一段 　　于是项王乃上马骑,麾下壮士骑从者八百余人,<u>直夜</u>溃围南出,驰走。平明,汉军乃觉之,令骑将灌婴以五千骑追之。项王渡淮,骑能属者百余人耳。项王至阴陵,迷失道,问一田父,田父绐曰"左"。左,乃陷大泽中。以故汉追及之。项王乃复引兵而东,至东城,乃有二十八骑。汉骑追者数千人。项王自度不得脱。谓其骑曰:"吾起兵至今八岁矣,身七十余战,所当者破,所击者服,未尝败北,遂霸有天下。然今卒困于此,此天之亡我,非战之罪也。今日固决死,愿为诸君快战,必三胜之,为诸君溃围,斩将,刈旗,令诸君知天亡我,非战之罪也。"乃分其骑以为四队,四向。汉军围之数重。项王谓其骑曰:"吾为公取彼一将。"令四面骑驰下,期山东为三处。于是项王大呼驰下,汉军皆披靡,遂斩汉一将。是时,赤泉侯为骑将,追项王,项王瞋目而叱之,赤泉侯人马俱惊,辟易数里,与其骑会为三处。汉军不知项王所在,乃分军为三,复围之。项王乃驰,复斩汉一都尉,杀数十百人,复聚其骑,亡其两骑耳。乃谓其骑曰:"何如?"骑皆伏曰:"如大王言。"	**第一段** 　　于是羽遂上马,戏下骑从者八百余人,<u>夜直</u>溃围南出驰。平明,汉军乃觉之,令骑将灌婴以五千骑追羽。羽渡淮,骑能属者百余人。羽至阴陵,迷失道,问一田父,田父绐曰"左"。左,乃陷大泽中,以故汉追及之。羽复引而东,至东城,乃有二十八骑。追者数千,羽自度不得脱,谓其骑曰:"吾起兵至今八岁矣,身七十余战,所当者破,所击者服,未尝败北,遂伯有天下。然今卒困于此,此天亡我,非战之罪也。今日固决死,愿为诸军快战,必三胜,斩将,艾旗,乃后死,使诸君知吾非用兵罪,天亡我也。"于是引其骑因<u>四隤山</u>而为圜陈外向,汉骑围之数重。羽谓其骑曰:"吾为公取彼一将。"令四面骑驰下,期山东为三处。于是羽大呼驰下,汉军皆披靡。遂杀汉一将。是时,杨喜为郎骑,追羽,羽还叱之,喜人马俱惊,辟易数里。与其骑会三处。汉军不知羽所居,分军为三,复围之。羽乃驰,复斩汉一都尉,杀数十百人。复聚其骑,亡两骑。乃谓骑曰:"何如?"骑皆服曰:"如大王言。"

①《史记》,北京:中华书局,1982年,第334—339页。

②《汉书》,北京:中华书局,1962年,第1818—1820、第1826页。

续表

《史记·项羽本纪》	《汉书·项籍传》
第二段 于是项王<u>乃欲东渡乌江</u>。乌江亭长檥船待，谓项王曰："江东虽小，地方千里，众数十万人，亦足王也。原大王急渡。今独臣有船，汉军至，无以渡。"项王笑曰："天之亡我，我何渡为！且籍与江东子弟八千人渡江而西，今无一人还，纵江东父兄怜而王我，我何面目见之？纵彼不言，籍独不愧于心乎？"乃谓亭长曰："吾知公长者。吾骑此马五岁，所当无敌，尝一日行千里，不忍杀之，以赐公。"乃令骑皆下马步行，持短兵接战。独籍所杀汉军数百人。项王身亦被十余创。顾见汉骑司马吕马童，曰："若非吾故人乎？"马童面之，指王翳曰："此项王也。"项王乃曰："吾闻汉购我头千金，邑万户，吾为若德。"乃自刎而死。王翳取其头，余骑相蹂践争项王，相杀者数十人。最其后，郎中骑杨喜，骑司马吕马童，郎中吕胜、杨武各得其一体。五人共会其体，皆是。故分其地为五：封吕马童为中水侯，封王翳为杜衍侯，封杨喜为赤泉侯，封杨武为吴防侯，封吕胜为涅阳侯。	**第二段** 于是羽<u>遂引东，欲渡乌江</u>。乌江亭长檥船待，谓羽曰："江东虽小，地方千里，众数十万，亦足王也。愿大王急渡。今独臣有船。汉军至，亡以渡。"羽笑曰："乃天亡我，何渡为！且籍与江东子弟八千人渡江而西，今亡一人还，纵江东父兄怜而王我，我何面目见之哉？纵彼不言，籍独不愧于心乎！"谓亭长曰："吾知公长者也，吾骑此马五岁，所当无敌，尝一日千里，吾不忍杀，以赐公。"乃令骑皆去马，步持短兵接战。羽独所杀汉军数百人。羽亦被十余创。顾见汉骑司马吕马童："若非吾故人乎？"马童面之，指王翳曰："此项王也。"羽乃曰："吾闻汉购我头千金，邑万户，吾为公得。"乃自刭。王翳取其头，乱相轹蹈争羽相杀者数十人。最后杨喜、吕马童、郎中吕胜、杨武各得其一体。故分其地以封五人，皆为列侯。 ……
第三段 太史公曰：吾闻之周生曰"舜目盖重瞳子"，又闻项羽亦重瞳子。羽岂其苗裔邪？何兴之暴也！夫秦失其政，陈涉首难，豪杰蜂起，相与并争，不可胜数。然羽非有尺寸，乘势起陇亩之中，三年，遂将五诸侯灭秦，分裂天下，而封王侯，政由羽出，号为"霸王"，位虽不终，近古以来未尝有也。及羽背关怀楚，放逐义帝而自立，怨王侯叛己，难矣。自矜功伐，奋其私智而不师古，谓霸王之业，欲以力征经营天下，五年卒亡其国，身死东城，尚不觉寤而不自责，过矣。乃引"天亡我，非用兵之罪也"，岂不谬哉！	**第三段** 赞曰：昔贾生之《过秦》曰：…… 周生亦有言，"舜盖重童子"，项羽又重童子，岂其苗裔邪？何其兴之暴也！夫秦失其政，陈涉首难，豪桀蜂起，相与并争，不可胜数。然羽非有尺寸，乘势拔起陇亩之中，三年，遂将五诸侯兵灭秦，分裂天下而威海内，封立王侯，政繇羽出，号为"伯王"，位虽不终，近古以来未尝有也。及羽背关怀楚，放逐义帝，而怨王侯畔己，难矣。自矜功伐，奋其私智而不师古，始霸王之国，欲以力征经营天下，五年卒亡其国，身死东城，尚不觉寤，不自责过失，乃引"天亡我，非用兵之罪"，岂不谬哉！

读了这些比较文字，我们对班固整齐《史记》文字的功绩有了更真切的体会。选录的《汉书》传文，以《史记》纪文为基础，将1050字的原文删改成962字，还有一些改写或调整之处，更有某些增补或改定，所以出现了一些差异。造成这些差异的原因，或许是《汉书》保存了汉代《史记》文词的原貌，或许是班氏对《史记》的修正与补充。作为今人，我们能够看到百衲本中所收宋版《史记》和《汉书》的文字，其篇章片段从宋以前的出土文献、注疏、类书、引述中也可以窥知一二，却远非全貌。中华书局点校本参考了宋版《史记》《汉书》等多种版本，是当今学界使用最多的本子，故而我们主要依两书中华书局点校本的文字加以比较和论说。

《史记·项羽本纪》与《汉书·项籍传》相关文字的同异，为我们考究项羽死于何处提供了非常珍贵的资料。

二、基本相同的文字

为了证明项羽不死于乌江论，冯先生在文章中说，《项羽本纪》中前边说项羽在东城被汉大军层层包围，后边说项羽自刎于乌江边，篇末"太史公曰"又称其"身死东城"，殊为矛盾。而《史记》有关表、纪、传记载此事时，都称"杀项羽东城"。故《项羽本纪》中乌江自刎的文字，可能是后人补入的《楚汉春秋》扬汉抑楚的曲笔文字，或者是汉以后《史记》在传抄中的错简。冯文还说一个"欲"字说明项羽只是想渡乌江，从东城距乌江二百四十华里的距离来看，他不可到达乌江边，因而所谓乌江亭长很可能是他最后所余二十六骑之一，此人可能原是乌江亭长。冯先生由此做结论称，项羽不是自刎于乌江，而是死于东城。据称冯先生曾两次到当地去考察，项氏从垓下到东城的遗迹都证明了他的判断不错。

冯文称：

乌江在汉代属历阳（唐称和州），与东城是相隔遥远的不同地域，如项羽真死在乌江，则司马迁的论赞就应该说"身死历阳"或者迳说"身死乌江", 而不应该说"身死东城"。①

我们对比《汉书·项籍传》的三段文字与《史记·项羽本纪》的三段文字, 叙事顺序和基本内容是一致的。尤其是冯先生文章中所称司马迁文字的前后矛盾, 即先叙"乌江自刎", 后言"身死东城"也是一样的。《汉书》在第二段采用了项羽自刎于乌江的文字, 第三段的论赞, 先引用了贾谊《过秦论》的大量文字, 后又以"周生亦有言"开始, 抄引了"太史公曰"中评论项羽功过的文字, 尤其是保留了关键的"身死武城"四字。说明班固在认真研究了司马迁《项羽本纪》后, 认为其所述项羽结局的文字并没有矛盾, 故而以司马氏文字为基础, 按照自己要整齐纪传体本纪和诸传体例的立场, 改项氏本纪为传记, 仅对文字进行了个别改动, 就写成了《项籍传》。

持项羽自刎于乌江说的学者在解译这一段文字并无矛盾时, 对项羽逃跑沿途经过的地名之地望提出了自己的看法。他们说, 楚汉相争时, 今安徽定远县西北六十余华里有座阴陵城(今名古城村), 而安徽历阳(和县)东北五十六华里有座阴陵山。《项羽本纪》中"项王至阴陵, 迷失道", 此"阴陵"应该是阴陵山, 而不是阴陵城。因为项羽渡过淮河古渡后, 退却路线是东南方向, 不会偏向西南而绕行。呼安泰先生在论文中②写道:

> 项羽自吴中起事, 转战大江南北, 身经七十余战, 前后长达八年之久, 对江淮之间的地理形势了如指掌, 为尽快争取时间东渡, 他不可能舍近求远绕道今定远西北六十余华里的阴陵城, 然后再折向乌江东渡。

至于项羽陷入的"大泽", 他认为, 由青洛河再流经一段很长的路程, 一直西到炉桥北转成窑河汇入高塘湖, 方形成积水洼地。这里离阴陵城很远, 也不能算作"阴陵大泽"。

呼先生的论说告诉我们, 在项羽南逃的路线上, 既有冯文所说为城的阴陵, 又有为山的阴陵; 既有冯先生所说的古城村西的大泽, 又有阴陵山旁名红草湖的阴陵

---

① 冯其庸: 《项羽不死于乌江考》, 《中华文史论丛》2007年第二辑, 第255页。

② 《无鱼作罟 习非成是——再谈项羽殉难于何地兼与计正山、冯其庸先生商榷》, 《南通大学学报》2008年第1期。

大泽。冯先生对项羽南逃路线进行实地调查时,不知为什么没有去看看阴陵山和红草湖?文中又为什么不提另有一个阴陵山一个红草湖?历史学研究不能回避或无视不同观点的资料和论说,否则就会留下漏洞和隐患。冯文虽然说得似乎有理有据,反方的说法不也头头是道吗?我们凭什么只相信冯文的说法,而不取反对者的意见呢?因为学术研究有一条最基本的原则,就是不能迷信权威。

冯先生一再说:"乌江在汉代属历阳(唐称和州),与东城是相隔遥远的不同地域。"①我们查检了许多地理著作,尤其是《汉书·地理志》②,都没有乌江在汉代隶属历阳的相关文字,不知冯先生此说根据何在。相反,关于秦汉之际乌江亭属东城县,却有史料证明。《太平寰宇记》卷一二四《淮南道·和州》中有:"乌江县,本秦乌江亭,汉东城县地。项羽败于垓下,东走至乌江,亭长舣船待羽处也。"呼安泰先生举出此条史料,分析道:"两汉时期的东城县,是江淮之间的一个辖境广阔的大县。从今定远东南境的池河上中游地区,越过江淮分水岭,包括今滁县西南境、肥东东境、全椒西南境,直到今和县乌江的沿江一带。"进而认为,项羽"身死东城"之东城,不是冯文所说的今定远东南五十里的东城,而是指辖属于东城县的乌江,即东城乌江。当时的乌江亭并不属于汉历阳(今安徽和县),项羽是到了东城县的乌江亭自杀的。

冯文为了否定秦汉之际乌江亭属于东城县的说法,首先引王文楚《宋版太平寰宇记》前言,称书中有不少内容"出于后人改补"。接着说:"只要读读《灌婴传》里的'下东城、历阳'一句就可以明白,如果当时东城辖地包括乌江在内,则司马迁只要说'下东城'就够了,没有必要再说'历阳'。正因为当时的和县是在'历阳'境内,不属东城,所以要说'下东城、历阳'。表明连下两城。"③

---

①冯其庸:《项羽不死于乌江考》,《中华文史论丛》2007年第二辑,第255页。

②《汉书·地理志》文云:"阴陵,莽曰阴陆。历阳,都尉治。莽曰明义。当涂,侯国。莽曰山聚。钟离,莽曰蚕富。合肥,东城,莽曰武城。博乡,侯国。莽曰扬陆。曲阳,侯国。莽曰延平亭。建阳,全椒,阜陵。"并无东城、历阳下属何邑、亭的文字。

③冯其庸:《项羽不死于乌江考》,《中华文史论丛》2007年第二辑,第270—271页。

我们查关于秦汉之际乌江亭辖属的史料,不仅《太平寰宇记》中说属于东城县,在其前后的多种史书中都有类似说法。

唐代成书的《元和郡县图志》阙卷逸文卷二"淮南道"载:

> 乌江县,魏黄初三年,曹仁据乌江以讨吴,晋太康六年始于东城置乌江县,隶历阳郡。①

五代成书的《旧唐书》卷四○言:

> 和州……乌江县,汉东城县之乌江亭,属九江郡。②

宋代成书的《舆地广记》卷二一称:

> 中,乌江县,本秦东城县之乌江亭,项羽欲渡乌江。即此。二汉属九江郡。晋置乌江县,属淮南郡。魏置江都郡。北齐改为齐江郡。陈改为临江郡。后汉改为同江郡。隋开皇初,郡废,属和州。③

《大明一统志》卷一七《和州·古迹》载:

> 乌江废县,在州北。本秦乌江亭,汉为东城县地,晋始置乌江县。梁于县置江都郡。北齐改齐江郡。陈改临江郡。后周又改乌江郡。隋复为县。宋绍兴中,废为镇,寻复置。④

清初成书的顾炎武《肇域志》之《南直隶·和州》载:

> 乌江废县,在州北。本秦乌江亭,汉为东城县地,晋始置乌江县。梁于此置江都郡。北齐改齐江郡。陈改临江郡。后周改为同江。隋复为县。宋绍兴中,废为镇,寻置。⑤

唐、五代、宋、明及清初的学者皆如是认识。冯先生以对某书的一般议论就否定其中某一具体文字可靠性的方法恐怕有违逻辑学的基本规则。

---

①《元和郡县图志》,北京:中华书局,1983年,第1077页。

②《旧唐书》,北京:中华书局,1975年,第1575页。

③《宋本舆地广记》(三),北京:国家图书馆出版社,2017年,第169页。

④《大明一统志》,西安:三秦出版社,1990年,第269页上栏。

⑤《肇域志》,上海:上海古籍出版社,2004年,第89页。

既然秦汉之际乌江亭辖属于东城县，不属于历阳县，那么《灌婴传》中先下武城，又下历阳的说法就无可挑剔了。《史记·灌婴列传》的文字"下东城、历阳"，并没有也不能证明当时乌江亭在历阳县境内。

冯先生依据谭其骧先生主编《中国历史地图集》第二册第24—25页秦"淮汉以南诸郡"图说："图明确标着阴陵、东城、全椒、历阳四个县。可见到西汉东城与历阳之间又新增了一个全椒县，东城与历阳已经完全不接壤了。"①这个"可见"引出的结论是大有问题的。首先，东城与历阳是什么关系，与秦汉之际乌江亭辖属何县没有关系，更与项羽是否自刎于乌江没有关系。其次，秦汉历史地图一般都不标县界，每一县的疆域或方、或圆或狭长，县界距离县治所在地或远或近，有的县的辖地除了成片地以外还可能有飞地，我们怎么能依据谭其骧先生的秦朝历史地图，就做出乌江亭不在东城县的结论呢！

三、"直夜溃围"与"夜直溃围"

在论说项羽为何是死于东城时，冯先生注意到《史记·项羽本纪》中项羽垓下突围的文字"直夜溃围南出，驰走"认为：

> "直夜溃围南出"一句，一是点明时间，直夜，就是午夜、子夜。人们称白天"日头直"是正午，则夜间也是月亮当空正直的时候称直夜。因为这时正是人们熟睡的时候，所以项羽选择此时"溃围"。但实际上项羽是未经战斗逃窜出去的，故汉军直到天亮才发觉，要如果当时发觉，则早已被发觉了，不待"平明，汉军乃觉之"了。②

我们注意到上录《汉书·项籍传》第一段，将《史记·项羽本纪》第一段中"直夜溃围南出，驰走"，改为"夜直溃围南出驰"。这是一个极重要的改动，它证明冯先生的判断有问题。因为这种句式明显没有将"夜直"视为一个词组，而是以"直"与其下

---

①冯其庸：《项羽不死于乌江考》，《中华文史论丛》2007年第二辑，第271页。

②冯其庸：《项羽不死于乌江考》，《中华文史论丛》2007年第二辑，第258页。

的词相连成组。于是这句文字应该如此读"夜—直溃围—南出—驰",就是说,"直"不是"夜"的修饰或限制词,而是"溃围"的副词,意为"径直",全句联起来解释,就是在夜里径直冲开汉军的包围圈,向南方出逃,奔驰而去。由《项籍传》的文字,我们只能得出项羽垓下突围是在夜里,无法读出是前半夜、午夜,或是后半夜的具体时间段。总之,到天明汉军发觉时,项羽一行已经走了很远的路程,倘若不是在阴陵附近陷入大泽中,汉军就可能追不上了。而从项羽夜里突围,到陷大泽,是多长时间,半天?一天?甚至更长。史文没有交代,我们也不必去瞎猜。冯文要"论证"时间,其实是为项羽不死于乌江的总观点服务。古人没有说过,我们凭什么说呢?我们只能说项羽率部下夜里逃出垓下之围,向南逃奔,渡过淮河,到了阴陵,被田父所骗,陷入大泽。这很可能不是几小时或一天的事。

项羽一行从泽中逃出,继续向东奔驰,又走了一些路到东城。照历史地理学者的考证,东城县邑遗址在今定远县城东南五十里。争议的是,冯先生认为"至东城"就是进了东城县邑的意思,而反对者认为是在东城县境内。在他们看来,项羽南逃紧急,不可能专门绕路进东城县城去,只能解释为在东城县境内向南奔逃。其实《史记》《汉书》之文已经回答了这一问题,项羽一行没有进城,因为如果进了城,紧接着的"为圜阵、斩将、刈旗"的战斗就无从谈起。城邑之内不可能有一座可容纳汉楚数千人作战的大山。倘若进了县城,他们又怎么到了县邑外的山上去?司马迁行文严谨,他不会给后人留下如此的空隙。

四、九头山与四隤山

在《项羽本纪》第一段"期山东为三处"文下,《史记正义》注言:"期遇山东,分为三处,汉军不知项羽处。《括地志》云:'九头山在滁州全椒县西北九十六里。'《江表传》云:'项羽败至乌江,汉兵追羽至此,一日九战,因名。'"[①]冯先生在文中辨道:"按常理,注释是注释正文的,《史记》正文并未提到九头山,注文却突然冒出了个九头

---

① [汉]司马迁:《史记》,北京:中华书局,1982年,第335页。

山,正文的地点明明在东城,注文却把地点转移到全椒县,又转移到乌江,越转越远,而且连所谓的'九头山'也从全椒转到了乌江。可见这几条注文是不可信的。"①为此,冯先生专门写了《千百年来一座有名无实的九头山》对其观点进行阐述,更宣布"1988年新修的《全椒县志》已经取消了'九头(斗)山'之说,改正了历史上的传闻之误"②。

冯先生的常理说,其实是对古代注疏史的误说,古代各种注释都有补充史料,说明被省之人名、地名、情节的做法。《史记正义》补充项羽作战的无名之山的名字,符合常理。至于九头(斗)山是否实有其山,即便有此山,又在何处,倒是可以讨论的问题。由于本人没有到过该处,无法置喙。既然冯先生到过该处进行考察,在全椒县境内没有找到所谓的九头(斗)山,我们应该采信冯先生的说法。

我注意到《汉书·项籍传》叙述在武城境内,项羽"为圜阵、斩将、刈旗"的历史时,明载,此山名为"四隤山"。这是一个极为突出的文字差别。班固去古未远,他点明该山是四隤山,应该是有史料依据的。班氏补充的这个山名,为东汉末荀悦著《汉纪》所采用,亦为北魏郦道元《水经注》所采纳,可见项羽与汉王军作战在四隤山是汉隋间学者的共识。更要紧的是,这个四隤山正是解决项羽究竟死于何地的关键地标。因为项羽在仅余二十八骑的情况下,又在该山与汉军打了一仗,再一次突围,战后就有了项羽"欲渡乌江"的事,从而可能的情况是,该山与乌江亭相距不远。

从《史记》《汉书》的文字来看,九头山确实有空穴来风之嫌,因为项羽在武城县某山与汉军作战,就是一座山,而不可能是两座山,而这座山就是四隤山。从孟康注其山名来历"四下隤陁也"来看,这个山名是在项羽打仗以前就有的。

四隤山在何处?从《史记》《汉书》的文字来看,应该是在秦汉之际的武城县境。

北魏《水经注》卷四〇《淮水》③:"淮水又东,池水注之。水出东城县东北,流径东城县故城南,汉以数千骑追羽,羽帅二十八骑引东城,因四隤山斩将而去,即此处

①冯其庸:《项羽不死于乌江考》,《中华文史论丛》2007年第二辑,第262页。
②冯其庸:《项羽不死于乌江考》,《中华文史论丛》2007年第二辑,第273页。
③陈桥驿点校:《水经注》,上海:上海古籍出版社,1999年,第587—588页。

也。"将四隤山定位于池水流域,东城县故城一带。冯先生《千百年来一座有名无实的九头山》即取其说。

宋《太平寰宇记》卷一二四《淮南道二·和州·乌江县》:"四隤山,在县西北七十五里。项羽既败于垓下,东走至东城,所从唯二十八骑。汉兵追者数千,羽乃引骑因四隤山而为圆阵,即此山也。"①实指四隤山在宋乌江县西北七十五里。

宋《元丰九域志》卷五《和州·乌江县》:"有四隤山、大江、乌江浦。"②称四隤山在宋乌江县境。

宋王象之《舆地纪胜》称:"四隤山在乌江县西北三十里,直阴陵山。"文中"直"是当临的意思,此言四隤山在乌江县城西北三十里,紧邻阴陵山。

上述几种地理志皆以四隤山在乌江县境,具体在县城(今安徽和县乌江镇)西北三十里或七十五里。

《大明一统志》卷六《南京·应天府·山川》载:"四溃山,在江浦县西南七十里。昔项羽败垓下,走至东城,汉兵追之,羽引骑依四溃山为阵,即此。石上有马迹。或云,汉兵四面围羽,羽引兵溃围斩将于此,因名。俗呼为四马山。"③

明末清初顾炎武《肇域志·南直隶·应天府·江浦》载:"阴陵山,在县西南四十五里。即项羽迷失道处。四溃山在县西南七十里。项羽既败走至东城,汉兵追之,羽依山为阵,石上有马迹,一名四马山。"《肇域志·南直隶·和州》又载:"四溃山在州北七十里。项羽既败垓下,走至东城,所从惟二十八骑,汉兵追者千余人,乃引骑依四溃山为圆阵,即此山也。山石尚有马足痕。或曰汉兵四面围羽,楚兵四向驰下,溃围斩将于此因名。阴陵山,在州北八十里,即项羽迷失道处。"④

清赵宏恩主撰《江南通志》也两处著录了四隤山。一在卷一一,言:"四溃山,在江浦县西南七十里。旧《志》云:'项羽从二十八骑走东城,至此,为汉兵所围,羽依

①《太平寰宇记》,北京:中华书局,2007年,第2457页。

②《元丰九域志》,北京:中华书局,1984年,第203页。

③《大明一统志》,西安:三秦出版社,1990年,第113页上栏。

④《肇域志》,上海:上海古籍出版社,2004年,第155、160页。

山为阵,溃围,奔乌江,因名。石上有马迹,一名四马山。'"一在卷一八,言:"四溃山,在(和)州北七十里,又名四马山。项羽既败垓下,走东城,所从惟二十八骑,汉兵追者千人。乃引骑依山为阵,羽兵四面驰下,溃围斩将而出。以此得名。"

江浦与和州都在长江北岸,为东、西相邻县州。由于芜湖—南京段长江呈西南—东北走向,故而江浦稍偏东北,和州略偏西南。《大明一统志》卷一七言:"和州东至应天府江浦县六十里。"[1]是江浦西南七十里已至县西界,而和州北七十里亦临州界。顾炎武《肇域志》与赵宏恩《江南通志》都两载四隤山,就是出自实际地理方位的考虑,实际上两县之四隤山是一座界临二县的山。史为乐主编《中国历史地名大辞典》称:"四隤山,在今江苏江浦县西南,与安徽和县接界处。"[2]是对这座山位置的正确描述。

弄清四隤山的方位,似乎上文所述诸位争论的问题就可以迎刃而解了。因为上引《江南通志》卷一六和州四隤山的文字并非只有上引数句,还有下文,与项羽南逃和自刎有关。文云:

> 四溃山,在州北七十里,又名四马山。项羽既败垓下,走东城,所从惟二十八骑,汉兵追者千人。乃引骑依山为阵,羽兵四面驰下,溃围斩将而出。以此得名。

> 又北十里,曰阴陵山。山小多石,相传即项羽失道处,上有刺枪坑遗迹。

> 据《汉书》,九江郡县有阴陵东城,今凤阳、定远县二城皆在,则汉追项羽溃围驰下,当在其地。今江浦、滁和互载。按江浦在定远东,滁和在南,与西壤地相接。山川连跨。据南畿等《志》云:二山在和州北七八十里,在江浦西六七十里。而《史记正义》亦云:九斗山在滁州全椒西北,皆属定远边界地。又按东城,《汉书音义》云:县属临淮。《南畿志》云:乌江,汉东城地。则羽死乌江,即东城也。阴陵东城旧县,今废。二城之在定远,亦犹

---

① 《大明一统志》,西安:三秦出版社,1990年,第266页下栏。

② 《中国历史地名大辞典》,北京:中国社会科学出版社,2005年,第756页

襄安,开成二城之在无为州云尔。

编纂《江南通志》的学者不愧大手笔,在康熙、雍正年间,他们已经发现旧史对项羽南逃并自刎的诸地名说法各异,故而进行了严谨考证,指出项羽最后逃到东城县境,当时四隤山、乌江亭皆属东城县管辖。看来,项羽一行逃到东城县境后,一直向东南方向前进,先是在四隤山与汉军一战,突出重围后,继续向东南方向奔逃。根据《江南通志》描述,阴陵山在四隤山北十里,四隤山至和州州城七十里。而乌江镇(即古乌江亭)又在州治东北四十里,则乌江亭距四隤山不会超过三十里。项羽从四隤山突围出来,骑马一个多小时,或步行两三个小时,就可以到乌江亭了,哪里有多么遥远呢!

五、"于是项王乃欲东渡乌江"与"羽遂引东,欲渡乌江"

冯先生抓住《史记·项羽本纪》中"于是项王乃欲东渡乌江"大做文章,称:

> 《项羽本纪》的这句话,是意向性的话,是想东渡乌江,而不是已经到了乌江。一个"欲"字,充分说明了它的意向性和它的未遂性,这是一。其次是"东渡"这个词,既具有方向性,又有距离感。"东"字表明乌江在东城的东面,而且含有一定的距离(据安徽省交通部门提供的资料,东城离乌江还有二百四十华里)。如果说项羽已经到了乌江渡口,而且渡船已在等待,项羽是站在乌江岸边,那就不是"欲东渡"的问题,而是立刻上渡船的问题了。否则他突围到乌江来干什么呢?难道还要想想要不要渡乌江吗?正是因为他还在东城,离乌江还远,所以说这句既有方向性又有距离感并且是意向性的话。所以我们分析问题,千万不能把项羽所处的地理位置弄模糊了,更不能把这句话的实在语意弄错了。项羽此时是在东城,这一点必需明确记住。项羽是"欲"(想要)东渡,实际上还没有离开东城。因为一个"欲"字,不可能把项羽一下就转到了二百四十华里外的乌江。[1]

---

[1]冯其庸:《项羽不死于乌江考》,《中华文史论丛》2007年第二辑,第250—251页。

班固《汉书·项籍传》第一段文字与《史记·项羽本纪》第二段文字有异,称:"于是羽遂引东,欲渡乌江",使其叙事更加明晰。

"遂引东"三字,交代了从四隤山突围出来的项羽二十六骑,往哪个方向走,是往东走。如果考虑到项氏是在吴中(今江苏苏州)起兵,所率为吴中子弟,吴中是他的根据地,他要逃出汉王部队的追击,只能往吴中跑,以便东山再起。而去吴中,必须渡过长江,这就是项羽"引东"文字的由来。其实,第一段中的三个方向词已经为项羽欲渡江做了铺垫。先是在垓下"溃围南出",继而在从阴陵南大泽出来后,"复引兵而东",后来在四隤山商量如何突围时,又有"期山东为三处"的话头。项羽自垓下突围后逃跑始终看准的是东南方向,这样做除了因为北边有汉军大部队之外,更主要的是东南方向是吴中之地。项羽率领余骑往东南前进,不是想回吴中又是想去哪里呢?

于是"遂引东"的下文,"欲渡乌江"四字,就很自然了。从四隤山突围出来,项羽及其随从的骑士在山下东侧会合,检查人数,只剩下二十六骑了。这时他们不可能在此处休息或过长停留,因为汉王大军紧随其后。于是项羽领着余骑向东,很快就来到了乌江亭。乌江亭是秦朝在长江北侧渡口设置的管理社会治安、官员使者住宿和渡江事宜的一个军事性质的机构。项羽起兵后,吴楚大地成为其战略后方,乌江亭则成为其返回吴中的重要津渡,该亭亭长当然会安排可靠的人来担任。故而,当项羽一行逃亡来到乌江亭时,"乌江亭长舣船待"就非常正常了。于是就有了项羽与乌江亭长的一段对话,及汉军追到,项羽慷慨自刎之事。

冯文中称:

"乌江亭长舣船待",这句话让人产生错觉,好像乌江亭长和项羽都已经在江边渡口了。而实际上项羽并未离开东城,也已不可能离开东城。所以这句话并非写实,乌江渡口离开东城还有二百四十华里,乌江亭长怎么可能舣了船,跑到东城来接项羽呢? 这是文章明显的纰漏。[1]

---

① 冯其庸:《项羽不死于乌江考》,《中华文史论丛》2007年第二辑,第251页。

从上边所述对史料中"阴陵"及"至东城"的记载看,项羽一行自东城境内四隤山突围之后不久,就已经到达乌江亭,因而乌江亭长舣船待就是正常的了。另外,"舣船"的解释也颇为重要。裴骃《史记集解》按:"应劭曰:'舣,正也。'孟康曰:'舣音蚁,附也,附船著岸也。'如淳曰:'南方人谓整船向岸曰舣。'"①颜师古《汉书注》只引用"如淳曰"一条。可见,所谓舣船,意为将渡船靠了岸。司马迁用"舣船待"三字,很明显是将其作为进行时的词组在使用。冯先生视此文于不见,却坚持项羽不可能到达乌江亭,恐过于主观。

以《史记·项羽本纪》与《汉书·项籍传》对读,班固对"项王乃欲东渡乌江"的改动,或者说从《汉书》所录《史记》原文"于是羽遂引东,欲渡乌江",就可以知道,项羽当时已经到了长江边的乌江亭前,他欲渡乌江是当时的正常决策,或者说唯一选择。乌江亭长就是乌江亭的现任亭长,不能推测为二十六骑之一,将到来的项王摆渡过江是他的职责所在,这才有了他与项羽关于渡江的对话。如此一来,冯先生文章中"(一)项羽当时所在的地点""(二)项王乃欲东渡乌江""(三)乌江亭长舣船待",都有了与冯先生不同的、合理的解答。冯先生从"项王乃欲东渡乌江"引起的大段推理基础不牢,项羽与乌江亭长的对话,有"天之亡我,何渡之为"一句,冯先生认为这与上文"欲渡乌江"的文字是矛盾的,不足为据。他说:

> 总之,"项王乃欲东渡乌江"与下文的"天之亡我,我何渡为"是前后矛盾的,而"乌江亭长舣船待"这句话并非事实,与当时所处的地理位置也完全不相符,所以是完全不可能的事。因此这句话是不足为据的。

由于有冯先生将武城定位于今定远县的成见,故而他认为项王不可能到乌江亭,更不可能有到了乌江亭欲渡江之事,这才引出"天之亡我,我何渡为"与"欲东渡乌江"矛盾的结论。

在我们看来,这根本不是问题。因为从垓下突围以来,项羽一直是朝南走的。如果他没有渡江回吴中之"欲",他往南走干什么? 而且《史记》《汉书》前已明言,他

---

①《史记》,北京:中华书局,1982年,第336页。

从四隤山突围后在山的东边会合,他不继续朝东南走,他又向何方走?最重要的是,四隤山距离乌江亭只有三十来里路程,他骑着马逃避汉王追兵,一定跑得很快,转瞬间就到了长江边的乌江亭。乌江亭是在他逃跑路线上由江北去江南的唯一渡口,他到这里不是欲渡江又是干什么?然而乌江亭长的一席话勾起了项羽的思绪,他睹渡思旧,自以为无面目以见江东父兄,于是又决定不渡江了,所以就有了项羽慷慨追悔的一段话,以及自刎之事。他说:"天之亡我,我何渡为!且籍与江东子弟八千人渡江而西,今无一人还,纵江东父兄怜而王我,我何面目见之?纵彼不言,籍独不愧于心乎?"其间心理活动引起的决策变动和自刎决心是极为正常、符合逻辑的,我们怎么能说是矛盾的呢!

总之,通过将《史记·项羽本纪》与《汉书·项籍传》对读,证明司马迁叙述项羽结局的文字没有任何矛盾。项羽带领八百精骑,在夜幕掩护下冲出汉军在垓下的重围,向南逃去。凌晨,汉军才发觉项羽逃佚,骑将灌婴奉命率五千骑追踪而去。项羽一行一路策马飞奔,不知走了多长时间,终于来到距乌江亭仅四十余里的阴陵山。却受田父欺骗,陷入大泽,以致延误了时机,被汉兵追到跟前。项羽一行继续南逃,到达东城县境内的四隤山,此地距乌江亭仅三十里左右。在四隤山,项羽只剩下二十八名随从骑士,而追上来的汉军骑兵却有数千人。项羽眼看难以脱身,对部下说:"我起兵至今已经八年,身经七十余战,攻必克,战必胜,从来没有吃过败仗,由此才得称霸天下。可现在却被围困于此,这是老天亡我。我要最后痛痛快快地打一仗,让你们看看我不是不会打仗!"项羽大吼一声冲下山坡,对面的汉军吓得抱头鼠窜,项羽手起刀落,一员汉将的首级飞下马来。汉郎中骑将杨喜策马来追,项羽怒目圆瞪,厉声呵斥,杨喜和他的坐骑吓得连连倒退。项羽和他的骑士冲出重围,在山的东边分三处集结。汉军不知道哪一处有项羽,将三处都予以包围。项羽又一次冲出重围,斩了一名汉军校尉和近百名士卒。项羽手下只损失了两名骑士。项羽和二十六名骑士退到乌江亭(今安徽和县东北乌江镇),准备过江东去,回吴县重振旗鼓。乌江亭长将船靠岸,对项羽说:"江东虽小,也有方圆千里之地和数十万人口,足够为王了。请大王赶快上船过江。这沿江仅有此船,汉军追上来也过不了江。"项羽看着熟悉的大江、渡船和故人,猛地改变主意,说:"当初我带了江东八千子弟渡江西进,如今无一人生还,我有什么脸面见江东父老!"说着将乌骓马送给亭长,带领骑士们徒步用短兵器向包抄过来的汉王骑兵杀去,项羽杀死几百汉骑后,身受十余处伤。猛一回头,见汉军骑司马吕马童是老熟人,泰然地说:"听说汉王以千金和万户邑的赏格,要我的脑袋。我就给你做个好事吧!"说完自刎而死。一个多月以后,刘邦在洛阳正式称帝,建立汉朝。

项羽是楚国贵族出身,他英勇无畏,能征善战,不愧是一位叱咤风云的英雄。他参与造反时只有二十四岁,少不更事。更重要的是他自幼受叔父项梁的教育,保有旧贵族"仁而敬人"①的绅士性格。然而在商鞅变法以后,社会早已是"强者以决胜为雄,弱者以诈劣受屈"②,过分实在的所谓"仁者"早就吃不开了。而且,和平和战争的规律根本不同,《孙子》中早就说过,战争是"诡道"③,指挥官就是要能骗善诈、出其不意、攻其不备。在灭秦后争夺天下的战争中,项羽还"仁而敬人",其失败岂不是必然的吗? 当然,项羽的失败,最根本的原因在于他逆历史潮流而动,要恢复分封制。至于他残暴焚掠,打仗缺乏战略考虑,不能任贤用将,又妇人之仁几次让刘邦死里逃生,则是他最后失败的个人因素。他的英雄气概和悲剧结局,引起无数文人的咏叹。但是,作为最后一个贵族的代表,他的灭亡是必然的。

(原载《信阳师范学院学报》2009年第1期)

---

①《汉书》卷一《高帝纪下》,北京:中华书局,1962年,第56页。

②《后汉书》卷六七《党锢列传》,北京:中华书局,1965年,第2184页。

③《孙子·计篇第一》,载《孙子集校》,北京:中华书局,1959年,第4页。

平民革命家刘邦

这里所谓的革命,并不是我们平时所说的一个阶级推翻另一个阶级的激烈行动,而是指中国历史上的改朝换代。在先秦典籍中多次使用"革命"一词,最早见于《周易·卦革》卷五:"天地革而四时成,汤武革命,顺乎天而应乎人,革之时大矣哉!"《周易正义》云:"'汤武革命,顺乎天而应乎人'者,以明人革也。夏桀、殷纣,凶狂无度,天既震怒,人亦叛主。殷汤、周武,聪明睿智,上顺天命,下应人心,放桀鸣条,诛纣牧野,革其王命,改其恶俗,故曰'汤武革命,顺乎天而应乎'。人计王者相承,改正易服,皆有变革,而独举汤、武者,盖舜、禹禅让,犹或因循,汤、武干戈,极其损益,故取相变甚者,以明人革也。"[1]简而言之,由于古代王者受命于天,所谓的革命,就是以武力革除前王的天命,而建立新的王朝。

以前改朝换代都是贵族之间的革命,刘邦开启了平民对贵族革命的成功。凭借五十多年的生命感悟,凭借勇敢、韬晦、泼赖、义气和随机应变,他成功了,"大风起兮云飞扬"也成了佳句绝唱。

一、令人感慨和深思的一段历史

秦汉之际楚汉相争,这是中国古代历史上最具传奇色彩和资鉴意义的时期之一。君不见,秦王、赵高、陈胜、项羽、刘邦、张良、萧何、韩信……哪一位不是稍有文化者都熟悉的历史人物! 他们的事迹是那么鲜活,他们的活动是那么精彩,他们把人性的善良和丑陋张扬到极致,他们的结局叫人恨、让人喜、令人悲、使人痛。请问在历史上哪一个短暂时期里产生过这么多英雄豪杰? 当年威扫六合、雄视天下的

---

[1]《周易正义》卷五,载《十三经注疏》(清嘉庆刊本),北京:中华书局,2009年,第124页下栏。

秦皇朝怎么在瞬间就灰飞烟散？农民、贵族、将军、士人、草寇都在混乱中争夺天下，楚将后裔项羽志在必得，刘邦这么一个小小的亭长怎么却最终占了上风，建立了汉朝？新皇朝建立以后，刘邦究竟用什么手段平定了各种敌对势力，稳定了曾经极度混乱的秩序，使社会重新走上正轨？古人研究历史，最津津乐道于兴亡教训，因为这是任何一个政权拥有者都耿耿于怀的大事，也是任何希望安生度日的老百姓最关心的话题。历史家要让自己的学问受到社会的关注，其秘诀就在于铺述王朝兴亡之事。

二、农民起义，天下英雄大聚会

秦始皇三十七年（前210年）七月，秦始皇在巡行至沙丘时病死，中车府令赵高和丞相李斯伪造秦始皇诏书，赐令公子扶苏自尽，扶植次子胡亥继位为秦二世皇帝。二世皇帝在赵高、李斯的策划和怂恿下肆意享乐，变本加厉地推行暴政。在安葬秦始皇时，将后宫无子女的嫔妃全部殉葬，把修陵工匠尽数活埋。他征发五万材士屯卫咸阳，豢养无数狗马禽兽，弄得关中地区发生严重粮荒。同时，大杀文臣武将和公子公主，牵连而死者不知其数。以至各种矛盾尖锐到极点，自公卿以下至于小民，人人自危。

秦二世元年（前209年）九月，在蕲县大泽乡，陈胜、吴广率领征发戍守的九百贫苦农民揭竿为旗，斩木为兵，发动反秦起义，在陈县建大楚称王。各郡县民众听到消息，纷纷杀了地方官，起事响应。陈胜派出队伍分路进击各地。周文率领的起义军打进函谷关，进至距咸阳仅数十里的戏。武臣军攻至邯郸，自立为赵王。韩广军至燕，自立为燕王。狄人田单杀狄令，自立为齐王。周市率军至魏，立魏王后裔咎为魏王。沛人刘邦、吴人项梁项羽都起兵归附陈胜，转战各地。秦王朝陷入风起云涌的农民起义之中。秦二世皇帝将骊山刑徒武装起来，由少府章邯率领，镇压农民起义，周文兵败自杀。起义将领田臧杀死不懂军事的吴广，率军迎战，亦兵败而死。章邯兵进陈县，陈胜退至下城父，于秦二世二年（前208）十二月被车夫庄贾杀死。

三、刘邦出生与参加农民起义

刘邦(前256—前195年),秦泗水郡沛县丰邑中阳里(今江苏丰县)人。他出生于战国后期的一个农民家庭,秦统一六国后成为泗水亭亭长。由于不满秦的暴政,他放走了负责押送的刑徒,自己也不得不逃亡到家乡附近的大泽之中。秦二世元年(前209年)七月,陈胜、吴广在大泽乡起义,九月,刘邦在沛县起兵响应,很快发展成为一支重要的起义部队。

《汉书·高帝纪》记载这一段历史道:

> 高祖,沛丰邑中阳里人也,姓刘氏。母媪,尝息大泽之陂,梦与神遇。是时,雷电晦冥。父太公往视,则见交龙于上。已而有娠,遂产高祖。

> 高祖为人,隆准而龙颜,美须髯,左股有七十二黑子。宽仁爱人,意豁如也。常有大度,不事家人生产作业。及壮,试吏,为泗上亭长,廷中吏无所不狎侮。好酒及色。常从王媪、武负贳酒,时饮醉卧,武负、王媪见其上常有怪。高祖每酤,留饮酒,雠数倍。及见怪,岁竟,此两家常折券弃责。

> 高祖常繇咸阳,纵观秦皇帝,喟然大息,曰:"嗟乎,大丈夫当如此矣!"

> 单父人吕公,善沛令,辟仇,从之客,因家焉。沛中豪杰吏闻令有重客,皆往贺。萧何为主吏,主进,令诸大夫曰:"进不满千钱,坐之堂下。"高祖为亭长,素易诸吏,乃给为谒曰:"贺钱万!"实不持一钱。谒入,吕公大惊,起,迎之门。吕公者,好相人,见高祖状貌,因重敬之,引入,坐上坐。萧何曰:"刘季固多大言,少成事。"高祖因狎侮诸客,遂坐上坐,无所诎。酒阑,吕公因目固留高祖。竟酒,后。吕公曰:"臣少好相人,相人多矣,无如季相,愿季自爱。臣有息女,愿为箕帚妾。"酒罢,吕媪怒吕公曰:"公始常欲奇此女,与贵人。沛令善公,求之,不与,何自妄许与刘季?"吕公曰:"此非儿女子所知。"卒与高祖。吕公女即吕后也,生孝惠帝、鲁元公主。

> 高祖尝告归之田。吕后与两子居田中,有一老父过,请饮,吕后因餔之。老父相后曰:"夫人天下贵人也。"令相两子,见孝惠帝曰:"夫人所以

贵者,乃此男也。"相鲁元公主,亦皆贵。老父已去,高祖适从旁舍来,吕后具言客有过,相我子母皆大贵。高祖问,曰:"未远。"乃追及,问老父。老父曰:"乡者夫人儿子皆以君,君相贵不可言。"高祖乃谢曰:"诚如父言,不敢忘德。"及高祖贵,遂不知老父处。

高祖以亭长为县送徒骊山,徒多道亡。自度比至皆亡之,到丰西泽中亭,止饮,夜皆解纵所送徒。曰:"公等皆去,吾亦从此逝矣!"徒中壮士愿从者十余人。高祖被酒,夜径泽中,令一人行前。行前者还报曰:"前有大蛇当径,愿还。"高祖醉,曰:"壮士行,何畏!"乃前,拔剑斩蛇。蛇分为两,道开。行数里,醉困卧。后人来至蛇所,有一老妪夜哭。人问妪何哭,妪曰:"人杀吾子。"人曰:"妪子何为见杀?"妪曰:"吾子,白帝子也,化为蛇,当道,今者赤帝子斩之,故哭。"人乃以妪为不诚,欲苦之,妪因忽不见。后人至,高祖觉。告高祖,高祖乃心独喜,自负。诸从者日益畏之。

秦始皇帝尝曰"东南有天子气",于是东游以厌当之。高祖隐于芒、砀山泽间,吕后与人俱求,常得之。高祖怪,问吕后。后曰:"季所居上常有云气,故从往,常得季。"高祖又喜。沛中子弟或闻之,多欲附者矣。

秦二世元年秋七月,陈涉起蕲,至陈,自立为楚王,遣武臣、张耳、陈余略赵地。郡县多杀长吏以应涉。九月,沛令欲以沛应之。掾、主吏萧何、曹参曰:"君为秦吏,今欲背之帅,沛子弟恐不听。愿君召诸亡在外者,可得数百人,因以劫众,众不敢不听。"乃令樊哙召高祖。高祖之众已数百人矣。

于是樊哙从高祖来。沛令后悔,恐其有变,乃闭城城守,欲诛萧、曹。萧、曹恐,逾城保高祖。高祖乃书帛射城上,与沛父老曰:"天下同苦秦久矣。今父老虽为沛令守,诸侯并起,今屠沛。沛今共诛令,择可立立之,以应诸侯,即室家完。不然,父子俱屠,无为也。"父老乃帅子弟共杀沛令,开城门迎高祖,欲以为沛令。高祖曰:"天下方扰,诸侯并起,今置将不善,一败涂地。吾非敢自爱,恐能薄,不能完父兄子弟。此大事,愿更择可者。"萧、曹皆文吏,自爱,恐事不就,后秦种族其家,尽让高祖。诸父老皆曰:

"平生所闻刘季奇怪,当贵,且卜筮之,莫如刘季最吉。"高祖数让,众莫肯为。高祖乃立为沛公。祠黄帝,祭蚩尤于沛廷,而衅鼓旗。帜皆赤,由所杀蛇白帝子,所杀者赤帝子故也。于是少年豪吏如萧、曹、樊哙等皆为收沛子弟,得三千人。

项羽(前232—前202年),名籍,字羽,下相(今江苏宿迁西南)人,秦末农民战争著名领袖。项羽祖父项燕是楚国著名将领,楚王负刍三年(前225年)曾率兵大败秦将李信部。又于次年立昌文君为楚王,反秦于淮南,最后被秦将王翦击败自杀。项羽早年丧父,被叔叔项梁带到吴县(今江苏苏州)抚养成人。叔叔要他学习认字写字,他坐不住,教他学习击剑,他浅尝辄止。项梁看着虎背熊腰的侄子,埋怨他不争气。项羽解释道:"学字能写名字即可,学剑术只是为了与一人斗,我要学与千万人作战的本领。"项梁很赞赏他的豪情壮志,就悉心教他兵法。项羽才气过人,用了不长时间,就对布阵领兵有了大略的了解,觉得打仗也不过如此,就又不肯深入学习下去。不过因为他力能扛鼎,又聪明豪爽,当地青年人都敬畏他。秦始皇三十七年(前210年)初,秦始皇南巡会稽山,返经吴县,吴中百姓都挤在沿路观看。项羽看见秦始皇威严华贵的仪容,情不自禁地说:"总有一天我要取代他!"项梁急忙捂住他的嘴,呵斥道:"别胡说,要灭族的!"不过,从此对侄儿更加看重。

陈胜、吴广起兵大泽乡,天下豪杰纷纷响应。会稽郡守殷通一向看重项梁,召请他商议道:"江西各地皆已反叛,这大概是老天灭亡秦朝的时候了。我听说先动手的制人,后动手的受人所制。我想动手,请公和桓楚为将军。"当时桓楚正逃亡在大泽之中,项梁说:"桓楚躲藏的地方,只有项籍知道。"于是召项羽进屋,在殷通交代项羽去寻找桓楚时,项梁使眼色,说:"可以了!"项羽拔出剑,砍下了郡守的头颅。郡府中的属官、差役和卫兵乱作一团,项羽挥剑格斗,一下子就砍杀了好几十个,其他人吓得都乖乖地趴下了。项梁召集宾客子弟和过去联络的豪杰正式起义,自称会稽郡守、将军,以项羽为裨将,下设校尉、候、司马等军职,很快就将江东各县收服。

秦二世二年(前208年)初,广陵(今江苏扬州)人召平受陈胜派遣进攻广陵,却一直攻不下来。听到陈王从陈败逃、秦军即将南下的消息,召平渡江至吴,以陈王的名义拜项梁为楚王上柱国,说:"江东已定,请将军立即带兵向西去进击秦军。"项梁率八千将士渡江,东阳(今安徽天长西北)起事首领陈婴以二万苍头军归属。渡过淮河,黥布、蒲将军带兵归属。项梁的军队扩充至六七万人,驻下邳(今江苏邳州西南)。这时,在彭城东驻有一支由陈人秦嘉率领的反秦武装,以景驹为楚王。项梁认为在陈王兵败不知去向时,另立楚王是大逆不道之事,遂以兵进击该军,杀秦嘉。项梁随即领兵向西,转战胡陵、薛,项羽攻克襄城,屠城。刘邦率百余骑兵来薛,项梁给他五千步卒,刘邦以此兵攻克丰邑。六月,项梁证实陈胜死亡的消息,召集诸将前来议事。居巢(今安徽居巢东南)县七十岁的老人范增对项梁说道:"秦灭六国,楚最无罪。陈胜不立楚王之后却自立,固当败。楚南公说过,'楚虽三户,亡秦必楚'。君家世代为楚将,宜立楚王之后。"项梁于是从民间找到正在为人牧羊的楚怀王的孙子熊心,立为楚怀王,以盱台(今江苏盱眙东北)为都城,陈婴为上柱国,项梁自号武信君。七月,项羽与刘邦屡屡受命出战,进攻城阳(今山东鄄城南),屠城,西破秦军于濮阳东,再攻定陶(今山东定陶西北),未下,转而西进。八月,在雍丘(今河南杞县)大败秦军,斩三川守李由。连连获胜使项梁骄傲轻敌,这时得到增援的秦将章邯领兵偷袭定陶的项梁,项梁猝不及防,兵败身死。正在围攻陈留(今河南陈留)的刘邦、项羽、吕臣退兵,保护楚怀王迁都彭城。

秦军包围守卫巨鹿的赵王歇,项羽杀死畏惧秦军的大将军宋义,率大军在巨鹿之野与秦军决战,凡经九战,于秦二世三年(前207年)十二月消灭秦军主力,秦将章邯投降,项羽被推为诸侯上将军。

四、刘邦入关,项羽分封

刘邦于秦二世三年八月攻入武关,在蓝田(今陕西蓝田西)大败秦军,于汉王元年(前206年)十月进军霸上,秦王子婴投降。为了称王关中,刘邦遣将守函谷关。项羽率四十万大军西进,于十二月破关而入,进驻新丰鸿门(今陕西临潼),厉兵秣马,犒宴士卒,准备一举歼灭刘邦及其十万军队。刘邦用张良之计,亲自到鸿门大营,卑躬屈膝,花言巧语,哄骗项羽,终于虎口脱险。鸿门宴后,项羽进兵咸阳,屠城,杀秦王子婴,焚烧秦宫室,火三月不灭。韩生建议项羽都关中为霸,项羽回答道:"富贵不归故乡,犹如穿绣花衣夜行,有谁知道!"抢了秦宫的珍宝、妇女,准备向东撤退。

项羽认为天下已定,于正月尊楚怀王为义帝。分封各路起义军首领、豪杰和秦降将为十八诸侯,自称西楚霸王。为了防备刘邦与自己争夺天下,项羽将刘邦封为汉王,给以汉中和巴蜀地区,都南郑(今陕西汉中)。再将关中一分为三:以章邯为雍王,有咸阳以西;司马欣为塞王,有咸阳以东;董翳为翟王,在今陕北。用这三位秦降将来阻塞汉王的出路。

项羽三分关中,将刘邦封为汉王,引起了刘邦的极大不满,就想发兵攻击项羽。此时项羽势力正在鼎盛,刘邦呈一时之愤,显然只能是鸡蛋碰石头。所以周勃、灌婴、樊哙都劝他不可如此。最重要的是萧何的意见。史载:

> (萧)何谏之曰:"虽王汉中之恶,不犹愈于死乎?"汉王曰:"何为乃死也?"何曰:"今众弗如,百战百败,不死何为?《周书》曰'天予不取,反受其咎'。语曰'天汉',其称甚美。夫能诎于一人下,而信于万乘之上者,汤武是也。臣愿大王王汉中,养其民以致贤人,收用巴蜀,还定三秦,天下可图也。"汉王曰:"善。"[1]

萧何的这一段分析平息了刘邦的愤怒,并为他规划了学习商汤、周文武以屈为伸,以退为进,积蓄力量,最终取得天下的蓝图。刘邦接受了萧何的建议,假装服从项羽的安排。

四月,诸侯各归封国,项羽回彭城当他的霸王。刘邦在项羽所派三万士卒护送(实为监视)下,去汉国就任,楚子、诸侯人马因仰慕而随从的有数万人。刘邦一行从杜南进入蚀中道,向南行,一路不少部众及将领因思念关东故土而逃跑。谋臣张良陪护刘邦一直到褒中(今陕西汉中市褒城镇以东),这才辞行回韩王封地。根据

---

[1]《汉书》卷三九《萧何传》,北京:中华书局,1962年,第2006页。

张良的建议,刘邦一行在赴南郑时,烧毁沿途的栈道,以防备诸侯军队来犯,也给项羽造成其无意东向的假象。

到南郑后,刘邦健全王国机构,任命萧何为汉国丞相,以韩信为大将军,周勃、曹参、郦商为将军,灌婴为中谒者,靳歙为骑都尉,建立了一套强有力的文武班子。又招揽贤俊豪杰,充分利用巴、蜀、汉中丰富的粮食、物资,关心民生疾苦,为还定三秦做准备。刘邦与萧何研究所得秦丞相府图籍,"汉王所以具知天下厄塞,户口多少,强弱之处,民所疾苦者",据之制定争夺天下的具体策略。

在拜韩信为大将军的典礼结束以后,刘邦与韩信谈话,韩信向刘邦分析了天下形势,刘邦与项羽争夺天下的有利条件,建议刘邦欲取天下,先定三秦。韩信说:

> 项王虽霸天下而臣诸侯,不居关中而都彭城,有背义帝之约,而以亲爱王,诸侯不平。诸侯之见项王迁逐义帝置江南,亦皆归逐其主而自王善地。项王所过无不残灭者,天下多怨,百姓不亲附,特劫于威强耳。名虽为霸,实失天下心。故曰其强易弱。今大王诚能反其道,任天下武勇,何所不诛!以天下城邑封功臣,何所不服?以义兵从思东归之士,何所不散!且三秦王为秦将,将秦子弟数岁矣,所杀亡不可胜计,又欺其众降诸侯,至新安,项王诈坑秦降卒二十余万,唯独邯、欣、翳得脱,秦父兄怨此三人,痛入骨髓。今楚强以威王此三人,秦民莫爱也。大王之入武关,秋豪无所害,除秦苛法,与秦民约,法三章耳,秦民无不欲得大王王秦者。于诸侯之约,大王当王关中,关中民咸知之。大王失职入汉中,秦民无不恨者。今大王举而东,三秦可传檄而定也。[1]

韩信之所以建议刘邦将第一个攻击目标定为三秦,首先是为了得地利,秦地地形险要易守难攻,领有了秦地,"地势便利,其以下兵于诸侯,譬犹居高屋之上建瓴水"[2];二是为了得人心,入关之初,刘邦采取了一系列措施,得到秦民的拥戴,而项

---

①《史记》卷九二《淮阴侯列传》,北京:中华书局,1982年,第2612页。
②《史记》卷八《高祖本纪》,北京:中华书局,1982年,第382页。

羽所封三秦王为秦之降将,极为不得人心;三是为了得物资,蜀地和关中自古就称为"天府",由于都江堰和郑国渠的修建,农业生产水平处于全国最前列,有丰富的粮食储备,而"凉州之畜为天下饶""秦地天下三分之一,而人众不过什三,然量其富居什六"①;四是为了得人才,除了跟随刘邦入定关中的东方六国人才之外,秦地,尤其是陇西、北地居民"皆迫近戎狄,修习战备,高上气力,以射猎为先"②。人言"关东出相,关西出将",领有三秦,刘邦就可以拥有更多杰出的将帅。三秦地区的这些优势将成为刘邦与项羽争夺天下的最大资本。

刘邦从入汉中到出汉中仅一个月时间。刘邦出汉中定三秦的第一个目标就是章邯所封的雍国。五月刘邦亲自率领大军从南郑出发西行,在下辨打了一仗,踏上故道(又名嘉陵道)。北行过今甘肃成县、徽县、两当县境,又一路过关斩将,经今陕西凤县境,入散关,矛头直指雍国都城废丘。雍王章邯闻讯,到陈仓迎战,被打败,退至好畤(今陕西乾县东),又战败,退守废丘。刘邦派樊哙去包围废丘,自己指挥大军,打败塞王,司马欣举国投降;又打败翟王,董翳降汉,刘邦以其地设渭南、河上、上郡三郡。雍国疆域广大,章邯分驻郡县的将领还在坚守,所以刘邦分派诸将收复陇西、北地诸郡县。这些都是汉王元年八九两个月的事。

五、楚汉相争

由于分封未能妥善处理好各支反秦武装之间的关系,齐地的割据势力田荣和未被封王的陈余、彭越于六月起兵反叛。项羽不得不带兵前往讨伐。项羽对怀王不满,将其迁至郴县。汉王二年(前205年)十月,又派人将义帝杀死。刘邦出函谷关,入驻陕(今河南三门峡),伺机东向攻击项羽。十二月,听到项羽杀死义帝的消息,刘邦当即在军营为义帝发丧,全军哀悼三日,同时向诸侯们通告,正式向项羽宣战,拉开了楚汉战争的大幕。

①《史记》卷一二九《货殖列传》,北京:中华书局,1982年,第3262页。
②《汉书》卷二八《地理志下》,北京:中华书局,1962年,第1644页。

四月,刘邦会合诸侯五十六万大军,向东挺进,到外黄(今河南兰考东)时,彭越以三万众归附。大军随即攻克彭城,刘邦以为占领项羽王都则大功告成,搜罗了项王宫中的美人、珍宝,整天摆宴喝酒。正在齐地苦战的项羽得讯,带领三万精兵挥师南下,在一个清晨,从西边向彭城汉军的侧翼发动进攻,汉军死伤十万余人,向南逃跑。项羽在后紧追,节节败退的汉军受挤压,掉进灵壁东边睢水的又有十余万人。刘邦在几十名骑兵的护卫下逃了出来。从沛县家中出来想与刘邦会合的其父刘太公、妻吕雉被楚军俘获,成为项羽手中的人质。五月,刘邦退守荥阳(今河南荥阳),楚汉双方开始了旷日持久的争夺战。汉军修筑了从荥阳至北边粮仓敖仓的甬道,以保证粮食供给。

《汉书·高帝纪》叙述这段历史称:

> 汉王以故得劫五诸侯兵,东伐楚。到外黄,彭越将三万人归汉。汉王拜越为魏相国,令定梁地。汉王遂入彭城,收羽美人货赂,置酒高会。羽闻之,令其将击齐,而自以精兵三万人,从鲁出胡陵,至萧,晨击汉军,大战彭城灵壁东睢水上,大破汉军,多杀士卒,睢水为之不流。围汉王三匝。大风从西北起,折木发屋,扬砂石,昼晦,楚军大乱,而汉王得与数十骑遁去。过沛,使人求室家,室家亦已亡,不相得。汉王道逢孝惠、鲁元,载行。楚骑追汉王,汉王急,推堕二子。滕公下收载,遂得脱。审食其从太公、吕后间行,反遇楚军,羽常置军中以为质。诸侯见汉败,皆亡去。塞王欣、翟王翳降楚,殷王卬死。

> 吕兄周吕侯将兵居下邑,汉王从之。稍收士卒,军砀。

> 汉王西过梁地,至虞,谓谒者随何曰:"公能说九江王布使举兵畔楚,项王必留击之。得留数月,吾取天下必矣。"随何往说布,果使畔楚。

> 五月,汉王屯荥阳,萧何发关中老弱未傅者悉诣军。韩信亦收兵与汉王会,兵复大振。与楚战荥阳南京、索间,破之。筑甬道属河,以取敖仓粟。魏王豹谒归视亲疾。至则绝河津,反为楚。

汉王三年(前204年)十二月,项羽的军队攻占汉军甬道,刘邦为了赢得喘息之机,派人与项羽谈判,要求将荥阳以西划给汉王。项羽准备同意,范增告诫道:"灭亡汉王并不困难。但现在不去打,将来后悔就晚了。"刘邦拿出四百金让陈平施反间计,使项羽对范增产生了疑心。范增失望地回家,途中疽病发作而死。五月,楚军加紧围攻,荥阳危在旦夕。汉军趁黑夜打开东城门,两千余名穿着盔甲的妇女涌出。楚军以为汉军突围,都赶来追杀这些妇女。随之,城门中推出了以黄绸为盖的汉王车辇,面貌酷似刘邦的纪信端坐其间,随从侍卫高叫:"城里断粮,汉王出来投降!"楚军高兴地拥来观看。这时,西门打开,刘邦在几十名骑兵的护卫下逃了出去。纪信被项羽烧死。

刘邦逃回关中,补充兵员,出武关,进军宛(今河南南阳)、叶(今河南叶县)之间,与黥布一路扩大队伍。项羽得到情报,马上带兵向南追去,刘邦坚守壁垒,不与交战。六月,项羽北上伐彭越,收复梁地。刘邦乘机带兵北上,汉王四年(前203年)十月攻入成皋。项羽返军来救,两军隔一深涧,分驻于广武(今河南荥阳东北)东、西城。数月后,项羽急于结束战斗,摆出一副肉案子,将刘太公绑在上边,威胁刘邦道:"你若不马上投降,我就将刘太公杀了煮肉汁!"刘邦回话说:"当初在楚怀王手下,我俩曾结拜为兄弟,我的父亲就是你的父亲。如果将老太公煮了,别忘记给我分一杯肉汁。"项羽又约刘邦出来决斗,以定胜负。刘邦答道:"我宁可与你斗智,不与你斗力。"项羽亲自到阵前挑战,刘邦站在城头,历数项羽十大罪状。项羽大怒,命令埋伏的弩机发射,一箭射中刘邦的胸部。刘邦怕影响军心,马上弯下身子用手摸脚,大叫:"狗贼射伤了我的脚趾!"刘邦率军退入成皋,忍着剧痛,巡视军营,鼓舞士气。这时,韩信已将楚将龙且歼灭于潍水,俘齐王广,平定齐地。而彭越又起兵扰乱楚的后方,夺梁地,断绝了楚军的粮道。项羽不得不再一次带兵前往平梁。汉军趁项羽离开,大破楚军于汜水。项羽闻讯还军,汉军退守。这时,项羽军兵疲粮绝,孤立无援,而刘邦也为太公和妻子的安全担心。九月,项羽派人将刘太公和吕雉送还汉军,楚汉议和,约定平分天下,以荥阳北边的古运河鸿沟为界,西属于汉,东归于楚。

鸿沟分界之后,项羽率兵东撤。根据张良、陈平的建议,为不养虎遗患,汉兵追击楚军,以乘机消灭项羽。汉王五年(前202年)十月,刘邦追至阳夏,派人通知韩信和彭越前来会战。到了约定时间,刘邦赶到固陵,迫近楚军,韩、彭二将军却没有来。项羽率军反击,汉军大败,刘邦令部下筑壁挖沟坚守。同时,听从张良的意见,派使者告知韩、彭二将道:"二位与我合力灭楚以后,从陈以东封予齐王韩信,睢阳以北到谷城封予彭相国。"二人接信,马上爽快地带兵前来会战。十一月,楚大司马马殷降汉,随汉将刘贾赶来会战。十二月,项羽退至垓下,双方摆开阵势,准备决战。这时楚军仅余十万人,且粮草已尽。韩信率三十万大军发动进攻,项羽还击。韩信佯装不胜,退却,项羽挥师追击。汉孔将军、费将军从两翼夹击楚军,韩信回身杀来,楚军在三面夹攻下败退,筑垒固守。汉军将楚军包围,夜里汉军唱起了楚地的民歌。又冻又饿的楚军听到亲切的乡音,思家心切,不愿再战。项羽听到歌声,大惊道:"汉军难道已全部占领楚国了吗?为什么汉军里有那么多楚人!"项羽无法再睡,起身与美人虞姬在帐中饮酒浇愁。看见帐外拴着的名叫骓的乘骑,他慷慨悲歌道:

力拔山兮气盖世,时不利兮骓不逝。

骓不逝兮可奈何,虞兮虞兮奈若何!

项羽反复吟诵,虞姬泣声唱和数阕后自杀而亡。

项羽带领八百精骑,在夜幕掩护下冲出重围,向南逃去。凌晨,汉军才发觉项羽逃佚,骑将灌婴奉命率五千骑追踪而去。项羽一路策马飞奔,逃到东城的一座小山上,只剩下二十八名骑士随从,而追上来的汉军骑兵却有好几千人。项羽眼看难以脱身,对部下说:"我起兵至今已经八年,身经七十余战,攻必克,战必胜,从来没有吃过败仗,由此才得称霸天下。可现在却被围困于此,这是老天亡我。我要最后痛痛快快地打一仗,让你们看看我不是不会打仗!"项羽大吼一声冲下山坡,对面的汉军吓得抱头鼠窜,项羽手起刀落,一员汉将的首级飞下马来。汉郎中骑将杨喜策马来追,项羽怒目圆睁,厉声呵斥,杨喜和他的坐骑吓得连连倒退。项羽和他的骑士冲出重围,在山的东边分三处集结。汉军不知道哪一处有项羽,将三处都予包围。项羽又一次冲出重围,斩了一名汉军校尉和近百名士卒。项羽手下只损失了两名骑士。项羽和二十六名骑士退到乌江亭(今安徽和县东乌江镇),准备过江东去,回吴县重振旗鼓。乌江亭长将船靠岸,对项羽说:"江东虽小,也有方圆千里之地和数十万人口,足够为王了。请大王赶快上船过江。这沿江仅有此船,汉军追上来也过不了江。"项羽猛地改变主意,说:"当初我带了江东八千子弟渡江西进,如今无一人生还,我有什么脸面见江东父老!"说着将乌骓马送给亭长,带领骑士们徒步用短兵器向包抄过来的汉军骑兵杀去,项羽杀死几百汉骑后身受十余处伤。猛一回头,见汉军骑司马吕马童是老熟人,泰然地说:"听说汉王以千金和万户邑的赏格,要我的脑袋。我就给你做个好事吧!"说完自刎而死。一个多月以后,刘邦在洛阳正式称帝,建立汉朝。

六、论评

项羽英勇无畏,能征善战,不愧是一位叱咤风云的英雄。他的失败,最根本的原因在于他逆历史潮流而动,要恢复分封制。至于他残暴焚掠,打仗缺乏战略考虑,不能任贤用将,又妇人之仁,几次让刘邦死里逃生,则是他最后失败的个人因素。他的英雄气概和悲剧结局引起无数文人的咏叹。但是,作为最后一个贵族的代表,他的灭亡是必然的。

刘邦在洛阳当皇帝初,曾经与大臣们讨论项羽失败、自己成功的原因。高起、王陵回答道:"陛下慢而侮人,项羽仁而爱人。然陛下使人攻城略地,所降下者因以予之,与天下同利也。项羽妒贤嫉能,有功者害之,贤者疑之,战胜而不予与人功,得地而不予人利,此其所以失天下也。"刘邦说:"公知其一,未知其二。夫运筹策帷帐之中,决胜千里之外,吾不如子房;镇国家,抚百姓,给馈饷,不绝粮道,吾不如萧何;连百万之众,战必胜,攻必取,吾不如韩信。三者皆人杰也,吾能用之,此吾所以取天下也。项羽有一范增而不能用,此其所以为我擒也。"群臣悦服。

应该说,刘邦分析自己由于善于任用人才战胜项羽得到天下的说法是大体准确的,因为在各种政治势力的争夺中,最根本的是人才的争夺。但是更深层次的原因,是刘、项的出身和社会背景的差异。项羽是楚国贵族出身,他还年轻。参与起义时只有24岁,少不更事,更重要的是他自幼受叔父项梁的教育,保有旧贵族"仁而敬人"的绅士性格。然而在商鞅变法以后,社会早已是"强者以决胜为雄,弱者以诈劣受屈",《孙子》中早就说过,战争是"诡道",就是要出其不意、攻其不备。在灭秦后争夺天下的战争中,项羽还"仁而敬人",其失败岂不是必然的吗?

刘邦就不同,他出身于农民家庭,生在战乱年间,没有传统道德的束缚。他不好好地从事农业生产,有一次他竟然骗到县令那里。沛县令为朋友吕公接风,来贺者送千钱的坐上堂,否则坐下堂。刘邦一钱不拿,却声称"贺万钱",而被迎请上座。幸运的是,善于相人的吕公看出刘邦将来贵不可言,竟将爱女许配于他,这个女人就是后来曾经叱咤风云多年的吕雉。

在艰苦的战争年代,刘邦对能征善战的大将封王称侯放手使用,但在灭项羽后,他就狡兔死走狗烹,以反叛的罪名,将大部分功臣先后讨杀,就连他最亲信的萧何、樊哙也几乎惨遭其毒手。

当然,刘邦在成为起义首领特别是当了皇帝后,由于角色的转换,性格也有变化,进入关中后却"珍宝无所取,妇女无所幸"。他后悔自己年轻时没有读书,说:"吾遭乱世,当秦禁学,自喜,谓读书无益。洎践祚以来,方知书乃使人知作者之意,追思昔所行,多不是。"因此他让陆贾著书,研究历史上兴亡成败的经验教训。他的善于识人用人,也是在长期的斗争中由于战争和治国的需要而逐渐培养起来的。他在洛阳宫中对自己取胜原因的总结,说明他清醒地认识到自己的成功是众人帮助的结果。特别是他死前对几位遗臣的评价,真是深刻透顶。正是陈平和周勃在后来吕氏之乱时保住了刘姓的天下,所以"安刘氏者必勃也"。当了皇帝,他开始还保留一点平民的本色,批评萧何所修长安宫殿过于壮丽,萧何回答:"非令壮丽亡以重威,且亡令后世有以加也。"他也就"悦"而心安理得了。

以成败论英雄,刘邦最终推翻了世袭贵族的政权,建立了以平民出身者而为君臣的汉朝政权,这是历史上一大变局,确实是中国历史上少有的英雄人物。但从其出身、心理、品德、社会心理和角色转换来看刘邦,岂不是更有意义。

西汉文景之治

中国古代,把政治清明、社会安定、经济发展、人民安居的社会称为太平盛世,也就是治世。

中国古代有十一次被称为治世的时期,它们是:西汉文景之治、西汉昭宣之治、东汉建武之治、东晋元嘉之治、隋朝开皇之治、唐朝贞观之治、唐朝开元之治、宋朝太宗之治、元朝至元之治、明朝永乐之治、清朝康乾之治。

西汉从刘邦称帝,中经惠帝、高后、文帝、景帝,到武帝即位以前的60余年(前202—前141年)是西汉前期。这一时期,在最高统治集团内部一再发生动乱,先是刘邦诛杀功臣,然后是诸吕专权及其覆灭,以后又是七国之乱。但在治理百姓方面,大体实行的是无为而治、宽俭爱人、轻徭薄赋、与民休息的政策。尤以文帝(刘恒,太祖第四子,在世46年,在位23年)、景帝(刘启,文帝第四子,在世48年,在位16年)时最为突出。《汉书·景帝纪》班固论赞总结道:"汉兴,扫除烦苛,与民休息。至于孝文,加之以恭俭,孝景遵业,五六十载之间,至于移风易俗,黎民醇厚。周云成康,汉言文景,美矣!"全国的百姓在经历长期战乱之后,终于得以安定地从事生产生活,社会经济得到恢复和发展。

一、稳定政局,巩固统治

从刘邦于公元前202年败项羽,到文帝继位,西汉王朝已建立了二十三年。其间,刘邦在位时诛杀功臣,吕后掌权时重用其兄弟亲属,排斥开国元勋。当时以执政的皇后外戚为一方,以开国功臣为另一方,双方存在着深刻矛盾。吕后一死,这种矛盾爆发,以老臣陈平、周勃,宗室刘章为首的开国功臣们合谋尽诛诸吕,而迎立僻处代地的藩王刘恒为皇帝,他就是西汉历史上的孝文帝。

人心思定,是当时的历史大潮流。文帝一继位,就把安定政局作为头等大事来抓。其主要措施是倚重高祖老臣,选拔贤德、抑制后族。

文帝一继位就给周勃等六十八位跟随高祖打天下又平定诸吕有功的功臣,给予优厚的赏赐。先后以开国元勋周勃、陈平、灌婴、张苍、申屠嘉等为丞相,对大乱之后迅速安定人心、稳定政局、使国家走上正轨有重要作用。

同时将藩邸旧臣安排到亲近、要害的位子,对他们严格要求。以上两类大臣构成了中央主要大臣队伍。

第一,搜罗人才,选拔贤能。文、景二帝多次下诏,要求各地推举贤良方正、能言极谏之人,亲自考核,予以任用。文帝以贾谊、晁错、直不疑为臣,景帝以晁错为御史大夫,张释之为廷尉。

第二,抑制外戚的特权。如文帝迫令犯法的母舅薄昭自杀,景帝废薄皇后,另立出身低微的王氏为皇后①,以防后族过强。"景帝欲封王皇后兄信,亚夫对'高祖之约,非功臣不侯也'。"

第三,广开言路,虚心纳谏。文帝前元十五年,文帝亲自下诏:"惟十有五年九月壬子,皇帝曰:……今朕获执天下之正,以承宗庙之祀,朕既不德,又不敏,明弗能烛,而智不能治,此大夫之所著闻也。故诏有司、诸侯王、三公、九卿及主郡吏,各帅其志,以选贤良明于国家之大体,通于人事之终始,及能直言极谏者,各有人数,将以匡朕之不逮。二三大夫之行当此三道,朕甚嘉之,故登大夫于朝,亲谕朕志。大夫其上三道之要,及永惟(思)朕之不德,吏之不平,政之不宣,民之不宁,四者之阙,悉陈其志,毋有所隐。上以荐先帝之宗庙,下以兴愚民之休利,著之于篇,朕亲览焉,观大夫所以佐朕,至与不至。书之,周之密之,重之闭之。兴自朕躬,大夫其正

①孝景王皇后,武帝母也。父王仲,槐里人也。母臧儿,故燕王臧荼孙也,为仲妻,生男信与两女。而仲死,臧儿更嫁为长陵田氏妇,生男蚡、胜。臧儿长女嫁为金王孙妇,生一女矣,而臧儿卜筮曰两女当贵,欲倚两女,夺金氏。金氏怒,不肯与决,乃内太子宫。太子幸爱之,生三女一男。男方在身时,王夫人梦日入其怀,以告太子,太子曰:"此贵征也。"未生而文帝崩,景帝即位,王夫人生男。是时,薄皇后无子。后数岁,景帝立齐栗姬男为太子,而王夫人男为胶东王。

论,毋枉执事。乌乎,戒之! 二三大夫其帅志毋怠!"

文帝前元二年五月,诏曰:"古之治天下,朝有进善之旌,诽谤之木,所以通治道而来谏者也。今法有诽谤妖言之罪,是使众臣不敢尽情,而上无由闻过失也。将何以来远方之贤良? 其除之。民或祝诅上,以相约而后相谩,吏以为大逆,其有他言,吏又以为诽谤。此细民之愚,无知抵死,朕甚不取。自今以来,有犯此者勿听治。"

二、抚平王国,安定边疆

文帝、景帝时期,诸侯王国与边疆民族问题也是造成社会动荡不安的重要因素,必须予以妥善处理。

在楚汉战争时,为了利用大将的力量击败项羽,刘邦不得不陆续分封了六个异姓王。但在其称帝以后,就以各种理由,对异姓王次第予以消灭。在沿用秦的郡县制的同时,刘邦吸取秦帝孤立无援的弊病,分封同姓子弟为诸侯,总共封了燕、代、齐、赵、梁、楚、荆吴、淮南、长沙九个诸侯王,其中只有长沙王吴芮是异姓诸侯。这就是人们所说的郡国并行制度。汉初诸侯"大者夸州兼郡,连城数十,宫室百官同制京师",这就为皇朝政治的安全埋下了隐患。文帝、景帝时期,诸侯们年龄已大,实力亦大,政治野心随之膨胀,一再发生叛乱。文帝、景帝对诸侯王采取两手策略,一般予以优容,以推迟祸乱,并设法削弱其实力,以消除祸患;对公开反叛者,则坚决镇压。

诸侯王的反叛,先是文帝三年(前177年)济北王刘兴居的反叛,继而是文帝六年(前174年)淮南王刘长的反叛。同年,贾谊建议"众建诸侯而少其力",后来又建议"削藩",即将诸王国的部分领土收归中央政府。文帝部分实施。景帝继位后,采纳晁错的建议,开始削夺诸侯王国的部分封地。景帝三年(前154年),以吴王刘濞为首的七个诸侯王以"请诛晁错,以清君侧"为名,发起吴楚七国之乱。平定七国之乱后,将几个较大的诸侯分为多个小王国,将诸侯国官员的任命权收归中央,诸侯只能以封国的租税供养自己。汉武帝时进一步实行"推恩令",将各诸侯国越分越小,这才最终解决了诸侯王尾大不掉的问题。

《汉书·诸侯王表序》:"然诸侯原本以大,末流滥以致溢,小者淫荒越法,大者睽孤横逆,以害身丧国。故文帝采贾生之议分齐、赵,景帝用晁错之计削吴、楚。武帝施主父之册,下推恩之令,使诸侯王得分户邑以封子弟,不行黜陟,而藩国自析。自此以来,齐分为七,赵分为六,梁分为五,淮南分为三。皇子始立者,大国不过十余城。长沙、燕、代虽有旧名,皆亡南北边矣。景遭七国之难,抑损诸侯,减黜其官。武有衡山、淮南之谋,作左官之律,设附益之法,诸侯惟得衣食税租,不与政事。"

文帝、景帝时期,周边民族主要是南越王赵佗,北方的匈奴,不时兵戈相向,影响了汉朝的安定和建设。

吕后时期,南越王赵佗自立为南越武帝,不时出兵骚扰长沙国南部各县。文帝派人修整真定(今河北石家庄)赵氏祖坟,设置守冢人,定时祭扫。又将赵佗近族兄弟安排官职、予以赏赐。然后派陆贾出使南越,劝告其取消帝号,重新向汉朝称臣。南越的臣服关系保持了70余年,保障了南部地区的安定。

秦汉之际,冒顿单于所建立的匈奴帝国统治了大漠南北的广大地区,对刚刚建立的西汉政权构成了巨大的威胁。匈奴贵族经常率领骑兵南下,掠夺西汉北部边郡的人口、牲畜和财物。高祖六年(前201年)九月,刘邦和他的先头部队被冒顿单于围困于平城白登山达7天7夜,汉高帝采用陈平的计谋,向冒顿单于的阏氏行贿,才得脱险。这便是历史上著名的"白登之围"。刘敬献和亲之策,汉高帝只好以外庶人家女子为长公主,嫁给单于为阏氏,双方正式和亲,约为兄弟。和亲条约规定双方以长城为界,"长城以北,引弓之国,受令单于;长城以内,冠带之室,朕亦制之。使万民耕织射猎衣食,父子毋离,臣主相安,俱无暴虐"。汉朝还每年以一定数量的絮、缯、酒、食等作为"岁奉"送给匈奴;双方开放"关市",两族人民互通贸易,以此缓和与匈奴的关系,缔结双方友好。

和亲之策,使汉匈边境得到相对安定,以后一段时间里,双方再未出现大规模兵戎相见之事,有利于百姓的休养生息和王朝经济的恢复和发展。

汉匈和亲在惠帝、吕后、文帝、景帝及汉武帝初年断断续续维持了几十年,其间充满了矛盾和斗争。刘邦在世时,投降匈奴的燕王卢绾就与匈奴兵一起骚扰上谷以东沿边。吕后时,匈奴冒顿单于致书汉朝女主,言:"陛下独立,孤偾独居。两主不乐,无以自虞,愿以所有,易其所无。"对吕后颇多侮辱之词。汉朝与匈奴和亲,双方边境得以稍微安静,匈奴腾出手来,专力向西发展,彻底赶走月氏,控制了河西走廊直至西域的许多地区。

随着匈奴一再违背和亲约定南下掠夺,西汉统治者认识到匈奴贵族的贪欲是无法满足的,只有积蓄力量反击匈奴才是解决北方边境安全和王朝安定的根本之道。文帝、景帝时期,除了对匈奴继续奉行和亲政策伴以厚礼外,采取了一系列措施,强化王朝经济和军事实力,为反击匈奴做准备。

第一,调兵遣将,强化边境地区的军事力量。汉文帝后元五年(前159年),文帝曾亲自巡视陇西,对陇西、北地等郡的边防有了清晰的了解。文帝、景帝都特意选择优秀人才在陇西、北地为官,如文帝时担任陇西都尉的袁盎、李广,景帝时担任陇西太守的李广和公孙昆邪,文帝时担任北地都尉的孙印,景帝时任北地太守的李广,担任北地都尉的韩安国,都是历史上极为著名的人物。

陇西、北地二郡西北两面皆临匈奴之地,守边的士卒,有从本郡及各地征调者,有专门调自其他地方者,如吕后五年"发河东、上党骑屯北地",文帝后元六年(前158年)"复发材官屯陇西",还有"保塞蛮夷",就是归附汉朝的少数民族自愿为汉朝守卫边塞者。

第二,繁育马匹,建立强大的骑兵部队。为了适应对匈奴战争的需要,文帝、景帝把军马的饲养、繁殖作为一项整饬军备的重要措施。汉初,社会经济凋敝,马匹稀少,以致"天子不能具醇驷,将相或乘牛车",马价高达每匹值百金。文帝、景帝时期,采取了各种措施促进养马事业的发展。首先,鼓励民间养马,文帝时"令民有车骑马一匹者,复卒三人"。其次,国家在西部地区设置马苑,大规模养殖战马。《汉书·百官公卿表》记汉太仆所属机构及其职能,言:"太仆,秦官,掌舆马,有两丞。属官有……边郡六牧师苑令,各三丞。"景帝时,"牧师诸苑三十六所,分置西北边,分养马三十万头"。用官奴婢3万人从事牧养、繁殖战马。并且下诏除10岁以上的老马之外,"禁马高五尺九寸以上,齿未平,不得出关"。国家派专门官员作为牧监,并对马苑严加保护。官府和民间马匹的大量繁殖,为大规模反击匈奴的战争做好重要的准备。

第三,募民实边,军民联防制匈奴。文帝时,晁错研究了汉匈形势后,上《守边备塞,劝农力本,当世急务二事疏》,认为对付行动快捷来去如飞的匈奴骑兵,要以静制动。建议使用免税、赐爵、赎罪、给以配偶等优厚的待遇,招募内地郡县奴婢、罪人和平民移居边境地区,让他们平时居住耕作,修城挖沟,匈奴骑兵侵扰时则人自为战,保卫家园。晁错又建议,边境地区的基层官吏要关心爱护迁塞之民,而不可苛刻,要为迁塞之民安排好生活和生产条件,使其安心在边境之地生产生活。在迁塞之民中实行伍十里连邑的管理和自治体制,制定赏罚制度,居民在防备匈奴中夺回被掠夺的人畜时,则给以一半的奖赏,使其成为守边的重要力量。文帝听从了他的意见,"募民徙塞下",使边境地区驻守了大量亦兵亦农的移民,增强了边防力量,对边境地区的经济开发和防守起了很大作用,而且成为历代发展西部仿效实行的基本措施。

第四,积粟塞下,为大军反击储备粮草。与匈奴对抗、戍守和作战的将士和军马都要吃粮,长途奔袭,更要求粮草先行,边境地区粮食的储备非常重要。文帝十二年(前168年),晁错向文帝上《论贵粟疏》,陈述农民的疾苦,商人兼并之烈,建议朝廷以粮食为赏罚,既能激励农民多产粮食,还可以充实边境地区的粮食储备。文帝采纳了晁错的办法,下令百姓向朝廷交纳粟粮,运送到边境,运六百石就给以第二等的上造爵位,达到四千石的给以第九等的五大夫之爵,达到一万二千石给以第十八等的大庶长之爵,各级爵位都有相应交纳粮食的数字。犯罪者也可以交粮食赎罪。不久晁错又上奏道:

> 陛下幸使天下入粟塞下以拜爵,甚大惠也。窃恐塞卒之食不足用大渫天下粟。边食足以支五岁,可令入粟郡县矣;足支一岁以上,可时赦,勿收农民租。如此,德泽加于万民,民俞勤农。时有军役,若遭水旱,民不困乏,天下安宁;岁孰且美,则民大富乐矣。

意思是,天下百姓纳粟于边,等边境有了五年的粮食储备后,就要求将粮食交纳到各郡县仓库,以备灾荒赈济。郡县存粮能满足一年的需要以后,就可以随时免除农民的田租。文帝又按照他的办法实行,当年就下诏只收本年一半田租,第二年完全免除了田租。实施晁错的建议,减轻了农民的田租,边塞郡县有了储备粮,为后来大规模地反击匈奴做了物资准备。

三、约法省禁,扫除烦苛

文帝、景帝进一步约法省禁,扫除烦苛,缓和了社会矛盾。

废除诽谤妖言之法,鼓励民众讲真话议论国家大事;废除收孥法,一人犯罪,家人不再连坐;废除肉刑,死罪可以用腐刑代替;实行谳疑狱,允许犯人申诉,刑法减省,禁网疏阔。文帝还以整肃官风为重点,制定了一系列的制度和措施。严惩官吏的贪污受贿行为,百姓的负担更加减轻,从制度上杜绝了奢靡,保障了节俭的成果,出现了被历代称颂的"文景之治",为防御匈奴对西汉的进犯打下了基础。

四、以农为本,家给人足

《汉书·食货志上》:

> 汉兴,接秦之敝,诸侯并起,民失作业,而大饥馑。凡米石五千,人相食,死者过半。高祖乃令民得卖子,就食蜀汉。天下既定,民亡盖臧,自天子不能具醇驷,而将相或乘牛车。上于是约法省禁,轻田租,什五而税一,量吏禄,度官用,以赋于民。而山川园池市肆租税之入,自天子以至封君汤沐邑,皆各为私奉养,不领于天子之经费。漕转关东粟以给中都官,岁不过数十万石。孝惠、高后之间,衣食滋殖。文帝即位,躬修俭节,思安百姓。时民近战国,皆背本趋末,贾谊说上曰:"筦子曰:'仓廪实而知礼节。'民不足而可治者,自古及今,未之尝闻。汉之为汉几四十年矣,公私之积犹可哀痛。失时不雨,民且狼顾;岁恶不入,请卖爵、子。既闻耳矣,安有为天下阽危者若是而上不惊者!夫积贮者,天下之大命也。今殴民而归之农,皆著于本,使天下各食其力,末技游食之民转而缘南亩,则畜积足而

人乐其所矣。"

于是上感谊言,始开藉田,躬耕以劝百姓。晁错复说上曰:"圣王在上而民不冻饥者,非能耕而食之,织而衣之也,为开其资财之道也。今海内为一,土地人民之众不避汤、禹,加以亡天灾数年之水旱,而畜积未及者,何也? 地有遗利,民有余力,生谷之土未尽垦,山泽之利未尽出也,游食之民未尽归农也。方今之务,莫若使民务农而已矣。欲民务农,在于贵粟;贵粟之道,在于使民以粟为赏罚。今募天下入粟县官,得以拜爵,得以除罪。如此,富人有爵,农民有钱,粟有所渫。使天下人入粟于边,以受爵免罪,不过三岁,塞下之粟必多矣。"

于是文帝从错之言,令民入粟边,六百石爵上造,稍增至四千石为五大夫,万二千石为大庶长,各以多少级数为差。乃下诏赐民十二年租税之半。明年,遂除民田之租税。

后十三岁,孝景二年,令民半出田租,三十而税一也。然屡敕有司以农为务,民遂乐业。至武帝之初七十年间,国家亡事,非遇水旱,则民人给家足,都鄙廪庾尽满,而府库余财。京师之钱累百巨万,贯朽而不可校。太仓之粟陈陈相因,充溢露积于外,腐败不可食。众庶街巷有马,仟伯之间成群,乘牸牝者摈而不得会聚。守闾阎者食粱肉,为吏者长子孙,居官者以为姓号。人人自爱而重犯法,先行谊而黜愧辱焉。于是罔疏而民富,役财骄溢,或至并兼豪党之徒以武断于乡曲。宗室有土、公卿大夫以下争于奢侈,室庐车服僭上亡限。物盛而衰,固其变也。

是后,外事四夷,内兴功利,役费并兴,而民去本。董仲舒死后,功费愈甚,天下虚耗,人复相食。

在楚汉战争中胜出的刘邦建立汉朝以后,面对的是经历长期战乱,人民离散,户口损耗、土地荒芜、经济凋敝、国贫民穷的社会状况。史书载:"汉兴,接秦之弊,丈夫从军旅,老弱转粮饷,作业剧而财匮,自天子不能具钧驷,而将相或乘牛车。齐民无藏盖。而不轨逐利之民,蓄积余业以稽市物,物踊腾粜,米至石万钱,马一匹则百金。"汉朝采取了一系列措施,安定社会,恢复生产。甘肃之陇西、北地二郡,在秦末和楚汉相争时,除了北边部分地方被匈奴占有外,没有经受多少兵燹,加以较早为汉王所领有,汉臣已经对地方进行了初步建设,所以在汉王朝建立以后,该地虽然"少民",其社会状况却明显好于经过战火蹂躏的中原地区。

为了增加劳动力、发展农业生产和安定社会,西汉前期还实行了许多具体措施。高帝规定:"民产子,复勿事二岁。"通过免除两年赋役来表示对生育孩子的照顾。惠帝六年又下令:"女子年十五以上至三十不嫁,五算。"就是在生育年龄的女子如果不结婚就要征收六百钱的算赋,以鼓励婚育,增加人口。汉初几位皇帝一再强调粮食生产的重要性,提倡农业生产,鼓励尊老孝悌的风气。其中最突出的是文帝时开始实行的"三老、孝悌、力田、廉吏"奖励活动。文帝十二年诏书言:"孝悌,天下之大顺也。力田,为生之本也。三老,众民之师也。廉吏,民之表也。朕甚嘉此二三大夫之行。今万家之县,云无应令,岂实人情?是吏举贤之道未备也。其遣谒者劳赐三老、孝者帛人五匹,悌者、力田二匹,廉吏二百石以上率百石者三匹。及问民所不便安,而以户口率置三老、孝悌、力田常员,令各率其意以道民焉。"

从惠帝到景帝,一再减轻百姓的赋税负担,使人民得以休养生息。本来,按亩计征实物的土地税,周朝是十税一,秦朝据说是"泰半之赋"。汉惠帝继位(前195年),"减田租,复十五税一"。古注引邓展曰:"汉家初十五税一,俭于周十税一也。中间废,今复之也。"从其中的"初"字看,高祖本来已经实行十五税一,后来因为战事耗费过大,不得不停止执行,现在重新恢复实行十五税一,使百姓的田税负担减轻。文帝二年(前178年)诏令"其赐天下民今年田租之半",只收三十分之一的田税,虽然是临时性的,却也有益于民。十二年下诏"其赐农民今年租税之半"。十三年诏"其除田之租税",是全部免除土地税。当然,这种办法实行得并不长久。景帝元年下诏"令田半租","孝景二年,令民半出田租,三十而税一也",纪、志记载不同,很可能是一件事。从一方面看,是不再全部免除土地税,从另一方面看,又是汉朝真正实行三十税一田赋。农民税赋的减轻,在历史上这已经是无以复加了。除了田税以外,汉朝还有人头税。汉王四年,"初为算赋"。如淳注:"《汉仪注》民年十五以上至五十六出赋钱,人百二十为一算,为治库兵车马。"这是汉朝征收人头税的开始。高祖十一年(前196年)就规定诸侯王、通侯及各郡"各以其口数率,人岁六十三钱,以给献费",税率已经减了将近一半。到文帝时,"民赋四十",更低了。景帝时恢复为一百二十钱,成为定制。田税和算赋一再降低,农民的负担当然也极大地减轻了。

五、对古代治世不必迷信

我国自古就是一个以农业生产为国家经济命脉的社会。为了农业生产的发展,古代统治者采取过许多措施。第一,大力鼓励人口繁殖,推行崇本抑末政策,强制非农业人口转移到农业上去,以增加农业劳动力。第二,推广先进的农业技术,总结农业生产的经验,编写有关农副业生产的书籍,设置专门的农业技术人员,以推动农业生产水平的不断提高。第三,在发生灾荒和瘟疫时,一般都组织和鼓励赈灾的活动,以保证有足够的农业人口,满足农业生产持续发展的需要。第四,以国家的力量组织个体小农无法实行的大型水利工程等,以保证农业收成的稳定。第五,由国家直接组织屯田等农业生产活动,使国家有可以直接掌握的一部分粮食。第六,尽可能地抑制土地的兼并,让农业劳动者与土地尽可能地结合得紧密一些。第七,尽可能地控制国家和官吏及地主对农民的剥削,让农民能够维持其最基本的生活和繁衍的物质需要。第八,各种徭役的时间不要太长,在农忙时尽量不搞大型的国家工程,不违农时,使农民有精力投入到农业生产中去,等等。这些措施,我们不必看作是统治者对百姓的善心,因为统治者要保持自己的统治,必须有农业的支持。如果哪个统治者不顾农民的死活,不管农业生产能否进行,杀鸡取蛋,那么他从经济上讲就没有了来源,从政治上讲就可能被活不下去的农民所推翻。这些都是很平常、很简单的道理,但过去人们似乎很少明白地讲出,而是给其蒙上一层神秘的面纱。

另外,我们也不要被《汉书·食货志》中所说的十五税一、三十税一的表面现象所迷惑。当然,减轻农民负担是值得肯定的,但是仔细分析汉代的财政制度,我们就会发现,由于其财政制度的二元性,农民的实际经济负担并非只有看得见的农业税和口算(人头税),还有许多其他的杂赋。《汉书·百官公卿表序》说到汉代朝廷有少府和水衡都尉两职,前者的职责是"掌山海池泽之税,以给共养"。给谁的供养?皇帝。后者掌上林苑,上林苑地域广大,里面有很多土地和园圃,水衡都尉下属有均输官,负责将上林苑中的部分物品出售牟利;有御羞、禁圃,负责给皇帝做珍奇的食品;有钟官、辩钟、技巧三官,负责铸钱。要知道,国家垄断铸钱,是因为这项金融业务有巨大的利润可得。现在再回过头来看,少府所管之事,何以来得许多钱财?就是因为山林、海洋、池塘、沼泽都有税。老百姓砍柴、打猎要上税;下海下湖捕鱼、捞虾、捉蟹要上税;到池塘、沼泽养鱼、种莲藕、采菱角也要上税。这些税都不是上给国家的正税,而是给皇室使用的。汉代全国的财政并非只有一家,而是有两家。唐朝颜师古注释《汉书》说:"大司农供军国之用,少府以养天子。"就是说,大司农所收的正税用于国家的各项开支,而少府和水衡都尉的收入专供皇帝所用。《汉书·王嘉传》曾说道,汉元帝时,都内钱(即大司农)四十万万,水衡钱二十五万万,少府钱十八万万。前者与后二者的比例是1:1.1。东汉初桓谭《新论》中说:"汉定以来,百姓赋敛一岁为四十余万万,吏俸用其半,余二十万万藏于都内,为禁钱。少府所领园地作务之八十三万万,以给宫室供养诸赏赐。"(见《太平御览》卷六二七所引)政府财政收入与少府收入的比例为1:2.1。《食货志》道:"而山川园池市肆租税之入,自天子以至封君汤沐邑,皆各为私奉养,不领于天子之经费。"班固对这种例外的情况是持表扬态度的,因为在其他时候,这一帮人除了毫不愧疚地使用少府和封邑的租税之外,还要官府拿出相当一部分国家财政的收入供给他们,以满足其不断增长的侈欲。毫无疑问,所有的经济负担最后都主要落到了农民的头上,再加上贪官污吏的盘剥,农民真是苦呀!

(原载王受宽编著:《中国古代太平盛世》,北京科学技术出版社,1995年)

尊崇儒术 铸就两千年民族之魂

——西汉确立封建统治思想

历史上的各种政权,管理国家和臣民的手段都是文武两手配合,中国古代叫作"霸王之道杂之",外国叫作"胡萝卜加大棒"。文的一手是从思想上影响和引导民众服从他的统治,武的一手则是以刑罚、军队去压制各种违规乃至对其统治的不满与反抗。因此各个时期一般总有一种占统治地位的思想观点,作为统治者文的一手的旗帜。夏、商两朝是天帝崇拜,西周是宗法礼乐制度。秦朝虽说奉法家为其统治支柱,仍要以阴阳家的学说为其政策依据,以儒家的忠孝来要求臣民。西汉武帝时,"罢黜百家,尊崇儒术",将儒家学说正式确定为专制国家占统治地位的思想,将儒学作为统治者和全民都要遵循的思想和道德准则,左右了以后两千年的中国社会,是中国历史上最有影响的文化决策。

一、儒家学派的创立和初步发展

儒家学说的创立者是春秋后期的思想家、政治家和教育家孔子。孔子(前551—前479年),名丘,字仲尼,鲁国陬邑(今山东曲阜)人。他幼年丧父,家境贫困,但读书刻苦,17岁时,已经以知礼闻名。年轻时,孔子当过季氏家的家臣,后离开鲁国到各诸侯国游历,曾向老子问礼,向齐太师学习韶乐。后来,孔子回到鲁国,广招弟子,传授学问,成为很有影响的学者。公元前501年起,孔子先后任中都宰、司空、大司寇。公元前496,孔子代理国相,采取了一系列安定和发展鲁国的措施。三个月以后,孔子因自己的才能无法发挥而离开鲁国,带着弟子们周游列国,受尽磨难。公元前484年,68岁的孔子回到鲁国,他"病没世而名不称焉。吾道不行矣,吾何以自见于后世哉!"为了寄托自己的政治主张,他根据自己的观点,集中精力整理旧有的文化古籍,并作为向弟子授课的教材,编定了《书》《礼》《乐》《诗》《易》《春秋》六种儒家经典。孔子死后,弟子们将他的言论和谈话记录整理成《论语》一书。

孔子以《周易》中人与人、人与自然的和合关系为出发点,综合三代以来思想文化的精髓,寻求挽救世风颓废、礼乐崩坏的方法,创立了以"仁"为核心的儒家学说。在孔子看来,仁就是爱人,提出"己所不欲,勿施于人""己欲立而立人,己欲达而达人",要"博施于民而能济众",并尊重他人的人格,说:"三军可夺帅也,匹夫不可夺志也。"认为孝悌是仁的根本,礼是仁的规范。君对臣要惠,臣对君要忠,父对子要慈,子对父要孝,兄对弟要友,弟对兄要悌。"克己复礼为仁",人们应该"非礼勿视,非礼勿听,非礼勿言,非礼勿动"。提倡了为实现仁的最高道德境界而献身,说:"志士仁人,无求生以害仁,有杀身以成仁。"仁的思想推行于政治上,就是行德治、礼治,做官的作风好比是风,而民众的风气好比是草,只要做官的行善务德,民众自然会服从。整顿政治的方法是正名,说:"名不正则言不顺,言不顺则事不成,事不成则礼乐不兴。"而正名则要"君君、臣臣、父父、子子",就是各种人都名副其实,不可徒有虚名。治理社会的具体办法是庶、富、教,首先要让人口多起来,然后使他们富裕起来,再对他们进行教化。反对苛刻的政治,说:"苛政猛于虎。"提出"有国有家者,不患寡而患不均,不患贫而患不安",要"均无贫,和无寡,安无倾",使财富平均而没有穷人,使人民和平而不怕人少,使境内平安而不至倾危。

孔子的思想,博大恢宏,超越时空,以人和人的关系为出发点和归属,探求社会安定、人际和谐的方法,是基于中国文化土壤上的一次伟大创新。但在孔子生前,其学说并没有产生显著的影响。孔子死后,他的弟子们散往各地,有的为诸侯师傅、卿相,有的友教士大夫,有的隐居著述,儒学得到广泛流布。战国齐威王、宣王时期,出现了孟子和荀子两位儒学大师。孟子从心性论这个根本出发,提倡修身养性,实现人性的净化,以仁政说作为其政治论的精髓,丰富和发展孔子的仁学,排斥了异端的学说,被后代儒家看作孔门儒学的正宗。荀子发展了孔子的礼学,政治上主张礼法兼治、王霸并用,哲学上强调自然界与人类各有职分,人要制天命而用之,努力推行王道于天下,成就裕国富民的事功,形成了独树一帜的荀学。儒学经过孟子和荀子的阐扬,得到完善和发展,成为战国百家之中的显学之一。当时各诸侯国忙于生死存亡的兼并战争,对儒学这种安定社会的学说并不重视,更不可能有任何一个诸侯国以儒学作为其治国的指导思想。

二、千回百折,儒学在艰难中崛起

秦始皇焚书坑儒,使儒学的发展受到沉重的挫折而暂时中断。秦末农民战争中,许多儒生参加到农民起义队伍中,为推翻暴虐的秦朝作出了自己的贡献。刘邦本来对儒生极为卑视,曾宣称:"为天下安用腐儒哉!"甚至摘下士人的儒冠,往其中撒尿。后来,陆贾以"居马上得之,宁可以居马上治之乎?"与刘邦争辩,才使他悟到学术在政治上的价值,让陆贾为他总结历史上的治国经验、兴亡教训。儒者叔孙通为刘邦制朝廷礼仪,确定君臣之礼,更使刘邦认识到儒学在调整上下尊卑等级、提高皇帝绝对权威中的作用,后叔孙通被任命为专管礼仪的奉常。

从高祖刘邦到景帝的几十年间,汉朝致力于恢复战争的创伤,故而其时主要重视的是黄老之学,无为而治,与民休息。但在高祖时,其兄刘交已经在自己的封域内提倡儒学。刘交在秦焚书前就是荀卿弟子浮丘伯的学生。公元前201年,高祖封其为楚王,刘交马上将当年的同学穆生、白生和申公任中大夫,让他们召徒授《诗》。汉惠帝则开始做文化上的拨乱反正工作。公元前191年,惠帝发布废除秦时颁布的"挟书者族"的法令,大收典籍,广开献书之路,鼓励学者研读各种典籍,于是秦焚书时被学者偷偷收藏的古书,尤其是儒家的书纷纷在民间出现。文帝虽然好尚刑名,却又是促进汉代儒学复兴的重要人物。公元前179年,文帝一继位,就广泛聘请学者为博士,包括诸子专书博士和儒家专经博士,从而否定了秦灭儒的政策。次年,又颁令废除秦诽谤、妖言之法,允许儒者在自己的学馆里授徒讲学,鼓励学者和民众对国家的政治发表意见,使学者的治学环境得以改善,学术得以传承。同时,他还努力在全国范围内搜求研治儒学的著名学者,抢救几近灭绝的学术。不久,当他听说九十余岁的老儒伏生善治《尚书》,就选派太常掌故晁错前往学习,用汉代通行的隶书,记录下了伏生所传的《尚书》二十九篇。当时的河间王刘德也是一位倡导儒学的热心人,他以重金向民间征求古书,以重位延请四方学者,立《毛诗》《左传》博士,亲自穿戴儒生衣冠,修礼作乐,一时,河间成为天下学术的中心。刘德宫中收藏有许多珍贵的先秦典籍,例如《周官》《尚书》《礼》《礼记》《孟子》《诗经》《左传》等,都是天下罕见的。

文帝、景帝时最著名的儒家是洛阳人贾谊(前210—前168年)。20岁时,他被荐为博士,受到文帝的赏识,不到一年就升为太中大夫。贾谊认为汉朝已立国20余年,天下安定,应该按照儒家的观点改正朔、定官名、兴礼乐和更定法令。但受到朝中掌权武夫的排斥,未能实施。贾谊写了许多政论文章,根据儒家学说提出一系列治国主张。他总结秦朝速亡的教训,认为其根本原因是不施仁义。他提出统治者要行仁义,使人民安居乐业。他主张以礼为治国的根本,以权势法治为其基础。贾谊的思想,将儒和法融为一体,人称其为新儒学思想,是西汉由崇尚黄老向尊崇儒术转变的一位过渡人物。

当时,儒家为了争取在朝中的地位,曾经与道家展开过激烈的争论。最重要的争论发生在汉景帝时,儒家辕固生与道家黄生,就汤武是否受命问题进行争论,黄生认为汤武是弑君篡位。辕固生说,桀纣无道,民心归向汤武,汤武当然是受命。黄生说,君上失道,为臣应该匡正而不可弑之代立。辕固生反驳道:"照你这么说,高帝代秦即天子位也是非法的了!"当时景帝的母亲窦太后崇尚黄老、憎恶儒术,要求景帝和太子必须读黄老的著述,辕固生斥责《老子》不过是家人(奴仆)之言,而惹恼了太后,要他手搏野猪,幸有景帝暗中帮助,辕固生才未被整死,而以罢职了之。

三、雄主画长策,董生倡儒学

公元前141年,汉景帝逝世,十六岁的太子刘彻登上帝位,他就是雄才大略极负盛名的汉武帝。

到武帝之时,汉代经过六十多年的休养生息,人口增加,天下安定,生产得到很大发展,人民生活有了重大改善,王朝的经济实力雄厚。同时,几十年无为而治积累下的社会问题也日益凸显。一是汉初分封的诸王此时尚有相当的势力,分裂和篡权的倾向仍然存在;二是土地兼并日益剧烈,阶级矛盾日趋激化;三是北方的匈奴和南方的两越经常制造事端,影响了边境地区的生产和人民的生活。只有进一步树立皇帝的绝对政治权力,加强中央集权,才能克服王朝的危机,巩固国家统一。

汉武帝时以大儒申公的弟子王臧为傅,颇受儒家学说的熏陶。少年天子很想大展宏图,改汉初的"无为"为"有为",变"无欲"为"有欲",扫除积弊,完成政治思想的转变,造就汉家盛世。儒家追求人与自然、个人与群体的和谐,提倡道德与人格的自我完善,以建立大一统礼乐刑政的国家为目标。这种积极入世、注重经世致用的思想体系,有助于对国家的管理和对人民的统治,引起汉武帝的极大兴趣。所以,汉武帝即位之初,他就大胆起用卫绾、窦婴、赵绾、王臧等一批著名的儒者充任丞相、太尉、御史大夫、郎中令等要职。以隆重的礼节将年已80的申公请至京城,让他制礼作乐,宣扬儒家的五经。但此时崇尚黄老的武帝的祖母窦太皇太后仍健在,对武帝周围的这些儒者极为不满。她先伺机免去卫绾的丞相职务。公元前139年初,御史大夫赵绾根据儒家妇人不得干预政事的观点,向皇帝建议以后有事不必奏请太皇太后。窦太皇太后以离间骨肉之罪将赵绾、王臧下狱,迫令自杀而死,那些推崇儒学的举措也遭受挫折。

公元前135年,窦太皇太后死,武帝马上让被罢黜的儒者田蚡重任丞相,放手黜退黄老之学和刑名百家之言,发布诏书要求各级官吏推举贤良方正、敢于直言极谏之士,延请重用儒学之士。公元前134年,武帝下诏,要求贤良为国家治理提出好的方策,诏书中说:"朕自继位以来,夙兴夜寐,仍找不到使国家安定王朝兴盛的方法。而诸位贤良学问深厚,明于古今治乱兴衰之理,望你们都将自己治国大计的对策写在简牍上,上书朝廷,朕要亲自览阅。"

在前后百余位贤良所上治国对策中,董仲舒的上书最受汉武帝的赏识。董仲舒(前179—前104年),广川(今河北枣强)人。他自幼潜心读书,曾三年不窥园,刻苦钻研《春秋公羊传》,造就了超群的学识。景帝时为博士,同时聚徒授业,史学家司马迁就是他的弟子之一。董仲舒著有《春秋繁露》一书,阐扬他的政治理论,以儒家思想为中心,杂以阴阳五行学说,将儒学神学化,以与封建政治接轨,构成了一套维护封建君主政体的思想体系。武帝下诏要求贤良上策,他连上三道对策,人称《天人三策》,武帝亲自召见,与他讨论治国方略。在对策中,他提出天人感应、君权神授、天谴论及崇儒重儒之说,他声言,天为万物之主、百神之君,天通过祥瑞灾异来表达自己的意志,而皇帝是上天意志的代表,"唯天子受命于天,天下受命于天子"。人民服从天子就是服从天道。董仲舒从皇权专制制度的需要出发,篡改了孔子"君君,臣臣,父父,子子"的内容,提出三纲五常之说,"君为臣纲""父为子纲""夫为妻纲"的三纲和仁、义、礼、智、信的五常。他用天道阴阳五行来论证三纲五常的正确性,以之作为严格封建等级关系和道德人伦的基本信条,说君臣、父子、夫妻等的上下尊卑关系都出于天道,"天不变,道亦不变"。他提出君王要想治理好国家,一要顺承天意行事,否则天将降灾予以惩戒;二要教化治民,使仁义礼智成为民众的习性;三要正法度之宜,别上下尊卑等级,以防止非分的欲望。他总结历史经验,认为古往今来,最重要的治国手段是儒家所说的教化。为了以教化治民,他建议汉武帝大举求贤养士。举贤的办法是要求各郡国长官荐举贤才,对其予以测试,量材授官,让他们为民众做出榜样,以礼来影响和节制民众,以义来砥砺民心,淳化民风。养士,就要大兴学校。他建议在京师设立太学,在各地设立庠序,以学问深厚的儒者为师,向学生传授儒家经典,培养大批治国人才。他竭力推崇孔子的学说,说《春秋》是求王道之端,使天下政治得之于正的唯一正确学说,为此,他大胆地提出:

> 《春秋》大一统者,天地之常经,古今之通义也。今师异道,人异论,百家殊方,指意不同,是以上无以持一统,法制数变,下不知所守。臣愚以为诸不在六艺之科、孔子之术者,皆绝其道,勿使并进。邪辟之说灭息,然后统纪可一,而法度可明,民知所从也。

意思是说,《春秋》公羊学中最核心的内容是政治上的大一统,当今要扫除积弊,保证政治上的大一统,创立古来未有的盛世,就必须确立思想观点上的一致。如今学术分歧,杂说不一,朝廷因此无法定出一个崇尚的思想,百官万民也没有一个遵循的思想和行为规范。要确立统一的思想观点,就要统一学术。他建议,凡是不符合儒家经典和孔子之术的思想学说,都必须摒弃,阻绝其在朝廷晋升的道路。只要那些邪恶辟陋的学说在政治上熄灭了,人们将思想都统一到儒家的思想学术中来,国家才能真正一统,法度才能昭明,民众才能知道自己应该怎样去做。

这就是历史上影响深远的"罢黜百家,尊崇儒术"的建议。

四、推明孔学,罢黜百家

董仲舒的建议正中青年天子的下怀,于是汉武帝下诏"推明孔氏,罢黜百家",以政权的力量确立了儒学的尊崇地位,使其从诸子百家之学中一跃成为天下唯一尊崇的统治思想和臣民言论行为的准则,并实施了一系列推崇儒术的政治、思想和文化措施。

汉武帝下诏正式以儒家的《诗》《书》《礼》《易》《春秋》五部书为法定的经典,作为全国士人研读的法定教本,并设立五经博士,由具有道德风范、精通儒学经典的名师硕儒担任,其他不治五经而任博士者一概黜退。汉人治经,各守家法,师徒相传,都专主一家。故武帝时所设五经博士实为七家,就是《易》《书》《礼》《春秋(公羊学)》经各一家,《诗》有鲁、齐、韩三家。每家各设博士一员,有缺即补。博士享受着很优厚的待遇,其职掌与此前也有很大区别,不再只是掌图书、通古今、备顾问的王朝官,而是在掌顾问应对的同时,主要负责儒学的研究和传授,是国家意识形态的专家和学官、经师。

为了培养更多的儒学人才,随着五经博士的设立,国家最高学府——太学也建立起来。西汉的太学设于京师长安的西北城郊,规模宏大。博士兼任太学教官,称经师,上述五经七家之学是国家规定的太学正式儒学学说。太学的学生定员五十名,称博士弟子,由太常负责在全国范围内选择那些年龄在十八岁以上,仪表和相貌端正的青年充任,免除他们的税赋徭役,还发给一定的俸禄,以便安心向学。另外,在太学设立"受业如弟子"的旁听生,由各郡国县的长官选拔那些喜好儒学,尊敬长上、严肃政教、和顺乡邻,没有不良行为的青年,经过严格考察,随上计吏送来京师,随博士或水平高的博士弟子学习。对博士弟子和如弟子,太学每年举行一次

"设科射策"的考试,称为岁试。所谓射策,就是抽签口试。所谓设科,就是按试题的难易程度划分为甲、乙、丙等不同的等级。通过甲科考试的弟子,由太常上奏直接任命以郎中的官职。通过乙科考试的弟子,任为太子舍人。通过丙科考试的弟子,补为文学掌故。而才能低劣、考试不及格的,就予以黜退处理,另选胜任者为博士弟子。同时在郡国普遍设立名为庠序的地方学校,也招纳生徒,授以儒家经典,培养儒学人才,以充实郡县属吏的队伍和在民间推广儒学教化。

为了尽快改变现行官吏的结构和以利禄鼓励全社会士人研习儒家经典,"崇乡党之化,以厉贤才焉",汉武帝还将儒学水平作为选官的基本标准,以经术取士,大力选拔那些治礼和精通儒学者为各级政府的官员,扩大了封建统治的社会基础。不少博士被封侯拜相或担任郡国守相,那些长于礼治、精通儒术的官员得到破格提拔。他还下诏要求每个郡国各推举两名或一名能通儒家一经以上,官秩在二百石以上的官员及一百石以上的吏,用以补任左右内史、大行卒史的岗位。另外,各郡国还要推荐两名百石以下的小吏,用以补任郡守卒史。不久汉武帝又下诏,在各地征召那些深明当世政治、熟悉先圣孔子学术的吏民,由沿途各县供给食物,送到京师,量才任用。自此以后,要做官,先学儒,士人不再习读其他学术,而是争相诵读儒家经典,以作为获取功名利禄的阶梯,国家也是"公卿大夫士吏彬彬多文学之士"了。

汉武帝还规定国家制定政策要以儒学为依据,各种诏令奏议,无不援引儒家经典之说。甚至汉武帝的郊祀诏也引有《诗》云:"四牡翼翼,以征不服。"《易》曰:"先甲三日,后甲三日。"当时处理刑狱也要以儒学为依据,董仲舒为此还作了《春秋决狱》一书,列举二百三十二事,附会经意,作为刑狱官员的参考。

为了实施教化,在全社会倡行儒家思想,改变民风,汉武帝特别提倡儒家孝道和尊老敬老的思想。他下诏要求公卿大夫都能"本仁祖义,褒德禄贤,劝善刑暴",以"广教化,美风俗"。在全国大力推选善待父母和清正廉洁者为孝廉,由朝廷任以官职。定期派使者巡行天下,给三老、孝悌、老人及鳏、寡、孤、独者赐给布帛米粮等,以示奖掖。

班固在《汉书·武帝纪赞》中对汉武帝尊崇儒术给予极高的评价,写道:"汉承百王之弊,高祖拨乱反正,文、景务在养民,至于稽古礼文之事,犹多阙焉。孝武初立,卓然罢黜百家,表章《六经》。遂畴咨海内,举其俊茂,与之立功。兴太学,修郊祀,改正朔,定历数,协音律,作诗乐,建封禅,礼百神,绍周后,号令文章,焕焉可述。后嗣得遵洪业,而有三代之风。如武帝之雄才大略,不改文、景之恭俭以济斯民,虽《诗》《书》所称,何有加焉!"汉武帝一生虽好大喜功,但正是他高举尊崇儒术这面大旗,凭借着王朝丰厚的经济基础,在其统治的54年间,采取了一系列重大的举措,使以汉族为主体的统一多民族的封建国家得到了巩固,中国开始以一个高度文明和富强的国家自立于世界民族之林。

尊崇儒术,在中国历史上有着深远的影响。首先,自汉武帝尊崇儒术以后,儒学被历代统治者所尊崇,成为中国古代统治最重要的基石。儒学思想体系适应了中国古代社会的政治需要,保证了以宗法制为核心的古代社会结构基础的巩固,论证了专制皇权和社会等级制度的合理性,对维护封建统治起到了无可替代的作用。其次,通过统治者的长期提倡和在政治、社会、人生各方面的全方位实施,儒家的说教深入人心,成为社会大部分人的思想和行为准则,影响了民族的性格和风俗习惯,对中国的过去、现在甚至未来有毋庸置疑的深刻影响。再次,儒学通过尊崇的特殊地位和官学的特别需要,而成为全社会士人研究的学说,儒家经典的研究、整理和诠释成为整个古代社会最受重视的正宗学问,儒学得到巨大和持续的发展,成为古代学术中的大宗。而且随着历史的前行,历代皆有大儒出现,对儒学予以新的诠释,以适应时代的需要,成为中国思想文化的主流。儒学思想还对古代其他学术的发展起了重大的指导或制约作用,在一定意义上说,不懂得儒学就无法理解和深入探讨中国古代文化史。最后,儒学的传授成为中国古代教育的基本内容。从塾师童蒙到太学侍读,无不以儒家经书为主要读本。特别是随着专制国家对人才的需求增大,官学和私学教育不断扩大发展。古代中国教育的兴旺发达,儒学功绩巨大。

一项文化政策竟然对两千年的中国历史产生如此巨大而持久的影响,我们对此不能不予以高度的评价。当然肯定汉武帝的尊崇儒术,并不是说儒学至今仍应遵循,甚至将其作为21世纪的思想主流。泥古或者民族虚无主义都不是科学的态度,建设社会主义精神文明是一项宏大的系统工程,我们只有吸纳传统文化中的精华,抛弃其糟粕,铸造新的民族之魂,才能将我们民族的伟大航船胜利地驶向新世纪!

(原载汪受宽主编:《开化与禁锢——文化重案与文化发展》,北京:中共中央党校出版社,1999年)

强族和亲的匈奴老上单于稽粥

稽粥,冒顿单于之子,继冒顿为匈奴单于,称老上单于。于公元前174年至前161年在位。他在位期间,改革政治,发展经济,与汉朝和亲,使匈奴的社会、经济和军事力量得到进一步的发展。

一

汉文帝六年(前174年),冒顿单于上书汉文帝请求履行和亲之约,汉文帝致书表示赞同。冒顿单于旋即逝世,其子稽粥继位,为老上单于。汉文帝仍选宗室女翁主为单于阏氏,派宦者中行说为翁主之傅,随其至匈奴完婚。中行说不愿任此职,汉文帝不愿改任他人。中行说对别人说:"皇上强迫我去匈奴,将会对汉不利。"中行说至匈奴,受到老上单于的信任,成为老上单于的谋臣,协助老上单于进行了使匈奴更为强盛的改革。

改革的第一步是统计人畜,发展畜牧业。当时,匈奴贵族对汉地的丝絮等物非常喜爱,而不注重发展本民族的传统产品。中行说对老上单于建议道:"匈奴的人口不到汉朝的一个郡,其所以这样强大,是因为匈奴人的衣服和食物与汉朝人不同,不必仰望汉朝供给。如今单于改变本民族的风俗,开始喜好汉朝的物品,这不是一件好事。汉朝花不了多少物品,就会使匈奴为汉所有。匈奴人常年在草原上奔驰,放牧、骑马、射箭,因而形成了穿旃裘、食乳酪的习惯。汉地的缯帛丝絮虽然好看,并不适合匈奴人的生活需要,在草丛和荆棘中会被钩破撕裂,根本比不上牛旃羊裘那么结实耐穿。还是应该发展我们自己的畜牧业。"老上单于很以其言为然,于是委派中行说负责向单于手下的人教识字和计数,以便统计人口和牲畜头数,发展畜牧业。

改革的第二步是在与汉朝的交往中强调平等的地位。当时汉朝皇帝给匈奴的信都是用长一尺一寸的木牍书写，信首写道："皇帝敬问匈奴大单于无恙。"意为大皇帝向匈奴大单于问好。中行说建议老上单于给汉皇帝信时，用长一尺二寸的木牍，上边用的印和封泥都比汉信加大加长，信首称："天地所生日月所置匈奴大单于敬问汉皇帝无恙。"不仅在单于之前加上这些修饰词以表明单于与汉皇帝一样都是天子，而且在皇帝前面加"汉"字，意为你是汉朝皇帝而不是我匈奴人的皇帝。从而，使匈奴在与汉朝的交往中处于平等的地位。

改革的第三步是维护民族习俗，发展军事实力。匈奴向来有父死妻后母、兄弟死妻其妻的习俗，汉人称其为不讲礼义。中行说认为这一切都是匈奴游牧生活的需要，不存在什么落后的问题。匈奴应该保持自己君臣关系简单、对民众约束宽松的传统，加强民众的骑射练习，以攻战为能事。为此，中行说还与汉朝的使节进行过激烈的辩论。汉使说："匈奴重壮年，是轻贱老人的不义风俗。"中行说反驳道："请问，汉朝的青壮年被征发去屯卫从军时，家中的人是不是都要把最好的食物和最保暖的衣服送给他？"汉使说："是。"中行说又说："匈奴人能征善战，靠战争来保护自己的家园。老年人不能打仗，所以他们将家中最好的物品都拿出来供给年轻人，让他们打仗获胜，从而使父母妻子都能得到安宁，这怎么能说是贱老呢？"汉使又说："匈奴人不管男女老少都住在一个穹庐里，而且父亲死后，就以后母为妻，兄弟死后，就以其妻为妻，简直一点儿也没有人伦道德。"中行说批驳道："匈奴是游牧民族，逐水草而居，只有住穹庐才便于随水草转移住地。至于其父死妻后母、兄弟死妻其妻的习俗，则是为了保持其宗族和种姓。汉朝的人虽然明里不娶父兄之妻，但亲属关系一旦疏远，就常有互相杀害，甚至改变姓氏的。相比起来，还是匈奴人更讲宗族亲情。"说得汉使哑口无言。鉴于汉朝有吞灭匈奴的企图，中行说建议老上单于派人随时了解边界情况，以作防备。

通过以上改革，匈奴更为强盛，畜牧业有了较大的发展，战斗力也大为增强。

二

果然，不久在汉朝的诱使下，匈奴头人章尼叛匈降汉，许多匈奴人也逃到汉地被汉朝接纳。老上单于要求汉朝归还降人、交还章尼,遭到汉朝拒绝。汉文帝十四年(前166年),老上单于率领十四万匈奴骑兵,进袭汉朝朝那(今甘肃平凉西北)、萧关(今宁夏固原南),杀死北地都尉卬,掳掠人口畜产,一直进抵彭阳(今甘肃镇原东),派骑兵烧毁了回中宫。匈奴侦察骑兵甚至到达雍(今陕西凤翔)和甘泉(今陕西淳化)。汉文帝以中尉周舍和郎中令张武为将军,紧急调来兵车一千乘,骑兵十万防守长安,又以上郡将军卢卿、北地将军魏速、陇西将军周灶、大将军张相如、将军董赤,分率大军前往迎战匈奴。老上单于入汉境月余,见汉朝大军出动,就主动退至塞外。以后,匈奴又多次入侵云中(今内蒙古呼和浩特西南)和辽东(今辽宁省境)等郡,杀掠人口。战争给双方人民带来了深重的灾难,汉文帝遣使送信给匈奴,老上单于也致信汉文帝,汉方都有和好的愿望。

汉文帝后二年(前162年),老上单于派遣当户且渠雕渠难和郎中韩辽送给汉文帝骏马二匹,并致信说:"希望从今以后,双方和亲,两主欢悦,不再用兵打仗,永远昌盛安乐。"汉文帝当即复信表示:"以往有人挑拨离间,背信弃约,不顾双方万民的生命,破坏我们二君的友情。但这些都是过去的事了。圣人总是要不断更新的,从现在起,我们双方都捐弃前嫌,和平友好,顺天恤民,使两国人民如一家人一样安宁幸福。朕将遣返从匈奴逃来的人民,希望你也不再说章尼的事。和亲以后,汉朝绝不会违背盟约,请单于明察。"老上单于遣使对汉文帝的意见表示同意,双方达成和约。其主要内容,一是双方都认为引诱接纳逃亡的人并不能增加人口,也不能扩大疆土,因此谁也不许招纳亡人。二是以长城作为双方的边界,长城以北受单于统领,长城以内由汉朝皇帝管理。从此以后,匈奴不侵入边塞,汉朝也不出塞袭击。谁违犯这些约定,就要处死。为此,汉文帝将这些约定布告天下,要求文武官员一律遵守。

此后,汉朝和匈奴重新和好,一直到老上单于逝世,双方再也没有兵戎相见。

(原载郭卿友主编:《中国历代少数民族英才传》,兰州:甘肃人民出版社,2000年)

汉朝在西域的坚定盟友乌孙三昆莫

在西域三十六国中,有一支居住于今伊犁河和伊塞克湖一带,以赤谷(今吉尔吉斯斯坦伊什提克城)为都城的民族,名乌孙。从公元前119年至西汉末年,乌孙一直与汉朝保持亲密的关系,并曾与汉军左右夹击,大败匈奴,挫败了匈奴奴役西域各国的企图,而奠定这一友好局面的是猎骄靡、岑陬、翁归靡三位乌孙昆莫(即"王")。

一

乌孙是原居于河西走廊敦煌、祁连一带的游牧民族。汉文帝时,大月氏人攻杀乌孙王难兜靡,夺去了乌孙人的牧场。难兜靡的儿子昆莫猎骄靡刚出生不久,其傅父抱着他藏到草丛中,然后外出寻找食物,返回时,见一只母狼正在给小昆莫喂乳,还有一只乌鸟衔着肉立在旁边,傅父感到很神奇,就带着他投靠了北方的匈奴。失去家园的乌孙人也纷纷逃往北边,依附匈奴。

匈奴军臣单于十分喜爱猎骄靡,将他收养。在他长大后,军臣单于将原来乌孙的民众全部给他,并任以为将。猎骄靡也确实勇武有谋,屡立战功。这时,大月氏人已被匈奴打败而西迁至伊犁河流域的闪族故地。在单于的支持下,猎骄靡带领乌孙人远攻大月氏,报杀父之仇。打败大月氏以后,乌孙人在当地留居下来,这里平坦多雨,人民以游牧为主,力量逐渐发展,人口达六十多万,是西汉时西域最强大的国家之一。公元前127年,军臣单于逝世,乌孙人开始疏远匈奴。匈奴曾遣兵攻打,竟不能获胜,更以为猎骄靡有神灵护佑而不敢再打。

二

汉武帝于元朔二年(前127年)和元狩二年(前121年)发动了两次大规模反击

匈奴的战争,占领了河西走廊,打通了内地至西域的道路。匈奴贵族并不会因两次失败而停止对汉朝边境的骚扰,于汉元狩三年(前120年)又在右北平(今河北平泉一带)、定襄(今内蒙古和林格尔)二郡南下,掠去千余边民。为了彻底清除匈奴势力,汉武帝在筹划第三次反击的同时,于汉元狩四年(前119年)派遣中郎将张骞第二次出使西域,欲联络乌孙,与其和亲,使其还居河西故地,共抗匈奴。

张骞率领三百人的强大使团、万余牛羊和价值万万的金帛等来到乌孙。昆莫猎骄靡由于国内正发生变乱,对张骞一行十分冷淡,对汉朝的要求也莫置可否。原来,猎骄靡有十多个儿子,其长子先死,猎骄靡遵照儿子的遗言,立长孙岑陬为太子。猎骄靡的中子大禄十分勇猛,对其侄立为太子不服,就联络其他弟兄,公开独立,并出动一万多骑兵,进攻岑陬。为了防备内战,猎骄靡给岑陬万余骑兵,让他另外居住。自己也留有万余骑兵,警卫王庭。全国人口和兵力一分为三,危机严重。老昆莫穷于应付,况且也对汉朝缺少了解。只知匈奴强大,而不知汉朝的大小。另外,乌孙大臣长期生活于西域,也不愿东迁,昆莫已经年老,无法强制部下。所以昆莫没有答应张骞东迁故土的要求。

为了向汉武帝表示感谢,猎骄靡派遣了几十名使者,携带了许多良马,随同张骞到汉朝的都城长安。乌孙的使者,看到了汉朝的富庶与强大,回国后向昆莫报告,从此汉朝与乌孙建立了非常友好的关系。

三

匈奴人得知乌孙与汉友好的消息,极为愤怒,准备袭击乌孙。猎骄靡决定进一步加强与汉朝的友好关系,于汉元封六年(前105年),遣使至汉,以良马千匹为聘礼,请求和亲。汉武帝决定以江都王刘建的女儿细君为公主,下嫁昆莫。汉武帝赐给细君公主乘舆服饰和其他御用物品,准备了极为丰盛的嫁妆,配备了几百名宦者和侍御,并以乐师随细君西行。猎骄靡立细君为右夫人,另以匈奴女为左夫人。

细君随行的人员为公主修建了宫室供其居住,每年与年老的昆莫会见一两次。由于语言不通,生活又不习惯,细君非常思念故乡,曾作歌唱道:

吾家嫁我兮天一方,　　译文：我家将我嫁到遥远的西方,

远托异国兮乌孙王。　　　　把我托付给了乌孙的国王。

穹庐为室兮旃为墙,　　　　住的圆顶穹庐以旃毡为墙。

以肉为食兮酪为浆。　　　　吃的是肉喝的是奶酪之浆。

居常土思兮心内伤,　　　　故土的思念使我内心悲伤,

愿为黄鹄兮归故乡。　　　　我真想变成黄鹄飞回故乡。

汉武帝听到这首歌,很是同情,每隔一年就派使臣带帷帐等汉朝物品赐给细君公主,进行慰问。不久,猎骄靡自觉年龄相差过于悬殊,建议细君改嫁给自己的孙子岑陬军须靡。细君觉得难以接受,上书汉武帝。汉武帝为了维护与乌孙的友好关系,让细君按乌孙的习俗办。于是细君嫁给了岑陬军须靡。

后来,猎骄靡逝世,岑陬继位为乌孙昆莫,与细君相亲相爱,生了一个女儿,取了汉族名字,叫少夫。几年以后,细君公主逝世,汉朝又将楚王刘戊的孙女解忧公主嫁给岑陬。岑陬匈奴夫人有一个儿子,名泥靡,年龄尚幼。岑陬在临死前立其叔大禄之子翁归靡为昆莫,并说定,待泥靡长大后将王位让还给他。

四

翁归靡为乌孙昆莫,号肥王。按照乌孙习俗,肥王以解忧公主为妻,努力发展与汉朝的友好关系。解忧公主与翁归靡生有三男二女。长男元贵靡,次男万年,后来为莎车王,三男大乐,后来为左大将。长女弟史,后来嫁于龟兹王绛宾为妻,小女素光,后为乌孙若呼翎侯妻。

匈奴对乌孙与汉朝关系的发展极为不满,联合车师骑兵于汉昭帝末年向乌孙发动进攻,夺取了乌孙东境的车延、恶师二地。且派使者威胁肥王交出汉朝公主,以破坏汉朝与乌孙的关系。在翁归靡组织精兵抗击匈奴的同时,解忧公主上书汉昭帝,言："匈奴与车师合兵,一起侵犯乌孙,请求天子派兵救援。"昭帝与大臣们商议调集精兵,以击匈奴。不料,昭帝旋即逝世。解忧公主和翁归靡又分别上书新继位的汉宣帝,请求派大兵支援。

汉本始二年(前72年),汉宣帝派十五万骑兵,以祁连将军田广明、度辽将军范

明友、前将军韩增、蒲类将军赵充国、虎牙将军田顺,分别由西河(今内蒙古准格尔旗西南)、张掖(今甘肃张掖西北)、云中(今内蒙古呼和浩特西南)、酒泉(今甘肃酒泉)、五原(今内蒙古包头西),向匈奴发动进攻。同时派校尉常惠赶往乌孙,持节协同翁归靡率其五万精骑由西向东,夹击匈奴。翁归靡亲自率领骑兵出伊犁河谷,奔袭巴里坤草原,直捣匈奴右谷蠡王庭,俘获了单于父行、嫂居次、右贤王犁汀及都尉、千长、骑将等四万人,各种牲畜七十多万头。汉朝派常惠带了金银丝帛赐给乌孙有功贵人。这是汉武帝以后汉朝对匈奴的一次重大战役。

战后,匈奴单于将怨气都倾注于乌孙王身上,于汉本始三年(前71年)冬亲自率领数万骑兵袭击乌孙,掳掠了乌孙的一些老弱百姓。当匈奴军返回时,连降大雪,雪深丈余,十分之九的人和牲畜都被冻死。翁归靡乘匈奴虚弱,联络丁零、乌桓,由东西北三路同时进攻匈奴,一举摧垮匈奴势力。从此,匈奴更为虚弱,受其奴役的西域各小国纷纷脱离。翁归靡还配合汉使常惠使西域大国龟兹与汉友好,为以后汉朝设置西域都护准备了条件。

五

为了长久与汉朝保持友好关系,翁归靡于公元前64年(元康二年)上书汉宣帝,说待他死后,将以解忧公主之子元贵靡为王,请求汉朝以公主与他结姻。汉宣帝欣然同意,将解忧公主的侄女相夫封为公主,史称少主,嫁给汉室的外孙元贵靡。乌孙派了三百余人的迎亲使团前往长安,汉宣帝将相夫接到上林宫中,派人教她乌孙语。然后举行了盛大的游乐活动,才让光禄大夫常惠护送公主西行。

相夫公主一行到敦煌,得到肥王逝世和乌孙贵族拥立岑陬匈奴夫人之子泥靡为昆莫的消息。乌孙政局的变化使汉宣帝决定征还相夫,这一次和亲遂告夭折。泥靡又与解忧公主结婚,生了一个儿子叫鸱靡。泥靡暴虐无道,失去人民的拥护,国内矛盾尖锐。经过一段混乱之后,元贵靡被立为乌孙大昆莫,元贵靡死后,其子星靡继为昆莫,一直与汉朝保持友好的关系。

(原载郭卿友主编:《中国历代少数民族英才传》,兰州:甘肃人民出版社,2000年)

王昭君出塞和亲

在内蒙古呼和浩特市南郊20里的大黑河南岸,耸立着一座高逾十丈的土冢,深秋时节,周围的树木和青草都已枯黄,唯独冢上的草还保持着浓浓的绿色,因此蒙古人将这座墓称为"青冢"。墓前陈列的历代名人碑铭和络绎而来的参观者,都在呼唤着一个名字,她就是2000年前为汉族和匈奴族友好关系而作出特殊贡献的王昭君。

大约公元前51年,也就是西汉甘露三年,南郡秭归县(今湖北秭归)一位名叫王穰的农民家中出生了一个女孩。父亲因她容貌秀丽、仪态端庄,就按《庄子》中"毛嫱、丽姬,人之所美者"的意思给她取名王嫱,字昭君,爱她如掌上明珠。王昭君聪明贤惠,又勤劳灵巧,才十几岁已出脱得绝顶美丽,她在溪中浣纱洗手,水中都留下一股淡淡的清香。远近的人们都知道美人王昭君的名字,总要找机会一睹她的芳容。时间长了,她家所在的村子被人称作"昭君村",她的家被人称作"昭君宅",她经常洗涤的溪水被人称作"香溪",她成了人们崇拜的美好化身。许多英俊勤劳的小伙子托人上门求亲,都被王穰回绝。

转眼间王昭君已经是17岁的大姑娘了。这一年八月,按照规定皇帝又诏告天下,为宫中挑选妃嫔。派往南路的中大夫与掖庭丞及相工早就听说南郡王昭君有倾国倾城的容貌,于是直奔秭归乡下,找到王穰。相工在闺阁量了昭君的身高,观察了她的容姿和口才,一切都符合规定的法相,当即通知南郡太守派车将王昭君送到都城长安(今陕西西安市)的宫廷。进宫后,那些同时被选进宫的姑娘纷纷贿赂管事的宦官和女官,得以封为美人、婕妤、长使等名号,而生性高傲的王昭君只能从最下等的宫女做起。当时,汉元帝后宫里有几千佳丽,无法一个个都召幸,就派了许多画家,让他们给后宫妃嫔和宫女画像,元帝再根据画像决定召幸的人。许多宫人都贿赂画家,多的送十万钱,少的也送五万钱。只有王昭君绝不巴结画家,因而她的画像几年都没有被选中过。不过王昭君并没有沉沦,她在宫内干杂活的同时,非常关心国家的情况。与汉朝为敌的北方匈奴人先是出现了五个单于分立的局面,最后剩下呼韩邪单于与郅支单于对抗。呼韩邪单于归依汉朝,曾于公元前51年和公元前49年两次到长安觐见汉朝皇帝。汉朝皇帝以最隆重的礼节接待他,双方的友好关系日益发展。大概是王昭君进宫的第二年,也就是公元前36年,汉西域都护甘延寿、副校尉陈汤诛杀了郅支单于。郅支单于的头被传送到京师长安,举朝欢腾,汉元帝下令将郅支单于的头挂在京城专门接待外族使者的蛮夷邸门,置酒庆贺,还将甘延寿所上有关诛杀郅支单于的报告送进后宫,让宫妃们传看。王昭君看到这一报告,对匈奴族变敌为友的消息非常高兴,同时陷入了深深的思索。

公元前33年,呼韩邪单于第三次到长安觐见汉朝皇帝,并提出与汉朝结亲的请求。汉元帝爽快地答应了呼韩邪单于的要求,决定从后宫挑选一名女子赐给呼韩邪。掖庭令来到后宫,向嫔妃宫女们宣布了皇帝的谕旨,大家纷纷议论匈奴人那里荒凉寒冷饮酪宿帐,生活太艰苦了。只见从人群中挤出一位佳丽,大声地喊道:"我去!"别的姐妹都劝她别傻,她说:"我主意已定,你们不必再说了!"她就是王昭君。

汉元帝在朝廷举行隆重的欢送仪式,王昭君略加修饰,走上朝堂与呼韩邪会见。随着玉佩的响声,只见一个绝色女子款款而来,光艳耀人,合朝文武大臣都被她的美貌惊呆了,连汉元帝也诧异后宫竟有如此漂亮的女子。呼韩邪单于更感谢汉朝天子将汉地最美貌的女子赐给自己为妻。

呼韩邪单于带着王昭君踏上返回漠北的路程。宋朝名臣王安石有《明妃曲》二首,生动地描绘了王昭君远嫁匈奴的情景:

> 明妃初出汉宫时,泪湿春风鬓脚垂。
>
> 低回顾影无颜色,尚得君王不自持。
>
> 归来却怪丹青手,入眼平生几曾有?
>
> 意态由来画不成,当时枉杀毛延寿。

一去心知更不归，可怜着尽汉宫衣。

寄声欲问塞南事，中有年年鸿雁飞。

家人万里传消息，好在毡城莫相忆。

君不见，咫尺长门闭阿娇，人生失意无南北。

明妃初嫁与胡儿，毡车百辆皆胡姬。

含情欲说独无处，传语琵琶心自知。

黄金捍拨春风手，弹看飞鸿劝胡酒。

汉宫侍女暗垂泪，沙上行人却回首

汉恩自浅胡自深，人生贵在相知心。

可怜青冢已芜没，尚有哀弦留至今。

这首诗里的许多内容出于想象和传说，但其中肯定王昭君勇敢地选择新的人生道路，真心诚意地与呼韩邪单于相知相爱，共图汉匈友好大业的精神，却是其他昭君诗都未达到的思想境界。

王昭君肩负着巩固和加强汉匈友好关系的使命来到漠北，住毡帐、穿毡裘、食肉饮乳，努力地适应当地艰苦的生活。她仪态大方，通情达理，顾全大局，友爱人民，深得呼韩邪单于的爱敬。匈奴单于的妻子称阏氏，为了感激王昭君给漠北人民带来的和平与安宁，呼韩邪单于给王昭君加了"宁胡阏氏"的称号。王昭君为呼韩邪单于生了一个儿子，名伊屠智牙师，后来当了匈奴的右日逐王。公元前31年，呼韩邪单于病死，其匈奴妻子的儿子雕陶莫皋继位，为复株累若鞮单于，匈奴族有父死妻后母的习俗，新单于提出要续娶王昭君为阏氏。作为一名汉族女子，王昭君从感情上难以接受这种与汉族伦理相违背的婚姻，于是上书新继位的汉成帝，请求回归汉地。汉成帝从维护汉匈友好关系的大局出发，谕令她按匈奴的习俗办事。于是王昭君又成了新单于的阏氏，给他生了两个女儿。大女儿名云，嫁给了贵族须卜当，称须卜居次云，小女儿嫁给了当于家族，称当于居次。

在王昭君的辅佐下，复株累若鞮单于继续坚持呼韩邪单于与汉友好的政策，派了自己的儿子右致卢儿王醯谐屠奴侯到长安侍卫汉天子，本人也于公元前25年入朝晋见汉成帝,汉成帝用当年汉元帝接待呼韩邪单于的隆重礼节接待他,视为一时盛事。同时,复株累若鞮单于继续团结内部贵族,发展畜牧业,漠北的社会经济空前繁荣,"人民炽盛,牛马布野",匈奴民族得到新的发展。

后来,王昭君死了,但继位的单于始终坚持与汉朝的友好关系。王昭君的女儿更秉承母亲的遗志,继续为汉匈和平友好奔走。2年和18年,须卜居次云和当于居次的儿子先后到长安商谈和亲之事。当时,王莽篡权,采取错误的政策,造成汉匈关系紧张。王昭君的孩子们在极其艰难的条件下,努力改善汉匈关系。王昭君的侄子王歙、王飒作为新朝的"和亲侯""展德侯",也曾出使匈奴,祝贺新单于继位。

王昭君一柔弱之女子,主动充当汉匈和平的使者,在大漠几十年,播撒汉匈友好的种子,使"边城晚闭,牛马布野,三世无犬吠之警,百姓无战争之患",是一位为了民族和睦和各族社会经济发展作出了重要贡献的历史人物。董必武同志于1963年赋诗赞颂道:"昭君自有千秋在,胡汉和亲识见高。词客各摅胸臆懑,舞文弄墨总徒劳。"

(原载丁乃光主编:《中华文化与智慧谋略》,北京:华文出版社,1996年)

古典文献学的开创者刘向

刘向(前79—前8年),字子政,本名更生,西汉宗室,传见《汉书》卷三六《楚元王传》所附。

刘向五世祖名交,是汉高祖刘邦同父异母的弟弟,汉朝建立后被封为楚王。其父刘德,仕昭、宣两朝,任宗正,赐爵关内侯,又封为阳城侯。刘向为刘德之次子,十二岁以父荫为辇郎,二十岁为谏大夫,以文学受汉宣帝信任。汉宣帝迷信神仙方术,刘向为讨好皇帝,献出家藏的刘安《枕中鸿宝苑秘方》,言据之可炼出黄金。汉宣帝令典上方据之炼金,然费多而方不验,遂以"铸伪黄金"罪判刘向死刑。其兄刘安民交出封邑户口的一半,将其赎出。从此,刘向悉心钻研学问,被征到石渠阁讲论《谷梁传》,成为经学大师,重新步入仕途,为郎中、给事黄门,迁散骑、谏大夫、给事中。元帝继位后,由于受到执掌朝政的萧望之、周堪的赏识,刘向被擢为散骑宗正给事中,成了辅政的要员。当时,外戚放纵,中官弄权,刘向于是多次上书论时政得失,得罪了中书宦官弘恭、石显,再次被捕下狱。不久,因地震等灾异而释出,任中郎。接着又因指使其外亲上书请求黜退弘恭、石显,而以"奸诈"罪第三次下狱,废为庶人。从此在家闲住十余年。仕途的挫折,使他对宦官之祸有了更深刻的认识,遂著《疾谗》《挺要》《救危》《世颂》等作品,寻求挽救刘汉危机的良方。同时,他认真读书,学问更有长进。汉成帝即位,此时刘向由更生改名向,被召为中郎,迁光禄大夫、中垒校尉等职任,受诏领校五经秘籍,以主要精力从事书籍整理编目和学术著述。

当时,风俗奢淫,赵皇后、卫婕妤等由微贱起家,逾越礼制。刘向认为,王教应该由内及外,从亲近者开始,于是从《诗》《书》中搜集贤妃贞妇和孽嬖乱亡的事迹,撰为《列女传》。又搜集历代人物事迹、兴亡经验等,撰成《新序》《说苑》等书,上奏皇帝。针对当时外戚王氏专权，他搜罗历代符瑞灾异之事，推演其迹象祸福之验，著为《洪范五行传论》，说明王氏专权的危险。刘向建议汉成帝强宗室、防奢侈、夺外戚权。汉成帝心知刘向之忠，却无法实行。汉成帝几次想将刘向用为九卿，都被王凤或丞相御史所阻拦，"君列大夫官前后三十余年"，绥和元年（前8年）卒，享年七十二岁。

刘向有三子，长子级，是易学教授，官至郡守；中子赐，九卿丞；少子歆，王莽时为国师公，在学术史上很著名，又是继刘向负责校书工作的学者。

刘向对历史发展的贡献主要在他对书籍的整理编目上。

先秦时期，积累和流传了大量的文献典籍，秦始皇焚书，给文献典籍的保存造成了重大的灾难。西汉王朝"大收篇籍，广开献书之路"，书籍愈积愈多，到汉成帝时，"百年之间，书积如丘山，故外有太常、太史、博士之藏，内有延阁、广内、秘室之府"①。这些书籍分散收藏，没有统一编目，而且大部分书籍篇章缺失，文字脱讹，内容差异重复，如果不加以整理校勘编目，将无法利用而自然泯灭。汉成帝是一位"好经书""博览古今"的天子，他于河平三年（前26年）下令谒者陈农到各地搜求遗书，同时将太常、太史、博士、延阁、广内、秘室藏书集中到一起，由刘向负责组织一班专家进行校书编书的工作。公元前8年，刘向去世，汉哀帝下令刘歆继续此项工作。两年以后，经过刘向、刘歆父子二十多年的努力，终于圆满地完成了中国历史上第一次由政府组织的大规模图书整理编目工作，经过整理的图书33090卷，收藏于天禄阁、石渠阁，建立了第一个国家图书馆，刘向、刘歆还写出了目录学著作《别录》《七略》，对中国历史文献学作出了重大贡献。

具体讲，刘向、刘歆父子的贡献有三个方面：

第一，刘氏父子的图书整理，为先秦古籍的保存、流传，为图书由官府收藏走向民间普及作出了重大贡献。章炳麟说："书布天下，功由仲尼，其后独有刘歆而已。微孔子，则学皆在官，民不知古，乃无定臬。然自秦皇以后，书复不布。汉兴，虽除

---

① 《汉书·艺文志》引刘歆《七略》，北京：中华书局，1982年，第1702页。

挟书之禁,建元以还,百家尽黜,……明其得书之难也。向、歆理校雠之事,书既杀青,复可移写,而书贾亦赁鬻焉。故后汉之初,王充游雒阳书肆,已见有卖书者。其后邠卿章句之儒,而见《周官》;康成草莱之氓,而窥《史记》,则书之传者,广矣。"①

第二,创造了系统的古籍整理方法,校雠、辨伪、考据等学问自此产生。刘向父子整理书籍的程序分四步。第一步,兼备众本,广搜异本。不仅将各官府藏书聚集到一起,还派人到民间搜集遗书,向学者和同僚征求个人著述和藏本,以及利用个人藏书。这样,同一种书就搜集了几种异本,为校勘奠定了基础。第二步,选定篇目,去除重复。当时,同为一书,往往篇目不同,各有残缺。刘向等将各种书籍的篇章进行条理,去掉重复的部分,经过考订,再剔除伪托的部分,确定其篇目,合为一部比较完整的书。第三步,纠理错简,校雠文字。根据选定的篇目,对其文句进行校定。"一人读书,校其上下,得谬误为校;一人持本,一人读书,若怨家相对,故曰雠也。"②经过校雠,发现和订正了许多古籍文字的脱讹衍误,使其错误大为减少。第四步,勘定书名,誊清新本。当时古籍同书异名者很多,还有的书名经长期流传出现讹误,因此,就需要对书名进行勘定。例如《战国策》之书名,就是刘向勘定的。经过勘定的书,最后抄缮于炙干过的竹简上,就作为定本保存了下来。刘向父子创造的这一套古籍整理方法,为后代学者所效法。

第三,开创了中国古代目录学。刘氏父子典籍整理的一项重要工作是编制目录。包括三个方面的内容,一是为每一本书编写叙录。即在每本书校定以后,刘向、刘歆就为该书写一个提要,著录其书名、篇目,叙述校勘经过,介绍作者事迹,归纳书的内容、性质,评论思想或史实是非,剖析学术源流,确定书的价值。这些书录,不仅使读者了解书的情况,还创造出制作书目提要的科学方法,备受后代学者赞誉。二是将各书的叙录单独抄出,合为一书,名《别录》,是我国综合性官修书目,这是第二方面的内容。三是《七略》,这是在《别录》的基础上,由刘歆进行进一步加

①《检论·订孔上》,载《章太炎全集》(三),上海:上海古籍出版社,1984年,第424页。
②《风俗通义校释·佚文十一》,天津:天津人民出版社,1980年,第409页。

工而形成的一部综合性图书分类目录。全书将著录的图书分为六个大类（六艺、诸子、诗赋、兵书、数术、方技），三十八种，六百零三家。"辨章学术，考镜源流"，对当时的学术发展有很大的推动，对后世的目录学更有着深远的影响。《七略》创造了书目的著录与考证述评相结合的目录形式，成为中国目录书的典范。

余论：评价历史人物，一般着重于政治、军事上的勋业。其实，站在更高的视野，更应重视历史人物在文化积累上的成就。因为，政治、军事仅决定了一时一事之成败，而文化却造就了民族的性格，影响千秋万世。刘向从事的古籍整理，成就了中华文化传承上的一项大工程，为公元以来文化的发展奠定了基础。在我们以中华悠久文明自豪的时候，不应忘记刘向对古典文献学的重要贡献。

（原载《影响中国历史100名人》，北京：民族出版社，1999年）

东汉建武之治

西汉晚期，土地高度集中，阶级矛盾激化，王莽欺世盗名推翻汉室，建立新朝，托古改制，实行新政。其沉重的赋役和残酷的刑法加深了社会危机，导致全国农民起义爆发。在风起云涌的起义队伍中，刘秀脱颖而出，于25年六月建号称帝，定都洛阳，史称东汉。刘秀庙号世祖，谥号光武皇帝，在位33年（25—57年），年号建武和建武中元。

面对社会混乱、经济崩溃的局面，刘秀采取得力措施，拨乱反正，体贴民瘼，限制特权，惩治贪暴官吏，勤俭节约，精简机构，轻徭薄赋，发展经济，平抑冤狱，减轻刑罚，倡导儒学，重视文教，加强皇权，防止分裂，使官吏称职，民安其业，生产发展，社会安定，国家中兴。清初学者王夫之在《读通鉴论》中称赞："三代以后的太平盛世，没有超过汉光武帝的。"刘秀开创的东汉初年的太平盛世，人称"建武之治"。

一、限制特权，清明吏治，促进社会安定

在几十年混乱之后，要实现社会治理，首先必须安定人心。41年十月，在宗室聚会时，婶娘们喝足了美酒，兴奋地回忆起当朝天子刘秀当年的情景，说他"小时候规矩老实，对人从来不耍心眼，而且柔和直率"。刘秀听了大笑道："我现在治理天下，用的还是柔和之道。"纵观当时的历史，刘秀确实是以柔道实现了社会的安定。

刘秀虽说是汉景帝的六世孙，但9岁就成了孤儿，靠叔父抚养。他亲自参加农业劳动，与老百姓有广泛接触，深知稼穑的艰难和百姓的疾苦。所以他当皇帝以后，特别关心民间疾苦，经常将公卿将帅和郎官叫到跟前，向他们探访民情，听取意见，并采取措施，解除百姓的疾苦。他实行"举谣言"制度，在司徒府建百官朝会殿，定期派各部门人员到民间了解情况，并在该殿当面向皇帝报告各地以歌谣和语言

所反映的民间疾苦和吏治情况。这一制度使刘秀能始终体察民情,保持清醒的政治头脑。30年十月,刘秀下诏:"我德行浅薄眼光迟钝,以至现在各地还有强盗为害,豪强欺凌弱小,人民流离失所的事。我对自己的过失深感歉疚。"在他晚年时,群臣大颂皇帝圣明和社会安定富足,建议他到泰山举行封禅大典。刘秀却说:"我即位二十年了,老百姓还是怨气满腹,我何必自欺欺人还要欺骗上天!"一个年逾六旬的皇帝,还这么坦率地承认自己治理下的社会问题,而没有陶醉于赞扬声中,实在是不多见的。

刘秀把限制特权作为平复百姓怨气的重要手段。作为皇帝,他从自己做起,从身边做起,兢兢业业。史书上说他:"至天下已定,务用安静,解王莽之繁密,还汉世之轻法。"37年春,刘秀出外打猎,十分尽兴,午夜才回。走到京城东面的上东门外,随从叫开城门,守门的候郅恽拒绝打开城门。刘秀让随从打了火把到门缝边让他看是皇上回来了。郅恽回答:"火把虽亮,可距离太远,还是看不清是谁。"终是未开城门。刘秀没有办法,只得绕道从东中门回宫。第二天,郅恽上书,批评刘秀九重之尊,竟然夜以继日地打猎,是对社稷和祖宗的轻忽。刘秀看了奏书,不仅没有以逆君之罪将郅恽处死,反而赐布百匹,予以表彰。同时,刘秀将东中门候贬为参封县尉。

对皇亲国戚,刘秀也要求他们遵法守纪。刘秀的姐姐湖阳公主的家奴倚仗权势,大白天杀死市民,然后躲进公主府中,地方官无法捕捉。有一天,公主出门,这个家奴在车前护卫。洛阳令董宣得此消息,赶到夏门亭挡住了公主的车驾,大声数说公主的过失,把杀了人的家奴从车上拉下来,让手下当场打死。湖阳公主气急败坏,赶进宫去向刘秀哭诉。刘秀开始也很气愤,让人把董宣找来,要打死他。董宣理直气壮地说:"陛下圣德中兴,却放纵家奴杀害平民百姓,还怎么治理天下?"刘秀让人按住董宣给公主叩头赔不是,董宣两手撑地,硬是不低头。刘秀赞赏董宣不畏皇家权势、坚持执法的大无畏精神,并给他三十万赏钱,称之为"强项令"。刘秀的母舅樊宏被封为寿张侯,位特进,仍谦和谨慎,经常告诫儿子要吸取西汉外戚横行被诛的教训,要保身全己,以得善终。郭皇后的弟弟郭况,阴贵人的哥哥阴识,贵为外戚,备受皇帝恩宠,仍力戒骄淫奢侈,平易近人,很得时论赞誉。阴识很早参加起义,屡立战功,封为阴乡侯。后来,加封功臣,刘秀也准备加封阴识,阴识却坚决推辞,说:"天下初定,有功的将帅很多。我作为贵戚,再加封爵,天下人会另眼相看。"皇亲国戚们严于律己,给世人作出了榜样。

战乱刚过,武将倚其战功,无视法纪,欺压百姓的事最难处理。刘秀没有学他的祖先刘邦大杀功臣,而以高秩厚礼,封赏功臣,同时又不给他们行政权力,要求他们遵法守纪。在给功臣封爵的诏书中告诫道:"各位将帅功勋卓著,朝廷给了你们很高的爵位和封邑,这些应该传给子孙万代。而要想永远保持爵位封邑,你们就必须在上不骄,高而不危,随时注意遵守国家法令制度。绝不要放纵自己,快活一时,遭到惩罚。"刘秀知道许多功臣擅长带兵打仗,却不会治民。所以他只给功臣特进奉朝请的虚衔,而不给他们具体的行政职位。让他们衣食封邑,享受荣华富贵,却没有管辖百姓的权力,若有横行不法之事,就会受到监察官和地方行政长官的追究。于是,东汉前期,起义将领、建国元勋大多安享晚年。南阳人邓禹运筹帷幄,决胜千里,又骁勇善战,功绩赫然,是云台二十八将之首。天下平定后,刘秀封其为高密侯,赏以四个县的食邑,却要求其交出大司徒、右将军印信,换成特进奉朝请的虚衔。邓禹也就远离名势,孝顺老母,让十三个儿子各学一门本事,规规矩矩,靠皇帝给的封邑过清静日子。名列云台二十八将第三的大司马吴汉,每战每胜,在朝中却唯唯诺诺,很少说话。有一次出征,妻子在家买了些田地。吴汉回来训斥道:"军队在外打仗,将士供给很困难,你怎么还买这么多田产!"说完,就把这些田地分给弟兄和外家。

刘秀特别重视对地方官的挑选,要求选择亲民之官"务进柔良,退贪酷,各正厥事"。就是用温和善良的人做官,黜退贪赃酷虐的官,每个官员都要做好分内的工作。具体标准有四条:一是德行高妙,志节清白;二是学通行修,经中博士;三是明达法令,足以决疑,能案章覆问,文中御史;四是刚毅多略,遭事不惑,明足以决,有孝悌廉公之行。这样挑出来的官吏一般都能按照刘秀的要求,以柔道治理地方。

对各级官吏都实行严格的考课制度。太尉、司徒、司空分别负责军官、地方官员和工程官员的年终考核,排出等级次序,决定升降,予以赏罚。

刘秀还设立和强化了自上而下的监察机构,对官吏进行监督。皇帝亲自监督三公,再将全国分为十三个监察区,司隶校尉负责监督中朝百官和京师近郡的地方官,其他各郡国为十二个州,每州有一位刺史,长驻地方,进行监督。刺史们主要监督和查处以下问题:强宗大族以强凌弱,以众暴寡的;郡国长官损公肥私,鱼肉百姓,聚敛为奸的;郡国长官任刑苛暴,不恤民冤,风厉杀人,剥戮百姓的;郡国长官选拔任用人才不公,宠爱保护坏人,压制贤能的;郡国长官子弟凭借权势,请托办事的;郡国长官与地方豪强勾结,收受贿赂,犯法不问的。刺史如查实上述情况,就向朝廷报告,进行严肃处理。39年,刘秀下令各州郡统计土地数字和户口、年龄。有的地方官为了虚报田数,获得升迁,竟将房宅、民居、街路都作为田地丈量。有钱有势者却隐瞒土地数量,以偷漏赋税。老百姓忍无可忍,往往拦道请愿,甚至起义反抗。刘秀得知此事,派谒者调查属实,将河南尹张伋和十多个度田不实的郡守逮捕下狱而死。已升任大司徒的欧阳歙,由于在汝南太守任上度田不实,受赃一千多万,下狱而死。

责任明确,监督严格,使当时吏治十分清明,出现了许多廉洁善治的官吏。长安市掾第五伦是管理长安工商业的小吏,他精明强干,随时抽查市面上的度量器具,严防商贩短斤少两。他自己割草喂马,妻子烧饭洗衣。每当俸禄下来,留足家中口粮,剩余的都送给了市上的穷人。据说,奸商为了使他手下留情,趁他不在,送了他母亲一篮子炊饼。第五伦返家发现,将篮子扔了出去,见母亲还吃着饼,他从嘴里给抠了出来。商贾们知此,无不战栗,再也没人敢以次充好,坑骗顾客了。

二、轻徭薄赋,发展生产,改善百姓生活

长期战乱以后,人民生活极端贫困。刘秀带头节俭,精简机构,压缩政府开支,减轻百姓的赋税和徭役负担,同时释放奴婢,兴修水利,鼓励农耕,发展经济,使人民的生活得到改善,人口也迅速增加。

30年,全国尚未平定,刘秀就宣布减轻百姓的田租负担,实行三十税一,即以

土地收成的三十分之一交纳国库。

三十税一是靠压缩国家开支实现的。刘秀自己一贯节俭,他身穿粗帛制成的色泽单一的衣服,宫中没有靡靡之音的郑卫音乐,皇帝手里不拿珠宝玩物。皇后和宫妃都没有华丽的衣服。贵人的俸禄只有数十斛,与县令差不多。刘秀多次下诏,禁止各地给皇帝进献时鲜珍奇食品。外使送他一匹千里马和一把价值超过一百斤金子的宝剑,他让把马送去驾鼓车,把宝剑赐给骑士,还将专供皇帝游猎的上林苑,拿出来给老百姓耕种。为了节省简牍,他字写得极小,在每片简上写十行字。刘秀提倡实行薄葬,规定自己的寿陵不许超过二三顷,也不起大坟堆,其陂池能流水即可。在皇帝的带头之下,当时"勤俭之风,行于上下"。

为了缩减政府开支,刘秀大力压缩郡县数量和官吏人数。西汉末有103个郡国1587个县,他减去10个郡国400多个县。过去各郡国有太守,还有都尉。他改为内地郡国只设太守,边郡只设都尉,精减了100多位二千石长官。地方上不必要的吏员也大力精减,以致当时地方官吏人数只有西汉末年的十分之一。对中央各部门也实行精减的政策,削去太常所属太宰等十官,光禄勋所属左右曹等七官,卫尉所属旅贲令等二官,太仆所属牧师苑等七官,廷尉所属中都官狱令长等五十二官,大鸿胪所属驿官令丞等一百八十四官,宗正所属都司空令等二官,大司农所属均输等官,少府所属水衡都尉等六十四官,执金吾所属式道等十官,北军中侯所属中垒校尉等三官。据说,仅压缩官僚机构一项,每年节省的开支就数以亿计。刘秀还对官吏俸禄进行改革,削减千石(县令)以上大官的俸禄,增加六百石以下小官吏的俸禄,在一定程度上减少了亲民官吏刻薄百姓的可能。

刘秀还取消地方所属的军队,要求各地驻军就地屯田,在边郡设农都尉负责组织屯田事宜,从而减少了军费的开支。

节省开支,减轻赋税是节流,当时还采取了一系列开源即发展生产的措施。战乱之后,人口剧减,大量土地荒芜。为了增加农业劳动力,刘秀六次下诏解放奴婢。如30年,将王莽时吏民被没为奴婢的免为庶人。次年下诏,凡因遭饥荒及战争中被掠为奴婢者允许其回家为民。其后又诏令将陇、蜀、益、凉等州被掠为奴婢者免为庶人。这些诏令,使大批奴婢获得解放,并阻止自耕农重新沦为奴婢,从而缓和了社会劳动力的缺乏。政府还组织农民到边疆开垦,把流散的农民遣还本土种地,将一部分官田让给农民耕种,使劳动者与土地结合起来,比较安定地进行农业生产。

建武年间的地方官员大力提倡和鼓励农业生产,对当时生产的发展也起了推动作用。30年前后,任延为九真太守,教导当地农民改烧荒的耕作方法为牛耕,推广铁制农具,使当地"田畴岁岁开广,百姓充给"。陇西太守马援,将流散到河西的金城百姓召回来,给他们修城廓、设坞候,教他们开辟水田,播种稻谷,劝导他们耕种放牧,使当地社会秩序安定,居民乐业。扬州牧樊晔教百姓耕田种树治家的方法,使当地生产迅速恢复发展。张堪担任渔阳太守八年,匈奴不敢来犯,他劝民耕种,百姓生活殷富。民谣唱道:"桑无附枝,麦秀两歧。张君为政,乐不可支。"

建武时期的官吏特别重视水利的兴修,其技术也有很大进步,促进了农业生产的发展。汝南太守邓晨委派都水掾许扬组织百姓修治鸿郤陂,顺应地势,水塘相连,灌溉了数千顷农田,使当地"鱼稻之饶,流衍他郡"。武威太守任延因当地旱灾严重,特设管水的官吏,负责修理沟渠,保证农田的灌溉。南阳太守杜诗,组织百姓修治蓄水的陂池,开辟了更多的水浇地。还发明了水排,借河水的冲力带动机械,使鼓风皮囊不断张缩排风,用来给冶铁炉加氧,省时省力而且提高了产量,铸造出大批铁制农具,满足了农业生产的需要,以至"郡内比室殷富",即让全郡民户都富裕了起来。

在发展农业生产的同时,官吏们还因地制宜,促进农副业、手工业、牧业和商业的发展。卫飒和茨充先后担任桂阳太守,他们开通道路,建置铁官,招徕流民,劝民种植桑柘麻纻,教其养蚕织缕,百姓大受其益。姑臧(今甘肃武威)县长孔奋,鼓励商人与其周边的少数民族部落交易,姑臧城内的集市由一日三合发展到一日四合,成为令人羡慕的富足城市。为了便于流通和交换,刘秀废弃了王莽时乱七八糟的多种货币,重铸五铢钱,使币制归于统一。

负担减轻了,生产发展了,人民的生活改善了,人口也迅速增加。史书记载,刘秀统一时全国只有264万户,1183万人,经过短短二十年的休养生息,已达到427万户,2100万人,增加了77%。

三、平抑冤狱,减省刑罚,促进社会太平

王莽以严刑酷法镇压人民的反抗。刘秀要击败群雄,夺取和保住皇帝的位子,必须笼络民心,使社会重新走上正轨。为此,他采取了平抑冤狱、减省刑罚、放松对人民压迫的政策。在更始帝派他到河北时就考察州郡,平反和释放囚徒,废除王莽苛政,受到百姓欢迎。26年三月,刘秀称帝仅十个月,就又下诏:"现在监狱中关押了许多被冤屈的人,刑罚也太苛刻。我很可怜这些被处罚的人。孔子说过:刑罚不得当,老百姓就会惶惶不安,连手脚都不知道往哪儿摆。"他宣布实行大赦,同时要求朝臣们研究减省刑法的措施,终于确定了在全国废除王莽烦苛的刑法,恢复西汉轻简法令的法律体制。

从27年起,刘秀十几次下诏减省刑罚。其主要内容为:

第一,取消一人犯罪,亲属连坐的法律。年老、年幼者和妇女若非自己犯罪,就不再逮捕关押。

第二,取消死刑。死罪囚犯一律改为以宫刑代替。男子阉割生殖器,女子实行幽闭,即用外力造成子宫脱垂。

第三,死罪以外的犯人全部各减本罪一等,罪行较轻的改以罚款或劳役处分。女子刑徒释放回家,每月出钱雇人到山上为公家伐木。31年曾下令将全国除死罪以外的囚犯一律释放,其中两年以上徒刑的囚犯在释放前要登记在册,以防其逃窜不归乡里。

第四,全国范围内同罪同罚,废除边地的特殊法律。原来边境各郡凡偷盗50斛谷物者,即处以死刑。42年下诏,废除此法,与内地实行同等的处罚。

第五,废弃对奴婢的特殊法律。过去奴婢不过是会说话的牲口,所以如果奴婢射伤一般人就要处以弃市的极刑,一般人杀死奴婢却要减罪,主人炙灼奴婢竟不予处罚。刘秀于35年连续三次下诏,指出奴婢也是人,在法律上应该与一般百姓享

有平等的权利。废除奴婢射伤人弃市的法律规定,给奴婢以正当防卫的权力。一般人杀死奴婢不再减罪。主人炙灼奴婢的按烧烫他人之罪予以处罚,而且将被炙灼的奴婢释放为平民,制止了主人的私刑。

第六,九次实行大赦,其中八次都在实现统一之前,从而使大批因反抗地主剥削而被关押者得以恢复自由。

对汉光武帝减轻刑罚的做法,有的大臣也有不同意见,认为处罚太轻,反而容易滋生犯罪。但大部分朝臣都拥护皇帝的做法,指出圣明的君王不应该实行严刑峻法。

减轻刑罚政策的贯彻执行,对地方的治理取得了良好的效果。32年,郯县(今山东郯城)民延褒聚众三千人攻克县城,后来主动向官府投降。刘秀将延褒等人交郯县令冯鲂处死,冯鲂认为延褒等人已经悔过认罪,就全部释放回家,同时要求他们充当县令的耳目。后来,地方上几次出现治安案件,都被延褒等人查获,报县衙处理。从此,再也没有人敢胡作非为,全县清静安定。细阳(今安徽阜阳市)县令虞延,每逢年节就给囚徒放假,让其与家人团聚,囚徒们十分感动,全部能按时返狱,服从监管。堂邑(今江苏六合北)县有个叫防广的人,因替父亲报仇杀人被关押,听到母亲病死的消息,他悲伤至极,县令钟离意允许他回家料理母亲丧事,县丞和吏掾都表示反对。钟离意说:"出了事由我一个人承担,决不连累你们。"防广安葬了母亲,果然按时回到监狱。

刘秀实行减轻刑罚的政策,使犯罪率明显降低。据班固说,东汉初的五十年间,犯法者仅为西汉成帝哀帝三十年间的十分之二。犯罪率降低,使社会安宁,许多地方出现了邑门不闭,牛马放牧夜里也不用赶回来的太平景象。

四、倡导儒学,重视文教,提高道德水准

在中国古代有三个儒士出身的皇帝,汉光武帝刘秀就是其中之一。刘秀年轻时曾在长安跟随中大夫许子威研读《尚书》多年,因为家里穷,便与人合伙买了一头驴,靠以驴为人驮运挣钱交学费。刘秀参加起义军后,在军务倥偬之中,仍不忘读书,总是"投戈讲艺,息马论道",并随时搜集遗佚书籍,充实自己的藏书。据说,他即位不久,就有两千多辆车的藏书,晚年更扩充其三倍。

刘秀每到一地,首先拜访儒学之士,并要求他们采求儒家经书,补充前人传经的遗漏。本来,王莽之乱,学者纷纷带着经书到处躲藏。现在,他们响应刘秀的号召,汇集京师洛阳,其中就包括范升、陈元、郑兴、杜林、卫宏、刘昆、桓荣等儒学大师。刘秀请他们担任五经博士,以致力于儒学研究和教授博士弟子。当时的五经博士,《易》经有施、孟、梁丘、京氏四家,《书》经有欧阳、大小夏侯三家,《诗》经有齐、鲁、韩三家,《礼》经有大小戴两家,《春秋》有严、颜两家,统称为十四博士,由太常总管。29年,还将争论很大的《左氏春秋》也立博士四人,以陈元为第一。表现出刘秀虽然主张今文经学,也不排斥古文经学。

为了发展儒学教育,29年,皇宫尚未修饰,刘秀就先在洛阳开阳门外营建规模宏大的太学,其中讲堂长十丈,宽三丈,给博士们提供了非常好的学术研究及治学环境。56年,刘秀又下令在洛阳建成三雍,作为儒生们演习礼仪、奉养三老五更的场所。在全国各地也创设了许多学校,用儒家经书教育学生,培养了大批人才。武威太守任延为扭转当地文化落后的状况,特设专管教育的官员,创立学校,要求掾史以下官吏的子弟带头到郡学读书,凡读书者,一概免除其徭役。学业优秀的诸生,任延亲自予以表彰,并安排到一定的岗位,为当地造就了第一批文化人。

刘秀亲自提倡儒学。他曾到曲阜去祠祭儒家的创始人孔子。又多次到太学与博士们讨论经义,观看诸生演习礼仪,给博士和博士弟子很多赏赐。全国平定以后,他对公卿大臣和武将都提出了研读经书的要求。他经常在坐朝时向公卿、郎、将讲解经义,与他们进行讨论。有时凌晨上朝开始讲论,到太阳西斜才结束。皇太子劝刘秀注意颐养身体,他却表示:"我自己喜欢这样做,并不感到疲倦。"有一次,刘秀下诏让公卿大夫和博士们都到朝廷来辩论经义。大家按官阶入席,只有郎中戴凭站在那儿。刘秀问他为何不入席,戴凭说:"博士讲说《易》经的水平不如我,却坐在上席,所以我不愿入席。"刘秀就让他上殿与博士们进行辩论,果然不同寻常,言多精义。刘秀对他非常看重,立即将他提升为侍中,在皇帝左右做顾问。此后,每年正月初一朝会时,刘秀都要求上朝公卿辩论经义,辩输的人当场将自己的席位让给辩赢的人。在刘秀的倡导下,全国上下研习经义成风。当时,只要治经出了名,就会有许多人不远万里来向他求教,教授上万弟子的经师很多。皇太子刘庄,在父亲的影响下也潜心读书,才10岁,就已经读通了《春秋》。

刘秀还以高官厚禄笼络儒学之士,使儒学更加深入人心。当时的官吏,都从学经有成或按照儒学行事的儒生中选拔,有贤良方正、孝廉、茂才、淳朴、有道、仁贤、独行、高节、质直、清白、敦厚等名目。刘秀要求各郡国长官定期举荐人才,用公车送到洛阳,皇帝亲自面试,决定任用。西汉末曾担任沮阳令的刘茂,王莽篡位后弃官隐居山中教授学生,经郡守推荐,刘秀将他任命为议郎。西汉末曾为县令的卓茂,不仕王莽和刘玄,被刘秀提拔为太傅,封为褒德侯。跟从丁恭研习《春秋》的钟兴,汉光武帝刘秀亲自召见,问以经义,见其确实学行高明,当即任为郎中,不久迁升为左中郎将。博士弟子中的高才生,一般擢为讲郎,也有的给以皇帝近侍的职位,最终学问有成或做大官。如东汉著名学者或大臣李育、袁安、杨震、李固、班固、服虔等人,都是太学生出身。

刘秀深知儒术有安定社会、移风易俗的作用。他不仅提倡儒学,还要求自上而下的各级官吏把教化百姓作为主要职责。本来是政府首脑的司徒(即丞相)这时成为全国教化百姓的总负责人,他的任务是"教民孝悌、逊顺、谦俭、养生送死之事"。郡守、县令都有"进贤劝功""显善劝义"的任务。各乡特设三老一名,专管教化工作,凡本乡有孝子顺孙、贞女义妇、让财救患,以及儒生堪为民众榜样的,都特制匾额悬其门上,予以表彰,使儒家思想潜移默化,深入人心。

提倡儒学,重视教化,对转变社会风气有重要作用。范晔说:"当时通过研习儒学经书最后做到大官、成就高名的虽然数量有限,但因为人们日常谈论的是仁义道德,传授的是孔子思想,所以当时从大官到百姓都知道如何处理君臣父子的纲常关系,家家都懂得不做坏事归向正义的路子。"这样的教化效果,实在是前所未有的。从东汉时期,知识分子讲名节、重进退之风的形成,以及东汉后期陈蕃、李膺为首的士人与宦官专权作殊死抗争,通过这些就能看到刘秀提倡儒学、重视教化的效果。

顾炎武说:"三代以下,风俗之淳,无尚于东京者。"这是对东汉刘秀重教化效果的最后总结。

五、加强皇权,防止分裂,实现长治久安

为了保证国家的长治久安,刘秀吸取西汉权臣当政、外戚篡权、地方反叛的教训,极力加强皇权,防止分裂,巩固专制主义的中央集权制度。

古代社会,可能对皇权造成威胁的,主要是中枢机构首脑——丞相、太尉和御史大夫。丞相是最高行政长官,太尉是最高军事长官,御史大夫是最高监察长官,合称三公。西汉武帝为了削弱丞相的权力,就重用身边的人员。属于少府统领的尚书台,是替皇帝收启传递章奏文书的秘书机构,从此地位日崇。汉成帝以后,尚书台成为处理军国大政的御用机构,丞相的权力缩小。东汉光武帝刘秀进一步扩大尚书台的权力,使这一改革达到高峰。

刘秀时仍设有三公之官,称司徒(丞相)、太尉、司空(御史大夫),而且给予很高的地位,皇帝见三公进来,要站起来表示尊重;在路中,丞相迎接皇帝车辇,皇帝要下车向丞相致意。通常,只有那些有资望的大臣才可能被任命为三公,以示宠荣。但三公虽尊,却无实权。司徒的职掌,由"承天子助理万机"的百官之长,变成只管教民礼义的卿事官。太尉的职掌,由"掌四方兵事"的全军之长,变成只管军队赏罚的执秩官。司空所掌监察工作由其属官御史中丞主持,自己只剩下"掌水土事"的工程首脑工作。国家决策和发号施令的大权,直接掌握到皇帝及其办事机构尚书台手中。史书中记载:"光武躬好吏事,亦以课核三公。"就是讲刘秀总是亲自处理各项政务,而出了问题的时候,却要追究三公的责任。刘秀扩大尚书台的机构,增置官吏,且一律由士人担任。尚书台长官为尚书令,总管一切行政事务。下设尚书仆射,为尚书令的副手。以下设六曹,即六个办事部门,每曹设尚书一人,侍郎六人。这六曹分别是:三公曹,主管对各州郡长官的考课;吏部曹,主管选举人才和祭祀;民曹,主管建筑工程和盐池园苑;客曹,主管皇帝仪仗护卫及少数民族和对外事务;二千石曹,主管诉讼事务;中都官曹,主管防救水火灾害和治理盗贼事务。六曹

尚书加上尚书令和尚书仆射合称八座,握有实权。尚书台直接向皇帝负责,对外朝九卿发号施令,是事实上的中枢行政机关。后来有个叫陈忠的,曾一语道破这种权力颠倒的现象,上书说:"今之三公,虽当其名而无其实,选举诛赏,一由尚书。尚书见任,重于三公。"但是,这种变化又是加强皇权的必要一环。从官职来看,尚书与三公相比要卑微得多。三公的秩禄万石,尚书令仅千石,尚书仆射和六曹尚书仅六百石。其职低位卑,才便于皇帝控制与指挥。皇帝的旨意,在尚书台会不折不扣地执行。

为进一步加强皇权,刘秀还在宫中设置由宦官担任的中常侍、中黄门、小黄门等内廷职务,负责传达皇帝诏书、旨令,阅读、代转尚书台进呈的文书等,提高了行政效率。

加强皇权,很重要的一条是集中兵权。西汉时,地方军队有材官、轻车、骑士、楼船四种,每年立秋以后,由郡太守和郡都尉召集这些兵员进行演习,称为都试。刘秀于30年下诏废除内地各郡的都尉一职,停止每年的都试。次年又下诏,将各郡的材官、轻车、骑士、楼船兵全部撤销,并取消这些部队设置的军吏,从此,地方军队取消,地方割据的隐患被消除。

与此同时,刘秀大力建设中央军队,包括各沿边地区的边防部队和京城一带的卫戍军队,尤其是南军和北军。这些军队都由皇帝直接指挥,遇有军事行动,由皇帝派出,有力地维护了中央集权和国家的统一。

刘秀实行的限制特权、发展生产、安定社会的政策,为他的儿子汉明帝刘庄、孙子汉章帝刘炟继承,使经济持续发展,社会持续安定。有的学者将这三个皇帝在位的六十多年统称为"后汉盛世"。

(原载汪受宽编著:《中国古代的太平盛世》,北京:北京科学技术出版社,1995年)

东汉羌族起义首领迷吾、迷唐

东汉时期,为了反抗统治阶级的压迫,居住于今天甘肃、青海和陕西的羌人曾多次举行大规模的起义斗争。迷吾(? —87年)、迷唐(? —110年?)就是早期烧当羌人的起义首领。

一

羌族是世代居住于西部各地的少数民族。王莽末年,羌人趁乱大量入居塞内,散布在金城(今甘肃兰州西)、陇西(今甘肃临洮)等郡的属县,并构筑堑壕自守。割据天水的隗嚣,利用羌人的兵力与刘秀对抗,使羌人的力量有所发展。隗嚣被灭后,地方小吏、豪强往往欺压掠夺羌人,先零羌人于是联合诸羌攻打金城、陇西。东汉中郎将来歙率大军在金城大败羌人,打通了前往河西走廊的道路,但羌人的反抗仍未中止。汉建武十一年(35年),马援任陇西太守,采取武力镇压与恩信招抚的手段,使陇西、金城的羌人造反得以平息,马援将归附的羌人迁居到天水、陇西、扶风三郡,与汉人杂居。

这时,居住于黄河北岸大允谷(今青海贵德西)的烧当羌,屡受先零、卑南二强羌的欺凌。烧当羌首领滇良在诸羌中素有威望,他不堪忍受强族欺凌,就召请诸种落首领会议,诸部联合,从大榆谷入边,大败先零、卑南二羌,杀其三千人,夺取其财物,留居大榆谷,逐渐强盛起来。滇良死后,其子滇吾继为首领。汉建武中元元年(56年),武都参狼羌人起兵反汉,被镇压。滇吾从此成为众羌之首,许多部落前来归附。汉建武中元二年(57年)秋,滇吾与其弟滇岸率步骑五千进袭陇西边塞,先后在枹罕(今甘肃临夏)和允街(今甘肃兰州西)击败汉军,杀五百余人。东汉王朝派遣谒者张鸿率诸郡兵前来,与烧当羌人战于允吾和唐谷(今青海乐都西),亦被羌人打败。张鸿和陇西长史田飒都在阵中战死。

汉永平元年(58年),东汉中郎将窦固、捕虏将军马武率大军四万,在金城郡之浩门与烧当羌大战,斩首六百级。追至洛都谷,却被羌人打败,死千余人。滇吾率羌人出塞,马武率军穷追不已,在东、西邯(今青海化隆南)将烧当羌人打败,杀四千多人,余众七千人投降,被安置于三辅(今陕西关中一带)。滇吾远遁,其弟滇岸向驻守狄道的谒者窦林投降,被封为归义侯,加号大都督。次年,滇吾也向窦林投降,弟兄二人都被送到洛阳,受到汉明帝的接见。滇吾之子东吾立为烧当羌首领,他入居塞内,安分守己。

汉建初元年(76年),安夷县(今青海平安)吏强抢卑南妇女为妻,引起羌人起义。次年夏,滇岸子迷吾不愿忍受压迫,率诸羌出塞起义。金城太守郝崇率兵追击,在荔谷被迷吾打败,汉兵战死两千多人。起义迅速扩大,迷吾率诸种羌五万余人进袭陇西、汉阳(今甘肃天水),被东汉车骑将军马防、长水校尉耿恭打败,迷吾等投降。马防筑索西城(今甘肃岷县北),驻兵防守,并恢复各地的亭侯,以及时守候和报警。

二

汉元和三年(86年),迷吾与其弟号吾重新联合诸羌起义。号吾率兵入陇西境,被郡兵俘获。号吾说:"你们将我杀了,对羌人毫无损失。如能放我回去,我可以让所有反叛的羌人都回部落,不再侵扰边塞。"陇西太守张纡将号吾放还,羌人各部都退回原地。迷吾率烧当羌人退至黄河北的归义城(今青海贵德北)。驻扎于安夷的护羌校尉傅育挑拨羌人与当地的胡人(即小月氏人)互斗,羌、胡不愿,纷纷逃亡归附烧当羌首领迷吾。

汉章和元年(87年),护羌校尉傅育请准调发陇西、张掖、酒泉、汉阳、金城诸郡兵两万人,令陇西郡兵占据黄河以南,张掖和酒泉二郡兵在西边阻击,约期合兵,袭击烧当羌人。迷吾得知消息,徙庐帐远去。傅育率精骑三千穷追不舍,至建威南边的三兜谷(今青海贵德东)。夜间,烧当羌人偷袭汉军营寨,傅育及士卒八百八十名战死,等其他各郡兵赶到,羌人已经全部撤退。

东汉明帝以张纡代任护羌校尉,率万余兵屯卫于临羌。迷吾率七千骑入金城塞,在木乘谷被打败。迷吾遣使与张纡议和,张纡伪称同意,邀其至临羌会晤。迷吾率大小头领八百人至临羌,张纡背信弃义,以毒酒将诸人醉倒,全部杀死,以迷吾等五位羌人首领的头颅祭奠傅育之墓。然后又派兵进攻在山谷中的烧当羌人,放肆地杀戮羌人,并生俘二千余人。迷吾之子迷唐得到父亲身死的噩耗,怒火中烧,联合烧何、当煎、当阗诸羌,并与诸胡结盟,力量大增,计划待黄河结冰,向塞内大举进击。88年(章和二年),张纡因处置无方,被撤换,张掖太守邓训继为护羌校尉。

<h2 style="text-align:center">三</h2>

邓训是东汉开国功臣邓禹之子,有勇有谋。为了对付羌胡的联合反叛,他首先采取隔断羌胡的措施。原来,在湟中地区(今青海西宁一带)居住有小月氏人,该族有骑兵两三千人,骁勇善战。迷唐派头领带兵欲与小月氏联合,邓训令汉军护卫小月氏人,不许与羌人接触。又以恩信对待小月氏人,将其妇女儿童全都撤进临羌城内保护起来,并给小月氏人治病。烧当羌人一无所获,只得退走。然后,邓训从小月氏中挑选几百名勇敢青年,称湟中义从胡。不少羌人为邓训的恩信感召,也来投靠。连烧当羌迷唐的叔父号吾也率本族八百户向邓训投降,迷唐的力量削弱。

经过充分的准备,邓训率汉、羌、胡四千兵出塞,在写谷大败迷唐,杀六百余人,掳牛羊等万余头。迷唐不得不放弃大小榆谷,远避到颇岩谷,许多部众离散。次年春季,邓训以长史任尚率六千军队渡河袭击烧当羌人主力,并乘胜追击,给迷唐以致命打击,迷唐收拾余众,西迁一千多里。其余各支曾经归附迷唐的羌人部落,纷纷向邓训表示归顺,并纳信为质。邓训对他们予以妥善安置,边境重得安宁。

汉永元四年(92年)冬,邓训病逝于任所,朝廷以聂尚继任护羌校尉。聂尚派遣使者招呼迷唐率众返回大、小榆谷居住。迷唐回大、小榆谷以后,让祖母卑缺到临羌面见聂尚。随后,聂尚亲送卑缺到边塞,然后让译者田汜等五人护送其回部落。迷唐乘机将田汜等人杀死,饮其血与诸羌部落头领结盟,然后合兵进袭金城边塞。汉永元五年(93年),朝廷将聂尚撤职查办,派原居延都尉贯有任护羌校尉,贯有在离间诸羌胡的同时,率兵攻击迷唐,并在逢留大河建城坞、筑河桥、置大船,以加强防守。迷唐率部众远徙赐支河曲(今青海共和南)。汉永元八年(96年),新任护羌校尉史充率兵袭击烧当羌人,迷唐率众迎战,大败汉军,杀数百人。次年,史充被免职,迷唐率兵入塞,攻击陇西郡,诸羌响应,会合三万步骑,大败陇西兵,杀死大夏县长。东汉政府派遣征西将军刘尚等率大军讨伐,迷唐在临洮南与汉军大战,互有伤亡。汉永元十年(98年),和帝派谒者王信、耿谭屯兵枹罕,处置羌人。耿谭以丰厚的赏赐,诱使羌人归附,迷唐在被孤立以后,向其投降,徙居金城,并于十二月率诸羌首领至都城洛阳向和帝贡奉朝见。

汉和帝令迷唐率族人回大、小榆谷居住,护羌校尉吴祉且加以逼迫。迷唐不愿出塞,不得已于汉永元十二年(100年)联合湟中诸胡,反叛而去。

四

迷唐因累姐羌人曾归附东汉,率兵杀累姐头领,引起诸羌不满,力量削弱。新任护羌校尉周鲔、金城太守侯霸会合诸郡兵及羌胡兵共三万人,与迷唐战于允川,烧当羌被杀四百余人,降六千余人,迷唐只剩下数百追随者,不得不远徙赐支河源,依附发羌。其后,东汉王朝又任命曹凤为金城西部都尉,驻守龙耆(今青海海晏),金城长史侯霸在归义、建威(今青海贵德北)设屯田二十七部,在东西邯(今青海化隆)设屯田五部,在留、逢设屯田二部,终于有力地限制了烧当羌人,使其无法入塞。至永初年间,迷唐逝世,其子率所剩数十户降汉。

东汉安帝以后,迁入内地的羌人由于不堪忍受官府和地方豪强的沉重剥削和欺压,于汉永初元年(107年)、永和四年(139年)、延熹二年(159年)举行了三次大规模的起义,前后延续50多年,给东汉王朝的腐朽统治以沉重的打击。

(原载郭卿友主编:《中国历代少数民族英才传》,兰州:甘肃人民出版社,2000年)

忠义武勇的化身帝君关羽

关羽（161—219年），字云长，本字长生，东汉末河东解县（今山西临猗西南）人，谥壮缪侯，传见《三国志》卷三六《蜀书》六《关张马黄赵传》。

在东汉末年的混乱之中，关羽亡命涿郡，与刘备、张飞结识，三人"寝则同床，恩若兄弟"。刘备起兵参与镇压黄巾起义，以关羽为别部司马，分统部曲。建安五年（200年）曹操击破刘备，擒关羽，礼之甚厚，拜为偏将军。为报效曹操，关羽在万军之中，策马刺杀袁绍大将颜良，解除了袁绍军对白马的包围，以功被封为汉寿亭侯，随即逃归刘备。刘备收得江南诸郡，以关羽为襄阳太守，荡寇将军。建安二十四年（219年）刘备称汉中王，拜关羽为前将军，假节钺。关羽留兵守江陵（今湖北江陵），自己率主力北攻曹操部将曹仁于樊城。曹操派大将于禁督七军助曹仁。关羽大败曹军，斩敌将庞德，收降于禁，威震华夏，曹操竟"议徙许都以避其锐"。

关羽性格刚直自傲，不懂得联吴抗曹的重要，当孙权派人为儿子向关羽女儿求婚时，关羽竟辱骂使者，并声称拔了樊城以后就带兵灭孙权，使孙权极为愤恨。曹操派人拉拢孙权，令其袭击关羽后方。孙权遣大将吕蒙，收降江陵和公安的守将糜芳、士仁，占据江陵，得关羽及其将士家属，厚加抚慰。将士得讯，皆无斗志，关羽士气不振，腹背受敌，只得退保麦城（今湖北当阳东南），突围至章乡（今湖北当阳东北）被擒杀。

蜀后主景耀三年（260年）追谥关羽为壮缪侯。据《谥法》："胜敌志强曰壮""名与实爽曰缪。"爽，不合之意。前一字为上谥，后一字为下谥，既肯定其一生征战之功，又批评其严重错误给蜀汉发展造成的损失，盖棺论定，十分公允。但在一千年以后，关羽先是被宋徽宗封为忠惠公，旋即加封为义勇武安王。元文宗加封关羽为显灵义勇武安英济王。明万历年间，明神宗从道士张通元之请，敕封关羽为三界伏魔大帝神威远震天尊关圣帝君。此后,关帝庙到处建起,关圣崇拜成了官方和民间的一项重要活动。清代对关羽更是十次加封谥,乾隆三十二年竟加为忠义神武灵佑仁勇威显护国保民精诚绥靖诩赞宣德关圣大帝,神化至登峰造极。

关羽由一个人变成神,变成与孔子并称的文武两尊偶像,固然与统治者的提倡和《三国演义》的塑造渲染有很大关系,但从根本上看,关羽的特点却是其死后屡次被加封的基础。他忠于刘备,极重义气,与其"誓以共死",平时为之御侮,不避艰险,在稠人广坐中则"侍立终日",忠诚至极。曹操待他甚厚,他不顾危险,斩杀颜良,报效其恩,大功之后却仍拜书告辞,多么潇洒!多么仗义!他极为勇武,诸葛亮称他"绝伦逸群",程昱说他是"万人之敌",陈寿评他"为世虎臣"。他"策马刺颜良于万众之中,斩其首还",他水淹七军,斩庞德,降于禁,人称其勇。他被毒箭射穿左臂,医者为他刮骨去毒,"臂血流离",他"割炙引酒,言笑自若",是一个多么英雄的形象!无论是统治者还是老百姓都从关羽忠义勇武的特点中找到了自己需要的东西,统治者希望臣僚们像关羽那样,有高超的武艺,又忠心耿耿,好替其政权效力。老百姓看中的是关羽既勇武又讲义气。所以关羽在千余年间"侯而王,王而帝,帝而圣,圣而天;褒封不尽,庙祀不垠"。继而佛教、道教都把关羽视为本教之神,明清以后的秘密结社也把关公作为其联络的精神纽带。关羽崇拜还被带到海外,法国学者苏尔梦女士撰文介绍:"关羽被华裔商人奉为财神和诚实之神。"仅东南亚就有关圣庙十五座。

余论:苛刻一点说,关羽是葬送蜀汉大业的罪人。如果他能遵照丞相诸葛亮的战略构想,东边结好孙权,北边拒敌曹操,内部抚辑将帅,死保荆州这一前哨阵地,刘备的霸业或可成功。可惜关羽侮辱孙权,不仅自己身首异处,失掉荆州,还使刘备丧失理智,发兵报复孙权,致使刘备、张飞共归冥都,蜀汉战局一发不可收拾。这么一个人后来却变成了神,英武之神,仁义之神,发财之神,无数人膜拜于这尊红脸长髯的偶像之下,应该说,这尊神是人造出来的,他早已从一个活生生的三国战将变成了人们理想的化身!

(原载《影响中国历史100名人》,北京:民族出版社,1999年)

佐世之才刘晔的人生遭际

刘晔,字子扬,淮南成德(今安徽寿县东南)人。据说是光武帝刘秀之子阜陵王刘延的后代,年少知名。刘晔投归曹操,因其智计过人成为曹操的重要谋臣。后历仕魏文帝、明帝,官至大鸿胪。刘晔料事如神,屡献奇策,用之则吉,违之则凶,但终因他为汉宗室而被曹氏所忌,使得他在关键时刻所献取蜀灭吴之策未被曹操、曹丕父子采纳。刘晔之才未尽其用,而曹魏也终于未能统一全国。

当时,汝南许劭是个很会辨评人物流品的相面家,有关曹操"治世之能臣,乱世之奸雄"的预言,就出自他的口中。就是这个许劭,以一双慧眼,称少年刘晔"有佐世之才"①。刘晔确实是个稀世之才。本传在开头几段,就一再渲染其谋略的超人,以作下文的铺垫。事例之一是他诱杀郑宝,只身慑服万余部曲;事例之二是他力阻刘勋征上缭,以防遭孙策暗算,刘勋不听,果然损兵折将,妻子珍宝丧失殆尽,狼狈投奔曹操。一个拥兵万人的巢湖大王,败在了二十来岁贵族公子手里;一个有几万军队的地方军阀,因不听其言而不得不依附他人,青年刘晔高超的智略跃然纸上。

由于谋划平定宗民陈策有功,刘晔被曹操征辟为司空仓曹掾,不久转为主簿,后来又任行军长史兼领军,一直做曹操的亲信官员。文帝、明帝时,刘晔又作为侍中受到二帝信任。在曹氏父子与蜀、吴争夺天下的艰苦历程中,作为智囊之一的刘晔绞尽脑汁,屡献奇策,立下了汗马功劳。

刘晔以神策建勋的突出事例是征张鲁之役。张鲁祖孙三代为天师道教主,益州牧刘焉利用张鲁将兵从苏固手中夺取汉中,张鲁却杀死刘焉的别部司马张修,做

---

①《三国志》卷一四《刘晔传》,北京:中华书局,1982年,第443页。

起了汉中王。汉中"户出十万,财富土沃,四面险固"①,而且北通关中,南扼巴、蜀,西达陇右,东及东南与荆州相接,是位置极其重要的三角地带。刘焉之子益州牧刘璋想吞下这块肥肉,建安十六年(211年),刘璋迎来刘备,请他带兵三万北讨张鲁。诸葛亮隆中对策中就有占据益州的谋划,刘备趁机入川,兵到葭萌不再北进,"厚树恩德,以收众心"②。次年,就调转矛头与诸葛亮东、北并进,向刘璋的老巢杀去。刘璋引狼入室,汉中未得,自己先成了刘皇叔的阶下囚。建安二十年(215年),刘备在益州立足未稳,尚无暇北顾,曹操却捷足先登,亲自带领大军,自散关出发,沿褒斜道向关中进发。张鲁想举众降曹,其弟张卫不甘心把苦心经营了三十年的汉中拱手让人,率众数万,在褒斜南口阳平关"横山筑城十余里"③,拒关坚守。号称汉中盆地西端门户的阳平是个易守难攻的险关。《水经·沔水注》云:"城因即崤岭,周回五里,东临浚谷,杳然百寻,西、北二面,连峰接崖,莫究其极,从南为盘道,登陟二里有余。"曹操本来听凉州从事和武都降人讲,"张鲁易攻,阳平城下南北山相远,不可守也"。但亲临阳平,才知事实与传闻截然相反,曹军"攻阳平山上诸屯,山峻难登,既不时拔,士卒伤夷多,军食且尽,操意沮,便欲拔军截山而还"④。曹操带兵先退,下令刘晔督察后军顺次退出。眼看夺取汉中的愿望就要成为泡影,刘晔却飞驰至曹操跟前,提出了"不如致攻"的建议。刘晔认为,现在我军粮道不继,返途又很漫长,虽然退回,但军队也将损失很大。而且,他料定大军这一撤退,敌关防守必然松懈,我们正可利用这个机会。果然,"贼见大军退,其守备解散,公乃密遣解慓、高祚等乘险夜袭,大破之,斩其将杨任,进攻(张)卫,卫等夜遁,(张)鲁溃奔巴中","巴、汉皆降"⑤。刘晔的一点谋略,竟成就了夺取"蜀之股臂"巴、汉的大事。

这时,刘晔又建议一鼓作气乘胜南进消灭刘备。他分析,刘备"得蜀日浅,蜀人

---

①《三国志》卷八《张鲁传》,北京:中华书局,1982年,第264页。
②《三国志》卷三二《先主传》,北京:中华书局,1982年,第881页。
③《三国志》卷一《武帝纪》,北京:中华书局,1982年,第45页。
④《资治通鉴》卷六七,献帝建安二十年七月,北京:中华书局,1956年,第2138页。
⑤《三国志》卷一《武帝纪》,北京:中华书局,1982年,第45页。

未恃也","今举汉中,蜀中望风,破胆失守,推此而前,蜀可传檄而定","若小缓之,诸葛亮明于治而为相,关羽、张飞勇冠三军而为将,蜀民既定,据险守要,则不可犯矣。今不取,必为后忧"。对此,从胡三省以来的古史家颇有非议。其实,只要进一步分析刘备的情况,就可以发现,刘晔确实抓住了消灭刘备的良机。原来,建安十七年起刘备夺取益州的战争十分艰难,刘璋之子刘循固守雒城,刘备用了近一年才得攻下,后又围成都数十日,到建安十九年秋,刘璋献城出降,才算结束了这场战争。随之,孙权向刘备索还荆州,调动军队袭夺其东部诸郡,伤痍未平的刘备只得又带兵五万下公安,派关羽入益阳,以全力对抗孙权的军事行动。就在这时,曹操灭了张鲁。如果采纳刘晔的建议,向空虚的益州发动攻势,刘备腹背受敌,能不失败吗?曹操得了益州,天下郡县就十有八九,再从西、北两面夹击孙权,破竹之势自当不言而喻。即使暂时不去图谋孙权,曹操灭了刘备,也就除掉了劲敌,以后只剩下孙权和他抗衡,三国鼎立的局面也就不可能出现了。可惜,曹操没有采纳刘晔的建议,却匆忙还军邺城,去搞什么"亲耕籍田"。失之毫厘,差之千里。一个失误竟养成了与自己对峙了半个世纪的蜀汉国,这确实是曹操所未曾料及的。

后来刘晔又瞅准了一次攻取孙吴的良机。建安二十四年,关羽率军斩庞德,降于禁,围曹仁于樊城,威震华夏,使曹操大惧。为了解除困境,曹操以割江南为诱饵,让孙权从东邀击关羽,攻取蜀之公安、南郡,又夺据江陵,"尽虏(关)羽士众妻子""斩(关)羽及子平于临沮"[1]。结拜兄弟关羽的丧命使刘备怒不可遏,他不听赵云等人的劝阻,于蜀章武元年(221年)亲自率大军东进,发动了向孙吴的复仇之战。孙权以陆逊为大都督,倾全力抗击蜀汉的进攻。为防备曹魏偷袭后路,孙权遣使"卑辞奉章"[2],向曹魏称臣。对于孙吴的归附,魏"朝臣皆贺",刘晔独不以为然。他认为,孙权是"外迫内困,然后发此使"。因此建议魏帝乘吴、蜀相攻,"大兴师,径渡江",直捣吴国都城。这样,"蜀攻其外,我袭其内,吴之亡不出旬月矣"。他还分

---

①《三国志》卷三六《关羽传》,北京:中华书局,1982年,第941页。
②《资治通鉴》卷六九,文帝黄初二年秋七月,北京:中华书局,1956年,第2191页。

析，"吴亡则蜀孤，若割吴半，蜀固不能久存，况蜀得其外，我得其内乎！"看来，这次出兵竟有可能是统一战争的序幕了，可惜，曹丕拒不接受刘晔的意见，却想西袭蜀汉。刘晔指出"蜀远吴近"，而且，魏袭蜀，蜀军必退保其国，魏将难以取胜。反过来，魏军击吴，蜀军"必不改计抑怒救吴"，则"吴必亡也"[1]，文帝沉醉于孙吴的贡献和甜言蜜语，终不用袭吴之策，接受了吴的伪降，拜孙权为大将军，封吴王，加九锡。丧失了一次极为难得的机会，以致养痈为患。果然，击败刘备后，"吴礼敬转废"。这时，曹丕如大梦初醒，大驾亲征广陵，最后无功而还。

与贾诩、荀彧等谋臣相比，刘晔以料事如神见长，其谋略往往不为魏主所用。究其根源，刘咸炘以为是曹氏父子嫉贤妒能，说："晔智太强，所料多与操、丕反，而皆验，故不被重用。"[2]这固然是原因之一，但是恐怕与刘晔的出身并非毫无关系。刘晔是东汉光武帝子阜陵王刘延的后裔，在汉运微倾、魏帝夺祚的前前后后，这个出身是很令篡权者头疼的。刘备不就凭着汉中山靖王后裔这一资本，由一个"贩履织席"的平民，爬上了昭烈皇帝的高位吗！刘晔是深明进退之道的，所以他在年轻时，就"不欲拥兵"自重，投靠曹操后又"略不交接时人"，唯恐引祸得罪。但是，曹氏父子的江山毕竟是从刘姓手里夺来的，他们对汉宗室的后代怎么可能毫无防范呢？对刘晔的谋划用寡弃多，这也是不可告人的原因之一。还有，刘晔的人品也是大有问题的。陈寿在本传中并无正面叙述，但在传末叙述刘晔少子刘陶事迹时，却有"陶亦高才而薄行"的说法。一个"亦"字泄露了天机。明白的读者马上可以领悟出，"亦"者乃言尔父刘晔"高才而薄行"也。裴松之注引傅玄著《傅子》中的一件事，就说明刘晔并非忠信君子。太和年间，刘晔在魏明帝前说蜀可伐，在朝臣中又说蜀不可伐，趋伺帝意，两面三刀，终被明帝察觉，从此疏远了他。还有，本传一开始讲到刘晔13岁时遵亡母遗命，杀死了父亲的侍婢。这件事的性质不易明白，从其母遗言讲此侍婢"必乱家"看来，该婢与刘晔之父本来就有暧昧关系被主母发觉。待

---

① 《三国志》卷一四《刘晔传》裴注引《傅子》文，北京：中华书局，1982年，第447页。

② 《三国志集解》卷一四，上海：上海古籍出版社，2009年，第1319页。

刘晔母亲死后,该婢恐怕成了刘晔事实上的后母了。后母如母,刘晔杀死了她,当难逃不孝之名。曹操的《求贤诏》宣言"被褐怀玉""盗嫂受金"者,一律"唯才是举,吾得而用之"①,对刘晔这样一个德行不佳的"佐世之才",曹操举是举了,但要毫无戒心地用,似乎并不容易做到。这可能就是刘晔悲剧的根源所在吧!从另一角度来说,不也正由此使蜀、吴在危急时幸免被灭,从而造就了三国鼎立之势吗?

（原载张大可、王继光主编《三国志选注讲》,西安:陕西人民出版社,1989年）

①《三国志》卷一《武帝纪》,北京:中华书局,1982年,第32页。

医药和炼丹家葛洪

葛洪(284—364年),字稚川,号抱朴子,晋丹阳郡句容县(今江苏句容)人,医药学家和炼丹家,传见《晋书》卷四二《葛洪传》。

葛洪出身于官宦世家,其祖父葛系在三国吴为大鸿胪,封吴寿县侯,父葛悌在吴为会稽太守,入晋为邵陵太守,清廉正直。葛洪十三岁丧父,家贫,不得不自己砍柴卖钱来购买纸笔,勤奋读书,以儒学知名,"尤好神仙导养之法",兼学刀戟楯杖射箭。他的叔祖葛玄,在吴时从左慈学道,受《太清》《九鼎》《金液》丹经,成为"仙人",号葛仙公,以其炼丹秘术传于弟子郑隐。葛洪向郑隐学得炼丹术,后又师从南海太守鲍玄,学习神仙之术,深受器重,被鲍玄招为东床快婿。葛洪"传玄业,兼综练医术,凡所著撰,皆精核是非,而才章富赡"。太安二年(303年),流民起义部将石冰进占扬州各郡,吴兴太守顾秘以葛洪为将兵都尉,葛洪率所募之兵曾大破石冰别部,以功迁伏波将军。事平,葛洪释甲去兵,拟赴洛阳广寻异书,却因"八王之乱"而北道不通,遂应召为广州刺史嵇含参军。嵇含遇害后,居南方多年。司马睿为丞相时,他被征为掾,以功赐爵关内侯。以后,又任司徒掾、咨议参军等职。听说交阯出丹,他请求出任句漏令,率子侄南行,至广州,为刺史邓岳所留,遂止于罗浮山炼丹,积年而卒。葛洪死时"颜色如生,体亦柔软,举尸入棺,甚轻,如空衣,世以为尸解得仙云",终年八十一岁。

葛洪著述甚丰,有《抱朴子》内外篇七十卷、《玉函方》一百卷、《肘后救卒方》三卷、《神仙传》十卷、《关中记》一卷、《嶪阜山记》一卷、托名刘歆撰《西京杂记》六卷等。

葛洪的《抱朴子》是中国道教史和化学史上非常重要的著作。"其内篇,言神仙方药、鬼怪变化、养生延年、禳邪祛祸之事,属道家。其外篇,言人间得失、世事臧否,属儒家。"①他的思想,大体以道家神仙养生之说为内,以儒家应世之说为外,把道家术语附会到金丹、神仙的教理中,又坚持儒家的纲常名教观,并对魏晋以来的清谈玄学之风表示不满,主张立言要有助教化,反对贵古贱今,提倡文章与德行并重。

《抱朴子》内篇中有关炼丹仙药的内容,反映了4世纪我国化学初期发展阶段的成就。其中的《金丹》篇,主要叙述用无机物质炼制长生的仙丹,大体涉及水银、硫黄、丹砂、矾石、戎盐、雄黄、云母等。《仙药》篇,主要叙述菌类植物"五芝"对延年益寿的作用。《黄白》篇,主要叙述炼制丹药用的人造黄金和白银。

用现代化学理论来看,《抱朴子》中有不少在当时很先进的化学发现和认识。黄金是一种性质很稳定,不易溶解的物质,《金丹》篇中载有金液方,就是用水银或覆盆子的果实(氢氰酸)来溶解黄金。该篇中说:"丹砂烧之成水银,积变又还成丹砂。"丹砂即硫化汞,为红色,受热分解出水银,以水银和硫黄不断加热又变成硫化汞的结晶。这种人造的硫化汞可说是人类最早用化学方法合成的物质。《黄白》篇中说:"铅性白也,而赤之以为丹;丹性赤也,而白之以为铅。"说明当时已掌握了通过化学反应使铅变化为白色的碱性碳酸铅,再加热还可以变成红色的四氧化三铅,四氧化三铅再经化学反应又可分解出白色的铅。这说明丹药中多见的胡粉和黄丹(四氧化三铅)都是由炼丹家用化学反应法制得的。该篇中"以曾青涂铁,铁赤色如铜……外变而内不化也",说明葛洪已经观察到铁和硫酸铜溶液中的铜离子起置换作用,生成金属铜的现象。这一反应过程的发现,奠定了宋元水法炼铜——胆铜法的基础。

葛洪的《肘后救卒方》反映了他在我国医学史上的重要地位。葛洪精通医药学,他纵览的各种医药书部头太大,"混杂繁重,有求难得",因此"周流华夏九州之中,收拾奇异,捃拾遗逸,选而集之,使种类殊分,缓急易简",而写成《玉函方》,又名《金匮药方》一百卷。为了普及医药知识,他又仿照各家"备急方"的体例,编写了《肘后救卒方》四卷,所收八十六篇药方,"率多易得之药",即使需要购买的,"亦皆贱价草石,所在皆有",使乡间病人在急病时可以自己据方采药治病。书中有急性

---

①杨明照撰:《抱朴子外篇校笺》,北京:中华书局,1991年,第698页。

传染病、各脏腑慢性病,以及外科、儿科、眼科和六畜病的治疗法,包括简易的灸法,"凡人览之,可了其所用"。该书还对各种疾病的起源、症状均有说明,其中对天花、恙虫病等的记载是世界上最早的记录。书中的许多药方,例如葱豉汤、三黄栀子汤等至今仍为常用中医汤药。

在对天体运动的认识上,当时学者在汉代盖天、浑天、宣夜三说的基础上又有发展。晋人虞喜根据宣夜之说,提出安天论,认为"天高穷于无穷,地深测于不测。天确乎在上,有常安之形;地魄焉在下,在居静之体",发展了宣夜说宇宙无限的思想,却又错误地认为天有常安之形,地有居静之体。葛洪则根据张衡的理论,主张浑天说,认为天地的形体是如鸡蛋一样的圆形,天包在外,地像蛋黄一样悬在天壳之内,并据之解释各种天体现象,是一种比较进步的天体观。葛洪特别批评了虞喜天地常形之说,言:"苟辰宿不丽于天,天为无用,便可言无,何必复云有之而不动乎?"[①]

总之,葛洪在化学、医药学、天文学上都是有杰出成就的学者,他的成就对唐宋以后中国自然科学的发展有重要影响,也是世界科学史上的重要人物。

余论:古代的神仙家认为通过服用丹药并辅以各种养生之术,人就可以达到长生不老的目的。事实证明,服用丹药的人不仅没有长寿的,反而颇多因丹药中毒而死者。但是,腐臭神奇并非绝对,其间的演变渗透乃至互换却是常有之事。比如其养生之术,主要以人体的精、气、神为修炼对象,以调整自身的内分泌系统、神经系统、呼吸系统和血液循环系统的自我控制能力,改善人体的功能,是合乎科学道理的。即使纯为虚妄的炼丹之术,炼丹家们的采药、制药、炼丹的实践活动,提供了对自然现象进行认真观察研究的机会,实际上是一系列的物理认识和化学试验,从而在化学方面取得了许多在当时世界上领先的成就,这岂不也是化腐朽为神奇吗!葛洪作为当时著名的炼丹家,孜孜以求各种炼丹方法,并予以记录,成了我国炼丹术中承前启后的人物,在世界化学史中也占有了一席之地,这大概是葛洪本人也始料未及的。

(原载《影响中国历史100名人》,北京:民族出版社,1999年)

---

① 《晋书》卷一一《天文志上》,北京:中华书局,1974年,第280页。

云冈石窟的最早开凿者——昙曜

昙曜,北魏僧人,鲜卑族,生活于5世纪中期,曾任北魏最高僧官——沙门统,是云冈石窟最早的开凿者。

一

昙曜出生地不详,很可能是河西人。他少年时就在凉州(今甘肃武威)出家修习禅业,对佛学有坚定的信仰和较深的造诣。太延五年(439年),北魏太武帝拓跋焘率兵攻克姑臧,灭北凉,旋即将北凉王沮渠氏宗室及河西士民三万户迁往北魏都城平城(今山西大同)。北凉沙门及佛像法物亦随之东迁,昙曜即东迁平城的凉州僧人之一。

魏太子、监国拓跋晃对昙曜十分礼遇,任其为昭玄都统,以管理僧众。太平真君七年(446年),太武帝接受崔浩的建议,崇尚道教,诛杀长安城沙门,并下诏禁佛教,焚佛像,毁塔寺。大批僧人被迫还俗,以求免于一死。昙曜志向坚定,操持甚烈,发誓以死抗争。经拓跋晃一再劝喻,方未自杀,但仍秘密收藏法服器物,一刻也不敢离身。闻知此事者,都感叹不已。

兴安元年(452年)十月,高宗文成帝继位,下诏解除佛教之禁,在各州郡兴建寺院塑造佛像,鼓励良家子为僧,并亲自为沙门师贤下发,任其为最高僧官道人统。同时下诏征请正隐居于中山(今河北定州)的昙曜赴京。昙曜于次年赶到平城,正逢文成帝出行。御马见到路边的昙曜,即上前衔住了他的僧衣,见者都说,这是马识善人。文成帝久慕其道行,当即奉昙曜以师礼,对其十分敬重。

和平元年(460年),师贤圆寂,昙曜继其任,更名为沙门统。为了保证佛事活动的进行,昙曜向文成帝建议,设立"僧祇户"。凡平齐户及诸民,只要每年交六十斛粮食给僧曹,就可成为僧祇户,所交粟名"僧祇粟",供给寺院,或遇灾荒时用以赈济饥民。又向文成帝建议,以犯重罪者和官奴作为"佛图户",让他们在寺院打扫服役,并种植营田,给寺院供给粮粟。两项建议都得到文成帝的批准,很快,各州郡都有了僧祇户、僧祇粟和佛图户。从此,一般僧尼的劳动量大为减轻,供养得到保证,许多平民争相出家,僧众数量大增,佛教更兴。以至于后来北魏政府不得不一再下令,限制寺院僧尼名额,以保障国家税收。

为了使佛法在王朝广泛传播,为僧人提供准确的佛经读本,从和平三年(462年)起,昙曜与天竺僧人常那邪舍等人,进行了艰苦的佛经翻译工作,先后译出《付法藏因缘经》《净度三昧经》等新经十四部。

二

昙曜在佛教活动中影响最大的工作,是主持了云冈石窟的开凿。

佛教恢复不久,昙曜和师贤出自对文成帝复兴佛教善举的感激,就按照文成帝的模样,雕凿了一尊石佛像,佛像的面部和足下都镶嵌有黑色石子,与文成帝身体上的黑子位置完全相同。兴光元年(454年)起,又陆续依太祖拓跋珪以下五位皇帝的相貌,铸造了五尊硕大的释迦牟尼立像,各长一丈六尺,总共耗用黄铜二十五万斤。

担任沙门统的当年,昙曜即向文成帝建议,在平城西边的武周山谷北边石崖上开凿石窟,建立佛寺,称为"灵岩"。这就是中国三大石窟寺之一的云冈石窟的开端。昙曜亲自住到通乐寺,主持石窟寺的建造。他招来凉州工匠,凿山开崖,在数年间共凿成了现在编号为16—20的五座石窟,人称为昙曜五窟。

昙曜五窟,在平面上都呈马蹄形,窟室为模拟穹庐的形状。在装饰处理上,初步体现出分层分段附有题榜的壁画布局和中国传统建筑形式。五窟皆以造像为主,主要内容是三世佛和千佛。造像分布都以本尊为中心,形体高大、雄伟,占据了窟内的大部分面积,佛两旁侍立较小的佛或菩萨,四壁上满雕千佛。本尊高度在13.5—17米。第16、18窟是释迦牟尼的立像,第17窟是弥勒菩萨交脚坐像,第19、

20窟是释迦牟尼盘足趺坐像。佛像嘴唇厚重,高鼻,长眼,大头,宽肩,面部表情温和恬静,露出含蓄而亲切的笑容。

五窟内佛像衣服样式不完全相同。第17—20窟的本尊都是"偏袒右肩式",即衣服从左肩斜披至右腋下,衣服的边缘搭在右肩头,右胸及右臂裸露。衣褶为平行、隆起的粗双线。第18窟和第20窟的左右胁侍佛是"通肩式",即宽袖的薄薄长衣紧贴于身上,随着躯体的起伏形成若干平行弧线,领口处为一披巾,从胸前披向肩后。第16、19窟的本尊是"冕服式",即身着对襟露胸衣,胸前有带系结,右襟有带,向左披在左肘上。衣褶距离较宽,成阶梯状。一般来说,偏袒右肩式和通肩式是受犍陀罗艺术影响的式样,而冕服式则是中原一带的式样。它显示昙曜在造窟过程中对佛像艺术民族化和本土化的追求。

第20窟的佛像,历来被人们视为云冈风格的代表作。其主佛趺坐,双手作思惟入定状,面相丰满,五官的刻画简洁有力,宽肩厚胸,身躯壮硕,衣纹转折厚重,有毛质衣料的凸感。佛像本身的建筑感很强,完全是以建筑的体面结构而成的交脚佛。从下往上看,如同巨大的建筑墙面,形体的转折十分明确,造像衣袖上等距离阶梯状衣褶的雕刻,增强了几何感,缩短了两侧立佛的尺度,注重完美的艺术效果,体现了中国传统建筑追求整体统一的法则。

由昙曜开始修凿的云冈石窟,以后又经过近八十年的造像活动。后来,虽历经一千五百余年的风雨侵蚀、人为破坏和近代外国强盗的偷窃,至今仍保存有大窟及中小型窟53个,造像5.1万余尊,是中国石窟寺艺术的瑰宝。

(原载郭卿友主编:《中国历代少数民族英才传》,兰州:甘肃人民出版社,2000年)

青史留名的赫连勃勃

由陕西省靖边县城出发,向北行60公里,在浩瀚的沙海之中,有一座宏伟壮观的古城突现于一片绿洲之上,古往今来的过往者,无不赞叹该城的挺拔峻伟与建筑奇巧。这座古城名统万城,是十六国时期大夏国的统治者赫连勃勃时修建的。

赫连勃勃(372—425年),史书上又名其为屈丐、屈子,匈奴族,十六国夏国的建立者。

一

赫连勃勃是匈奴南单于的后裔,其五世祖名去卑,是匈奴左贤王,四世祖诰升爰,是南匈奴五部帅之一的北部帅。曾祖刘虎,匈奴名乌路孤,继为北部帅,统领四千余落,居住于新兴郡虑虎县北。前赵(汉)刘聪时,因刘虎为宗室,而封其为楼烦公,任安北将军、监鲜卑诸军事、丁零中郎将,成为驻扎于肆卢川的一员极有实力的将领。晋并州刺史刘琨与拓跋鲜卑代王猗卢联合进攻刘虎,刘虎兵败,退至塞外。刘虎死后,其子刘务桓,又名豹子,继领其父部众,召集种落,逐渐强大起来。他先是归附代王拓跋什翼健,以后又与后赵石虎联络。石虎以其为平北将军、左贤王、丁零单于。刘务桓死后,其弟阏陋头继其位,于代建国十九年(356年)密谋反代。拓跋什翼健利用其兄弟之间的矛盾,使刘务桓之子悉勿祈夺取了部族首领的位置。不久,悉勿祈死,其三弟刘卫辰代领部众,并与代国联姻,成为拓跋什翼健的女婿。由于刘卫辰对代国不够恭敬,拓跋什翼健多次率兵攻打,其部众损失很大,马、牛、羊数十万头被掳。刘卫辰改而归附前秦苻坚。苻坚灭代国,将该国疆域一分为二,刘卫辰被任为西单于,督摄原代国黄河以西部分,驻屯于代来城(今内蒙古东胜西)。淝水之战以后,前秦国乱,刘卫辰乘机发展其势力,占有了朔方(今内蒙古乌拉特左旗南)之地,兵力达三万八千人。登国六年(391年),北魏道武帝拓跋珪率兵攻克代来城,刘卫辰在兵败逃亡途中被部下所杀。拓跋珪杀死卫辰子弟宗族老小五千余人,掳其珍宝无数,马三十多万匹,牛羊四百多万头。

赫连勃勃是刘卫辰的第三子,他兵败逃出,投奔薛干部首领太悉伏。太悉伏畏惧北魏,欲将其送交拓跋珪,幸在押送途中为太悉伏之侄阿利解救,将他送到驻守高平川(今宁夏固原)的后秦高平公破多罗没弈干处。没弈干见赫连勃勃身高腰圆,聪明善辩,仪表不凡,就将他招为女婿,并送其至后秦皇帝姚兴处。不久,赫连勃勃就担任了后秦王朝的骁骑将军,受到姚兴的器重,认为他有济世之才,要与他一起创立太平盛世。其后,赫连勃勃又被委任为使持节、安北将军、五原公,配以三交(今陕西榆林西)五部鲜卑2万余落,驻镇于朔方,力量日益壮大。

二

后秦弘始九年(407年),后秦与北魏修好,赫连勃勃得知此事,极为恼怒,遂生叛后秦自立之意。五月,河西柔然可汗社仑派人将八千匹马献给姚兴,途经大城(今内蒙古杭锦旗南),被赫连勃勃截留。接着,赫连勃勃伪称到高平川围猎,以三万骑兵袭杀其岳父没弈干,尽有其众。

六月,赫连勃勃自称天王、大单于,年号龙升,设置百官,以其兄右地代为丞相,力俟提为大将军,叱于阿利为御史大夫,弟阿利罗引为司隶校尉,若门为尚书令,叱以健为左仆射,乙斗为右仆射。赫连勃勃认为匈奴是夏禹的后代,因此创国号为大夏,建立了自己的政权。史称其政权为赫连夏。

称天王的赫连勃勃首先下诏确定王族以赫连为姓。上文说到赫连氏出于匈奴南单于,匈奴南单于是屠谷(又作"独孤")种,然而,他既不姓屠谷或独孤,也不愿姓其母族之姓(刘)。当时称草原上匈奴父亲与鲜卑母亲所生的孩子为铁弗,并以其作为该种姓之号。刘卫辰曾娶拓跋什翼健之女为妻,而赫连勃勃又娶鲜卑没弈干之女为妻,因此人们都称其部落为铁弗部。而赫连勃勃却以姓铁弗为耻,他下诏道:"帝王,是天的儿子,其国运与天相连,从今以后,王族改姓赫连氏。"其支庶因为并非正统,故而以铁伐为氏,取刚锐如铁,能够战胜敌人之意。铁伐,其实就是铁弗的异译。

将领中有人建议大夏国以高平为都城,认为该处地势险要,山川沃饶,以其为都,可以先固根本,再南取长安,经营宇内。赫连勃勃说:"你们是只知其一,不知其二。我大业草创,兵马不多,还没有力量图谋姚兴,夺取关中。而且,其他将领还服从姚兴节制,我如果专守一城,他们一定会合力来攻击我,以寡敌众,必败无疑。倒不如到处流动,经常出其不意进行作战,使敌疲于奔命,我则逐渐蚕食其土地,不到十年,岭北、河东都将为我所有。等姚兴死后,再设法夺取长安,姚泓这个黄口小儿,哪里是我的对手?"按照这一战略方针,赫连夏居无定所,不断出击秦岭北的城镇,消灭后秦的有生力量。姚兴派遣大将齐难率二万军队攻大夏,赫连勃勃率军退至河曲。齐难因为夏军退走,就纵兵抢掠。想不到赫连勃勃暗地急行军返回,齐难仓促收兵后撤,在木城被打败,后秦军大部被俘,战马也成了大夏的胜利品。由此,秦岭以北诸部数万人降附大夏。以后,赫连勃勃率军多次与后秦作战,屡屡取胜,攻取定阳(今陕西宜川西北),坑杀后秦将士四千余人。攻占安定(今甘肃泾川北),大败后秦大将杨佛嵩,收降其众四万五千人、战马二万匹。

三

夏凤翔元年(413年),后秦镇北参军王买德前来投奔,赫连勃勃素知其贤能之名,遂向其请教复兴大禹事业的办法。王买德详尽地分析了形势,建议他积蓄力量,等待时机,交好远方,图谋后秦,灭而胜之。赫连勃勃觉得十分中意,以其为军师中郎将,就是当年刘备给诸葛亮的职务。从此,王买德成为大夏朝的智囊。赫连勃勃于这年改元凤翔,大赦境内,下诏由叱干阿利兼任将作大匠,在朔水以北、黑水之南建筑国都统万城,并召集工匠锻造五兵之器,都异常精锐。造成以后,检验的办法是以新制之弓箭射新制之铠甲,如果弓箭射不穿铠甲,就处死制弓箭的工匠,如果铠甲被射穿,则处死制铠甲的工匠。又制造经过百次精炼的钢刀,钢刀上饰以龙雀大环,称为"大夏龙雀",刀背上铸的铭文是:

古之利器，	译文：古代最受称赞的锋利兵器，
吴楚湛卢。	是春秋吴楚二国的湛与卢。
大夏龙雀，	而如今我百炼的大夏龙雀，
名冠神都。	声名在中国全境堪称第一。
可以怀远，	用它可以关怀远方的百姓，
可以柔逋。	用它可以安抚逃来的人民。
如风靡草，	就好像风能吹倒荒草一样，
威服九区。	我要以神威征服九州宇内。

赫连勃勃在王买德的谋划下，放弃了乘西秦王乞伏乾归新丧而前去进攻的计划，以示友好。又派大臣与以凉州（今甘肃武威）为都城的北凉王沮渠蒙逊结盟交好，解除了西部诸国的威胁，从而集中兵力进攻南面的后秦。

不久，赫连勃勃的军队进攻后秦的杏城（今陕西黄陵西南），该城大将姚逵英勇坚守。经过二十天的艰苦攻战，终于克复该城，生俘后秦姚逵及其手下将领姚大用、姚安和、姚利仆、尹敌等，士卒二万全部被活埋而死。接着，赫连勃勃亲率四万大军奔袭后秦军事重镇上邽（今甘肃天水），杀后秦秦州刺史姚平都及将士五千人。随后，又攻克阴密（今甘肃灵台西南），收降安定，占领雍城（今陕西宝鸡北）。夏凤翔五年（417年），赫连勃勃进兵郿城，从南面窥视后秦都城长安。后秦国主姚泓派大将姚绍前来拒战，赫连勃勃却主动退回安定，不与作战。原来，赫连勃勃得到情报，东晋大军由刘裕率领，正从东、南两路向后秦杀来，赫连勃勃高兴地说："刘裕有高世之略，姚泓哪里是他的对手？况且姚氏弟兄内叛，又怎么能够打仗？我看，长安一定会落到东晋手中。但刘裕占领长安以后，必须迅速回晋，而以子弟和将领留守关中。等刘裕一走，我不费多大力量，就可以得到关中了。"于是，他厉兵秣马，休兵备战，并乘势收降后秦诸地。以至，后秦秦岭以北郡县皆为大夏所有。八月，刘裕军攻克长安，后秦灭亡。十一月，东晋大臣刘穆之死，刘裕闻讯，留十二岁的次子刘义真与大将王修、王镇恶、沈田子等镇守长安，自己于十二月南归。赫连勃勃得到刘裕还晋的消息，即出兵关中。而这时，东晋长安守将却自相残杀。夏凤翔六年

(418年)十月,刘义真杀大将王修,关中混乱,郡县纷纷降夏。赫连勃勃大军进陷咸阳。十一月,在百姓的欢呼声中进入长安。

四

赫连勃勃大宴将士,封王买德为河阳侯,任为都官尚书、冠军将军。经过十二年的征战,赫连勃勃终于实现了自己的理想,于418年十一月在长安即皇帝位,改元昌武。有人建议其以长安为都城,赫连勃勃说:"我也知道长安有山河之固,为历代帝都。但是东边有强大的魏国与我接壤,如果我以长安为都城,统万将难以守卫。反之,我在统万,他魏人就不敢渡过黄河,我朝的安全也就有保证了。"于是以统万为都城,以长安为南都,设南台,以太子赫连贵领大将军、雍州牧,录南台尚书事,镇守长安。这时的夏国,南至秦岭,东到蒲津(今山西风陵渡),西有秦、陇全境,北至黄河,疆域广大。

419年赫连勃勃还统万,改宫殿名为大成殿,改元真兴,为真兴元年。同时在统万之南刻石歌颂其功德。刻辞在追述其先祖自禹夏至匈奴非凡的业绩之后,大谈赫连勃勃的丰功伟绩,说他:"亲御六戎,则有征无战。故伪秦以三世之资,丧魂于关陇;河源望旗而委质,北虏钦风而纳款。德音著于柔服,威刑彰于伐叛,文教与武功并宣,俎豆与干戈俱运。"接着又铺叙统万城建筑的宏伟壮丽。最后是一段四字一句的铭文,说他"迈轨三五,贻则霸王。永世垂范,亿载弥光!"命名统万城的南门为朝宋门,东门为招魂门,西门为服凉门,北门为平朔门。意为除南朝宋以外,其他的政权他都要兼并,以建立一个雄踞北中国的庞大帝国。

成功了的赫连夏更加残暴,群臣中有人对他瞪眼的,他就将其眼珠挖去;有在他面前笑的,他就将其嘴唇割掉;有向他谏言的,他说是诽谤,先割去谏者的舌头,然后斩首。他还经常坐到城头,旁边放了弓箭和宝剑,对谁稍有不满或怀疑,就亲手杀掉。弄得国内人人自危,不得安生。

后来,赫连勃勃对太子赫连贵不满,想废掉,另立小儿子赫连伦为太子。赫连贵知此消息,先下手为强,从长安出兵进攻赫连伦所在的高平,将赫连伦杀死。赫连勃勃派第二子赫连昌率兵打败并杀死赫连贵。赫连昌被立为太子。经过这次内乱,大夏的力量大为削弱,更没有实力去实现其统一宇内、称雄当世的愿望了。

五

夏真兴七年(425年)八月,赫连勃勃死。太子赫连昌继位,年号承光,即继承其父光辉业绩之意。次年,北魏皇帝拓跋焘乘夏国内部争端,局势不稳,派大将奚斤等率军五万进攻。在夏军与奚斤军对抗之际,拓跋焘亲率精骑二万渡过黄河袭击统万城,掠得其牛马十余万,徙其民万余归。夏承光三年(427年),拓跋焘以十万大军攻克统万城,赫连昌败逃至上邽。次年,北魏军攻上邽,俘赫连昌。

赫连昌之弟赫连定逃至平凉(今甘肃平凉西北),自称夏皇帝,年号胜光。他与南朝宋交好,以抗拒北魏。夏胜光四年(431年)正月,赫连定灭西秦,将俘获的西秦王乞伏暮末及其宗族五百余人全部处死。这时,北魏军队频频向夏发动进攻。为了躲避魏军,赫连定放弃平凉,收其民十万向西进发,准备渡过黄河,袭击北凉沮渠蒙逊,以占有其地。吐谷浑王慕贵派遣其将慕利延、拾虔,乘夏军渡黄河时发起进攻,俘获赫连定。夏国至此灭亡。

六

作为一个少数民族建立的政权,夏国仅传位三帝,历时二十五年就灭亡了。但夏国创立者赫连勃勃的思想和业绩,却留给了我们诸多的思考和赞叹。

首先是他强烈的民族认同感。我们中华民族历经五千多年仍屹立于世界民族之林,并且重新焕发青春、日益强大,其重要原因在于长期历史所形成的民族认同感的沉积,这种沉积是民族凝聚力的源泉,是铸造和复兴我们这个古老民族的灵魂。在十六国的统治者中,赫连勃勃是一个民族认同感极强的少数民族君主。他始终认为自己是夏王朝始祖大禹的后代,而将自己所建立的政权也称为"大夏",以远追先夏。至于他的先祖在夏亡后流至塞外,与土著融合成匈奴,他也不以境外蛮夷视之,而认为是"纯曜未渝,庆绵万祀,龙飞漠南,凤峙朔北",一直与中原王朝对等视之。后来，中原混战，你争他夺，只有匈奴"幽朔谧尔，主有长尊于上；海代晏然，物无异望于下。故能控弦之众百有余万，跃马长驱，鼓行秦赵，使中原疲于奔命，诸夏不得高枕，为日久矣！"他认为，自己建立大夏是"重光于万世"，恢复大禹事业的壮伟之举。当他在攻下长安后，征请当地著名隐士韦祖思，希望其能助他实现统一华夏的大业，然而，韦祖思对他却极为畏惧，因而表现得恭敬异常。赫连勃勃知道，韦祖思是一位很有学问又有气节的学者，当年后秦姚兴召他，他竟不下拜。如今对自己竟如此恭敬过礼，肯定还是将我当作蛮夷看待。赫连勃勃生气地训斥道："我以国士征召你，你为什么却将我当作异族看待？我正事业兴旺，你尚且不以我为帝王，我死了以后，在你的笔下，我还不知道会被糟蹋成什么样子呢？"于是下令将韦祖思处死。我们固然可以谴责其残酷，但是更应能理解，当别人将他这位民族认同感极强的人视为异类时的愤懑心情。

其次是他的汉文化修养和超人的智慧。古代帝王的文字多出自御用文人之手，如赫连勃勃之《统万城铭》《蛇祠碑文》就是中书侍郎胡方回所作。但赫连勃勃自己并不是一名大字不识的君主，而是有较深的中华传统文化修养。如关于其赫连姓氏的确定，绝不可能由御用文人代庖。在这篇诏书中，他追述了其宗族姓氏的历史演变，说当年他的祖上曾按照禹的姓氏，拟姓为姒，但在大漠读音与中原不同，故而又因老祖母系为汉帝公主，改称刘姓。但他认为，子随母姓并不符合传统的礼教。而且自古以来，氏族无常，有人因其所生为氏，有人因其祖父的字为氏。所以他以义为氏，因为自己是天子，故以赫连为氏。这一段关于中国姓氏史的重要论说出自赫连勃勃之口，能说他没有文化修养吗？赫连勃勃确实是一位聪明绝顶的人物，这从上文所说他制定吞灭后秦的策略，对东晋与后秦战争结果的预测，定都统万的论说都可以看出。还有一件令古人颇为赞叹的事，那是在刘裕攻入长安以后，派人送信给赫连勃勃，希望与其通好，结为兄弟。赫连勃勃让中书侍郎皇甫徽起草了一篇文辞雅致得当的答书，自己认真地记了下来。然后召见刘裕使者上殿，当场口授答书，让中书舍人写出，封好交给使者。刘裕听了使者的陈述，又阅读了答书，惊呼道："吾不如也！"对赫连勃勃的这次外交表演，连注释《资治通鉴》的胡三省也叹服道："史言夷豪多权数。"简直可以视作统治者的一个楷模。

七

最令人赞叹的是大夏国都统万城的建筑。

夏凤翔元年(413年)，赫连勃勃下令以御史大夫叱干阿利兼任将作大匠,征发汉族和其他民族十万人,在朔水之北、黑水之南汉奢延城的基础上修筑都城。赫连勃勃说："朕方统一天下,君临万邦,可以以统万为名。"419年(真兴元年),统万城基本建成。史书上说阿利心性机巧,但又极为残忍,为了使该城坚不可摧,他"蒸土筑城",用铁锥检查夯筑城墙的坚实程度,如果能锥进去一寸,就要将筑城者处死,重新筑之。据说,其城高达十仞(约合10米),基厚三十步(约合44米),上宽十步(约合15米)。城内修建了许多宫殿池圃、崇台秘室、祠庙路寝、阁道明堂。宫室的墙高五仞(约合5米),各种建筑都雕镂有图画,披有绮绣,饰以丹朱之色,穷极文彩,富丽堂皇。在宫殿之前,列有铜铸的大鼓,以及飞廉、翁仲、铜驼、龙虎等,一律用黄金装饰,造型生动,光彩夺目。《统万城铭》中形容道：

> 乃远惟周文,启经始之基;近详山川,究形胜之地,遂营起都城,开建京邑。背名山而面洪流,左河津而右重塞。高隅隐日,崇墉际云,石郭天池,周绵千里。其为独守之形,险绝之状,固以远迈咸阳,超美于周洛。(本段讲其周围的形胜)

> 若乃广五郊之义,尊七庙之制,崇左社之规,建右稷之礼,御太一以缮明堂,模帝座而营路寝,闾阖披宵而山亭,象魏排虚而狱峙,华林灵沼。崇台秘室,通房连阁,驰道苑园,可以荫映万邦,光履四海,莫不郁然并建,森然毕备,若紫微之带皇穹,阊风之跨后土。(本段讲都城的前期建筑)

> 然宰司鼎臣,群黎士庶,佥以为重威之式,有阙前王。于是延王尔之奇工,命班输之妙匠,搜文梓于邓林,采绣石于桓岳,九域贡以金银,八方献其环宝,亲运神奇,参制规矩,营离宫于露寝之南,起别殿于永安之北。高构千寻,崇基万仞。玄栋镂楄,若腾虹之扬眉;飞檐舒咢,似翔鹏之矫

翼。斯盖神明之所规模,非人工之所经制。(本段盛言都城壮观)

　　……

如此都城建筑,如果不是文人的夸张铺饰,而是真实的描述,简直是巧夺天工,堪称建筑史上的奇迹!

从北魏郦道元的《水经注》开始,至唐宋的地理著作,都对统万城有详尽的记载。《水经注》说:该城"雉堞虽久,崇墉若新"。《元和郡县图志》中说:"其城白色而牢固,有九堞楼,险峻非力可攻。"该城在隋唐至宋初都曾是王朝的军事重镇。但昔日水草肥美的环境逐渐失去了,到唐宪宗时,诗人李益已经在城头发出"故国关山无限路,风沙满眼堪断魂"的慨叹了。到994年(宋太宗淳化五年),由于此城已完全被沙漠包围,不得不下诏将其毁弃。从此以后,该城逐渐销声匿迹,后人几乎找不到它的位置。1845年(清道光二十五年),时任陕西榆林知府的历史地理学家徐松,根据文献记载,命横山县知县何炳勋前往调查,这才肯定当时横山县境内人称"白城子"的古城废墟,就是赫连勃勃的大夏都城统万城。

近几十年来,考古工作者对统万城进行了多次考察,并采集了许多文物,进一步证实了清人的论断。白城子在毛乌素沙漠的东南隅,周围是流沙堆积形成的绵延的沙梁,树木和人家非常稀少。但到了白城子附近,茂密的柳林映入眼帘,白色的统万城就屹立在这片绿色之中。

据测量,该城由外廓城、东城和西城三部分组成,西城周长2470米,东城周长2566米,东西二城共用一面墙。至于史书上所谓的"蒸土筑城",据近年的科学分析,其所用土实际上是由白灰、沙子和黏土组成的三合土。用三合土夯成的城墙的确坚如磐石,至今城垣上的三棱草其根系只能在夯层之间的缝隙中伸展,无法长进夯土层内部去。故而,统万城虽历经人为破坏和一千五百多年鄂尔多斯高原烈风的侵蚀,犹保存着挺拔峻伟的历史风貌,其最高的地方仍有31米之高,成为我国沙漠中保存最为完好,气势最为恢宏的白色古城。

历史记载所说的崇台秘室,长期以来,人们弄不清其真实的含义。直到20世纪70年代对其西城南垣外的一个马面(即城墙凸出的部分)进行清理后,人们才发现了这个历史之谜。原来,该城马面中间是空的,里面储存有粮草和武器。这一发现使原本只用来御敌的马面又兼有了仓储的功能,这在古代城池建筑史上实属是一个重要的创举。

无论前人和后人对赫连勃勃个人怎样评价,统万城无疑是赫连夏这个少数民族政权一块不朽的历史丰碑!

(原载郭卿友主编:《中国历代少数民族英才传》,兰州:甘肃人民出版社,2000年)

隋文帝的历史贡献

隋文帝,姓杨名坚(541—604年),小名那罗延,西魏恭帝赐姓普六茹氏,隋开国皇帝,581—604年在位,庙号高祖,谥文皇帝,传见《隋书·高祖纪》《北史·隋本纪上》。

杨坚祖上为弘农华阴(今陕西华阴)人。五世祖杨元寿北魏初年为武川镇司马,与北周创始人宇文泰之祖同为该镇军人。父杨忠在宇文泰帐下为将,隶独孤信部,以战功受封为十二大将军之一,魏恭帝赐姓普六茹氏。北周建立后,封为隋国公,任柱国大将军,谥桓公。杨坚十六岁即任骠骑大将军,加开府。周武帝时袭爵隋国公,历任上柱国、大司马、大后丞、大前疑等要职。周静帝七岁继位,杨坚作为其外祖父受命辅政,都督内外诸军事。不久,即假黄钺,为左大丞相,百官一概听其指挥。为了收揽人心,巩固和发展自己的地位,杨坚一改周宣帝时的苛酷刑政,法令清简,极为节俭,很得朝野好感。杨坚又陆续削平各支反抗势力,大杀北周宗室诸王,终于在581年建立隋朝,改元开皇。开皇八年(588年),杨坚以晋王杨广为统帅,率五十余万军队南进,仅用四个月时间就灭了陈朝,俘陈后主陈叔宝,重新实现了全国的统一。

隋朝建立后,杨坚采取了一系列加强封建中央集权的措施。军事上,他在北周府兵制的基础上建立十二府,统领全部内外禁卫部队。十二府的大将军直接隶属皇帝,加强了皇帝对军队的控制。并一再下令禁止民间收藏和制造武器,清除地方豪族割据的可能。规定军人在拥有军籍的同时,与家属列入州县户籍,与老百姓一样"垦田籍帐",从而减轻了国家的财政负担,扩大了兵源。行政上,他总结秦汉以来的统治经验,创建三省六部的中央机构,尚书、门下、内史三省长官都称宰相,下设吏、民、礼、兵、刑、工六部分管政事,确保皇帝的统治权力,有效地防止外戚篡权和地方势力的分裂割据。对地方行政机构,他大刀阔斧地予以精简,将原来的州、郡、县三级改为州、县二级。县下又有保、闾、族等基层机构,加强对人民的控制。他废除汉代以来州郡长官自行辟署僚佐的制度,加强了中央政府对地方的控制。在选举上,他完全停止了九品中正制度,多次下令征求才能之士,最终由隋炀帝设置进士科,正式形成科举制度。在法制上,他制定了《开皇律》,除死罪八十一条,流罪一百五十四条,定留五百条,分为名例、卫禁、职制、户婚、厩库、擅兴、贼盗、斗讼、诈伪、杂律、捕亡、断狱等篇,对后代封建法律有很大影响。在政风上,他勤于政事,严肃吏治,"每旦听朝,日昃忘倦,居处服玩,务存节俭",并一再派人到各地巡察,奏免贪污不称职的官吏。在文化上,他下令制定新礼乐,要求"有功之臣,降情文艺,家门子侄,各守一经"。他派遣使者到各地访求遗书异本,规定"每书一卷,赏绢一匹,校写既定,本即归主"(《隋书·经籍志一》)。至其统治末期,国家藏书达三十七万卷,盛极一时。

隋文帝还采取了一系列发展经济的措施。他减轻赋役,将成丁的年龄由十八岁改为二十一岁,丁男服役时间由每年一个月改为二十天,调绢一匹改为半匹。五十岁以上免役输庸。他颁布均田令,给丁男、中男授露田八十亩,永业田二十亩。妇女授露田四十亩,官吏按官品给一至五顷职分田,官府给公廨田。他下令在全国大规模检括户口,称"大索貌阅",查出隐匿的壮丁六十余万,使政府控制的劳动力大大增加。他还重视水利事业,开皇二年(582年)开渠引杜阳水于三畤原。开皇四年,又引渭水经大兴城(长安)东至潼关,直达黄河。开皇五年,将经过疏浚的水利工程鲍陂改名杜陂,霸水改为滋水,这些都促进了生产的发展和经济的繁荣。史载,开皇间"人庶殷繁,帑藏充实",国家在洛阳等地建立了大批仓城,如含嘉仓、洛口仓、永丰仓、太原仓等,每仓藏粮数百万至数千万石,社会财富骤增,被称为"开皇盛世"。隋文帝还新造五铢钱,统一了货币。并制定铜斗铁尺,颁行天下,统一了度量衡的标准。

隋文帝的成功,颇得力于其妻独孤皇后的帮助。皇后为北周大司马独孤信之女,她"谦卑自守",对隋文帝的各项政事随时予以谏正,多有弘益,宫中称为"二圣"。她生活特别节俭,据说有次为隋文帝配止痢药,需要胡粉一两,宫内竟遍寻不得。还有一次,想赐给柱国刘嵩之妻织成的衣领,宫内也没有。

隋文帝在位二十四年,有两个年号,开皇计二十年,仁寿计四年。仁寿初,他已六十一岁,春秋日高,其丑恶的一面逐渐暴露。仁寿元年,他听信杨素之言,下令废除太学及州县学,只保留国子学一所,留七十二名国子生,使全国的教育事业受到摧残。他还更加崇尚佛教道教,下令凡毁坏偷盗佛像和天尊像的,以不道与恶逆论。晚年,他持法严峻,喜怒失常,随意杀人。曾经到武库巡察,见署中芜秽,就将武库令逮捕,亲自判以死刑。加上他受杨广蒙蔽,废去杨勇的太子之位,将杨广立为皇位继承人。仁寿四年七月被杨广害死,终年六十四岁。继位的杨广,就是断送了大隋江山的隋炀帝。

在中国历史上,隋文帝是可以与秦始皇、宋太祖、元世祖并称的杰出皇帝。

他的第一个历史功绩,是结束了自东汉以后长达360余年的分裂动荡局面,实现了第二次大统一。秦始皇结束春秋战国的割据局面,实现中国历史上的第一次大统一,带来了汉代历史的大发展和经济文化的繁荣。东汉末年,在镇压黄巾起义的过程中,大小军阀争相并立,最后出现了三国争雄的局面。西晋曾有过短暂的统一,但很快就因尖锐的阶级矛盾、民族矛盾和统治阶级的内讧而重新分裂,形成五胡十六国与东晋的对立,及南北朝的阻隔。隋的统一,固然是人民的愿望、历史的必然,却也不能忽视隋文帝杨坚的历史作用。应该看到,并不是任何一个人在他这个位置都能实现统一目标的。

他的第二个历史功绩,是大胆地进行行政机构的改革,创造出一套适应时代要求,有利于加强中央集权的政治制度。隋亡而其制度不亡,对之后的专制政权有深刻影响。隋文帝创建的三省六部制和精简机构、裁汰冗官的改革,大刀阔斧,有破有立,为唐以后历代遵循。他废除九品中正制,采用荐举与考试相结合的选官办法,奠定了行用千余年的科举制度的基础。他大胆吸收庶族地主人才进入政权机关,加强了皇权,结束了数百年豪强地主垄断政权的局面。他以身作则,严肃吏治,深得民心,使隋政权空前强大,政治空前统一。

他的第三个历史功绩,是采取了一系列行之有效的措施,促进了社会经济的高速发展。隋文帝实行均田制,提高了农民的生产积极性。而他减轻剥削和检括户口的办法,更对经济发展和加强国力有重要作用。唐贞观十一年(637年),马周对唐太宗说:"隋家贮洛口仓,而李密因之;西京府库,亦为国家之用,至今未尽。"隋文帝死了三十三年,隋朝灭亡二十年,那时储存的粮食布帛还没有用完,可见开皇时社会富庶到何等程度!

他的第四个功绩,是他开放的思想、文化和民族政策,促进了思想、文化的繁荣和民族的融合。隋的统一,结束了长期阻碍思想、文化发展的政治因素。隋文帝的统治思想是综合的,他继承了汉代以后儒法兼用的统治手法,又掺进了不少佛家、道家的因素,这就使得他的文化政策包容兼蓄,并非专宗一派。在他的统治下,各派学者纷纷收徒讲学、著书立说、研讨学问,学术氛围十分活跃,出现了诸如《切韵》《经典释文》之类影响深远的学术著述。他从大一统原则出发,采取文治武功并用的政策,推行民族融合,争取各民族归附,安定了隋王朝的边境地区,对以后唐朝的民族政策也有一定的影响。

余论:中国古代历史上,有两个一统的短命王朝。其一为秦,一统十六年,亡于二世;其二为隋,立国二十八年,亡于炀帝。探讨秦、隋亡国的原因,成为古往今来的历史学家和政治家常说常新的课题。我们想,如果把秦始皇、秦二世和汉朝联系起来,把隋文帝、隋炀帝和唐朝联系起来,对这一问题的认识将提高一步。统一的成功、经济的发展、新政权的创造,使秦始皇和隋文帝先后都飘飘然起来(虽然文帝是在其最后几年),这就种下了祸根。加上始皇、二世和炀帝穷奢极欲、滥用民力,使农民再也活不下去了,于是,起义爆发,政权被推翻。但是,秦朝和隋朝清除分裂的因素和他们创造的政治机构形式,甚至隋朝储备的粮食、布帛,却成为唐朝发展和兴盛的基础。我们在讨论汉、唐盛世时,不应忽视秦始皇、隋文帝的功绩!

(原载《影响中国历史进程的人物》,海口:海南出版社,1993年)

和好突厥的名将长孙晟

长孙晟(552—609年),字季晟,鲜卑族,河南洛阳人,隋朝名将,在与突厥作战、分化瓦解突厥力量、促进启民可汗与隋交好中作出了杰出的贡献。

一

长孙晟出生于一个世为高官的鲜卑族家庭。始祖长孙仁是代国南部大人,六世祖长孙道生在北魏太武帝时任司空、侍中,四世祖长孙观在孝文帝时为侍中、征南大将军,曾祖长孙幼在宣武帝时为平东将军、尚书右仆射,祖父长孙子裕为卫尉少卿、通直散骑侍郎,父长孙兕在北周武帝时为骠骑大将军、开府仪同三司,兄长孙炽在隋官至户部尚书、左候卫将军。

长孙晟自幼聪颖,略通文字,长于弹丸射箭,动作敏捷异常。当时的社会习俗崇尚武功,贵族子弟经常在一起比逐骑马射箭,长孙晟屡屡夺冠。十八岁时,长孙晟在北周任司卫上士。虽然一般人对长孙晟都不甚了解,但丞相杨坚在与他谈话以后,发现他是个奇才,对其十分赏识,拉着他的手对别人说:“长孙郎武艺超群,刚才我听他谈话,又有很多奇妙的谋略,将来肯定是一位名将!”

579年(大成元年),突厥沙钵略(名摄图)可汗请求与周和亲,周宣帝以赵王宇文招之女为千金公主,下嫁沙钵略可汗,为其可贺敦。为了向突厥夸耀,周宣帝选拔最为骁勇的武将担任送亲使。汝南公宇文神庆被派充正使,长孙晟被选作副使,送公主至突厥牙帐。北周前后有过数十批使者到突厥,沙钵略可汗都很不礼貌,唯独对英武的长孙晟一见如故,极为喜爱,经常与他一起到野外围猎,挽留他在突厥居住达一年有余。一次在穹帐外,沙钵略可汗看见天上有两只飞翔的大雕在争抢一块肉,便拔出两支箭给长孙晟,长孙晟策马驰骋,一箭射去,竟穿过双雕,令在场的突厥王公欣羡不已。沙钵略命贵族子弟都向长孙晟学习射箭，长孙晟乘机观察其山川形势，了解部落情况和王公关系，回朝时向丞相杨坚报告，杨坚以他为奉车都尉。

二

581年（开皇元年），杨坚建隋，对突厥不甚礼遇。千金公主日夜哭泣，要沙钵略为其家族报仇。沙钵略可汗自认为是北周姻亲，现杨坚夺周幼主政权，他若不闻不问，将无颜见其可贺敦。遂与故营州刺史高宝宁合兵，攻陷临渝镇，并约诸部落共同南犯。隋文帝新立，诸事棘手，对此甚为忧惧，马上调发民夫修筑长城，派兵屯卫北境。

长孙晟原先就了解突厥内情，知道沙钵略、玷厥、阿波、突利诸叔侄各统强兵，自称可汗，虽然对外似乎一致，实际上内心各怀猜忌。当年，长孙晟送千金公主去完婚时，号为突利的处罗侯就派心腹暗地与长孙晟结盟，表达了对其兄沙钵略可汗的不满。于是长孙晟上书隋文帝，建议利用突厥内部矛盾，远交近攻，离强合弱，伺机讨灭突厥。隋文帝召见长孙晟面谈，长孙晟口陈形势，手划山川，道其虚实，使隋文帝如亲见般了然。隋文帝全面采纳了长孙晟的建议，削弱突厥力量的行动首先从号称达头可汗的玷厥开始。隋文帝派遣太仆元晖经伊吾道，出使玷厥可汗处，赐给其狼头纛，表示对玷厥的敬意。当玷厥的使者来朝时，又故意将其排在沙钵略可汗使者的上边，使两个可汗之间产生了猜疑。同时，又给长孙晟以车骑将军衔，出使突厥处罗侯，与之结盟，并在其周围布下自己的心腹。次年，又争取突厥阿波可汗入朝，致其内讧，削弱了敌方的力量。所以当沙钵略与众可汗自兰州入关，进袭边地，并要继续深入时，玷厥坚决不从，带兵撤回。此时长孙晟又让处罗侯之子染干欺骗沙钵略说："铁勒等族反叛，正要袭击沙钵略牙帐。"沙钵略害怕老窝被捣，又与隋军作战失利，只得回兵出塞。

583年（开皇三年），突厥兵卷土重来，隋文帝发八道元帅前往拒敌。阿波可汗至凉州，被隋将窦荣定打败。正任窦部偏将的长孙晟派人见阿波可汗，对他说："沙钵略每次来战,都是大胜。阿波才入境,马上就打了败仗,这是突厥的耻辱,内心怎么能不感到惭愧?况且,阿波与沙钵略本来兵力相当。如今沙钵略屡胜,受到众人的崇敬,阿波多败,给突厥带来耻辱。沙钵略一定会乘此机会,将罪过都推到阿波身上,成就他消灭阿波的心愿。阿波估量自己有抗御的能力吗?"等阿波的使者来的时候,长孙晟又对他说:"如今玷厥与隋和好,沙钵略也无可奈何。阿波可汗为何不依附于天子,与玷厥联合,合起来力量强大,这才是万全之策。难道阿波可汗愿意丢掉军队,到沙钵略那儿去认罪而被他杀戮吗?"阿波接受了长孙晟的意见,留在了边界,派人跟随长孙晟去朝见隋文帝。

沙钵略得到阿波朝见隋文帝的消息,出兵进攻阿波的牙帐,掳走了阿波帐下的人众,杀了阿波的母亲。阿波无处可去,就西至玷厥处,向他借了十万兵马,东击沙钵略,收复了故地和散卒数万,与沙钵略互相攻击。阿波一再获胜,力量又重新强大起来。沙钵略不得已又派使者向隋文帝朝贡,千金公主也请求更改姓氏,当隋文帝的女儿。长孙晟以自己的计谋,使四位可汗先后与隋交好,消除了多年来突厥对隋的威胁。

三

584年(开皇四年),长孙晟出使突厥,奉文帝诏令赐千金公主杨姓,改封大义公主。长孙晟也因功授仪同三司、左勋卫车骑将军。587年(开皇七年),沙钵略死,长孙晟奉命至突厥,以处罗侯为莫何可汗,沙钵略之子雍闾(又作雍虞闾)为叶护可汗。次年,莫何可汗死。

593年(开皇十三年),一个叫杨钦的罪犯逃至突厥,求见大义公主,谎称彭国公刘昶及其妻宇文氏遣其来与公主联络,以共同反隋。公主于是怂恿雍闾可汗不再向隋朝贡。长孙晟出使至突厥,公主对其言辞不逊,且进一步煽惑雍闾反隋。长孙晟再次出使突厥,向雍闾索要杨钦。对方称并无此人。长孙晟访知其藏身之处,乘夜将杨钦捕获,并向雍闾揭发公主与小胡私通的秽行,大义公主被隋文帝下诏处死。

雍闾与莫何可汗之子染干都遣使要求与隋通婚。长孙晟力排众议，提出不能答应反复无常的雍闾的请求，建议与染干和亲，让他率部众向南迁徙，与雍闾作对，成为隋边界的捍卫者。隋文帝据其建议，于597年（开皇十七年）以宗女封为安义公主下嫁染干。染干派遣五百骑兵随长孙晟来迎娶公主。长孙晟乘机劝说染干率众南徙，居住于度斤旧镇。雍闾对此极为不满，说："我是突厥的大汗，怎么还不如染干呢？"于是断绝对隋的朝贡，并屡屡派兵前来扰边。而染干则注意侦察雍闾的动向，一旦其集结军队出帐向南，就立即向隋文帝报告，使边将有所准备。

599年（开皇十九年），染干得知雍闾欲出兵攻大同城的消息，通过长孙晟向隋报告。隋军分道出塞，挫败了雍闾的阴谋。雍闾恼羞成怒，与达头可汗合兵，大败染干于长城下。染干仅余数百骑，随长孙晟逃奔长安。隋文帝以染干为意利珍豆启民可汗，长孙晟进授左勋卫骠骑将军，持节护突厥，为其招募部众万余，安置于五原（今内蒙古五原南）。安义公主死，复以义城公主下嫁启民可汗。

600年（开皇二十年），雍闾为其部下所杀，长孙晟乘机奏请让启民可汗部下大力招揽雍闾部众前来归附。达头可汗犯边，晋王杨广、杨素、史万岁等分道出击，长孙晟为秦川行军总管率归附诸部突厥进讨。长孙晟在泉水中布毒，达头人畜多被毒死，连夜逃遁。长孙晟挥师追击，大败之。杨广设宴，为长孙晟庆功。在座的突厥投降王公说："突厥人最畏惧长孙总管，将他的弓声，称为霹雳，将他的走马，称为闪电。"杨广高兴地赞叹道："将军震怒，威行域外，是多么壮烈呀！"

601年（仁寿元年），根据长孙晟的建议，文帝派遣杨素为行军元帅，长孙晟为受降使者，送启民可汗北伐。次年，在北河大败敌将思力俟斤，并由启民可汗分遣使者召附各部。铁勒、思结、伏利具、浑、斛萨、阿拔、仆骨等部都起而反抗达头，达头兵败后逃奔吐谷浑，部众尽归启民可汗。长孙晟将启民可汗安置于碛口（今内蒙古二连浩特西）。从此，北部边界得以安宁。

四

604年（仁寿四年）七月，长孙晟从突厥返回长安，正遇上太子杨广杀害文帝杨坚,秘不发丧。杨广召长孙晟到文帝灵前,委任他负责内衙宿卫,知门禁事,当天就拜为左领军将军,以帮助他镇守宫禁,度过这夺权的非常时期。几天后,发丧,杨广继位,为隋炀帝。

正任并州总管的汉王杨谅得知杨广篡弑的消息,在晋阳(今山西太原南)起兵反抗,十九个州的刺史随之响应。炀帝命长孙晟以本官为相州(今河南安阳)刺史,发山东兵马,参与讨伐杨谅。长孙晟向炀帝陈述,其子在杨谅手下任官,为了避嫌,不宜再任此职。炀帝说:"公一向勤恳忠实,朕很了解。相州在天下之中,地势十分重要,镇守此地,非公莫可! 相信公不会因为儿子的缘故而违背大义,公千万不要推辞!"长孙晟到相州,配合杨素大军,平定了杨谅之乱。其子长孙行布本在汉王府任库真,杨谅起兵,他受命留守晋阳。杨谅败归,长孙行布与将军豆卢毓闭门拒之,城陷被害。

607年(大业三年),隋炀帝率五十万甲士北巡,向各少数民族炫耀武力,至榆林(今内蒙古托克托)。长孙晟奉命前往突厥,指挥启民可汗征发全部种人,自榆林至蓟(今北京)修筑长三千里、宽百步的御道。启民可汗率义成公主在行宫朝见炀帝,炀帝盛宴款待,并对长孙晟大加赞誉,任以为右骁卫将军。

609年(大业五年),长孙晟逝世。615年(大业十一年),突厥启民可汗之子始毕可汗将炀帝围于雁门,援兵至,始解围。隋炀帝叹道:"如果长孙晟还在,突厥绝不会这个样子!"

(原载郭卿友主编:《中国历代少数民族英才传》,兰州:甘肃人民出版社,2000年)

文成公主入藏和好吐蕃

　　位于西藏拉萨市内红山上的布达拉宫,经过近五年的大规模维修,于1994年8月全部竣工,使这座世界上最高的、象征藏汉友谊的宫殿又恢复了昔日金碧辉煌的风采。在欢庆维修竣工的隆重庆典上,人们又唱起了那古老的颂歌:

> 从汉族地区来的王后文成公主,
>
> 带来不同的粮食共有三千八百类,
>
> 给西藏的粮仓打下了坚实的基础。
>
> 从汉族地区来的王后文成公主,
>
> 带来不同手工艺的工匠五千五百人,
>
> 给西藏的工艺打开了发展的大门。
>
> 从汉族地区来的王后文成公主,
>
> 带来不同的牲畜共有五千五百种,
>
> 使西藏的乳酪酥油从此年年丰收。

　　这首舒缓悠扬、婉转优美的颂歌,将人们带到了1300多年前的唐蕃友谊盛世。

　　7世纪初,雅鲁藏布江中游山南地区,以雅隆河谷为中心的雅隆部落崛起,其首领朗日松赞励精图治,征服周围部落,力量逐渐强大。

　　郎日松赞之子松赞干布13岁继位为赞普,他少年英俊,沉毅聪慧,精通工艺、历算,文武双全。松赞干布首先整顿内部,接着展开了讨伐反叛、统一吐蕃的斗争。他将都城由山南迁到逻些(今拉萨),发展生产,创造文字,统一官制,制定法律制度,巩固王权,弘扬佛法,并出兵地处藏北高原与青海西南部的苏毗国和地处西藏阿里地区的羊同国,统一了青藏高原,建立了统一强盛的奴隶制政权。

　　为了与邻国保持友好关系,松赞干布决定向尼泊尔王和大唐皇帝求亲。他于

634年(贞观八年)派使者到长安,唐太宗派遣行人冯德遐回访,汉藏之间第一次有了使节来往。不久,在迎娶了尼泊尔尺尊公主以后,又派大臣噶尔(又译作禄东赞)携带与迎聘尼泊尔公主同样的礼物(金钱七枚、嵌朱砂宝石之贝马惹伽甲一袭,以及黄金五千两)到长安请求通婚。唐太宗以汉藏友谊为重,答应将宗室女文成公主嫁给松赞干布为妻。传说,唐太宗在应允和亲之前曾出了五道难题让噶尔解决。其一是将一百匹母马和一百匹马驹的母子关系分别辨认出来。噶尔是牧民出身,他让人将母马与马驹分别圈起来,并一天不给喂食草料和水,第二天,将马圈同时打开,饥饿惊慌的一百匹马驹分别紧紧地依偎在自己的母亲身边,难题就这样解决了。

文成公主的父母究竟是谁,史书上没有记载,但她的美丽、聪慧和博学却是毋庸置疑的。藏族文献中说她是圣救度母的化身,容貌冠绝世间,面色青而红润,口有莲花之香,聪明伶俐,通达一切文字典籍,并熟悉纺织、制陶、种植、占卜、星象等技艺。

唐太宗召见文成公主,向她陈明许聘松赞干布之事,文成公主请求以一尊释迦牟尼12岁等身像及一些珠宝绫罗为陪嫁,唐太宗答应了公主的要求,并且赠给她日月宝镜一面,想家时,从宝镜中能看到长安,看见父母。文成公主带了侍婢亲自来到吐蕃使臣下榻的番邸,向噶尔询问他家乡的情况,并问到有些什么作物,当得知其地没有芜菁时,她决定带去芜菁等蔬菜的种子。

641年(贞观十五年)正月十五日,在长安城郊灞桥东亭,举行了隆重的欢送仪式。唐太宗、皇后和大臣们都来送行。文成公主身着珠宝之衣,在二十五位美丽侍婢的簇拥下,含泪向亲人告别,跨马登上万里征程。礼部尚书、江夏王李道宗奉命持节护送文成公主去吐蕃。公主马队的后边,是力士牵挽的释迦牟尼12岁等身像车舆,然后是无数的马骡骆驼,驮运了陪嫁的珠宝、绸缎、衣服、饰物、书籍,以及一路需用的物品。

文成公主出嫁的消息传到吐蕃,松赞干布兴奋异常,下令在沿途准备马匹、牦牛、船只、食物、饮水、帐篷,以便一路迎接文成公主。公主西行数千里,来到唐蕃交界的赤岭,见西边草原茫茫,衰草离离,勾起了对父母的思念,就向噶尔要日月宝镜。噶尔早料到文成公主会留恋故土,派人将玉镜换成石制的。文成公主从石制宝镜中既看不见长安,也看不见故人,愤而将宝镜抛下了山,从此,这座山就有了日月山的名字。公主下山,眼看离家愈来愈远,不禁流下了热泪。泪水落地,流淌成河,遂有了"天下河水向东流,惟有此水流向西"的青海倒淌河。

松赞干布亲自从逻些赶到河源柏海(今青海省鄂陵湖和扎陵湖),在这里修建了离宫。文成公主一行经长途跋涉,在河源与松赞干布会见。松赞干布以侄婿之礼拜见李道宗,对上国来的送亲使臣十分敬重。

在大批吐蕃士兵的护卫下,松赞干布陪同文成公主及送亲队伍从北门进入逻些城。乐队奏起了欢快的乐曲,人们载歌载舞,欢迎来自唐朝的公主。公主穿着锦绣之衣,佩戴大量金饰,侍婢也身着盛装,持琵琶乐器,络绎进城。当地人从来没有见过这么美丽的女人和这么漂亮的衣饰,纷纷簇拥向前,想一饱眼福。连尺尊公主也感叹道:"嗟汝汉公主,携婢来此地,辛苦伴所召,远道来藏地。"

松赞干布宣布:"我们的先世从来没有和上国通婚的,我能娶大唐公主为妻,是我们的光荣,我要为公主筑一座新王宫,以夸耀后世。"松赞干布亲自勘察地势,决定将新王宫筑于红山之顶。吐蕃各地的工匠、画工及文成公主带来的汉族工匠在红山上修建了九百九十九间房子,加上顶上的红楼共一千间。各个房间的廊檐都以金宝为饰,绘制了美丽的壁画,供奉了佛像和公主带来的各种陪嫁。大家将这座富丽堂皇的宫殿比作佛教圣地普陀山,按照梵语普陀罗的译音,称之为布达拉宫。布达拉宫于17世纪重建,现在又进行了大规模的维修。其中的法王洞及其壁画,仍然是当年松赞干布和文成公主时期的原物。宫内供奉的松赞干布和文成公主的塑像及文成公主进藏图和松赞干布请婚图的壁画,都体现了古代藏族同胞对这次汉藏和亲的赞颂与纪念。

尼泊尔公主出于妒忌,曾经有一个月时间不让松赞干布与文成公主见面。文成公主悲痛万分,弹起琵琶唱道:

弱女适异国,送来觉卧像,送来占星学,送来宝锦缎。乳使在变酪,酪使在变酥,酸酪在变膏。种桑在缫丝,植竹在索绚,殖土在制陶,水磨在设置,并带芜菁种。未嫁女聪明,既嫁心伤悼。曲短动人听,未嫁女聪明。

文成公主以自己的聪明才智和赤诚之心,化解了尼泊尔公主的妒忌之心,二人"和好胜姊妹,欢聚赞普前"。

文成公主入藏时,带来了许多书籍,还有各种谷物与蔬菜种子和生产工具。她教当地人种桑树养蚕织锦,向他们推行历法,教他们烧制陶瓷器具,设置水碓,酿造酒类和制作纸墨,使当地的经济文化有很大进步。

文成公主还运用自己的知识,规划了拉萨城的建筑布局。她说,拉萨雪国为罗刹女魔仰卧之形,倭唐湖为女魔心血,三山为心之骨骼。于是用山羊驮土填平此湖,在湖上建惹萨下殿,即大昭寺。又从唐朝请来许多工匠、塑匠,建甲达惹毛切殿,即小昭寺。殿内供奉从长安带来的释迦牟尼12岁等身像。松赞干布亲自为两寺佛殿开光,成为藏地盛事。

文成公主入藏,密切了唐蕃之间的友好关系。松赞干布派遣许多贵族子弟到唐朝长安国学读书,学习儒家经典。唐朝许多有学问的士人,以及养蚕、制酒、制水磨的工匠来到吐蕃,传播汉地先进的文化和生产技术。松赞干布还派出精兵,随从唐将王玄策打败中天竺军队,献俘长安。649年,唐太宗逝世,高宗继位,松赞干布献金银珠宝十五种,荐祭于昭陵之前,并表示对高宗的拥戴,表明"若臣下有不忠之心者,当勒兵以赴国除讨"。唐高宗赐给松赞干布杂绫三千段,进封其为簧王、驸马都尉,并下令在昭陵雕刻松赞干布的石像,列于玄阙之下。

650年,松赞干布逝世,唐皇朝派使者到逻些隆重吊唁。此后,文成公主又活了三十年,继续致力于唐与吐蕃友好的事业。藏族群众在亚隆琼保松赞干布陵侧,为文成公主修筑了巨大的陵墓,以纪念这位献身于汉藏团结的伟大女性。

余论:和亲是古代的一种外交形式。中国和亲外交以汉唐为盛。汉朝昭君出塞,唐朝文成公主入藏,代表两个朝代和亲外交的典范,对历史作出了重大贡献。王昭君和文成公主是值得纪念的两个历史人物。

(原载何乃光主编:《中华文化与智慧谋略》,北京:华文出版社,1996年)

概说宋朝

历史上多次发生过权臣从孤儿寡母手中夺取江山的事。960年(后周显德七年)正月初二日夜,这一幕在开封城东北二十里的陈桥驿重演了。奉命出征的禁军统帅赵匡胤在这里组织兵变,披上黄龙袍,自立为帝。次日,回开封废去了九岁的后周小皇帝柴宗训,创建了中国历史上一个历经十八帝、绵延三百二十年的王朝——宋。

宋太祖赵匡胤不失为一位雄才大略卓有建树的皇帝。在讨平后周旧臣的反抗以后,宋太祖首先致力于消灭割据势力,以先南后北的方略,用十三年时间,将荆南、后蜀、南汉和南唐先后平定。其后宋太宗又平定了吴越和北汉,结束了唐末五代以来的军阀割据局面。为了彻底根除军阀割据的土壤,宋太祖以杯酒解除了几位亲信的兵权,并在军事、政权和财政等方面实行了一系列切实有效的措施。第一,分割宰相(同中书门下平章事)的权力,添设参知政事作为副宰相,并设枢密使和三司使分掌军政和财政大权,都听命于皇帝。第二,禁军不再设最高统帅,分由三衙管理,三衙互相牵制,长官都由资历较浅者担任,便于驾驭。同时实行更戍法,禁军每三年调防一次,将领不随军队调动,使得"将不得专其兵,兵不至于骄惰",结束了武人专横跋扈的局面。第三,将节度使架空,各州郡长官都由皇帝直接任免,由文人担任,任期短暂,并设通判分其权力,予以牵制。第四,重视文化,重用文人,发展科举制度,严格考试程序,增加取士名额,将他们充实到中央和地方各级政权机构中,建立了庞大的封建官僚体制。这些措施有利于加强皇权、安定社会和发展经济,但是,其防止军阀形成的军事体制,兵权过于集中,将不知兵,兵不识将,严重地削弱了军队的战斗力。官僚机构庞大而互相牵制,办事效率低下。所以,宋朝国力渐弱,在外敌面前被动挨打,人民负担太重,阶级矛盾日益尖锐,最后在内外交困中被外族所灭,这些都是赵匡胤所始料未及的。

赵匡胤死后,其弟赵光义继位为宋太宗。他鼓励进谏,始终保持清醒的政治头脑,勤于政事,清廉吏治,严格奖惩,采取各种措施,进一步加强中央集权,创造了一个新的"太平盛世"。他招抚流亡人口,鼓励垦荒,重视水利建设,农业、手工业和商业都有了长足的发展,社会的物质文化水平有了很大的提高。宋太宗本人文化修养很高,充分认识到文化的作用,重视图书的搜集和整理,组织学者编撰了《太平御览》《太平广记》《册府元龟》等三大类书,还礼遇儒臣,网罗人才,促进了社会的治理和文化的昌盛。

宋朝建国后的一百多年间,经济有了巨大的发展。自耕农的数量增加,农民的生产积极性提高,垦田数量大增,大力开展农田水利建设、推广农业生产技术和进行低产田的改造,农业生产发展到新的水平。农业生产的发展和人民生活水平的提高,推动了北宋冶矿、纺织和制瓷业的发展,造纸业和印刷业更为繁荣,手工业成就突出。社会产品交换的扩大,促进了商业的空前繁荣,农村集市遍及南北,各地都有一些著名的商业城市,城内坊市的限制被打破,形成了一片片连在一起的开放街市,商业活动的繁荣催生了最早的纸币交子。宋代经济在中国经济史上占有重要的一页。

从严格意义上讲,宋朝始终没有实现过对全国的统一,早在宋朝建立之初,北方就矗立着一个强大的契丹政权辽。当年,后晋统治者石敬瑭为了得到辽的支持,自称儿皇帝,将燕、云等十六州献给辽。979年(太平兴国四年),宋太宗亲率军队灭了北汉,乘胜伐辽,高粱河(今北京市城西)一战,宋军大败。986年(雍熙三年),乘辽朝君主年幼、太后掌权,宋太宗又指挥大军向辽发动进攻,岐沟关之战,宋军又吃了败仗,老将杨业捐躯疆场。从此,宋对辽改取守势,辽军不时骚扰宋朝边关。1004年(景德元年)秋,辽萧太后与圣宗率二十万大军南下。起初,宋军一再挫败辽军,当辽军进至澶州(今河南濮阳)时,宋真宗慌了手脚,谋划迁都避敌。经宰相寇准力争,宋真宗亲临澶州,给前线将士很大鼓舞。但宋真宗一心议和,于是以每年给辽银十万两、绢二十万匹为条件,达成澶渊之盟。从此,双方进入相对稳定时期。

与此同时,宋朝还面对着西北地区西夏政权的威胁。西夏是党项首领元昊于1038年(宝元元年)建立的政权。此前,党项就不时进扰宋朝边地,建夏不久,先后在三川口和好水川大败宋军,宋朝不得不派重臣韩琦、范仲淹等到西边防守,双方互有胜负。1044年(庆历四年),宋夏曾达成和议,宋每年"赐"大量银绢物品给西夏,西夏向宋称臣。宋神宗时,双方战争又起,1081年(元丰四年)的灵州之战和次年的永乐川之战,宋军死亡六十万人。1098年(元符元年)平夏城之战,夏亦损失惨重。双方于次年再次议和,从此再未用兵。

连续不断的战争和给辽、夏的"岁币"耗费了大量的财力。夺去开国功臣的兵权,条件是给予他们许多经济利益和政治特权。为加强中央集权,宋朝大设官员使其互相牵制,造就了一个庞大的食禄阶层。这一切,使得国家财政不堪负担,从而赋税繁多,对民众的剥削很重,加之宋朝土地兼并激烈,地方豪强为非作歹,使社会危机逐渐加深。993年(淳化四年),四川地区就爆发了绵延五年的王小波李顺起义,起义者提出"均贫富"的口号,一度发展至近百万众,在成都建立大蜀政权,给统治者极大的震撼。

宋真宗以后,这种危机加重,尤其是冗官、冗兵、冗僧和皇室官僚的奢侈,使国家对民众的剥削极为沉重,引起连续不断的农民起义和兵卒溃叛。为了挽救王朝的危机,改革弊政,宋仁宗任用范仲淹于1043年(庆历三年)实行新政,以整顿政权机构,使腐败的封建官僚体制有所改善。由于新政的措施侵犯了官僚贵族的既得利益,遭到他们的强烈攻击,新政仅仅实行一年多就被废止。宋神宗继位后,危机更甚,改革的呼声日益激烈。宋神宗支持王安石进行以富国强兵为目的的变法。实行均输法、青苗法、农田水利法、免役法、市易法、免行法、方田均税法,以整顿财政,使国家有钱有粮。实行将兵法、保甲法、保马法,设军器监,以整顿军事。实行科举和教育改革,使官吏称职。变法取得了显著成效,在一定程度上缓和了社会矛盾,增加了财政收入和国防力量。但反对派的反对始终没有停止。

宋哲宗初年,其祖母宣仁高太后临朝听政,她任用司马光将新法完全罢废。八年后,哲宗亲政,又重用变法派章惇等人,向反对派进行反扑,新旧党争愈演愈烈。宋徽宗继位后,政治一再反复,最终投机家蔡京上台执政。蔡京借口恢复新法,在变本加厉打击"元祐党人"的同时,排斥异己,拉帮结派,与王黼、朱勔、童贯、梁师成、李彦等一起,结成极端黑暗的统治集团。他们怂恿宋徽宗大肆挥霍,尽情享受,过着极端荒淫的生活。此外,他们还大兴土木,创花石纲,强夺民脂民膏,聚敛财富。贫苦农民再也活不下去,终于爆发了1114年(政和四年)宋江领导的梁山起义和1120年(宣和二年)方腊领导的青溪起义,沉重地打击了北宋王朝的统治。

梁山起义时,宋朝就派使者与北方兴起的金国约定共灭辽朝,事成之后将燕云十六州归还宋朝。1122年(宣和四年)双方出兵。宋军三战三败,金军却连连告捷,直至攻占辽都燕京。次年,宋人以每年一百五十万贯的惨重代价,从金人手中得到燕云空城。金人从宋军屡战屡败的事实和在谈判时步步退让的行动,看出了宋朝这个庞然大物极其软弱的本质。1125年(宣和七年)灭辽的当年,金军就掉转兵刃,东西并进,大举南下。西路金军被阻于太原,无法前进。东路金军渡过黄河,直逼开封。宋徽宗在匆忙中禅位太子,是为宋钦宗,自己逃往镇江。开封军民在李纲的指挥下英勇抗击,粉碎了金军一举灭宋的企图。在得到许多金银绢帛和割让太原等三镇的许诺后,金军撤走。1126年(靖康元年)十一月,金军第二次南下,开封沦陷。次年四月,徽、钦二宗及后妃、皇族、大臣三千多人被俘虏北去,北宋灭亡。

1127年(靖康二年)五月,宋钦宗的弟弟赵构在南京(今河南商丘)即皇帝位,为宋高宗,重建宋政权,改元建炎,史称南宋。

在金兵的严重威胁下,抗战派领袖李纲被起用为相,他力主集结北方抗金义军,收复失地,并推荐老将宗泽留守开封。但李纲为相仅七十五天就被投降派黄潜善、汪伯彦排挤,宋高宗逃往南方。八字军、河东红巾军等北方义军在敌后展开艰苦的抗金斗争。金兵在宗弼(兀术)的率领下长驱江南,由于南宋军民的奋力抗击,不得不在饱掠以后北撤。在镇江至建康(今江苏南京)一线,先后遭到韩世忠和岳飞军队的阻击。宋高宗定都临安(今浙江杭州)。金人终于认识到单凭武力无法灭亡宋朝,只得改变策略,在北方建立伪齐傀儡政权,同时放奸人秦桧南归,从内部破坏南宋抗金。

南宋军民抗金情绪极为高涨。宋将吴玠、吴璘兄弟先后在陕西和尚原和仙人关打败金军主力,粉碎了金军入川控制长江上游对南宋迂回包围的企图。中路宋军在岳飞的率领下击败伪齐主力,收复襄阳、信阳等六州郡,逼近黄河。东路宋军在韩世忠的率领下追敌至淮河南岸。在各路宋军屡获胜利之时,宋高宗却以秦桧为宰相,百般屈辱求和,以苟安江南。南方农民在遭金兵蹂躏之后,又受南宋散兵游勇的骚扰,更被统治者苛捐暴敛所苦,不得不起而造反。1130年(建炎四年)爆发的洞庭湖钟相、杨幺起义规模最大,坚持五年之久,最后被岳飞军镇压。

1139年(绍兴九年),宋金达成和议,宋向金称臣纳贡,金归还所侵河南、陕西地。但金朝旋即发生政变,撕毁和约,并对宋发动全面进攻。各路宋军英勇抗击,西路吴璘部收复扶风,东路刘锜部在顺昌(今安徽阜阳)击溃金军,中路岳飞部收复洛阳、郑州,在郾城大破宗弼精兵。黄河以北的义军也到处袭击金兵,有力地支援了岳家军的北伐。宋高宗与秦桧强令各路军队撤退,解除诸将兵权,然后于1141年(绍兴十一年)与金达成"绍兴和议",向金称臣,岁贡银二十五万两、绢二十五万匹,双方以淮河、大散关为界。随即将岳飞杀害。

绍兴和议后,宋金双方的统治集团都日益腐朽。此后的六十多年间,宋金在对峙中曾发生过三次战争,由于势均力敌,谁也没有能力吃掉对方。1161年(绍兴三十一年),金帝完颜亮结集六十万大军分四路攻宋。宋军在淮水东西节节败退,宋高宗吓得又想下海避敌。金军在大散关被吴璘击退,在采石矶被宋将虞允文打败,完颜亮被其部将射杀,金兵北归。次年,新即位的宋孝宗企图乘金人南侵失败出兵收复失地。老将张浚受命北伐,由于部将不和,兵败宿州。主和派汤思退得势,再次与金人签订和约,宋割商、秦等六州,双方称叔侄之国,岁币银绢各减少五万。宋孝宗起用抗战派人物虞允文为北伐作准备,与主和派进行了长期的斗争。宁宗继位后,重新作伐金的准备。宋相外戚韩侂胄欲借北伐树立声威,建立盖世功名,在参知政事京镗的支持下,一度起用主战派辛弃疾、叶适等人,追封岳飞为鄂王,终于在1206年(开僖二年)分道进兵伐金。开始时还收复了一些地方,但不久就因为西线主将吴曦的叛变造成战局的全盘失利。主和派大臣史弥远等杀死韩侂胄,于1208年(嘉定元年)与金人重定和约,金宋为叔侄之国,岁币增至银三十万两、绢三十万匹,另给金"犒军银"三百万两。直到1234年(端平元年)蒙古军与宋军联合灭金,宋金对立的局面才最终结束。

宋室南迁,大批北方人民随之南来,与南方人民一起积极从事生产,推动了南方社会经济的发展,使全国经济重心转移到南方。农民们修建了不少新的水利工程,圩田的面积更为扩大,农业生产技术得到总结推广,产量提高,棉花的栽培延至江淮地区。手工业也发展到新的水平,丝织业、制瓷业、造船业、造纸业、印刷业和火器制造业都相当发达。以临安和建康为中心的水上交通,使南方各地的经济生产连为一体,沿岸出现了大批新兴商业城镇。海上交通和海外贸易得到前所未有的发展,亚非五十多个国家与南宋有贸易往来。广州、泉州、明州是三大贸易港,各通商港口都设有市舶司,对进出口进行管理。南宋输出的主要是瓷器和丝织品,输入的主要有香料、药材、象牙、珠宝等。

12世纪末至13世纪初,铁木真统一蒙古各部落,建立蒙古汗国,称成吉思汗。蒙古军长期向南向西用兵:向西横扫欧亚二洲,建四大汗国;向南,于1226年(宝庆二年)灭夏,1234年(端平元年)与宋联合灭金。窝阔台汗旋即于次年遣兵两路,南下攻宋,受到南宋军民的攻击,蒙古军大肆掳掠以后北撤。蒙哥继汗位后,不断派兵南进,遭到南宋军民的顽强抵抗。1258年(宝祐六年),蒙古军分路全面攻宋。蒙哥攻四川,皇弟忽必烈攻鄂州,兀良哈由安南攻广西、湖南,北上与忽必烈在鄂州会师。蒙哥在合州钓鱼台被宋军炮石击中,受伤而死。忽必烈听到蒙哥死讯,即北返夺得汗位,改国号大元,为元世祖。1267年(咸淳三年),元军集中兵力进攻襄阳和樊城,宋军坚守城池达六年之久,其间多次向临安请求支援,奸相贾似道都隐匿不报。1273年(咸淳九年),襄、樊陷落,南宋门户洞开,形势急转直下。元军水陆并进,芜湖一战,宋军主力全部瓦解。1276年(德祐二年)临安陷落,宋恭帝及谢、全二太后被俘北去。南宋军民坚持抗元,图谋恢复。陆秀夫、张世杰等人先后拥立赵昰、赵昺为帝,转战浙江、福建、广东沿海。1279年(祥兴二年)二月,赵昺在南海的崖山被元军包围,陆秀夫背负帝昺跳海而死,南宋灭亡。状元丞相文天祥被俘,在大都监狱关押三年,坚贞不屈,壮烈牺牲,表现了高尚的民族气节。

宋朝内忧外患不断,是中国历史上颇为懦弱的一个朝代。但是由于统治者对文化的重视及经济发展的促进,其文化和科学技术却是中国古代比较发达的朝代之一。

宋朝专制中央集权制度的加强,要求儒学不能仅仅满足于对经典的解释,更应适应时代,通过其自身的完善和改造,从理论上解释统一政权的合理性,从更高层次构造新时期的人伦和社会规范。北宋前期的胡瑗、孙复和石介,力辟佛、老,力图恢复儒学的道统,开辟了新的学风。周敦颐对理学的主要概念——心、性、义、理都进行了阐说,被称为理学的开山。邵雍从很高的层次上推断天地之理,对茫茫无垠的宇宙和历史的变化作出了自己的解答,并以此抵制佛、老的转世和成仙之说,为儒学的进一步发展扫清了道路。张载提出了以元气为基础的一系列命题,并且给予了深刻而系统的解答,是理学的奠基人之一。程颢和程颐兄弟对理学作了充分的论证,由宇宙本体的天理,到完美人格的修养,组成了一个有机的学说体系,是宋代理学思想体系的开创者。南宋朱熹继承和发展了二程的思想,并利用张载的"气"的学说创建了以"理"为基本范畴的哲学思想体系,是理学思想的集大成者。当时,陆九渊认为心是天地万物的本源,被人称为心学。而陈亮和叶适则强调事功,反对空谈义理性命,强烈抵制理学的传播。

中国古代的史学,历经千余年的发展,到宋代达到了高峰。宋代史学途径宽广,气象博大,方法至密,集前代史学之大成。宋人大规模地进行当代史的编修和史料整理,除了官修诸史之外,李焘《续资治通鉴长编》、王称《东都事略》等都很突出。二十四史中,宋代撰修了《旧五代史》《新五代史》《新唐书》三部。编年体通史《资治通鉴》是宋代史学繁荣的里程碑,它的修撰使编年史体达到完备的程度,影响深远。南宋袁枢作《资治通鉴纪事本末》,开创了纪事本末体。郑樵的《通志》是一部通代政书巨著,其二十略备受学者赞誉。会要的写作在宋代规模很大,体裁也颇为完备。范祖禹《唐鉴》、吴缜《新唐书纠谬》、司马光《资治通鉴考异》是史评著作的佼佼者。宋代开创了金石学,有许多重要著作。宋代目录学、校勘学成就辉煌,且在理论上有所建树。方志发展到宋代进入了成熟期,所撰方志数量远远超过前代,编撰体例和内容也进一步完备。宋人大量撰集野史、笔记,有很重要的价值。

宋代的文学创作成就斐然、竞放异彩,在中国文学史上有突出的地位。欧阳修、苏轼、王安石、曾巩、苏洵、苏辙等人继承韩愈、柳宗元的传统,兴起新古文运动,他们的散文作品把议论、叙事、写景和抒情紧密结合在一起,形成情文并茂、无施不可的创作手法,完成了对骈文末流斗争的历史使命。宋诗经欧阳修、苏舜卿、梅尧臣、王安石等人,在结构和语言上形成了散文化、议论化的倾向,有自己的独特风格。宋代词的创作繁荣昌盛,取得了杰出的成就。苏轼的词豪放、广阔,如诗,如文,如天地奇观,为词风开辟了新天地。继起者如秦观、贺铸、周邦彦等注重格律,倾心精炼。南宋前期的词,或呼号抗敌救国,或感念故国乱离,时代感很强。其中最著名的是岳飞的《满江红》。女词人李清照的作品,艺术成就很高。爱国词人辛弃疾和陆游在作品中抒发了关心国事、沉郁而豪放的情怀,有震撼人心的力量。宋代民间艺人说话的底本话本,确立了白话小说这一文学体裁,是元明小说的先声。

宋代是古代科学技术发展的高峰,走在当时世界的前列。北宋科学家沈括在天文学、数学、物理学、地质学和医药学方面都有杰出的成就,他的《梦溪笔谈》被著名科学史家李约瑟称作是“中国科学史上的坐标”。印刷术、火药和指南针三大发明的完成和应用都在宋朝。宋朝科学家解决了人工磁化和使用磁针的方法,制造的指南针被广泛用于航海。雕版印刷术有了巨大发展,刊印了大量精美的典籍。毕昇发明活字印刷术,比德国人兴登堡用活字印制《圣经》早五百年。火药配方的成分有了比较合理的配比,并发明和制造了多种火药火器,在兵器发展史上是重大的突破。北宋曾五次大规模地观测恒星的位置,并绘制成有一千四百多颗恒星的星图,而欧洲直到14世纪以前,仅观察到一千零二十二颗。1054年(至和元年),司天监观测记录了天关星附近超新星的爆发,为现代蟹状星云及与之相关的中子星等理论问题的研究提供了宝贵的资料。1088年(元祐三年),苏颂主持制造的水运仪象台是当时世界上最先进的天文仪器。数学家贾宪创立的开任意高次幂的“增乘开方法",比西方相似的"鲁非尼——霍纳方法"早七百七十年。宋代医药学进入全面发展时期,在医学教育、理论、临床诊断治疗、本草和局方等方面都有相当的进展。宋景绘制的《欧希范五脏图》、杨介整理的《存真图》,标志着宋代解剖学处于世界先进水平。南宋宋慈所著《洗冤集录》,是世界上最早的法医学专著。南宋罗愿所著《尔雅翼》对动植物进行了著录和分类,考核的动植物达四百一十五种,还记载了生物界生存竞争的现象。宋代建筑和桥梁技术水平很高,有不少建筑保存至今,成为珍贵的古代文化遗产。北宋将作监李诚编的《营造法式》一书,表明我国古代木结构建筑的构架体系已然成熟。

（原载汪受宽、赵梅春、屈直敏编著:《中国通史·宋卷》,长春:吉林人民出版社,1997年）

契丹族贤相和史学家室昉

室昉(920—994年),字梦奇,契丹族,辽南京(今北京)人,历仕辽太宗、世宗、穆宗、景宗、圣宗五朝,官至枢密使,兼北府宰相,加同政事门下平章事,曾主修《实录》、监修《国史》,是辽代名臣和史学家。

一

辽代许多文臣武将都是靠贵族出身和超群武艺登上高位的,而室昉却是由科举考试入仕的。史书中说,他自幼谨慎忠厚,喜好读书,闭门不出,潜心学问二十年,里人竟有许多不认识他的。

室昉二十余岁登进士第,任卢龙(今河北卢龙)巡捕官,很早就以知礼和文词著名,当947年(大同元年)耶律德光改契丹国号为大辽,登帝位行册封大礼时,就请室昉担任替皇帝起草诏令的知制诰,并负责指导册封的全部礼仪事务。据《辽史·礼志》,契丹礼仪本甚质朴,自太宗克晋,稍用汉礼。则室昉所制定的辽帝册封礼,当为吸收中原皇帝礼仪而成。由此可见,室昉具有较高的汉文化修养。

辽世宗时,室昉任南京留守判官,为北面宫官系统中的重要官员。穆宗时,迁官至翰林学士,是掌管皇帝文翰的官员。其后在皇帝身旁任官十余年,甚受器重。景宗时,室昉任翰林学士兼政事舍人,皇帝多次向他询问古今治乱得失的有关问题,他都能博引史实,详加分析,很合皇帝心意。景宗发现室昉有处理复杂政务的才干,于是任命他为南京副留守。在任上,他断案和处理诉讼都很平和允当,受到都人的好评。此后,室昉升任负责兴造、屯田和矿产的工部尚书,成为朝廷六卿之一。不久,室昉改任枢密副使,参知政事,即副宰相。很快,室昉又官拜南院枢密使,兼北府宰相,加同政事门下平章事,即只有契丹人才可以担任的政府最高行政职务。

二

室昉自辽景宗保宁年间入相,直至逝世,当了近二十年的宰相,对朝政多有建树。

983年(统和元年),十二岁的辽圣宗继位,其母萧太后摄政,室昉即奏进据传是周公所作的《尚书·无逸》篇,告诫小皇帝绝不可放纵自己,要知稼穑之艰难,关心民生之疾苦。萧太后闻此,对其予以嘉奖。室昉与同时为相的韩德让、耶律斜轸精诚团结,忠心辅佐,整饬弊政,知无不言,专心轻徭薄赋,与民休息,使法度修明,社会安定。984年(统和二年),朝廷下诏修建诸岭路。室昉不顾年逾花甲,拖着赢弱的躯体,亲自动员民夫二十万人,很快就完成了修路的工程。

986年(统和四年),宋大举攻辽,萧太后率兵亲征,大破宋军。室昉考虑到山西诸州供给军资,又遭战乱,百姓生活艰难,奏请免除了山西当年的租税。辽圣宗曾下诏不许乱建佛寺,以抑制天下崇佛之风。但晋国公主却在南京建一佛寺,且请求辽圣宗为该寺题额,得到允许。室昉得知此事,即上疏批评道:"陛下前有诏书,以四方修建无名寺院为罪。如今由于公主请求,就应允赐额,不仅违背前诏,且会起到助长歪风的效果。"圣宗接到上疏,就听从了室昉的意见。

室昉是一位知道进退而不贪恋权势的宰相。在圣宗继位之初,他就上书要求告老致仕,萧太后没有允许。990年(统和八年),他再一次上书请求交出相权,萧太后仍是不准,只是下诏特许他入朝免拜,赐给他几杖,并派遣亲信阁门使李从训持诏对其劳问,封为郑国公,令其常居南京。次年,室昉又推荐韩德让代替自己的职务,萧太后仍不允许。辽圣宗下诏,赐给室昉貂皮衾褥,允许其乘辇入朝。这时,室昉已经病重,辽圣宗派遣翰林学士张干到室昉府中授予其南京留守的要职,并加尚父衔。室昉病逝后,辽圣宗为之停止视朝二日,赠尚书令,以示悼念。室昉遗言薄葬,不愿受人过誉,而自撰墓碑之文。

三

作为宰相,还在979年(乾亨元年),室昉就担任了监修国史之职。国史是一个朝代所陆续修撰的本朝纪传体史书。早在东汉时就开始修撰《东观汉记》,并形成制度。辽朝统治者学习中原王朝的经验,设有国史院,负责本朝国史的修撰,而室昉则是见于史书的辽代第一位监修国史的宰相。

与此同时,室昉还亲自动手进行实录的写作,于990年(统和八年)向圣宗奏进所撰《实录》二十卷。圣宗对该实录十分重视,为此亲自下诏褒奖,加其官政事令,赐给帛六百匹。清代学者钱大昕在所撰《元史艺文志》卷二"实录类"著录该书为《统和实录》,显然是误说。因为,自唐中期以后,就形成了每当一个新皇帝继位以后,即着手撰修前一皇帝实录的制度。辽圣宗在位五十年,统和为其第一个年号,总共有三十年,室昉不应在圣宗刚刚登位不久就撰修其实录。因此,我们认为室昉所进当是辽景宗的实录。

辽是少数民族建立的政权。自辽太祖时就创立了契丹大字,发展本民族的文化。辽太宗以后,更注重吸收汉文化,出现了一些精通契丹、汉两种文字和文化的学者,室昉就是其杰出的代表之一。自此以后,撰修国史和实录成为制度,仅见诸史书的辽代所修实录就达百卷以上,为后代保存了比较丰富的辽代史料。在这一方面,室昉有开创之功。

(原载郭卿友主编:《中国历代少数民族英才传》,兰州:甘肃人民出版社,2000年)

力挽狂澜文武超群的萧太后

萧绰(953—1009年),小名燕燕,契丹族,辽朝第五任皇帝景宗的皇后,辽圣宗的生母,她自景宗时参与朝政,圣宗时太后临朝,掌权长达四十年,对内进行改革,对外击败宋朝,文治武功极为突出,是一位杰出的女性。

一

萧绰是辽朝北府宰相萧思温的三女儿,自幼聪慧,性格外柔内刚,举止落落大方,做事认真。有次,萧思温让几个女儿扫地,事后进行检查,只有燕燕扫得认真干净,萧思温高兴地摸着三女儿的头赞扬道:"此女必能成家!"

十六岁时,据说萧绰由父母做主已与年轻有为的官宦子弟韩德让定亲。临近婚期时,辽朝出现剧烈变故,荒淫而又喜好田猎的辽穆宗因过于残暴,在酒醉中被掌膳者弑杀于黑山。其侄耶律贤在混乱中夺得帝位,是为景宗。正任侍中的萧思温是拥戴景宗登位的主要大臣,为了巩固自己的权力和地位,当景宗选妃时,萧绰被父亲送进宫中,选为贵妃,969年(保宁元年)五月被册为皇后。萧思温也由侍中升任北院枢密使,旋即兼任北府宰相,封魏王,成为朝中重臣。

景宗是辽朝第三任皇帝世宗耶律阮的第二子,在他祖父的时候,契丹皇室内部就出现了兄弟争夺帝位的斗争。辽世宗的父亲虽为长子,却被迫将帝位让给其弟耶律德光,即辽太宗,自己当东丹王。辽太宗死时,他的儿子耶律璟才十五岁,帝位被耶律阮所得。五年后,辽世宗在火神淀为其父举行祭祀活动时,随行大臣都喝醉了,有个叫耶律察割的人发动政变,将辽世宗刺死。经过一阵混乱,帝位被辽太宗的长子耶律璟所得,是为辽穆宗。当时,耶律察割想斩草除根,四处搜捕,要将辽世宗的儿子们一并杀死。幸遇御厨尚食刘解里急中生智,将4岁的皇子耶律贤裹在一条毡里,藏进柴草中才得以活命。但耶律贤经过这次惊吓,从此留下了终生的病根,一过度疲劳或心情不好时就会抽风。

二

由于身体欠佳,辽景宗经常不视朝,国政大事从一开始就交由年轻的萧皇后决断,景宗躺在床榻上,仅是拱手点头而已。皇后萧绰也不负众望,她见识不凡,性格刚毅,能骑善射,多谋善断,在谋划军国大事时多能切中要害。

969年(保宁元年)五月,萧思温随从景宗到闾山围猎,却不幸被人害死。十七岁的皇后强忍大丧之痛,严令追查。想不到凶手竟是皇后的弟兄萧海只和萧海里,连其幼弟萧神睹也参与其中。面对骨肉之残,皇后毫不犹豫地将两个弟兄诛杀,将萧神睹流放到黄龙府(今吉林农安)。971年(保宁三年),辽世宗的妃子啜里和蒲哥用厌魅之法企图害死皇帝。萧皇后在查实以后,将二人赐死。973年(保宁五年)萧皇后先后派遣大军去打击时附时叛的党项人,俘获甚多。975年(保宁七年)黄龙府卫将燕颇杀死都监,张琚反叛,萧皇后派遣将军耶律曷里必前往讨伐,在治河大败燕颇。

萧皇后有两个姐姐,大姊嫁给齐王为齐妃。齐王死后,齐妃领兵三万屯守驴驹儿河。在一次阅马时,见番奴挞览阿钵形体伟岸、相貌不凡,就召其侍于自己的宫中。此事被萧皇后得知,下令将挞览阿钵逮捕,严刑鞭笞。齐妃请求以挞览阿钵为夫,萧皇后恩准,因挞览阿钵善武,萧绰就派他率军到西方去抗御鞑靼,获得成效。后来,挞览阿钵图谋率众逃奔骨历扎国,被萧绰得知,剥夺了他的兵权,将他调到幽州。萧皇后的二姊嫁于赵王,赵王死后,赵妃趁饮宴的机会,企图毒杀萧皇后,被婢女告发,萧皇后将赵妃鸩杀。

多年的事实证明,萧绰是一位娴于治道、敢作敢为、极有手段的政治家。景宗对皇后这位内贤外能的助手十分信任,于976年(保宁八年)下诏,以后凡皇后言论中的自称,也和皇帝一样,称"朕"和"予",这在中国古代是绝无仅有的一例。

三

辽朝与北宋的关系始终是萧皇后的心腹之患。北宋欲灭亡北汉,进而收回后晋时被石敬瑭割给辽朝的燕云十六州,最后消灭辽朝,实现全国的统一。辽朝则支持北汉,抗拒宋朝北进,以维护自己的生存和发展。

970年(保宁二年)二月,宋太祖命大将曹彬率大军讨伐以太原为都城的北汉政权。北汉向辽求援,萧皇后派出十万铁骑南进,与宋军反复厮杀,终于将宋军一部包围于定州城中,迫使宋军撤回黄河以南。为了使辽朝有一个安定的外部条件,萧皇后于974年(保宁六年)十一月下令,由涿州刺史耶律琮出面,给宋雄州知州孙全兴写信,表示与宋交好的愿望。孙全兴将辽人的来信送往朝廷,宋太祖命孙全兴回信,同意辽人的意见。于是,次年三月,辽朝派克沙骨为访宋使者,宋朝派阁门副使郝崇信到边境迎接,宋太祖在长春殿设宴款待辽使。辽人也做出友好的姿态,派人告诉北汉,辽朝已与宋朝通好,希望北汉别再随意侵扰宋朝。七月,宋朝派郝崇信、吕端出使辽朝。

979年(乾亨元年)正月,宋太宗自以为力量雄厚,发兵攻伐北汉,萧太后派使者长寿责问宋人:"为何要出兵打北汉?"宋人回答道:"北汉不听号令,当然要兴师问罪。如果辽朝不去支援,我们两家照样交好,否则就要打仗!"双方正式断交。萧皇后接到北汉的求救信,派出以南府宰相耶律沙为都统、冀王敌烈为监军的大部队前往救援。辽朝援兵在白马岭与宋军交战,大败,敌烈等将领战死。五月,宋太宗灭北汉以后,乘胜北讨,向辽的南京(幽州)进军。六月下旬,辽易州(今河北易县)刺史刘宇和涿州判官刘厚德先后降宋。宋军进抵幽州城南。辽北院大王耶律奚底、统军使萧讨古、乙室王撒合率军阻击,与宋军在沙河大战,宋军获胜,随即分兵从四面攻城。萧皇后紧急诏令耶律沙、耶律奚底、萧讨古三将率军迎战,同时调大将耶律休哥率所部为后援。七月六日,耶律沙统领的军队与宋军战于高梁河,在耶律沙已支持不住时,耶律休哥率精锐骑兵三万赶到,与耶律斜轸从左右两翼向宋军包抄过来。宋军三面受敌,一万多将士战死,全军溃退。宋太宗负伤,被辽军紧追,直到涿州才找到一辆驴车狼狈南逃。

得胜的辽兵继续南下,宋太宗紧急召集将领防守。十月,辽将韩匡嗣在满城被宋军击败,辽将䂬思在火山战胜宋军。980年(太平兴国五年)三月二十日,十万辽军向雁门扑来,宋三交都部署潘美带大军北向迎敌。宋代州知州杨业率领麾下数百骑兵,从西陉(今山西代县北)出发,由小路到达雁门北口,从背后向辽军发动进攻。辽军受挫。

四

982年(乾亨四年)九月,三十五岁的辽景宗逝世,其十二岁的儿子耶律隆绪继位,为辽圣宗,萧绰以皇太后摄政。当时,契丹贵族二百余人拥有重兵,不少人觊觎皇帝的宝座。南边的宋朝也想乘辽主少国疑之际兴兵北伐。面对险恶的形势,萧太后沉重镇定,从容不迫。首先以皇帝新丧,国家处于非常时期为名,下令"诸王回其府第,不许私自联络会面"。实际上是将这些贵戚软禁于王府,暂时剥夺其兵权,使其无法发动兵变。同时,她尊礼大臣,委任心腹韩德让为政事令,掌握机要,以南院大王耶律斜轸为司徒,兼北院枢密使,以北院大王耶律休哥总南面事务,许其便宜从事,又挽留宰相室昉,得到这四人的得力辅佐。对朝中的大臣,她恩威并施,区别对待。如南院宣徽使耶律阿没里、南府宰相阿律沙、叔父萧幹,都作了妥善安排,使他们一心辅政。终于消除了内乱的隐患,安定了政局,控制了政权。

萧太后还对辽的政治、经济和军事进行改革。

第一,推进科举制度,自988年(统和六年)起,按唐朝的办法,定期开科取士,选拔士人任官,进一步消除了契丹贵族上层在国政上的影响。

第二,颁行汉律,废除长期施行的契丹族习惯法,依唐律制定律令,公布于众,务求宽疏,大大缓和了社会矛盾,许多地方出现了监狱一空的景象。

第三,任贤去佞,考课官吏,改革吏治,使社会得到较好的治理。

第四,虚心纳谏,严格约束小皇帝和王公贵族,使政治清明。她三令五申文武百官要秉公执法,不得阿顺上意,还要知无不言,敢于进谏。她亲自以身作则,闻过则纠,闻善不喜。所以,在她统治时期,文武大臣都能为其所用,尽心尽力,君臣上下一片和气。997年(统和十五年),辽圣宗已经二十八岁,萧太后还一再告诫他:"欲不可纵。"

第五,她奖励和扶持农业生产,把农业文化推向塞外牧业区,使经济得到发展。

第六,她亲自统领国中神武、控鹤、羽林、骁武等四支精锐部队,精心选拔,严格训练,保证了对外作战的胜利和国内的安定。

在萧太后的治理下,辽国达到鼎盛时期。

五

宋太宗见辽景宗逝世,辽主年少,萧太后摄政,内部矛盾不少,有机可乘,决定再次出兵攻辽。986年(统和四年)正月,宋太宗任命曹彬、田重进、潘美率兵,三路齐进,讨伐辽朝。各路宋军一开始进展十分顺利。曹彬军取固安、新城二县,进攻涿州,杀辽将贺斯。田重进军与辽军战于飞狐口,生擒辽将大鹏翼,夺得飞狐、灵丘,又进克蔚州(今河北蔚县)。潘美、杨业军由西陉出发,追击辽军,辽寰州(今山西朔州东)刺史赵彦辛投降,朔州(今山西朔州)、应州(今山西应县)、云州(今山西大同)被占。

当初,宋太宗对曹彬说道:"你带领十万大军,宣称夺取幽州,实际上要持重缓行,不要贪小利引来大批敌军。敌人听到大军北进的消息,必然要将重兵集中于幽州,就不会去援助山后了。等西、中两路得手后,再合围幽州。"现在,曹彬进击涿州,辽南京留守耶律休哥因兵少不与宋军决战,但在夜间派出轻骑骚扰宋营,杀戮分散单弱的宋军,白天则以精兵在树林设埋伏,袭击宋军辎重,断绝宋军运粮的通道。曹彬大军十多天以后就开始缺乏粮草,不得不退回雄州。战报传到汴京,宋太宗惊叫道:"大事不好!哪里有大敌当前,却退兵以待粮草的?太失策了!"急忙传令:"不要前进,带上军队沿白沟河下行,与米信军联结,按兵不动,养精蓄锐,以声援西路军。等潘美等人全部夺得山后诸地,再与田重进会合东下,与曹彬、米信军会合,以全军对付敌寇。"然而,曹彬部下的将领见其他部队进展神速,急于争功,于是带了五十天的粮草，又进攻涿州。

萧太后对北宋的进攻早有准备。在御前军事会议上，她与将帅们商量，制定了"东拼西守，以逸待劳"的战略部署，命耶律斜轸去抵挡潘美、杨业的西路宋军，自己亲自率领十万大军赶往涿州，支援耶律休哥，驻扎于施罗口（今河北涿州东北五十里处）。她下令耶律休哥和蒲领二将以轻兵接近宋军，攻击其分散的军队，夺其粮草。宋军且行且战，花了四天时间才到达涿州城外，在拒马河边连营六七里，与河北边的耶律休哥对垒。当时正当酷暑，宋军远行疲惫，加上粮草不济，又听到辽太后亲率大军来援的消息，军心动摇，不得不冒雨后撤。耶律休哥和萧太后分率人马随后追来，五月三日，在涿州西南的岐沟关夹击宋曹彬大军。宋军力竭，以粮车围成一圈自卫。辽军发动进攻，宋军大败。曹彬收拾残兵夜渡拒马河，李继宣力战于拒马河上，辽兵仍紧追不舍。宋军溃不成军，在渡河中拥挤践踏，死伤无数。剩余的将士逃到高阳（今河北高阳东），辽军在后面不断发起冲击，宋军又有数万人被杀，沙河水被尸体堵塞，丢弃的兵器盔甲堆成了山。宦官王继恩从易州逃回汴京，宋太宗才得知大军溃败的消息，急忙下诏令西、中两路军后撤。

再说西线战况。辽将耶律斜轸率十万兵马来到定安，宋雄州知州贺令图兵败南撤。耶律斜轸穷追其后，一直追到五台山，杀死宋军数万，占领蔚州。潘美与贺令图领兵来救，与辽军在飞狐遭遇，宋军又败。于是浑源（今山西浑源）、应州（今山西应县）的守军都弃城南逃，辽军进占寰州，杀死守城吏卒一千多人。这时，宋朝下令将云、应、朔、寰四州的居民迁往内地，由潘美、杨业部保护撤退。杨业本已退屯代州，在辽军的进逼下，杨业主张避敌锋芒，主将潘美等人却逼其前去接应飞狐口的宋军。

杨业带兵从代州出发，孤军深入，且战且行。耶律斜轸得到消息，派兵前往袭击，边战边退，又让萧达兰带兵埋伏在路边，等杨业前来。杨业带兵来到狼牙村（今山西朔州南），觉得不妙，想停止前进，经将领们劝说，又继续前进。突然，辽人伏兵四起，飞箭如蝗，杨业一行从中午一直战至傍晚，矢尽枪折，退至陈家谷口，不见援军，抚胸痛哭。辽军包围上来，杨业率亲兵转身再战，亲手杀敌近百人，自己也受伤数十处。在部下全部战死以后,杨业退往树林中,辽将耶律斜轸朝林中的战袍一箭射去,正中杨业坐骑,杨业落马被擒。

起初,萧太后曾给军中下令,一定要活捉杨业。耶律斜轸于是派兵押送杨业去京城。杨业一路绝食,饿了三天以后在古北口(今北京密云北)死去。

此后,辽朝由防守转入对宋的进攻。1004年(统和二十二年)闰九月,萧太后与辽圣宗领兵二十万大举南下,进逼澶州(今河南濮阳)。萧太后亲自击鼓指挥战斗,箭矢如雨,直泻宋城。宋真宗在大臣寇准的坚持下,也御驾亲征。萧太后在强大军事力量的支持下,逼使宋人议和,于十二月达成和议。议定宋朝每年给辽朝绢二十万匹,银十万两,两国以兄弟相称。澶州又称澶渊郡,所以历史上称这次和议为"澶渊之盟"。澶渊之盟以后,宋辽关系进入了一个相对稳定与和平的时期,这对双方都有好处。

六

萧绰作为皇后协助丈夫辽景宗执政十三年,在景宗死后其子耶律隆绪为帝时,又以太后身份摄政二十七年,前后在辽朝政治权力的顶峰长达四十年之久。其间,她最得力的助手就是曾与她定亲的韩德让。

韩德让的祖父韩知古在辽朝为官,其父韩匡嗣在辽景宗时曾任南京留守、西南面招讨使,追赠尚书令。韩德让为其第二子,一向忠厚谨悫,智略过人,有建功立业的大志。萧思温见其前途无量,所以将自己的三女儿燕燕许给年长十二岁的韩德让,婚期已定,却因景宗选妃而悔婚,将燕燕送进宫中,成就了女儿的盖世功名。韩德让也在景宗朝为官,因其忠于皇室,办事认真,谨慎恭顺而受到重用,为东头承奉官,补枢密院通事,转上京皇城使,遥授彰德军节度使。后来又代父为南京留守,甚有政声。在抗击宋军北犯的战斗中,他曾屡立战功,升任辽兴军节度使,又征为南院枢密使。

辽景宗病重时,诏令韩德让与耶律斜轸为顾命大臣。景宗死后,立其子耶律隆绪为圣宗。萧太后临朝称制,以韩德让为政事令,掌握机要。此时韩德让之妻已死,萧太后年方29岁,念及旧情,萧太后遂让韩德让总宿卫事,负责皇宫的警卫。韩德让足智多谋,对太后忠心耿耿,每有军国大事,他都为其出谋划策。每当太后外出,他都随其左右,十分尽心。为此,他更受太后的信任。986年(统和四年),他随太后出征,击败宋军,以功加守司空,封楚国公。回师后,与北府宰相室昉共执国政。987年(统和五年),辽军伐宋,围宋军于沙堆。宋军乘夜来袭,韩德让严军以待,击退宋军,受封为楚王。

994年(统和十二年),室昉致仕,推举韩德让为北府宰相,仍领枢密使,掌握了国家大权。韩德让不敢懈怠,他发现三京诸办理狱讼之官多因请托而徇私枉法,或者对犯人严刑拷打,就上奏请求予以严禁。又上表请求朝廷任用贤杰,除去奸邪。萧太后高兴地对他说:"卿进贤辅政,真是尽到了一位大臣的责任了!"为了表彰韩德让的功绩,萧太后拜其为大丞相,封齐王,总二枢府事。1001年(统和十九年)萧太后下诏赐韩德让名德昌。三年后,又赐其姓耶律,正式将其作为皇族看待。1010年(统和二十八年)又赐名隆运,以纪念其使辽朝兴旺之功。不久,又封其为晋王,位在亲王之上,出入有百名护卫和仪仗队,排场与皇帝等同。辽圣宗也对韩德让十分尊敬,称其为继父。

萧太后在韩德让等大臣的忠心辅佐下,使国盛民富,社会安定,受到全国官民的爱戴,一再给她上尊号,称她为承天皇太后、睿德神略应运启化承天皇太后。萧太后生有四个儿子:长子为圣宗;次子名隆庆,封秦晋王;三子名隆裕,封齐国王;四子名郑哥,出生八个月夭折。有三个女儿:长女燕哥,嫁予母后之弟留住哥;次女名长寿奴,嫁给母后之侄悖野;三女名延寿奴,嫁悖野之弟肯头。

1009年1月(统和二十七年十二月),萧太后病重,她知道自己将不久于人世,于是将儿子叫到跟前,当着众大臣的面,宣布归政于皇帝。当月,这位名声显赫的辽朝皇太后终于走完了她五十七年的人生道路。谥为圣神宣献皇后,后又改谥睿智皇后。

(原载郭卿友主编:《中国历代少数民族英才传》,兰州:甘肃人民出版社,2000年)

巩昌汪氏的族属及其与徽州汪氏的通谱

巩昌(今甘肃陇西)汪氏,自蒙古国汪世显始著,是陇右百数十年军功望族。巩昌汪氏族属,由于文献及碑铭记载的含混不一,在20世纪前期已被学者叹为"殊可怪也"①,近年更成为学界争论不休的问题②。巩昌汪氏在元史中地位甚巨,而徽州汪姓家族史又是社会史研究的重要课题,对此问题的辨析,在古代民族融合史中有典型意义。

一、辨巩昌汪氏为汪古族

《元史·汪世显传》早就明确地记载了巩昌汪氏的族属,称:"汪世显字仲明,巩昌盐川(今甘肃漳县境)人。系出旺古族。仕金,屡立战功,官至镇远军节度使,巩昌便宜总帅。金平,郡县望风款附,世显独城守,及皇子阔端驻兵城下,始率众降。"汪古部的历史经周清澍先生专题研究,其结论为学界所公认。汪古族,指"金元时期阴山以北部族。或译雍古、王孤、瓮古、旺古、汪骨、汪古惕。……汪古的基本成份是由操突厥语的各部人结合而成"③。元人姚燧所撰《便宜副总帅汪公(忠臣)神道碑》,详言汪世显家族汪姓的由来,云:"公王姓,由大父彦忠,世汪骨族,故汪姓。"姚氏当是根据汪家人提供的行状资料,称汪世显之父姓王名彦忠,"汪骨族人",因

---

①张维编:《陇右金石录》卷六《汪忠让公神道碑》"按语",载《中国西北文献丛书》第182册,兰州古籍书店,1990年,第66页。

②如李兴华著《元代陇右汪氏家族》,认为汪为汉族系徽州汪华的支裔(参见《漳县地方文史资料丛书第一集》,漳县图书馆油印本,第8页);胡小鹏在《西北师范大学学报》1994年第6期上刊出《元巩昌汪氏非汪古族考》一文,论巩昌汪氏为汉化的吐蕃酋豪;汪楷在《内蒙古社会科学》2000年第5期发表《元朝巩昌汪氏的族属探秘》,坚持汪古说。

③《中国大百科全书·中国历史·元史》,北京:中国大百科全书出版社,1985年,第107页。

族名Onggur，移为汉字可有许多不同的写法，汪世显遂改王姓为汪姓。

20世纪上半期，学界对汪世显族属并无歧见。《新元史·汪世显传》完全采信姚燧所说，言："本姓王，父彦忠，隶于汪古部，故改姓汪。"慕寿祺撰《甘宁青史略》卷一二"汪世显降蒙古"条，所加按语，亦直称其"系出旺古族"①。王树民先生观看《陇西汪氏族谱》后，在日记中言："《族谱》自称为唐越国公汪华之后，汪达即其子也，始居陇西云。以《元史》校之，汪氏之姓实为旺古族之简称，《族谱》所记，殆未足凭也。"②

巩昌汪氏家族碑铭，出土或存世者较多。张维撰《陇右金石录》，收录了汪氏六通碑文。《西北民族研究》1999年第1期，发表吴景山《元代汪世显家族碑志资料辑录》，公布了共十六通碑的资料。吴文所录20世纪70年代由漳县汪氏家族墓地出土之十通元代碑志文，除汪惟易圹志明言"其先世掌汪骨族"外，皆未提及其族属事。可否说在元代，巩昌汪氏族属是人所共知毫无疑义的。然而，在史书和《陇右金石录》所录传世元代家族碑志中又有汪世显家族为汉族的说法，从而引起学者的讨论。笔者仔细探究，以为当系误读、误释和改窜的结果。

《元史》卷一五《世祖本纪十二》载，至元二十六年六月，巩昌便宜都总帅汪惟和（汪世显之孙）言："近括汉人兵器，臣管内已禁绝，自今臣凡用兵器乞取之安西官库。"元世祖忽必烈回答道："汝家不与它汉人比，弓矢不汝禁也，任汝执之。"显然汪惟和及元世祖都称巩昌汪氏为汉人，这岂不是巩昌汪氏为汉族最可信的证据吗？否。治元史者皆知，建立元朝平定南宋后，元朝将境内各民族人分为四等，一等为蒙古人；二等为色目人，指蒙古以外的西北、西域各族人，包括西夏、畏兀儿、回回等；三等为汉人，指北方的汉族，也包括已经入居中原的契丹、女真人；四等为南人，指原南宋统治区的居民。汪世显家族本为金朝属下之汪古族，自然属于第三等的汉人之列。所以汪惟和自称"汉人"及世祖称之为"汉人"，皆无其为汉族的意思，我们不可误读。查《元史》，元世祖曾三次下诏禁私人持有武器。第一次在中统四年

①慕寿祺：《甘宁青史略》卷一二，兰州俊华印书馆，民国二十五年印行。
②王树民：《曙庵文史续存》，北京：中华书局，2004年，第355页。

正月"申禁民家兵器",第二次在至元十六年二月"禁诸奥鲁及汉人持弓矢,其出征所持兵仗,还即输之官库"。第三次在至元二十六年四月"禁江南民挟弓矢,犯者籍而为兵"①。三次所禁对象并不一致,第一次是禁所有居民持有的兵器。第二次是禁奥鲁(蒙古、色目军户)及汉人平时持有的弓矢,令其出征时到官府领取,用过交回。第三次是专禁原南宋人民持有的弓矢。汪惟和与元世祖关于禁汉人兵器的对话,应是对第二次禁令的回应和诠释。但《元史》本纪中却将其系于至元二十六年六月条,显然有误。

元世祖时学者王鹗(1190—1273年)撰《汪忠烈公(德臣)神道碑》,有言:"汪本姬姓。宋末金初,世掌盐川之一隅汪骨族,因氏焉。"②明程敏政解释道,汪世显家族本系徽州汪氏之支裔,"唐季没于李氏,号曰汪古族,犹曰汪氏旧家云尔。西人方言,或误称汪为旺古,碑文以为汪骨云"③。程氏所说极为牵强。首先,汪古族并非仅有巩昌汪氏这一支,已如前所述。若强以巩昌汪古族人为唐汪华之后,其他的汪古族人又是否与唐汪华有关呢? 恐程氏就难以自圆其说了。其次,徽州汪氏的宗谱流传有序,在唐初以前就撰修过三次:第一次为三十一世汪文和撰于东汉建安年间,第二次是三十五世汪旭撰于东晋咸康二年(336年),第三次是四十四世汪华撰于隋唐之际。唐贞观年间"诏索天下谱,(汪华)因上《汪氏大宗谱》"④。此条家谱资料并非空穴来风,史载:"贞观十二年正月十五日,修《氏族志》一百卷成,上之。先是,山东士人,好自矜夸,以婚姻相尚,太宗恶之,以为甚伤教义,乃诏礼部尚书高士廉、御史大夫韦挺、中书侍郎岑文本、礼部侍郎令狐德棻,及四方士大夫谙练族姓者,普索天下谱谍(牒),约诸史传,考其真伪,以为《氏族志》。太宗谓曰:'……我今定氏族者,欲崇我唐朝人物冠冕,垂之不朽。'合二百九十三姓,千六百五十一家,分

①分别见《元史》卷五《世祖本纪二》、卷一〇《世祖本纪七》、卷一五《世祖本纪十二》。
②张维编:《陇右金石录》卷五《汪忠烈公(德臣)神道碑》,载《中国西北文献丛书》第182册,兰州古籍书店,1990年。
③《新安文献志》卷九六《行实》按语,文渊阁《四库全书》集部总集类。
④《歙西堨田汪氏家谱》卷一,光绪癸未(1883年)刻印。

为九等,颁于天下。"①汪氏本于姬姓,郡望颍川,自此当为学人共知。王鹗在金时已是状元,后为忽必烈所赏识,即位后授翰林学士承旨,制诰典章,皆所裁定,为当朝第一文士。巩昌汪氏家人向其求索碑文,他在据行状撰文称其为"汪骨族,因氏焉",在碑末铭文中,又特意言明"西州著姓,因官氏汪",强调汪世显家族之姓源于汪骨族酋豪之官,同时又说明天下汪氏"本姬姓"的常识。两个汪氏,一来自官(汪古族酋长),一来自始祖之名(以王父名别姓汪氏),以示区别。他在文中如此讲明此汪非彼汪,我们怎能误释,据以得出此汪即彼汪的结论呢?

杨奂(1186—1255年)撰《汪义武公(世显)神道碑》,碑文中有"公系出南京徽州歙郡之颍川"②句。该碑今已不存,我们无法校正其文。光绪《甘肃通志》撰写时,作者曾亲见该碑,说碑"高二丈余,广五尺余,厚尺余,额趺俱完好。为陇西义武王世显神道碑,便宜都总府帅参议巩昌奥鲁都总领门下潘珍书,后面碑文颇多剥落,杨文宪公撰"。按:汪世显死于1243年,死时无封号及谥号。忽必烈继位后始行谥法,"中统三年,论功追封(汪世显)陇西公,谥义武。延祐七年,加封陇右王"③。中统三年为1262年,延祐七年为1320年。而杨奂死于1255年,他撰碑文当在1243年至1255年,当时汪世显尚无"义武"谥号,故碑额称"义武公",应是中统三年以后所立并镌额。我们查考元苏天爵(1294—1353年)《国朝名臣事略》中的《总帅汪义武王》传,其全文引录杨氏所撰神道碑文,其中直言"公系出汪骨族",并无"南京徽州"云云句。④苏天爵是一位非常严谨的文献学家,其保存元代文献的功勋无人能右,他不可能在著录当朝重臣先辈的碑文时,故意删改某些要害的文字。我们再查杨奂《还山遗稿》卷上《总帅汪义武王世显神道碑》亦言:"公系出汪骨族。"⑤而无"南京徽州"句。因此可以肯定,杨奂原撰碑文根本就没有"系出南京徽州"句。"南京徽州

①《唐会要》卷三六《氏族》,北京:中华书局,1998年,第664页。
②张维编:《陇右金石录》卷五《汪义武公(世显)神道碑》,载《中国西北文献丛书》第182册,兰州古籍书店,1990年。
③《元史》卷一五五《汪世显传》,北京:中华书局,1976年,第365页。
④《国朝名臣事略》卷六,北京:中华书局,1996年,第88页。
⑤《还山遗稿》卷上,文渊阁《四库全书》集部五别集类四。

歙郡之颍川"一句,在历代行政区划史上露出极大破绽。金朝疆域不及江南。元时地方行政区划实行省、路、府、州、县制,歙为县,非为郡。《元史·地理志五》言:"徽州路,……县五:歙县,休宁,祁门,黟县,绩溪。"另外,所谓"南京",北宋曾以今河南商丘为南京,辽朝曾以今北京市为南京,金朝曾先后以今辽宁辽阳和河南开封为南京。元时之南京,仍指开封,辖地都在江北,在江南的徽州路歙县归江浙行省管辖。《元史·地理志二》载:"河南、江北等处行中书省。……汴梁路。唐置汴州总管府。石晋为开封府。宋为东京,建都于此。金改南京。金亡,归附。旧领归德府,延、许、裕、唐、陈、亳、邓、汝、颍、徐、邳、嵩、宿、申、郑、钧、睢、蔡、息、卢氏行襄樊二十州。至元八年,令归德自为一府,割亳、徐、邳、宿四州隶之,升申州为南阳府,割裕、唐、汝、邓、嵩、卢氏行襄樊隶之。九年,废延州,以所领延津、阳武二县属南京路,统蔡、息、郑、钧、许、陈、睢、颍八州,开封、祥符倚郭,而属邑十有五。二十五年,改南京路为汴梁路。二十八年,以瀠河而南、大江以北,其地冲要,又新入版图,置省南京以控治之。"到了明朝洪武、永乐时,才以今江苏、安徽地置南京(南直隶),下辖有徽州府歙县。《明史·地理志一》载:"应天府,……洪武元年八月建都,曰南京。十一年曰京师。永乐元年仍曰南京。""徽州府。太祖丁酉年七月曰兴安府。吴元年曰徽州府。领县六:……歙。"另徽州在今安徽,为汪华后裔聚居地;颍川在今河南,为汪氏始祖封地,唐以该地为汪氏郡望。歙县辖境绝无颍川一名。若杨奂真如其本传所说:"博览强记,作文务去陈言,以蹈袭古人为耻。朝廷诸老,皆折行辈与之交。关中虽号多士,名未有出奂右者。"[1]不应如此缺乏基本的地理和姓氏常识。故,《陇右金石录》所录之杨奂撰碑文中"系出南京徽州歙郡之颍川"十一字,当是明代一位缺乏地理文化常识的巩昌汪氏族人磨补的文字,不足为凭。

还有,徽州唐汪华因其墓庙屡屡"显灵",在宋元明清被朝廷多次加封,其中元代有"元泰定三年(1326年),特改昭忠广仁武烈灵显王。至正元年(1341年),颁降

---

①《元史》卷一五三《杨奂传》,北京:中华书局,1976年,第3622页。

宣命明定江西神兵默助,敕封汪公圣主洞源大帝"①。倘若当时朝中承认巩昌汪氏为汪华之后,不应在颁诏时不对巩昌汪氏亦加荣宠或对其"始迁祖"汪达加以封赠。

总而言之,元朝文献和墓志文皆以陇西汪氏为汪古部人,毋庸置疑。

二、巩昌汪氏与徽州汪氏的通谱

从明代开始,巩昌汪氏才不再提汪古族事,而径称为徽州汪华之后。据存有清道光年间续修巩昌《汪氏族谱》过录本的汪楷说:"明朝永乐年间,世显七世孙汪福、汪寿兄弟创修陇西《汪氏族谱》,为此将江南《汪氏族谱》所载周秦汉魏晋隋唐初世系誊移过来,同巩昌汪氏的金元世系拼接,并正式分成'南汪'与'西汪'两大地域流派,共同以鲁成公次子姬汪为受姓始祖,以越国公汪达为陇上汪氏的'始迁祖'"②。漳县出土碑志中最早声言巩昌汪氏为徽州汪华后裔的,是明正德二年(1507年)范镛所撰之《明昭勇将军巩昌指挥使司指挥汪钊墓志》,志文云:"公讳钊,字克明,其先徽州府歙县人。始祖有曰华者,当隋之季,豪杰争雄,尝鞠义旅,保辑歙、宣、杭、睦、婺、饶等六州,以待宁晏。逮唐受禅,知天命有属,则奉籍以归,得封越国公,卒进越王。子达袭爵,移镇陕西巩昌,遂家于盐川,即今漳县是也。历宋暨金,相传为汪古部都总管。迨元□至公八世祖世显,以武功拜巩昌便宜都总帅,卒赠太师、上柱国,谥义武,追封陇右王。"③明程敏政撰《新安文献志》,收录《元史·汪世显传》,以按语说明巩昌汪氏与徽州汪氏联系之始,言:"《汪氏谱》越国公第三子达,袭封上柱国越国公,征贺鲁龟兹高昌有功,世守巩昌。唐季没于李氏,号曰汪古族,犹曰汪氏旧家云尔。"④

查徽州汪氏家谱,汪达确有其人。《谱》载,汪华有九子,"达,字德远,世华(汪华本名,入唐避太宗讳,单名华)三子。唐左卫勋府参军,以征贺鲁龟兹高昌勋至上柱

---

①《歙西塈田汪氏家谱》卷一,光绪癸未(1883年)刻印。

②汪楷:《元朝巩昌汪氏的族属探秘》,《内蒙古社会科学》2000年第5期。

③吴景山:《元代汪世显家族碑志资料辑录》,《西北民族研究》1999年第1期。

④[明]程敏政:《新安文献志》卷九六《行实》按语,载文渊阁《四库全书》集部总集类。

国,袭封越国公,终会州刺史。薨年五十七。配葛氏,合葬白渠府北二十里。子三:处哲、处惠、处澄。宋绍兴十年,以灵迹并著,敕建庙于歙县龙井山,额曰忠勋。乾道八年敕封忠应侯,庆元五年敕加忠应威助侯,嘉泰元年敕加忠应威助昭济侯,宝祐二年敕加忠应威助昭济协惠侯,三年敕加崇善公,景定五年敕加崇善衍佑公。"贺鲁全名阿史那贺鲁,为突厥叶护,于高宗永徽元年十二月以西域反叛,自称可汗,唐朝派兵讨伐。以《谱》文与《汪钊墓志》及有关文字对照,有三点可辨。其一,《谱》明言,汪达终官于"会州刺史",唐朝时会州治所在今甘肃靖远,无《汪钊墓志》所言"移镇巩昌"事,更无"家于盐川"事。其二,唐时既无陕西之名,亦无巩昌之名。今陕西、甘肃、宁夏等地时辖关内道;今甘肃陇西,时为陇右道渭州。既然没有陕西巩昌之名,哪来"移镇陕西巩昌"之事?其三,若汪达真定居盐川,则死后应葬于斯地。然《谱》明言,汪达葬于白渠府北。查白渠为汉武帝时白公胜主持修建的关中灌溉渠,唐代仍在发挥作用,所以大历间有"毁除白渠水支流碾硙,以妨民溉田"[1]的事。该渠"引泾水,首起谷口,尾入栎阳,注渭中二百里"[2],在长安北。宋学者胡伸所撰《唐越国汪公行状》言,汪华归唐后,"贞观二年授左卫白渠府统军"[3]。则汪达所葬之白渠府,实其父唐初任职左卫白渠府统军之府第附近。汪达墓园清楚,不可能"遂家于盐川,即今漳县是也"。所以,巩昌汪氏所言汪达事与徽州汪氏谱并不相符,颇多牵强编造之迹,不可信。

巩昌汪氏与徽州汪氏的通谱,据说最早是通过元末汪泽民。《婺源大阪谱》载:"元至正中,礼部尚书(汪)泽民尝会(陇右汪义武)王之子孙袭总帅者于燕京,相与通谱。"[4]查汪泽民于至正三年(1343年)奉调京师,参与撰修《辽》《金》《宋》三史,至五年书成,后二月,以嘉议大夫、礼部尚书致仕回乡。若《婺源大阪谱》所说不误,陇西汪氏子孙会见汪泽民就在至正五年(1345年),其时,各地农民起义风起云涌,统

---

①《旧唐书》卷一二〇《郭子仪传》,北京:中华书局,1975年,第3470页。

②《初学记》卷六《地部中》,北京:中华书局,1962年,第137页。

③[明]程敏政:《新安文献志》卷六一《行实》,载文渊阁《四库全书》集部总集类。

④[明]程敏政:《新安文献志》卷九六《行实》,载文渊阁《四库全书》集部总集类。

治者惶惶不可终日,权势人物多设法安排后路。在这种情况下,巩昌汪氏提出与徽州汪氏通谱,其目的岂不昭然若揭! 况且,其时汪世显四世孙汪家奴正任从一品的枢密院知院,为顺帝近臣,权势炽热,汪泽民仅至三品的礼部尚书衔致仕,在这种情况下,倘若巩昌汪氏提出通谱的要求,他能拒绝吗? 不过,汪泽民是宁国宣城(今安徽宣城)人,而非徽州本籍,所以徽州汪氏谱或未据以改修。如明初《严陵汪氏家谱》,就不载巩昌汪氏事,宋濂的序称赞徽州汪氏历祖阀阅,亦不言巩昌汪世显之勋爵。

洪武二年(1369年),明将徐达奉命西征陕甘,其部将平羌将军冯胜兵临巩昌城东,汪世显五世孙、巩昌守将汪庸率众出降。明朝以汪庸为土官,世袭巩昌卫指挥同知,明太祖还"赐巩昌、建宁、定辽等卫指挥同知汪庸等五人织金袭衣"[1]。巩昌汪氏在新政权下又衣锦荣华。永乐时,汪庸长孙汪福撰《陇西汪氏宗谱》,依据所闻徽州汪华之子汪达事迹,歪曲其生平,以与巩昌汪氏事相系,称其为巩昌汪氏"始迁祖"。从此以后,巩昌汪氏就由属于少数民族的汪古人变成汉族了。但当汪福之弟汪寿请求大学士杨荣为新撰该谱作序时,杨荣在序中虚与委蛇,一再赞叹汪世显及其后裔之勋功,却不及其与徽州汪氏为同宗之事。[2]明弘治十五年(1502年)汪舜民撰《徽州府志》,其卷七《人物一·勋贤》有《唐·汪华传》,其中云:"子……达,以征贺鲁龟兹高昌功,袭上柱国越国公,镇巩昌。"疑其时徽州汪氏已有与巩昌汪氏联谱事。据明李东阳(1447—1516年)所撰《汪氏家乘序》[3],汪舜民为汪华第七子爽之后裔。而作者所用中国社科院历史所图书馆藏本《歙西碣田汪氏家谱》,则为汪华长子汪建后裔所撰谱,看来,明代以后,汪华长房之一支派始终不承认巩昌汪氏为其宗亲。嘉靖年间所刻汪廷俸等纂修的《[徽州]汪氏统宗谱》,其内容叙及唐汪华"九子:建、璨、达、广、逊、逵、爽、俊、献及兄弟侄辈皆衣紫食禄为朝廷命官,自兹其

---

①《明太祖实录》卷一四九,洪武十五年十月戊戌。

②[明]杨荣:《陇西汪氏世谱序》,载《新安文献志》卷九六下附文。

③《李东阳集》卷二,长沙:岳麓书社,1984年,第101—102页。

族始大。后裔分迁苏、鲁、浙、闽、蜀、楚、粤、赣等省,遍布皖南城乡各地"①,仍未言有迁陕之巩昌者。明嘉靖进士、徽州汪道昆(1525—1593年),于晚年修成《汪氏十六族近属家谱》,序言:"其后入朝,鄂太宰宗伊鄣、大宗伯锃咸在。巩宗人有泽宫之役,挟谱寻盟,相与并观。越国以往,皆合。《越谱》载王子达以征讨,袭越国公,仅及三世。《秦谱》谱其世次,世守陇西,爰及熙宁,始改袭总管。其以勋阀封王者,二尚公主者,若而人胙之,土田视五,等等。高皇帝法世及,不以流官,食采如初,改袭都指挥使,其秩二品,班曲阜同,世禄千年,文武之极也。……自吴太守许悌举郡中四胄,则首吾宗。唐举宇内十姓,以国柱称吾宗。以河西显兹十六族,其百一耳。"②对所谓《秦谱》内容及其为徽州以汪道昆为代表的汪氏所承认的缘由,记述得一清二楚,实乃因其显赫之阀阅。

三、余 论

钱大昕言:"古今史成之速,未有如《元史》者;而文之陋劣,亦无如《元史》者。"③有人或许会说,《元史》质量之劣学界共知,其有关汪世显为汪古族的说法,或许就是其粗疏陋劣的一条实例!《元史》总纂官宋濂是浙江金华人,后迁居浦江。他学问渊博,对徽州汪氏家族谱系亦颇熟悉。他曾阅读国子助教汪中提供的《严陵汪氏家谱》,该谱"子孙自汪以下咸述其字、名、官位、寿年、坟墓所在,他若墓中之铭、朝廷之命,为汪氏出者,咸无所遗。历秦汉以下,至于今七十有余世,灿然如目见而耳受"。宋濂为之撰序,盛赞"汪固祖周公,南方之汪自越公华而大著。越公之后,以诗书起家,而显于宋,登政府列侍从者,不可胜数,其盛固异于他族矣。宜其谱之修非他族所能比也"④。在朱元璋严酷的专制下,作为总纂官的宋濂,至少要将《元史》成稿阅读一遍。倘若《元史》列传分修者将本为汪华后裔的汪世显写成汪古部人,

---

①《上海图书馆馆藏家谱提要》,上海:上海古籍出版社,2000年,第283页。

②《明伦汇编·氏族典》卷二八二《汪姓部》,载《古今图书集成》。

③《十驾斋养新录》卷九《元史》,上海书店,1983年,第195页。

④《文宪集》卷七《严陵汪氏家谱序》,载文渊阁《四库全书》集部别集类。

宋濂在终审时不会不据其所知予以纠正。可以肯定,明初的多种汪姓家谱并无汪世显为汪华之后的记载。《元史》撰稿者是依据元朝官私资料,经过分析研究才写下汪世显为"旺古族"的。清代汪姓族人汪辉祖著《元史本证》,对汪世显的族属并未表示疑问。看来,他也是认同《元史》此条记载的。

巩昌汪氏本为汪古部人,元朝百数十年,以武功晋爵,权势倾天下。但在元末汉族反抗四起,其所依靠的蒙古皇室已如正在消融的冰山,难以为继,他们惧其权势丧失,遂勋力于攀附汉族著姓的徽州汪华一族,并找出汪华之子汪达曾随军到西域讨伐突厥叶护叛军的家谱资料,谬称汪达移镇巩昌,居家盐川,从而与徽州汪氏通谱。清康熙年间,汪琬撰《[苏州汪氏]族谱后序》叹道:"吾仲揖九有言曰:'谱牒之废也,废于贫且贱者什之三,而废于富且贵者什之七。富者或耻其家之衰落,则扳援大族,而强附之。贵者或傲焉亡其先世之遗泽,而过虑族人之贫者觊觎其锱铢,则唯恐远之不速也。夫富者既强附人之宗,而贵者又思急远其宗,于是谱牒虽存,而实亡矣。'信哉斯言!凡为吾族者,不可不深长思也。"①巩昌汪氏与徽州汪氏联谱,不就是权势者强附他人之宗的一个典型事例吗?不过,由此本为陇右的一支少数民族自认是江南汉族的后裔,倒又是中国古代民族融合史上的一件实例。

(原载《民族研究》2006年第3期)

---

①[清]汪琬:《尧峰文钞》卷二六《族谱后序》,文渊阁《四库全书》集部别集类。

周亮工知遇吴嘉纪

吴嘉纪(1618—1684年),字宾贤,号野人,江苏泰州安丰场(今属东台市)人,清初著名诗人。其《绝句》叹盐民之苦,言:"白头灶户低草房,六月煎盐烈火旁。走出门前炎日里,偷闲一刻是乘凉。"①与历史上诸多哀叹民生的诗相比,看似白描,意境却极为深邃,令人感慨窒息。吴氏经历了明清之际的社会大变动,政局混乱,起义屡发,清兵南下,加之灾害频发,给诗人和他的乡亲们造成了前所未有的灾难。吴嘉纪有许多反映社会现实的诗作,如写躲避兵燹的诗云:"我昔兵过独还家,畦上髑髅多似瓜。鸭毛满蹊旧狗死,篱菊自放霜中花。天南伯兄天北季,惊魂弃绝故园地。又闻土贼聚稍稍,细雨夜啼九头鸟。"②又有记扬州屠城的诗称:"城中山白死人骨,城中水赤死人血。杀人一百四十万,新城旧城内有几人活?"③近年有学者据此诗研究扬州死难人数不致如此之多,难怪他的盐场新乐府诗被人称为"诗史"。正因为他的诗中有不少抨击现实政治、抒发小民心情的作品,"语多违碍""多怨咽之音"而被乾隆朝列为禁书。刘大杰先生《中国文学发展史》以十页篇幅论清初九位遗民诗人,其中关于吴嘉纪的文字就占了三页半,可见其在中国文学史中的重要地位。

这位"一生不出东淘④路"的布衣诗人,是被哪位诗坛伯乐发现,而得"自有才名十五州"⑤的呢?《四库全书提要》言:"嘉纪,字野人,泰州人。泰州多以煮海为业,嘉

①《吴嘉纪诗笺校》,上海:上海古籍出版社,1980年,第10页。
②《我昔五首,效袁景文》,载《吴嘉纪诗笺校》,上海:上海古籍出版社,1980年,第303页。
③《李家娘》,载《吴嘉纪诗笺校》,上海:上海古籍出版社,1980年,第299页。
④东淘,江苏东台市安丰镇古名。
⑤《怀吴野人先生》,载《清诗别裁集》卷四,北京:中华书局,1975年。

纪独食贫吟咏,屏处东淘,自名所居曰陋轩,因以名集。其诗颇为王士禛所称。其诗风骨颇遒,运思亦复劖刻,而生于明季,遭逢荒乱,不免多怨咽之音。"①《清史稿》本传据此发扬道:"郡人汪楫、孙枝蔚与(吴嘉纪)友善,时称道之,遂为王士禛所知。尤赏其五言清冷古淡,雪夜酌酒,为之序,驰使三百里致之。嘉纪因买舟至扬州谒谢定交,由是四方知名士争与之倡和。"②王士禛赞赏吴嘉纪是事实,但真正发现吴嘉纪这位诗坛奇才的伯乐是周亮工,王士禛因周亮工的推荐,阅读了《陋轩诗》,并受命作序,才有了称颂吴氏之事。王士禛《陋轩诗序》清楚地交代了这一过程,称:

> 癸卯(1663年)孟春,周栎园司农将之青州,过扬州,遗予《陋轩诗》一卷,盖海陵吴君嘉纪之作也。披读一过,古澹高寒,有声出金石之乐,殆(孟)郊、(贾)岛者流。近世之号为诗人者众矣,掇拾汉、魏,捃扯六朝,以献酬标榜为名高,以类函韵藻为生活,此道膻秽榛莽久矣!如君白首藜藿,戢影穷海之滨,作为诗歌,托寄萧远,若不知有门以外事者,非夫乐天知命,乌能至此!余在扬三年,而不知海陵有吴君,今乃从司农得读其诗,余愧矣,愧矣!③

周亮工(1612—1672年),字符亮,号栎园,河南祥符(今河南开封)人,著名学者、官员。明崇祯十三年(1640年)进士,官潍县令、监察御史。李自成入京,周亮工避至祖居地江宁,参与福王政权。顺治二年(1645年)清兵下江南,诣军门降,以御史招抚两淮,授两淮盐运使,改盐法道,继任布政使司参政、淮扬海兵备道、福建按察使、福建右布政使。在福建任上曾平定反清起事,击溃郑成功之围攻。顺治十一年(1654年)擢都察院副都御史,转户部右侍郎,吏部左侍郎。顺治十二年(1655年)七月,以上言宜除降臣郑芝龙,得罪闽督被参,革职质审,拟徙宁古塔。顺治十八年(1661年)清世祖临终前被赦。康熙元年(1662年),用为青州海防道,次年初赴任。康熙五年(1666年)擢江南江宁督粮道,八年漕运总督帅颜保弹劾周亮工纵

①《四库全书总目》,北京:中华书局,1965年,第1651页。

②《清史稿》卷四八四《文苑一·吴嘉纪传》,北京:中华书局,1998年,第13323页。

③《陋轩诗序》,载《吴嘉纪诗笺校》附录,上海:上海古籍出版社,1980年,第486页。

役侵扣诸款,革职逮问论绞。康熙九年(1670年)遇赦得释,两年后逝世。周亮工知识渊博,才华横溢,长于诗文。其诗宗盛唐,文尚唐宋八大家,力矫晚明浮靡轻佻之风,多悲时感事之作,苍凉感慨,有默然抑郁之气。周亮工嗜绘画、书法、篆刻,善鉴赏,爱收藏。有《赖古堂集》《因树屋书影》《全潍纪略》《闽小纪》《书影》《字触》《同书》《读画楼画人传》《印人传》《盐书》《莲书》等十数种著述传世。

吴嘉纪以布衣蛰居苏北海滨四十余年,不事生产,生活贫困,罹患肺病,仍朝夕苦吟,以至被里人奚落而产生"夕阳残照,于时宁儿"的哀伤之感。这时,他遇到了生平重要的知己——汪楫。汪楫,字舟次,号悔斋,安徽休宁人,侨居江苏仪征。康熙十八年(1679年)试博学鸿词,授检讨,充册封琉球正使,官至福建布政使。工诗,所作以古为宗,以清冷峭蒨为致,有《悔斋诗文集》传世。顺治十六年(1659年)九月,汪楫在东亭(今江苏东台)友人家见到吴嘉纪诗作,为之"色动""诧惊",急约吴会面,一连三日三夜,两人饮酒赋诗,相见恨晚。吴氏称:"两心不觉胶投漆,因诗与我成相知。"①二人自此多唱酬切磋,吴嘉纪借此认识了更多的诗友。宁都曾灿有诗咏叹汪楫与吴嘉纪的友谊,道:"于时有高士,寄居淮海曲。身不入州府,何从及荣辱。唯君能与游,素交久弥笃。唱和盈百篇,一一归老朴。君为扬挖之,装潢连卷轴。吁嗟今之人,噂沓纷相逐。但食五侯鲭,安知贵菽粟。"②

顺治十八年(1661年)一月,被冤多年的周亮工因顺治帝临终而被赦免,南还江陵,至扬州,汪楫竭力向其介绍吴嘉纪及其诗。汪楫有文言此事经过。

辛丑岁,周栎园先生在广陵,见野人诗,推为近代第一。复闻野人病,心心虑之,恐遂不及见野人,属余为书招之。赠一诗附与俱往。余递野人不肯为先生来,以先生情至,谊无容辞。且属稿慰先生曰:"野人性固严冷不易合,然见先生诗,或当忻然来。"书达,野人竟来。③

周亮工《赖古堂集》卷一○载有此次赋诗约请吴嘉纪的传奇故事。诗序言:"东

---

①《管鲍篇呈汪舟次》,载《吴嘉纪诗笺校》,上海:上海古籍出版社,1980年,第455页。
②《晚晴簃诗汇》卷一二《赠汪舟次兼寄吴野人》,上海:上海三联书店,1989年,第112页。
③《陋轩诗序》,载《吴嘉纪诗笺校》,上海:上海古籍出版社,1980年,第489页。

淘吴宾贤贫病工诗,汪舟次手录其近作相示,颇有同调之感。舟次且为予言,宾贤近札,有'夕阳残照,于时宁几'之语。栎下生痛,宾贤或真死不及见矣! 为赋一诗,急令舟次寄示宾贤。"诗云:

> 无意闲从汪舟次,把君诗卷泪交承。同调于今宁几见,斯人当世未有称。老病行藏一径菊,乱离儿女满床冰。颇恐传闻真即死,新诗呼朋细细誊。

真切地描述其读吴嘉纪诗时感同身受之情,要与其相见的急迫,且流露出此时他已开始搜集钞誊吴氏之诗,唯恐其诗失传的怜才之心。

同时,为感谢对吴嘉纪的推荐,周亮工还给汪楫作了一首诗,序言:"汪舟次每见予辄言宾贤不置。予既为一诗寄宾贤,感舟次于宾贤缠绵悃切,复作此与舟次。"诗云:

> 暮得一士朝相告,尔与吴生交有神。细写新诗急示我,惟恐当世失此人。五字七字闻謦咳,清酒浊酒共咨询。大笑国门多知己,嫭嫭亦解嫌其真。①

吴嘉纪早已熟读周亮工的诗,羡叹周亮工的名,加以周亮工系被冤狱,更为同情。接到汪楫来书及周亮工的赠诗,吴嘉纪喜出望外。赋诗道:"穷冬伏枕何人问? 栎下先生寄我诗。远问只愁身便死,怜才几见泪沾颐。吟成《梁甫》徒增慨,老遇钟期不厌迟。冰雪溪头扶病起,为君珍重夕阳时!"②吴嘉纪强撑病体,连夜雇船赶赴三百里外的扬州。这一年,周亮工五十岁,吴嘉纪四十四岁。吴嘉纪赋诗记此事,言:

> 栎公之冤一朝白,欢呼声满长安陌。暂时归卧江南春,从游独重汪耻人,耻人学大年更少,与公与我为同调。闻我有疾眠清溪,十日不能开口笑。酒酣离席向公云:"草野今将失此君!"栎园不觉搔首语:"世有此君胡未闻?"索诗一读一长叹,其时鸦叫寒宵分。公悲转令耻人喜,贫病故人得知己。即令苍头走风雨,陋轩半夜扶予起。跋涉舟车三百程,指日追随公

---

① 《赖古堂集》卷一〇,上海:上海古籍出版社,1979年,第456—457页。
② 《答栎下先生》,载《吴嘉纪诗笺校》,上海:上海古籍出版社,1980年,第45页。

杖履。公既再生予未死,俱到耻人双眼里。①

周亮工的《古香堂诗序》记此事道:"予因汪子舟次,得交吴子宾贤。"自此与吴嘉纪交往甚密,有多首诗互相唱和。同时,大力搜集吴嘉纪的诗作,于康熙初年,出版了第一部《陋轩集》,以长期保存这位布衣诗人的精彩作品。周亮工撰长达七百六十九字的《陋轩诗序》。序中首先回顾了当年通过汪楫的推荐,与吴嘉纪相知相交的过程,称:

> 余己丑过广陵,与汪子舟次交,舟次每以制举业相质,时年甚少,未尝见其为诗也。越十三年,予复至广陵,见舟次诗,而诗又甚工,予惊询之。舟次曰:"东淘有吴宾贤者,善为诗,予与之游,同学诗,愧不逮也。"后每见辄言宾贤、宾贤不置,若惟恐予不知有宾贤者。且曰:"宾贤每把先生诗,匆匆不自禁,泪辄涔涔下。每札至,辄询得先生新诗不?闻先生寄予诗,则急录之去。闻先生近帙至,则仓皇大索,若追予逋负者。先生狱事急,则向予曰:'安得云中舒金色臂援周先生,使不死,再见其三数诗。'先生固不屑与人同调,而又时发虞仲翔之叹,以予论若宾贤者,可谓先生同调,亦不可谓不知先生者矣。因出其手录《陋轩诗》一帙示予。予读之,心怦怦动。已又见其寄舟次札子,有"夕阳残照,于时宁几"之语,则不禁凄心欲绝,谓宾贤尝恐不及见予。予幸返,今乃有不及见宾贤之感矣。急赋一诗寄之。②

继而通过转述,说明吴嘉纪苦心向诗而不为邻里所知的困境,以及其刻《陋轩诗》的由来。言:

> 及退,而语广陵人,则绝不知有宾贤者。钟山龚野遗曰:吴宾贤家东淘。东淘产盐,人拥高赀,家不畜书。间有书,辄以覆瓿或以拭牢盆。宾贤居陋轩,环堵不蔽,自号野人。每晨起翻书枯坐,少顷起立徐步,操不聿

---

① 《访周栎园先生,兼呈汪耻人》,载《吴嘉纪诗笺校》,上海:上海古籍出版社,1980年,第452页。
② 《赖古堂集》卷一四,上海:上海古籍出版社,1979年,第559—562页。

疾书,已复细吟,或大声诵,诵已复书。或竟日苦思,数含毫不下。又善病咯血,血竭骼枯,体仅仅骨立,终亦不废,如是者终年岁。里人相与笑之曰:"若何为者?若不煮素而固食淡。"数指目以为怪物。野人终不之顾。

东淘盖旧有分司使者署,一使者至,询此间有能文士否?属胥对曰:"某不识能文士何等也,见有手一编,向之絮语,忽作数十字,欣欣自以为得意,或者其是乎!"使者则急请之见,数请数辟去。辟之不得,强与之见。见则大悦,以为真能文士,士固无出其右者。东淘人群异之,以为是淡食者,固可与长吏揖耶。自是望野人若不及,渐有过其庐者,野人终闭户不与之接。

嗟乎!宾贤如是,即不旦夕死,其终死于陋轩必矣!因汇其前后之作,刻为《陋轩诗》。

最后以门人吴介兹之语,对《陋轩诗》的价值作出评价。称:

予受业人升州吴介兹曰:"读野人诗,想见此老彳亍海滨,空墙落日,攒眉索句,路人作鬼声唧唧揶揄时。昔宋登春见谢榛诗曰:何乃津津谀贵丐活?展宾贤诗,竟卷如入冰雪窖中,使人冷畏。"嗟乎!介兹数言,可序野人诗矣。

舟次名楫。宾贤名嘉纪。舟次别有集。宾贤是集行世,会有知之者。独分司其地者能物色野人,当非俗吏,而忘询其姓氏,惜哉!

这篇序,不仅记录了周亮工对吴嘉纪的认识,对吴诗的了解,而且介绍了吴诗的特点,使这位僻处海隅、素无声息的布衣诗人从此在诗坛声名大振。

为了使读者对吴诗有更深的了解,周亮工还敦请文坛领袖时任扬州推官的王士禛为《陋轩诗》作序。王士禛序称《陋轩诗》"古澹高寒,有声出金石之乐,殆(孟)郊、(贾)岛者流"①。后来学者论野人诗,大体不出周、王二氏之说。

康熙初,由周亮工搜集、整理、出资且作序的《陋轩诗》是吴嘉纪诗的第一次结

①《陋轩诗序》,载《吴嘉纪诗笺校》,上海:上海古籍出版社,1980年,第486页。

集刊刻,所收诗止于康熙三年(1664年),则其刊出当在其时。以后出版的各种《陋轩诗集》都是在此基础上增加新篇章,或补充整理散佚之作而成。康熙版《陋轩诗》对吴嘉纪其人其诗在诗坛的影响起了极为关键的作用。要注意的是,周亮工认识吴嘉纪和为其出版《陋轩诗》,都是他蒙受七年不白之冤,先被"拟斩、籍没",后"改徙宁古塔",而刚刚"被赦得释"①时的事。汪楫有《哭周栎园先生》,其中提到周亮工"每逢佳士必书绅,最爱吴陵吴野人。一卷新诗夸国士,百年荒海识遗民"。诗坛伯乐周亮工对吴嘉纪的深切关爱和鼎力推举,令人感慨不已。

自此以后,周、吴二人时常聚会咏诗唱和,交流诗作、著述,在二人的诗集中收有不少此类作品,从中可以了解二人的深厚友情。

周亮工对吴嘉纪的关爱还表现在对其生活的资助上。吴嘉纪有诗言:"北风荒城来,缊袍少颜色。欲归家苦远,寻友路不识。故人青州宦,清贫食无鱼。相忆三千里,冰霜寄尺书。开书竟何如?分我以俸钱。携归尽籴米,妻儿过凶年!"②这是康熙二年(1663年)周亮工正在青州海防道任职时,分了自己微薄的俸禄资助吴嘉纪的情景。试想,一位遭遇荒年的穷诗人,在天寒地冻中,家里的锅都揭不开了,这时收到故友寄达的银钱,是多么的兴奋和感激!

周亮工和吴嘉纪的友情维系终生,其子周在俊(字雪客)亦与吴嘉纪多唱酬。康熙十一年(1672年)周亮工在江陵去世,噩耗传来,重病在身的吴嘉纪悲痛欲绝,却因自己也"残生一线存",只得"支离东海上,茅屋远招魂"。他"锦缠新刻印,稿剩未成诗。景物都如旧,无缘见所思",哀叹"生涯逢短景,死所得长干。蝼蚁残簪黻,萧蓬没蕙兰。沾巾宾客泪,不与露同干"③,真是"痛何如哉"!

周亮工在明亡后降清,两遇冤狱,却提升了他的政治声誉和学术地位。他也在大乱之后,以一己之力发现和保存传统文化精髓,每到一地都竭其所能,恢复被破坏的地方文化,提携落魄文人。他施金安葬贫病而死的侯官诗人陈叔度,栽培侨居

①《清史列传》卷七九《贰臣传乙·周亮工》,北京:中华书局,1987年,第6575页。
②《答周金宪青州书》,载《吴嘉纪诗笺校》,上海:上海古籍出版社,1980年,第49页。
③《病中哭周栎园先生》,载《吴嘉纪诗笺校》,上海:上海古籍出版社,1980年,第191页。

江宁的诗人黄虞稷,帮助汀州学人黎愧曾,资助贫困的黄冈诗人杜濬,都是很好的例证。而其赏识吴嘉纪的诗作,为其刊刻诗集,使其扬名千古的伯乐之举,更是古代诗坛的一段佳话。

任何时期,民间都有许多青年才俊、奇才雅士矻矻治学撰述,却潦倒孤寂,到处碰壁,其作品很可能会与其生命一起沦没,他们多么需要周亮工这样的伯乐予以提携,而得以在大舞台上展示才干,在诗坛学界占一席之地。从这一点来说,周亮工对吴嘉纪的褒誉和推扬有着典范的意义。

(原载《历史文献研究》第三十九辑,上海:华东师大出版社,2017年)

扬眉吐气的雅克萨之战

我们中国的地图，从轮廓上看像一只雄鸡。雄鸡本来有着高高的冠子，这就是黑龙江以北、乌苏里江以东和外兴安岭以南的广大领土。从17世纪中叶开始，沙皇俄国就乘中国内乱之际，悍然闯进我国黑龙江流域，杀人放火、掳掠财物、建造城堡，终于以尼布楚、雅克萨和楚库柏兴为据点，设尼布楚总管，对贝加尔湖到黑龙江流域实行殖民统治。雄才大略的康熙皇帝（1662—1722年）指挥清朝军队和各族人民，驱逐了盘踞在雅克萨的沙俄势力，遏制了沙俄对我国领土的蚕食，巩固了东北边防。雅克萨之战，是我国人民在西方强国面前扬眉吐气的一次战争。

为了驱逐雅克萨的沙俄势力，康熙皇帝进行了长期而充分的准备，包括侦察敌情，组织军队，贮备军需，建造船舰，建立运输线等，然后扫除外围的敌军据点。到1685年正月，才正式任命都统公彭春为统帅，副都统班达尔善、护军都统佟宝、副都统马喇、銮仪使侯林兴珠为参赞，分率八旗绿营兵丁及藤牌兵会剿沙俄雅克萨侵略军。

事先，清朝曾派出六名俄军俘虏送信给雅克萨督军额里克舍·托尔布津，要求其立即停止侵略行为，撤出雅克萨城。侵略军却以加强战备作为回答，并派人四处求援，企图顽抗。1685年四月二十八日，三千名全副武装的清军，分水、陆两路从额苏里（今黑河北）出发。水路大军由林兴珠统领，顺风扬帆逆流而上，五月中旬就进抵雅克萨附近。陆路大军以骑兵为主，在彭春的率领下，走深山抄小路，于五月二十二日到达雅克萨城外。两军会合，迅速封锁该城，雅克萨侵略军没有料到清军竟来得如此神速。部分俄军，包括炮手被阻隔在城外，十分惊慌。清军派了三名俄俘给托尔布津送去信件，勒令其迅速撤回雅库次克，"若仍执迷顽抗，则大军进剿，将雅克萨城毁尽杀绝，彼时追悔莫及矣"。次日，清军又与俄方对话，令其撤退。俄军却依其火器猛烈出言不逊。清军于是正式列阵,骑兵驻于城南,战船列于城东南江上,还利用黑夜把二十门红衣大炮秘密运至城北,将雅克萨城团团围住。

五月二十五日,由尼布楚派出的百余名俄援军乘木筏自黑龙江顺流而下,企图冲进城与雅克萨侵略军会合。清藤牌水军前往迎战。这是一支由康熙皇帝亲自组织调派专门对付西方火器的部队,他们迅速脱了盔甲跳进水中,将藤牌挡在头前,手持片刀,向敌筏游去。俄军大惊失色,高喊:"大帽鞑子来了!"俄军开枪、放箭,都被藤牌所挡。游到敌筏跟前的藤牌兵,专门以片刀砍俄军小腿。俄军纷纷落江被杀,死伤大半,剩余的落荒而逃,还俘获了十余名俄军。

二十六日黎明,清军大炮齐发,向雅克萨城猛轰,而俄方因炮手被阻于城外无法还击。战斗开始不久,就有一百多名俄军中炮身亡。况且城内没有防火设备,炮弹落处,纷纷起火。根据林兴珠建议,清军又弄来大量柴草,堆到城下,警告俄军,如不投降,就发动火攻。托尔布津无可奈何,不得不率领全城七百多人向清军投降。在托尔布津宣誓决不重来以后,彭春派兵将六百多名俘虏的军人及妇女、儿童送到额尔古纳河口,遣返回国。另有不愿回国的四十五名俘虏,带回内地安顿。

1686年正月中旬,朝廷正在议论如何奖赏雅克萨作战功臣时,黑龙江将军萨布素却奏上紧急军情,报告说:"托尔布津带了他的残兵败将,加上其国内派来的由拜顿指挥的六百名哥萨克援军,在清军撤走以后,重新窜回雅克萨,新筑防火城墙,城内挖了水井、壕沟,建造了军营、仓库,储备了大量粮食。"败军之将竟然卷土重来,令清廷十分震怒。二月十三日,康熙皇帝发布征讨诏书,命令大军乘敌立脚未稳,迅速予以剿灭。这次,以黑龙江将军萨布素为统帅,郎坦、班达尔善、马喇赞为军务,统领二千一百名清兵,于五月初由瑷珲出发。水陆两路于二十八日会师于接近雅克萨城的查尔丹,并派一名俄俘给托尔布津送信,警告其迅速投降,不要自取灭亡。俄军自恃兵力增加,城堡加固,拒绝投降。

清军向雅克萨城郊运动,遇到由城内出来骚扰的俄军,双方交火,俄军丢下二十二具尸体逃回城内,清军迅速从三面将敌城包围起来,并占领城西小河对面的要地,与江边驻扎的船队配合,以阻击从尼布楚顺江而下的援军。六月四日开始,清军连续向雅克萨发动进攻。俄军多次从城南冲出,与清军交锋,都被打退。六月八日的战斗最为激烈,清军经多次冲击,夺得城南土岗。侵略军头子托尔布津登上城内塔楼紧张地观察双方的争夺。一颗炮弹飞来,不偏不倚击中塔楼炮眼,将托尔布津的右腿齐膝炸断,几天后伤重死去。拜顿继任雅克萨指挥官。其间,尼布楚方面曾派出七十名援军,因清军防守严密,无功而返。

雅克萨城工事坚固,火力凶猛,敌军又频繁地主动出击,不让清军人员和攻城器械逼近城垣。为了减少伤亡,康熙皇帝决定停止强攻,改为对城堡进行长期围困。清军在雅克萨城东、南、北三面挖掘了一道深沟,沟边安置了阻止敌人爬上来的木桩和带尖的鹿角。沟边每隔一段距离就筑有一座堡垒,驻兵监视防守。水军停靠于黑龙江的东、西两岸,雅克萨被团团围住。

八月底,天气渐渐变冷,为了坚持对雅克萨的包围,康熙皇帝命令副都统博定从在墨尔根筑城和屯田的官兵中挑选二百人,前往增援。又让前线部队挑出疲惫和瘦弱的马匹,分别发往瑷珲和墨尔根两处饲养。

雅克萨俄军困守孤城,饮水条件很差,伤亡得不到补充,但仍恃其粮弹充足,婴城固守。不久,城内突发坏血病,且迅速传播,染病者相继不治身亡。全城原有八百二十六名军人,几个月后,战斗伤亡及染病而死者竟达六百七十六人,余下的一百五十人也绝望至极,丧失了反抗能力。而尼布楚方面又无兵可援,雅克萨俄军已成为瓮中之鳖,危在旦夕。

沙俄所派谈判大使经过长途跋涉,于1686年九月底到达北京,请求停止对雅克萨的围困,进行谈判。康熙帝决定接受俄国请求,遣使于十一月到达雅克萨,宣布了停战决定,这时城内活着的侵略军只剩下六十六人。

余论:1689年七月,以索额图为首的中国代表团与以戈洛文为首的俄国代表团举行谈判,中方作出一定让步,终于签订了《中俄尼布楚条约》。条约规定中俄两国东段,以格尔必齐河、额尔古纳河和外兴安岭为界,雅克萨城拆毁,该城侵略军全部撤回俄境。从此,中俄两国保持了一个半世纪基本正常的关系。

(原载汪受宽:《中国古代的重大战役》,北京:北京科学技术出版社,1995年)